普通高等教育“十三五”规划教材

江西理工大学研究生教材建设资助
江西理工大学清江青年英才支持计划资助

矿业技术经济学

Mining Technological Economics

主　编　郑明贵
副主编　梁宏波　陈　星　王佳男　黄　珍

北　京
冶　金　工　业　出　版　社
2024

内 容 提 要

本书共分15章，内容涉及矿业工程概论；矿产品市场分析与预测；矿山生产规模的确定；矿业项目技术评价；矿业项目环境影响评价；矿业建设项目工程造价计量；矿业项目经济效果分析方法；矿业项目财务评价方法；矿业项目设备更新和改扩建技术经济分析；矿业跨国并购技术经济评价理论与方法；矿业项目融资贷款评估方法与实例及三个案例。

本书可作为高等院校采矿工程、技术经济及管理等专业的本科生、研究生教材，也可作为相关学科教师及矿山工程技术人员、管理人员的参考书。

图书在版编目(CIP)数据

矿业技术经济学/郑明贵主编．—北京：冶金工业出版社，2017.4（2024.6重印）

普通高等教育“十三五”规划教材

ISBN 978-7-5024-7464-5

Ⅰ.①矿… Ⅱ.①郑… Ⅲ.①矿业经济—工程经济学—高等学校—教材 Ⅳ.①F407.1

中国版本图书馆CIP数据核字(2017)第029213号

矿业技术经济学

出版发行	冶金工业出版社	**电　话**	(010)64027926
地　址	北京市东城区嵩祝院北巷39号	**邮　编**	100009
网　址	www.mip1953.com	**电子信箱**	service@mip1953.com

责任编辑 郭冬艳　美术编辑 吕欣童　版式设计 彭子赫

责任校对 卿文春　责任印制 禹 蕊

北京富资园科技发展有限公司印刷

2017年4月第1版，2024年6月第2次印刷

787mm×1092mm 1/16；20.25印张；491千字；311页

定价 48.00 元

投稿电话 (010)64027932 投稿信箱 tougao@cnmip.com.cn

营销中心电话 (010)64044283

冶金工业出版社天猫旗舰店 yjgycbs.tmall.com

（本书如有印装质量问题，本社营销中心负责退换）

前　言

技术经济学科一方面研究经济领域的技术问题，另一方面研究技术领域的经济问题。自20世纪60年代，特别是改革开放以来，在老一辈专家学者的带领下，中国技术经济学科的同仁们，不断从国民经济建设和发展中寻找问题，研究现实、发现规律和建立方法，为我国国民经济发展和技术经济学科发展做出了令世人瞩目的贡献。

1962年12月，中央提出要编制1963～1972年国民经济长期计划和科学技术长期计划。中央科学领导小组决定在原来苏联专家帮助制订的第一个全国科学技术长远发展十二年（1956～1967年）规划的基础上，依靠中国自己的专家独立自主地制订第二个全国科学技术长远发展十年（1963～1972年）规划。为此，中央科学领导小组成员、著名经济学家于光远提出技术发展及其政策制定要讲求经济效果，技术与经济要结合，并指定徐寿波作专门调查：国外有什么科学专门研究技术与经济结合。1963年1～4月，徐寿波负责起草了全国科学技术发展规划纲要第七章“技术经济”，1963年12月，该纲要被中共中央、国务院正式批准。1980年，徐寿波公开出版了《技术经济学概论》（上海科技出版社），在国内外产生了巨大反响，这是我国第一部关于技术经济学的专著(1984～1988年先后出了第二、三、四版，2012年2月第五版正式发行)。

随后，技术经济学教材如雨后春笋般发芽、成长，比较有代表性的有清华大学傅家骥教授主编的《工业技术经济学》（清华大学出版社，1986年第一版、1991年第二版，1996年第三版)，成为技术经济学的经典教材之一。近二十年来，不断有技术经济学方面的教材出版，丰富和充实了技术经济学科内容，但从理论、方法与应用方面来看，应用性创新多，理论性突破少。

从研究对象来看，技术经济学可以分为研究工程（项目)、企业、产业和国家四个层面技术经济问题的学科，其学科构成包括基础理论、基本方法以及理论方法的应用三个方面。本教材《矿业技术经济学》定位于工程（项目）层面，针对矿业（金属矿山）项目的技术经济问题进行了专题研究。

早在1987年，江西冶金学院张玉清教授主编的《矿山技术经济学》在冶金工业出版社正式出版发行，是我国第一本专门针对矿业项目的技术经济学教材；2009 年，中国矿业大学马立强教授主编的《矿山技术经济学》在中国矿业大学出版社正式出版发行，该书主要针对煤炭项目的技术经济问题进行了论述；2012 年，武汉理工大学雷绍民教授主编的《矿物加工技术经济》在中南大学出版社正式出版发行，该书主要针对矿物加工的技术经济问题进行了研究。

本教材与张玉清教授的《矿山技术经济学》一脉相承，但会更多地体现学科发展的最新内容、最新参数以及国家、行业最新规定、最新做法和案例。本教材 2017 年正式出版发行，正好时隔三十年，也是对我校老一辈矿业技术经济专家的致敬。随着技术经济学科不断向纵深发展以及我国矿业国际化发展的新需要，原有的教材体系与内容渐渐地不能满足我国矿业发展的新要求，新的、跨学科的理论、方法及应用案例急需补充到教材中，如矿业项目环境影响评价、矿业跨国并购、矿业项目融资贷款评估等涉及的技术经济问题。

本书是在借鉴吸收国内外相关著作、论文和优秀教材的基础上，结合作者多年的教学、科研和工作成果编写而成的。全书共 15 章，由江西理工大学郑明贵教授担任主编并负责总纂，其中第一、四、五、十二章和附录由郑明贵负责编写，第二、十四章由梁宏波负责编写，第三章由黄明旺负责编写，第六章由王佳男、梁宏波负责编写，第七章由陈星负责编写，第八章由黄明旺、陈星负责编写，第九、十三章由王训洪负责编写，第十章由黄珍负责编写，第十一章由文唯负责编写，第十五章由袁纬芳、郑明贵负责编写。

本书为 2015 年江西理工大学研究生课程体系建设项目（项目编号：YJC2015003）的主体成果，同时得到了江西理工大学清江青年英才支持计划资助。在编写过程中，参考了大量的中外文献，引用了有关的最新数据和案例资源，在此，特表示由衷感谢！在本教材立项、评审、出版过程中，得到了研究生院院长黄万抚教授、副院长兰小机教授的大力支持与热情帮助，在此一并表示感谢！

由于编者水平所限，书中疏漏和不足之处在所难免，恳请广大读者和同行予以批评指正。

编　者

2016 年 10 月

目　　录

第一章　绪　　论

第一节　技术与经济的关系

一、相关概念

为了更好地理解技术经济学的学科定义与研究对象，需要对一些基本概念与研究范围加以区分。

（一）科学、技术、工程

1. 科学

科学是关于事物的基本原理和事实的有组织、有系统的知识，它是人类探索、研究、感悟宇宙万物变化规律的知识体系的总称。科学的任务是研究关于事物和事实（自然界和社会）的本质和机理，以及探索它们发展的客观规律。其中，基础科学(basic science)如数学、物理、化学、天文、地理和生物等，其任务是研究自然界最基本的客观规律；近百年来发展的技术科学(technological science)，如固体力学、流体力学、机械学、电工学、电子学等，其任务是研究相邻几门学科共同性的自然规律。

科学家(scientist)则是从事科学研究的专家学者，包括自然科学家和社会科学家。

2. 技术

技术是指根据实践经验和自然科学原理而发展成的各种生产工艺、作业方法、操作技能、设备装置的总和。技术的英文名有两个：technology 和 technique。前者全名为技术学，是一种学术，有它的理论基础，也有实用技术；后者指单纯经验性的技术。

世界知识产权组织在1977年版的《供发展中国家使用的许可证贸易手册》中，给技术下的定义为："技术是制造一种产品的系统知识，所采用的一种工艺或提供的一项服务，不论这种知识是否反映在一项发明、一项外形设计、一项实用新型或者一种植物新品种，或者反映在技术情报或技能中，或者反映在专家为设计、安装、开办或维修一个工厂或为管理一个工商业企业或其活动而提供的服务或协助等方面。"实际上，知识产权组织把世界上所有能带来经济效益的科学知识都定义为技术。

技术的任务是利用自然，以其开发的产品为人类服务。其中工程技术有矿业、土木、材料、机械、电子、电讯、化工、计算机等；农业技术有种植、畜业、造林、园艺等。技术家(technologist)则是从事技术工作的专家。工程师、农艺师、医师等都称为技术家。

3. 工程

工程是运用科学原理、技术手段和实践经验改造自然，生产和开发对社会有用的产品和服务等人类实践活动的总称。工程具有社会性、综合性、实践性、实用性、经济性、技术与艺术统一性等基本属性。

4. 三者区别

科学、技术和工程三个名词常常互为搭档，成双成对地出现。但三者是不同的概念，其主要区别见表 1-1 所示。

表 1-1 科学、技术和工程的区别

项 目	科 学	技 术	工 程
范 畴	知 识	实 践	活 动
目 的	解决是什么和为什么	解决做什么和怎么做	解决做多少和做多好
任 务	以发现为己任、认识自然界	以发明为宗旨、利用自然界	以发展为核心、改造自然界(顺应)
方 法	观察与思考	实验与体验	运作与整合
产 出	原理与规律	产物与技法	产品与服务
效 果	从未知到已知、由愚昧到智慧	从无到有、由劣到优	由稀到丰、由贵到廉
评价标准	正确或准确与否	有用或有效与否	经济、适用与否
动 力	求知欲	创造欲	占有欲
社会属性	共享权	知识产权	所有权
从事者	科学家	发明家	工程师

（二）经济、经济学

1. 经济

经济是一个多义词：(1)指经世济民，治理国家；(2)从政治经济学角度来看，指社会生产关系的总和，是上层建筑的基础；(3)在经济学中，指从有限的资源中获得最大的利益；(4)指国民经济的总称，或指国民经济各部门(工业经济、农业经济、商业经济等)；(5)指物质资料的生产、交换、分配、消费等活动，即指社会生产和再生产(工业经济学)；(6)指节约、节省，含效益之意(技术经济学)。

本书所研究的经济是指价值的创造、转化与实现。人类经济活动就是创造、转化与实现价值，满足人类物质文化生活需要的活动。经济可划分为宏观经济和微观经济两个层面，也可划分为宏观经济、中观经济和微观经济三个层次。

2. 经济学

经济学是一门科学，是研究人类社会在各个发展阶段上各种经济活动和相应经济关系及其运行、发展规律的学科。经济学的核心思想是资源的优化配置与优化再生。经济是价值的创造、转化与实现，而经济学是研究人类经济活动的规律即研究价值的创造、转化与实现的规律——经济发展规律的理论，分为理论经济学和应用经济学。

(1) 理论经济学。理论经济学是由经济学基本概念、范畴与范畴体系组成的理论体系，包括一般的理论经济学与特殊的理论经济学。人类经济学、科学经济学是一般的理论经济学，政治经济学是特殊的理论经济学。理论经济学为分支经济学提供了理论基础。科学的理论经济学是反映人类经济发展一般规律的经济学理论，由经济学公理、定理与定理体系组成。科学的理论经济学不但有经济学基础理论，还有经济学基本原理。政治经济学只有经济学基础理论，没有真正的经济学基本原理。政治经济学分为宏观经济学与微观经济学；科学的理论经济学是整体经济学，是宏观经济学与微观经济学的统一。

(2) 应用经济学。应用经济学主要指应用理论经济学的基本原理研究国民经济各个部门、各个专业领域的经济活动和经济关系的规律性，或对非经济活动领域进行经济效益、社会效益的分析而建立的各个经济学科。它大体上可分为如下几个分支：

1）以国民经济个别部门的经济活动为研究对象的学科，如农业经济学、工业经济学、建筑经济学、运输经济学、商业经济学等。

2）以涉及国民经济各个部门而带有一定综合性专业经济活动为研究对象的学科，如计划经济学、劳动经济学、财政学、货币学、银行学等。

3）以地区性经济活动为研究对象的学科，如城市经济学、农村经济学、区域经济学等。

4）以国际间的经济活动为研究对象的学科，如国际经济学及其分支：国际贸易学、国际金融学、国际投资学等。

5）以企业经营管理活动为研究对象的学科，如企业管理、企业财务、会计学、市场（销售）学等。

6）与非经济学科交叉联结的边缘经济学科，如与人口学相交叉的人口经济学；与教育学相交叉的教育经济学；与法学相交叉的经济法学；与医药卫生学相交叉的卫生经济学；与生态学相交叉的生态经济学或环境经济学；与社会学相交叉的社会经济学；与自然地理学相交叉的经济地理学、国土经济学、资源经济学；与技术学相交叉的技术经济学等。这些边缘经济学科主要研究这些非经济领域发展变化的经济含义、经济效益和社会效益等，从中找出它们的规律性。

二、技术与经济的相互关系

技术与经济在人类进行物质生产、交换等活动中始终并存，是不可分割的两个方面。两者互相促进又互相制约。技术具有强烈的应用性和明显的经济目的性，没有应用价值和经济效益的技术是没有生命力的。而经济的发展必须依赖于一定的技术手段，世界上不存在没有技术基础的经济发展。技术与经济的这种特性使得它们之间有着紧密而不可分割的联系。

（一）技术与经济的相互促进性

技术与经济是相互建构、共同发展的。任何技术都是在一定的经济背景下产生的，技术在现代社会具有的有效性、创造性和巨大力量并不是与生俱来的。即便是当代，强有力的技术也不能离开经济因素，因而技术的发展在很大程度上会受到经济因素的影响。

工业革命使技术的社会价值得到了充分体现。经济影响着技术问题的提出与解决，同时技术也会受到经济发展所带来的巨大推动。技术是一个社会文明、进步的标志。技术的出现与发展改变了人类经济生活的方式、人们的经济地位、经济领域、参与经济的方式、获取经济的渠道、建立经济制度的措施，甚至经济发展的途径都因技术的革新而发生了巨大变化。因此，人们可以通过技术更好地指导经济、认识经济、了解经济，进而建立适应社会发展要求的经济。

不同内涵背景下的经济，其技术的发展方向、规模和速度也会呈现出很大差异。一般来说，代表生产力前进方向的经济为技术的发展提供了更大的可能性。一方面，经济借助于技术活动创造自己的发展模式；另一方面，技术活动对经济又有潜在的反作用。作为与经济相伴而生的一种极为重要的社会实践活动，技术具有自然属性和社会属性的双重特质，它的发展有其自身相对独立的规律性，但同时又必须接受经济的选择。

(二) 技术与经济的相互矛盾性

(1) 技术与经济可行性的矛盾。缺乏足够的资金，就很难进行重大领域的科学研究或引进他人的先进技术为己所用。直接来看，这是经济对技术的制约；从后果来看，这将导致技术与经济陷入双重落后的困境。

(2) 技术先进性与适用性的矛盾。技术的先进性反映技术的水平和创新程度，技术的适用性则表示技术适应市场需要的程度。因此，先进的技术不一定适用，适用的技术不一定最先进。人们往往希望技术越先进越好，但它只有在对使用者适用、为使用者所掌握时，才会受到青睐，否则就不可能发挥其先进性的作用，并且会在闲置中随科技进步与经济环境的变化而贬值。特别是在市场经济条件下，技术成为商品，如果技术研究开发脱离了市场需求，根本不可能体现其自身的价值。

(3) 技术效益的滞后性与应用者渴望现实盈利的矛盾。技术成果的应用会带来超额利润，但技术应用有一个被市场吸收、消化、再创新的过程，不一定会立刻带来效益；而投资者期望能尽快得到资金回报，从而可能将资金另辟蹊径，使技术得不到应用。因此，投资者可能由于舍弃先进技术的应用而造成机会成本损失。

(4) 技术研究开发应用的效益与风险的矛盾。技术研究开发应用的效益与风险是并存的，研究开发应用一旦成功，就会因掌握了先进的技术而带来领先的市场优势从而获得超额利润。但研究开发应用过程也充满着风险，包括技术选择失策、开发失败、时机滞后、技术供求关系变化、竞争失利、技术应用达不到预期效益等。有时人们因畏于风险而放弃新技术的开发应用，也可能因此失去机遇。

(5) 技术研究开发应用成本与新增效益的矛盾。技术越先进，往往支付的代价越高昂，从而出现支付成本与预期效益的矛盾，先进技术开发应用成本应低于预期效益，否则，再先进的技术也难以得到推广应用。

(三) 技术与经济的统一体——工程

工程常是技术与艺术的统一体，但更是技术与经济的统一体。

1. 工程领域主要关注的问题

一是科学技术方面。研究如何把自然规律应用于工程实践中，这些知识构成了诸如矿业、工程力学、工程材料学等学科的内容；二是经济分析方面。研究经济规律在工程问题中的应用，这些知识构成技术经济或工程经济类学科的内容。

2. 工程项目的双重属性

(1) 技术先进性。技术先进性主要表现在两个方面：一方面它能够创造落后技术所不能创造的产品和劳务，例如宇宙航行技术、海底资源开发技术、原子能利用技术等；另一方面它能够用更少的物力和人力创造出相同的产品和劳务。

(2) 经济合理性。经济合理性是对多种技术方案或技术经济措施进行择优的一个基本标准。经济合理性与技术先进性的关系密切，后者是前者的基础。随着技术的进步，经济合理性的要求也会提高。旧的方案随时有可能被新的方案所替代。

3. 工程项目技术经济评价的总体准则

一项工程项目被接受须具备两个条件：技术上可行；经济上合理。技术可行是必要条件，经济合理是目标。

第二节　技术经济学概述

一、产生渊源

20 世纪 50 年代，技术经济学诞生于中国，具有中国特色，是应用经济学的一个分支。在我国经济建设和社会经济发展的实践之中，技术经济学不断总结和吸收国外相关学科的理论与方法，继而逐步成为跨技术学科领域和经济学科领域的新兴综合性交叉学科。技术经济学的产生渊源是工程经济学。一般来说，工程经济学的产生与发展历史大致可归纳为以下三个阶段。

（一）萌芽阶段（1844 年～1929 年）

1844 年，法国工程师杜普特（J. Dupuit）在《公用事业效用测量》一文中，用费用-效益的观点讨论在什么条件下建设桥梁和设立公用事业设施是正确的。1887 年，美国工程师威灵顿（A. M. Wellington）出版了《铁路布局的经济理论》，首次将成本分析方法应用于铁路的最佳长度或路线的曲率选择问题中，并提出了工程利息的概念，开创了工程领域的经济评价工作。

（二）形成阶段（1930 年～1950 年）

1930 年，格兰特（E. L. Grant）教授提出了工程的评价准则，出版了教科书《工程经济原理》，被誉为工程经济学的经典之作，奠定了经典工程经济学的基础，首创了工程经济学的评价理论和原则，被称为“工程经济学之父”。

20 世纪 30 年代，美国在西部的田纳西河流域开发中，开始推行可行性研究，把技术与项目的经济问题研究提高到了一个新的阶段。通过总结完善，逐渐形成了一套比较完善的理论、工作程序和评价方法。

（三）发展阶段（1951 年至今）

第二次世界大战后，随着西方国家经济的复兴，工业投资机会急剧增加，出现了资金短缺的局面。如何使有限的资金得到最有效的利用成为当时投资者与经营者普遍关注的问题。于是，工程经济分析的理论和实践得到了进一步发展。1951 年，迪安（J. Dean）在《投资预算》一书中阐述了贴现法以及资本合理分配等方法在工程经济中的应用，提出了折现现金流量和资本分配的现代研究方法。

1976 年，布兰克（L. Blank）《工程经济学》正式出版，主要从四个层面系统地介绍了工程经济学的理论与应用，即利率与资金的时间价值，分析评价工具、决策方法与通货膨胀，成本估算、折旧方法、税后问题，灵敏度分析与风险研究。该书 2010 年已出版第六版，并作为优秀教材引入我国，影响较大。

1978 年，布西（L. E. Bussey）《工业投资项目的经济分析》一书出版。该书全面地总结了工程项目的资金筹措、经济评价、优化决策以及项目的风险分析和不确定因素分析等。1982 年，里格斯（J. L. Riggs）的《工程经济学》出版。该书系统地阐述了货币的时间价值、时间的货币价值、货币理论、经济决策和风险以及不确定性理论等，把工程经济学向前推进了一大步。工程经济学在世界各国得到了广泛的重视和应用，其理论方法仍然在不断发展之中。

二、发展历史

我国是从1963年经中央和国务院批准的第二个科学技术发展规划纲要开始进行技术经济学研究的。20世纪60年代初是我国国民经济调整时期，当时有了第一个五年计划的正面经验，比较注意技术和经济相结合，深感有必要建立一门专门研究技术和经济相结合的科学，并加强在该方面的研究工作。1978年11月成立了中国技术经济研究会；1980年中国社会科学院成立了全国第一个技术经济研究所，中国社会科学院研究生院成立了技术经济系，在全国率先培养技术经济研究生。之后，全国各地区和各部门也相继成立了技术经济研究会，许多理工科大学开设了技术经济学课程，不少文科大学也开设了技术经济学课程，一些大学和研究机构开始培养技术经济专业本科生、硕士生和博士生。20世纪90年代以来，技术经济论证工作在我国经济建设中普遍展开，技术经济学的研究范围不断丰富，完善了微观层次的理论和方法，并将研究领域扩展到宏观层次。

三、学科定义

技术经济学是一门研究技术和经济之间辩证关系的交叉学科。它是从经济角度研究在一定社会条件下的再生产过程中即将采用的各种技术措施和技术方案的经济效果的科学。

技术经济学研究的不是纯技术，也不是纯经济，而是两者之间的关系，即把技术与经济结合起来，将技术问题置于经济建设的大系统之中，用系统的观点、系统的方法进行各种技术经济问题的研究，以选择最佳的技术方案。其主要目的在于将技术更好地应用于经济建设中，包括新技术和新产品的开发研制、各种资源的综合利用、发展生产力的综合论证。

四、研究对象

关于技术经济学研究对象的主张可以大致分为以下四类。

一是将技术经济学看做对技术活动进行经济分析和评价，包括对技术措施、技术方案、技术政策进行经济评价和论证的学科。这类主张从本质上延续了技术经济学初创时期“研究工程项目或生产过程经济效果”的学科定位，代表性学者包括李京文院士、龚飞鸿教授等。

二是强调技术经济学是应用经济学的分支学科，运用经济学的理论方法研究技术问题。代表性学者有陶树人教授和郭励弘教授等。陶树人教授将技术经济学归类为研究技术要素的经济学，研究技术要素如何产生，包括技术创新机理、技术贸易、技术转移及技术的选择利用等；郭励弘教授则从应用的角度提出与技术有关的经济问题都是技术经济的研究范畴。

三是在主张研究技术活动经济规律的同时，也强调研究技术与经济的互动关系。这类主张基本能涵盖技术经济学的绝大多数研究对象，代表性学者包括徐寿波院士、李平教授、郭树声教授。徐寿波院士提出技术经济学是研究技术和经济之间的矛盾关系及其发展变化规律性的科学；李平教授提出，技术经济学狭义讲是运用经济学的理论方法研究技术的形成、扩散、应用和发展，广义讲包括技术变化所引起的相应经济后果及其作用形式，即生产率研究、技术进步研究等；郭树声教授认为，技术经济学是关于技术的经济学研究，它以当代经济学的理论为指导，研究技术活动的经济规律以及技术与经济的互动关系。一方面，对技术的生成、应用、扩散、引进、转移等进行经济分析，分析技术采用和发展的经济条件与途径；另一方面，从技术的变化分析经济的变化，这些经济变化不仅仅是总量的增加，还包括经济效率的提高、经济结构的变化和经济的现代化。

四是在研究技术领域中的经济活动规律和经济领域的技术发展规律之外，还强调研究技术发展的内在规律。主张这类观点的代表性学者包括傅家骥教授、雷家骕教授等。他们还进一步主张在上述三个领域中，技术经济学应研究“工程（项目）”、“企业”、“产业”和“国家”四个层次的问题。

五、研究内容

技术经济学研究的内容涉及生产、分配、交换、消费各个领域和国民经济各个部门、各个方面，也涉及生产和建设的各个阶段。

从全局的范围来看，技术经济学研究技术进步对经济发展的速度、比例、效果、结构的影响，以及它们之间的最佳关系问题；生产力的合理布局、合理转移问题；投资方向、项目选择问题；能源的开源与节流、生产与供应、开发与运输的最优选择问题；技术引进方案的论证问题；外资的利用与偿还，引进前的可行性研究与引进后的经济效果评价问题；技术政策的论证、物资流通方式与渠道的选择问题；项目的后评价问题，等。

从部门和企业范围看，技术经济学研究厂址选择论证，企业生产规模分析，产品方向确定，技术设备选择、使用与更新分析，原材料路线选择，新技术、新工艺经济效果分析，新产品开发论证与评价等。

从生产与建设的各个阶段看，技术经济学研究试验研究、勘测考察、规划设计、建设施工、生产运行等各个阶段的技术经济问题，综合发展规划和工程建设项目的技术经济论证与评价等。

六、研究方法

（一）主要研究方法

目前，技术经济学的研究方法早已超越了传统的投资回收期、时间价值分析、内部报酬率、社会报酬率等。包括数学规划、成本-收益分析在内的诸多定量分析工具在技术经济研究中均得到了广泛运用。研究方法涉及的学科主要包括运筹学、会计学、计量经济学、投入产出分析、数理经济学、概率统计、经济模拟（仿真）、控制论等。除了大量运用定量分析工具外，逻辑推演、案例分析、综合判断等定性方法在技术经济研究中始终有着重要和不可或缺的作用。

（二）研究方法体现的学科特点

一是研究方法上的多学科交叉综合体现了技术经济学综合性、边缘性的学科特点。现代科学的发展越来越呈现出专业化和综合化两种截然不同的趋势。一方面，学科分工越来越细，学科的专业性越来越强；另一方面，学科之间的交叉、渗透和综合越来越多，不断产生新的边缘学科。技术经济学的产生和发展正是上述两种趋势的产物和具体体现。因此，技术经济学在研究方法上存在多学科交叉综合也是一种必然。

二是需要大量运用现代实证分析的各种数量方法和工具。技术经济学归根到底是一门应用性非常强的学科，研究的直接目的是为经济和技术实践活动提供指导性意见和建议。在指导性意见的形成过程中，需要进行大量实证分析才能归纳提炼出相关规律。随着研究时间跨度的延长、涉及范围的扩大和复杂程度的提高，必须借助运筹学、计量经济学、经济模拟（仿真）等数量分析工具。

三是需要注重定量方法和定性分析相结合。这也充分体现了技术经济学科的应用性特点。为了能够给经济和技术活动提供具有操作性的意见和建议，一方面，需要通过定量分析为定性分析提供更为科学、严密的论证和支持；另一方面，定量分析得出的相关结果还需要经过定性综合判断，才能形成最终的决策和行动意见。

四是体现了技术经济学“学科边界明确、研究对象开放”的特点。从学科边界来讲，虽然技术经济学涉及的研究范围非常广，但基本都可以纳入“经济活动评价”、“技术进步对经济活动影响”、“技术活动的经济规律”这三类范畴。与此同时，随着科学技术的不断进步和经济社会的不断发展，具体的研究对象和研究内容还会不断丰富扩展。

第三节 矿业技术经济学概述

矿业技术经济学是研究矿业领域技术和经济之间辩证关系的交叉学科。因此，其研究内容相当广泛。由于本书主要定位在工程（项目）层面，针对矿业(金属矿山)项目技术经济问题进行专题研究，因此，从工程（项目）层面来看，矿业技术经济学的研究内容与发展方向可以大致归纳为(但不限于)以下方面。

一、研究内容

（1）矿业技术经济学的基础理论与方法。矿业技术经济学的基础理论应包括马克思的扩大再生产理论、技术周期理论、技术进步和技术创新理论、经济增长理论等。矿业技术经济学的应用理论除了技术创新的转移和扩散、技术选择理论等之外，向前延伸到前端是技术生成的制度、环境和政策，涉及技术战略和技术政策等领域，后端延伸到技术效果的评价，包括技术效果的载体——工程项目的评价。另外，矿业技术经济学除了研究现存资源的优化配置外，还应研究技术资源的创造和开发。因此，矿业技术经济学的应用理论应包括经济效果理论、技术转移理论、技术选择理论、技术扩散理论、技术经济计算参数的确定理论以及技术经济评价方法等。

（2）矿产品市场分析与预测。矿产品市场分析与预测就是通过市场调查，分析矿产品的市场供求关系和发展趋势，预测未来矿产品市场供求变化趋势，从而为矿业项目的技术经济评价提供科学依据。矿产品市场分析与预测是矿业项目技术经济评价的重要基础。

（3）矿业项目生产规模的确定。包括影响矿山生产规模的主要因素分析、设计规范及有关规定、矿山生产规模的计算方法以及矿山生产规模的优化方法等。

（4）矿业项目技术评价。包括矿业项目建设与生产条件评价、矿业项目工艺技术方案评价以及矿业项目工程设计方案评价等内容。

（5）矿业项目环境影响评价。包括环境影响评价的基本理论与方法、水环境影响评价、声环境影响评价、大气环境影响评价、固体废弃物环境影响评价、生态环境现状与影响评价以及环境经济损益分析与评价等。

(6) 矿业项目经济效果分析与财务评价。包括矿业建设项目工程造价计量、矿业项目经济效果分析方法、矿业项目财务评价方法、矿业项目设备更新和改扩建项目技术经济分析、矿业项目后评价理论与方法等。

(7) 矿产资源合理开发、利用与综合利用问题。包括各种难采难选难冶矿产资源、低品位矿产资源、伴生矿、尾矿的综合利用问题等。

(8) 矿业新技术、新工艺、新装备、新材料的合理使用问题。例如矿床开拓新技术(平硐开拓新技术、斜井开拓新技术、竖井开拓新技术、斜坡道开拓新技术、联合开拓新技术),矿山爆破与井巷掘进新技术(露天爆破新技术、地下爆破新技术、控制爆破新技术、平巷掘进施工新技术、竖井掘进施工新技术、斜井掘进施工新技术、天井掘进施工新技术),矿山空场采矿新技术,崩落采矿新技术,充填采矿新技术,露天开采新工艺技术,特殊矿床开采新工艺技术,矿石分析检验新技术,安全工程新技术,环保与生态复垦新技术等的合理使用问题。

(9) 矿业厂址选择、设备选型、工艺流程、生产系统的选择问题。例如矿山采矿场设计与优化,选矿厂、冶炼厂厂址选择与合理布局,矿山设备选型,选矿工艺流程设计与优化等。

(10) 矿区发展规划问题。包括矿区开发目标,矿区资源状况、矿床分布、建设规模及开采顺序,外部建设条件状况,矿区综合开发思路,矿区公用工程建设,矿区生态环境保护等。

(11) 矿业跨国并购技术经济评价理论与方法。包括矿业跨国并购政治风险、政策法律风险、宏观经济风险、市场风险、金融风险、社会文化风险、自然资源风险、经营管理风险等评价的理论与方法。

(12) 矿业项目融资贷款评估理论与方法。包括矿业并购贷款评估理论与方法、开发性金融贷款评估理论与方法等。

(13) 矿业建设中提出的各种具体的技术经济问题。

二、研究方法

矿业技术经济学除了遵循技术经济学的一般研究方法外,还必须结合矿业的特点,采用现场调查研究和理论研究相结合的方法,同时,必须跟踪矿业发展动态,适时采用合适的研究方法。

三、研究步骤

矿业技术经济学的研究工作和其他学科一样,也有它自己的研究工作程序,一般包括以下几个步骤:

(1) 确定要决策的问题,明确决策目标。确定要研究的课题、明确决策的问题和决策的总目标是矿业技术经济学进行研究工作的首要步骤。决策目标是指在一定的外部环境和内部环境条件下,在市场调查和研究的基础上所预测达到的结果。决策目标是根据所要决策的问题来确定的,因此,必须把握住所要决策问题的要害。只有明确了决策目标,才能避免决策的失误。

(2) 调查研究、收集和分析各种信息资料。根据确定的矿业项目决策问题和决策目标，首先进行有针对性的调查研究，并广泛收集有关技术、经济、市场、政策和法规等信息、资料和数据。这些信息资料可以帮助拟定各种可能的备选方案，也可以作为评价时的参考。因此，在收集各种信息资料时必须保证资料的真实性、准确性、可靠性，为最后的决策提供科学的依据。

（3）建立各种实际可能的技术方案。在调研分析的基础上，结合实际情况，设计各种可能的备选技术方案。在设计技术方案时，既不能把实际可能的技术方案漏掉，也不能把实际上不存在或不可能实现的技术方案列进来。因此，应根据掌握的资料和情况进行全面细致地考虑，以保证选出的方案为真正最优的方案。

（4）技术方案的定性比较。比较各种技术方案的优劣，分析不同技术方案对内外部的技术、经济、社会、环境等方面的影响。

（5）技术方案的定量评价。根据各种可能的技术方案数目、技术经济指标、技术方案参数，以及影响各指标的技术经济参数等，建立各种不同的数学模型。如厂址的选择、原材料和能源的选择、工艺和设备的选择、各种建设方式的选择模型等。计算求解公式和模型，以获得经济效果最大或费用指标最小的方案。可采用列表和图解的方法，也可采用数学分析和运筹学的方法。

（6）技术方案的综合评价。即对各技术方案在资源、技术、经济、社会、生态环境等方面的优劣进行综合分析、论证和评价，以选出综合效果最好的技术方案。

（7）技术方案的反馈控制。上面所进行的技术经济工作步骤是一种动态过程。有时要根据经济评价和综合评价的结果进行反馈控制，对最初建立的一些方案进行修改和补充，然后重新进行技术经济评价工作，使方案的经济效果计算更加符合实际。

以上工作步骤只是矿业技术经济学研究一般技术经济问题的主要程序，并不是唯一的程序。在实际工作中，应根据问题性质的不同，采用恰当的工作程序和研究方法。

四、发展方向

（1）大型矿集区技术经济评价方法研究。包括矿集区接替资源的研究、勘探评价、开采技术经济评价方法等。

（2）矿业技术发展态势评价。包括矿业技术发展阶段及差距评价、领先国家矿业技术发展评价、我国矿业技术发展态势评价等。

（3）战略性矿产资源国家经济安全评价理论与方法。包括战略性矿产资源供需情景分析、战略性矿产资源国家经济安全评价指标体系与测算方法等。

（4）矿产资源绿色开发评价理论与方法。以各种矿产资源开发与社会、经济、环境协调发展为出发点，分析资源开发现状和存在的主要生态环境问题，系统研究各种矿产资源绿色开发的技术和评价体系，资源综合利用、废弃地生态恢复和生态矿山建设等评价理论与方法。

（5）矿业信息化、智能化过程中所涉及的技术经济问题。在矿床开采中，以开采环境数字化、采掘装备智能化、生产过程遥控化、信息传输网络化和经营管理信息化为基本内涵，以安全、高效、经济、环保为目标的集约化、规模化的采矿工程，即信息化、智能化采矿。其中所涉及的技术经济问题均需要在原有的理论与方法体系上进一步发展与创新。

（6）深部采矿、深海采矿等技术经济评价理论与方法。包括技术可靠性评估、风险评估、成本测算理论与方法等。

（7）矿业生产系统、经营管理等风险评价理论与方法。包括矿业生产系统、经营管理系统等风险构成要素、风险生成机制、风险评估模型、风险预警理论与方法等。

复习思考题

一、名词解释

科学、技术、工程、经济、经济学、技术经济学

二、简答题

1. 科学、技术和工程的主要区别是什么？
2. 怎样理解技术与经济的相互关系？
3. 技术经济学的研究对象、研究内容是什么？
4. 技术经济学的研究方法及其所体现的学科特点是什么？
5. 矿业技术经济学的研究内容与发展方向是什么？
6. 矿业技术经济学的研究步骤与方法是什么？

第二章　矿业工程概论

第一节　采矿基础知识

一、采矿的基本概念

（一）*矿产资源与采矿*

矿产资源是由赋存于地壳中的矿物组成的可利用物质，依其在地壳中富集的物质形态不同，可分为气态矿产（如天然气）、液态矿产（如石油）和固态矿产（如煤、铁）等三大类。固态矿产依其用途可分为固态能源矿产（如煤、铀）和固态非能源矿产（如铁、铜）两大类。固态非能源矿产依其特性又可分为金属矿产（如铁、铜等）和非金属矿产（如石灰石、磷、金刚石等）。

采矿是从地壳中将可利用矿物开采出来并运输到矿物加工地点或使用地点的行为、过程或工作。矿山是采矿作业的场所，包括开采形成的开挖体、运输通道和辅助设施等。开挖体暴露在地表的矿山称为露天矿，开挖体在地下的矿山称为地下矿。

（二）*采矿工业的特点*

采矿工业是一种最基础的原材料工业，与国民经济的其他工业类型相比，具有以下特点：

（1）矿产资源的赋存量决定了矿山的开采年限。矿山开采的对象是矿产资源，矿产资源均有一定的数量。因此，矿山也存在一定的服务年限。资源开采完了，矿山的服务年限也就结束了。

（2）矿产资源的赋存条件决定了矿山的建设条件。矿山建设受矿产资源赋存条件的限制，不能自由选择矿址，往往要在交通、动力、水源、生活等外部条件不利的情况下建设矿山，从而使建设施工量加大，投资增多，建设周期增长。

（3）采矿生产过程是一个动态的变化过程。由于矿床类型和性质的不同，地质情况千差万别，开采技术条件千变万化，采矿工作的地点也随着工作面的推进而变换，显然，采矿作业具有多样性。矿山开采的方法和工艺也要随着矿床的变化和采矿工作的推进而变化。因此，加强生产矿山的地质勘探，加强矿山管理，及时调整生产进度与强度尤为重要。

（4）采矿生产过程中不可避免地会出现矿石损失和贫化。开采过程中，部分矿石由于技术或经济方面的原因不能采出而造成损失；同时，在开采和运输过程中也不可避免地会混入废石而使矿石品位降低，即贫化。因此，降低损失率和贫化率，是采矿工作中重要的质量要求。

（5）采矿作业环境差，安全性极为重要。采矿作业受客观条件的限制，特别是地下采矿，劳动强度大，工作面空间狭小，条件恶劣，安全性差，不宜实现机械化和自动化作业。同时，生产过程中还会产生大量粉尘和有毒有害气体污染工作面。因此，采矿作业应特别注意生产安全和劳动保护。

（三）矿物与岩石

1. 矿物

把地壳中由于地质作用形成的自然元素和自然化合物统称为矿物。矿物是组成岩石和矿石的基本单位。地壳中含有各种各样的化学元素，这些元素经过各种地质作用，形成了各种化合物，如黄铜矿($CuFeS_2$)、磁铁矿($FeO \cdot Fe_2O_3$)、萤石(CaF_2)等，也形成了极少的单质，如自然金(Au)、自然铜(Cu)、硫磺(S)等。

矿物种类繁多，其中有许多有用的矿物，是发展工业、农业、国防和科学技术不可缺少的原料。矿物绝大多数是固态，但也有液态（如石油、盐溶液）和气态（如天然瓦斯）。目前自然界已知的矿物有3000多种，能被工农业利用的约有200多种，比较重要的有100多种，其中最常见的矿物有黄铁矿、黄铜矿、方铅矿、闪锌矿、磁铁矿、赤铁矿、石英、长石、云母、方解石等。

2. 岩石

凡是由一种或数种矿物聚积构成的，近于均质的矿物体，称为岩石。如玄武岩、花岗岩、石灰岩等。岩石有其自身的矿物成分、结构和构造，是构成地壳的物质基础。

岩石分为原生岩和疏松覆土层两大类，其中原生岩又分为火成岩、沉积岩和变质岩。火成岩是由地球深处上升的熔融岩浆侵入地壳裂缝后凝固生成的岩石；沉积岩是由细小的矿物颗粒和有机物在集水地区沉积形成的岩石；变质岩是由古代火成岩或沉积岩受高温、高压和化学作用变化生成的岩石。

凡是由原生岩受地面水、风和温度变化等作用破坏形成的碎屑堆积体，叫做疏松覆土层或冲积层。

（四）矿石、矿体和矿床

1. 矿石

地壳中矿物富集的区域称为矿化区域，矿化区域中的矿物富集到足够的程度且埋藏条件允许开采并值得开采时就形成了矿产。凡是地壳里面的矿物集合体，在现代技术经济水平条件下，能以工业规模从中提取国民经济所必需的金属或矿物产品的，就叫做矿石。从中提取金属的矿石叫做金属矿石，如铁矿石、铜矿石等；从中提取非金属元素、矿物或直接利用的矿石叫非金属矿石，如磷、云母、石灰石等。

2. 矿体和矿床

矿石的聚集体叫做矿体。矿床是对矿体的总称，对某一矿区而言，它可由一个或若干个矿体组成。在现有的经济技术条件下可以开采和利用的矿床叫工业矿床，否则叫非工业矿床。在矿体周围的岩石（围岩）以及夹在矿体中的岩石（夹石），不含有用成分或含量过少，当前不宜作为矿石开采的，则称为废石。矿石和废石的概念是相对的，是随着国民经济的发展、矿山开采和矿石加工技术水平的提高而变化的。

通常把矿床按产状来分类。

A 按厚度分

（1）极薄矿体：厚度在0.6～0.8m的矿体；

（2）薄矿体：厚度在0.8～2m的矿体；
（3）中厚矿体：厚度在2～5m的矿体；
（4）厚矿体：厚度在5～20m的矿体；
（5）极厚矿体：厚度大于20m的矿体。

B　按倾角分

（1）水平矿床：倾角在0°～3°的矿床；
（2）缓倾斜矿床：倾角在3°～30°的矿床；
（3）倾斜矿床：倾角在30°～50°的矿床；
（4）急倾斜矿床：倾角大于50°的矿床。

C　按形态分

（1）层状矿床：由于沉积原因形成的；
（2）脉状矿床：由于热液作用，充填于裂缝中形成的；
（3）块状矿床：由于充填、交代及汽化形成。

3. 矿体埋藏要素

矿体埋藏要素反映了矿体的空间位置及尺寸，主要有走向长度、倾向、厚度、延深及埋藏深度等。

A　走向长度

走向是矿体在空间的水平延伸方向，用走向线与正北方向的夹角表示。所谓走向线是指矿体层面与水平面的交线，如图2-1所示。矿体延走向的长度称为走向长度。

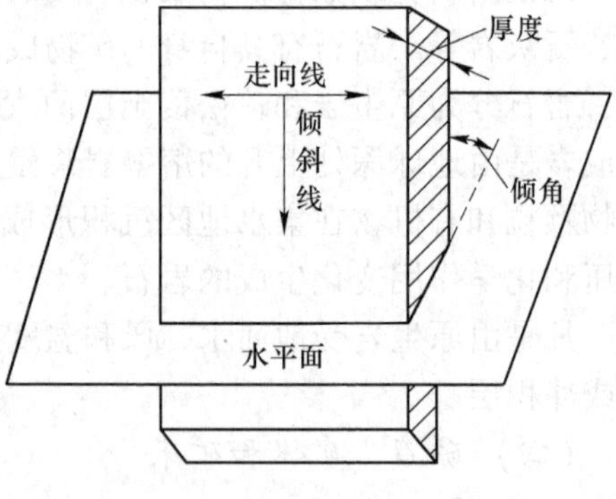

图2-1　矿体埋藏要素示意图

B　倾向

倾向是倾斜式矿体向深部延伸的方向。用倾斜线的水平投影与正北方向的夹角来表示。所谓倾斜线是垂直走向沿矿体层面下坡所引的直线，如图2-1所示。倾斜线与水平面所成的夹角叫倾角，它实际表明了矿体层面与水平面所夹的角。矿体与下盘围岩接触面的倾角对开采影响较大，所以通常说倾角是指矿体下盘接触面的倾角。

C　厚度

厚度指矿体的上盘接触面与下盘接触面间的垂直距离或水平距离，前者叫垂直厚度或真厚度，后者叫水平厚度，它们之间有如下关系：

$$d_{垂} = d_{平} \cdot \sin\alpha$$

式中　α——矿体的倾角；

$d_{垂}$，$d_{平}$——分别为矿体垂直与水平厚度。

D　延深

延深指矿体在深度上的分布情况，可用埋藏深度和赋存深度来表示。

E　埋藏深度

埋藏深度指地表至矿体上部界限的深度。

（五）品位、损失和贫化

1. 品位

矿石品位指单位体积或单位重量矿石中有用组分或有用矿物的含量，其是衡量矿床经济价值的主要指标。

边界品位是计算矿产储量的主要指标，是划分矿与非矿界限的最低品位，即圈定矿体时单位个矿样中有用组分的最低要求。它是圈定矿体的主要依据。

工业品位一般指在目前技术经济条件下能够为工业利用提供符合要求的矿石的最低平均品位，其产品的销售收入能够抵偿生产所发生的费用，此即经济平衡品位，即指单个勘探工程中有用组分含量的最低要求。

2. 损失与贫化

在矿床开采过程中，由于某些原因造成一部分有利用价值的储量不能采出或采出的矿石未能完全运出地表而损失在地下。凡在开采过程中造成矿石在数量上的减少，均叫做矿石损失。在开采过程中损失的工业储量占总工业储量的百分比，叫做矿石损失率。

在开采过程中，不仅有矿石损失，还会造成矿石质量的降低，叫做矿石贫化。它有两种表示方法：其一是混入矿石中的废石量占采出的矿石量的百分比，叫做废石混入率；其二是矿石品位降低的百分数，叫做矿石贫化率。在开采过程中，废石的混入和高品位粉矿的流失等都会造成矿石贫化，但废石混入是主要原因。

（六）矿岩的物理力学性质

矿岩的物理力学性质主要有硬度、容重、块度、含水性、结块性、氧化性、自燃性、碎胀性、自然安息角、坚固性、稳固性和强度等。

（1）硬度。矿岩抵抗工具入侵的性能叫做硬度。硬度对凿岩有很大影响，硬度愈大，凿岩愈困难。

（2）容重。容重是指单位体积中原岩的重量。一般岩石的容重约在 $2.3\sim3.0t/m^3$ 之间；有色金属矿石中金属含量较少，其容重与岩石差不多或稍大些；黑色金属矿石中金属含量较高，容重可达 $3.5t/m^3$ 左右。

（3）块度。原岩崩落后即成块，其尺寸的大小称为块度。常用三个相互垂直方向的平均尺寸（或最大方向的尺寸）来表示。对于一定的装运、破碎等设备，对矿岩的最大块度有一定的要求，矿石块度超过最大块度要求则需进行二次破碎。

（4）含水性。含水性是指矿岩裂缝和孔隙中含水的性质。矿岩含水过多，会使排水费用增加。

（5）结块性。结块性是指采下矿岩受湿后在一定时间内结成整块的性能。矿岩结块的原因在于矿岩中含有一定数量的黏土、滑石及其他黏结性的细小物质，它们遇水后则成为胶结物而造成结块现象。结块会给放矿、装运等带来一定的困难。

（6）氧化性。硫化矿石在水和空气的作用下，因时间过久而发生氧化的性质称为氧化性。硫化矿石氧化后会降低选矿回收率，还可能导致矿石的结块和自燃。

（7）自燃性。矿岩具有自燃的性质叫自燃性。含硫在 $18\%\sim20\%$ 以上的硫化矿石就有可能自燃，引起火灾。

（8）碎胀性。碎胀性是矿岩崩落后的体积因破碎而比原体积增大的性质。矿岩碎胀的程度常用碎胀系数（松散系数）来表示，它表示碎胀后的体积与原矿岩体积之比。一般来说，硬岩和极硬岩为1.45～1.8；中硬岩石为1.4～1.6；砂质黏土为1.2～1.25。

（9）自然安息角。松散矿岩自然堆积时，其四周将形成倾斜的堆积坡面，自然堆积坡面与水平面相交的最大角称为该矿岩的自然安息角。自然安息角是反映松散矿岩自然堆积特性的一个重要指标，对于确定放矿底部结构尺寸、矿岩搬运、漏斗口装置的参数等具有重要意义。一般自由松散状态的矿岩自然安息角为30°～45°。

（10）坚固性。一种抵抗外力的性能。这种外力不是一种简单的外力，而是一种综合的外力，即锹、镐、机械破碎、炸药爆炸等作用下的力。坚固性用f来表示，称为普氏系数，它反映矿岩极限抗压强度、凿岩速度、炸药消耗量等值的平均值。但目前主要用矿岩极限抗压强度的百分数来表示：

$$f = \frac{R}{100}$$

式中　R——矿岩极限抗压强度。

（11）稳固性。稳固性是指矿岩在一定暴露面积下和在一定时间内不自行垮落的性能，它对选择开采方法和支护方法等有很大关系。通常将矿岩的稳固性分为五级：

1）极不稳固。没有支架或超前支架的支护，顶板和侧帮都不能有暴露面。

2）不稳固。允许有不大的暴露面（$50m^2$以内），但随着工作面的推进需要立即支护。

3）中等稳固。允许有一定的暴露面（$50～200m^2$），随着工作面的推进可以不立即支护。

4）稳固。允许有比较大的暴露面（$200～800m^2$），一般不用支护，仅极个别地方需要支护。

5）极稳固。允许有很大的暴露面（$800m^2$以上），在相当长的时间内不垮落。

（12）强度。强度是指矿岩抵抗各种外力破坏的能力。其大小是用矿岩从完整性开始破坏时的极限应力值来表示。一般矿岩的抗压强度介于20～30MPa至200～300MPa，抗拉强度只有抗压强度的1/10～1/50，抗剪强度只有抗压强度的1/8～1/12，因此，要使岩石破坏，应尽可能使它处于拉伸或剪切状态。

（七）矿床储量

1. 矿床储量基础及矿产储量

矿床储量基础是指品位、质量、厚度及深度等能满足现行采矿和生产实践所要求的最低标准的资源，包括目前经济上可利用的资源（储量）、经济上处于边界条件的资源（边界储量）和某些目前属于潜在的资源。

矿产储量是指经地质勘查工作证实存在的矿床矿量，准确或大致查明其空间分布、产状、形态、规模和质量符合当前工业生产经济技术条件，或政策允许开发利用，呈自然状态赋存于地表或地下的资源。

2. 三级储量

三级储量是指矿山在采掘过程中，依据不同的开采方式和采矿方法的要求，用不同的采掘工程所圈定的矿量，它包括：

（1）开拓矿量。开拓矿量是工业储量的一部分，是指已全部或部分完成开拓工程量和达到一定勘探程度的开拓水平以上的工业储量。

（2）采准矿量。采准矿量是开拓矿量的一部分，露天矿是指矿体上部已经揭露，储量达到相应勘探类型，设备占用最小工作平盘宽度以外的工业储量；地下矿是按设计完成全部采准及辅助工程，储量达到相应勘探类型最高级别，并符合开采顺序的工业矿量。

(3) 备采矿量。备采矿量是采准矿量的一部分，露天矿是指按开采顺序，矿体上部及侧面已揭露，在台阶外侧一次采掘带的可采矿量；地下矿是指已完成设计的全部采准和切割工程，并符合开采顺序的可采矿量。

二、凿岩爆破技术

(一) 概述

凿岩爆破也称打眼放炮，它是在矿岩里钻凿出若干个一定深度和直径的炮孔，在孔内装入炸药并使炸药爆炸，利用炸药爆炸所放出的巨大能量使炮孔周围的矿岩从原岩体上破落下来的过程。

应用凿岩爆破开采矿石，已有几百年的历史。随着科学技术的发展，人们曾用高频电磁波、高压水流、激光等破碎岩石，都展示了可喜的前景，但迄今为止，不论是从操作技术的方便，还是从生产的经济性来说，传统的凿岩爆破方法仍然是当前金属矿山采矿和井巷掘进最基本的矿岩破碎方法。

(二) 凿岩方法及凿岩器械

1. 凿岩方法

现代凿岩技术可分为借助机械能和借助热能两大类。

(1) 借助机械能的方法。传统的方法主要有机械式钻孔法、常规爆破法、全断面掘进(平巷、天井)；现代的方法主要有超声波法、水射流法(高压水法)、爆破钻孔法、弹射冲击法、水电效应法和火花放电法。

(2) 借助热能的方法。主要包括：1)常规火焰射法；2)表面热射法：主要有等离子法、激光法、红外线法、电子束法(聚能电子束、脉冲电子束、高能加速器)、热熔法(电能、核能)等；3)内燃热核法：主要有高频法、电热核法和微波法等。

2. 凿岩器械

(1) 风动式凿岩机。风动式凿岩机按质量、冲击频率、回转方式和配气机构分成若干种类型。常以凿岩机的支持方式进行分类，分为手持式、气腿式和导轨式三种。

1) 手持式凿岩机。由操作者抱持机体在岩壁上或岩石中钻凿浅孔，质量较轻，一般在25kg以下，工作时用手扶着操作，可以打各种小直径和较浅的炮孔。一般只打向下的孔和近于水平的孔。由于它靠人力操作，劳动强度大，冲击能和扭矩较小，凿岩速度慢，现在地下矿山很少用它。属于此类的凿岩机有Y3、Y26等型号。

2) 气腿式凿岩机。安装在气腿上进行操作，气腿能起支撑和推进的作用，这就减轻了操作者的劳动强度，凿岩效率比手持式凿岩机高，可钻凿深度为2～5m、直径34～42mm的水平或带有一定倾角的炮孔，如YT23 (7655)、YT24、YT28、YTP26等型号均属此类凿岩机。气腿式凿岩机具有适用于中硬或坚硬岩石的湿式凿岩；操作机构集中，启动灵活，气水联动，使用方便，维修简易；节能高效，零件寿命长，通用率高，可靠性好；效率高，吹洗炮孔功能强，转钎力矩大而优于同类产品等特点，为矿山广泛使用。

3) 导轨式凿岩机。主要用来钻凿中深孔。因孔较深，必须接杆凿岩。即随着孔的加深，要用螺纹连接套逐根接长钎杆。炮孔凿完后再逐根使钎杆与连接套分离，将它们从炮孔内取出。为此，转钎机构必须能双向回转，即能带动钎杆正转和反转（装卸钎杆时）。同时，导轨式凿岩机质量都较大，必须装在推进器的导轨上进行凿岩，故称之为导轨式凿岩机。它与钻架（支柱）或钻车配套使用。

（2）凿岩台车。凿岩台车可以提高凿岩效率，减轻工人劳动强度，提高凿岩机械化水平，在平巷掘进和采矿中都有应用。凿岩台车按用途可分为掘进台车、锚杆台车和采矿台车。按行走方式分为轨轮式、履带式和轮胎式三种。一般普遍认为自行式、四轮驱动、轮胎行走、铰接车身的无轨凿岩台车较好。

（3）钎头。钎头是直接破碎岩石的部分，耗损最大。它的形状、结构、材质、加工工艺等都直接影响破碎的效果和钎头的寿命。钎头有整体钎头和活动钎头两种。整体钎头也叫自刃钎头，钎头和钎杆不可分；活动钎头可以和钎杆分开，以便于制作、修磨和更换。金属矿山广泛使用活动钎头，整体钎头使用甚少。

（4）牙轮钻具。牙轮钻具是由钻头和钻杆组成的。按照牙齿的形状，牙轮钻具可分为钢齿牙轮钻头和硬质合金柱齿牙轮钻头两类。前者用于软岩；后者强度大、耐磨，适用于中硬和坚硬矿岩。

牙轮钻具是一种回转钻机，钻孔时，由回转机构带动钻具回转，由加压机构向孔底施加轴向压力，由回转供风机构将压气引入中空钻杆，然后经钻头的喷嘴喷向孔底，将牙轮钻头破碎下来的岩渣沿钻杆与孔壁之间的环形空间不断地吹至孔外。当钻完一个炮孔后，开动行走机构使钻机移位，再钻凿另一炮孔。

（三）爆破

爆破是指把炸药及起爆器材装入炮眼内，并使其爆炸，将指定部位的岩石或其他爆破对象崩塌或松动，系利用炸药爆炸所释放的能量来破碎岩石或其他介质的方法。

1. 炸药

炸药是一种固体或液体的化合物或混合物，这种物质受到一定的外界能量（热、冲击、摩擦等）作用时，就能迅速分解，同时产生大量的气体和热量。在炸药迅速分解的过程中，由于气体的膨胀作用对周围介质产生突然的冲击压力，致使介质破坏，同时发生巨大的音响和振动，这种现象称为爆炸。炸药爆炸多是指固体状态的物质，经过短时剧烈的反应，骤然变成气态，放出高能量。

炸药按用途可分为起爆药、猛炸药和火药；按炸药的组分可分为单质炸药和混合炸药。

2. 矿用炸药

矿用炸药泛指各类矿山井巷工程掘进及矿山采剥作业爆落岩石所应用的炸药，其特点是来源广泛、成本低、物理化学性质稳定。根据炸药的组成，矿用炸药可分为硝酸铵类炸药、含水炸药和硝化甘油类炸药。

3. 起爆器材和起爆方法

A 起爆器材

起爆器材主要包括：（1）雷管：火雷管、电雷管；（2）导火索、导爆索和导爆管。

B 起爆方法

起爆方法主要包括：（1）非电力起爆法：火雷管起爆法、导爆索起爆法、导爆管起爆法；（2）电力起爆法：即利用电能引爆电雷管进而起爆炸药的起爆方法，它所需要的器材有电雷管、导线和起爆电源等。

三、井巷掘进与支护

（一）概述

为了勘探和把矿藏开采出来，必须从地表向地下开掘各种地下通道。直立的通道称为竖井，倾斜的通道称为斜井，水平或近似水平的称为平巷，以上统称为巷道。井巷工程是矿山开采的基本建设工程，也是生产矿山进行采矿准备和生产探矿的主要工程。

井巷掘进是矿山井巷的开掘工作，它要超前于采矿工作。当必要的超前关系形成后，掘进与采矿还应同时进行，以保证矿井持续地进行生产。通常把掘进与采矿的这种关系概括为“采掘并举，掘进先行”。这是矿井生产的基本规律和必须遵循的一条技术方针。

（二）掘进

1. 平巷掘进

A　平巷断面及特点

按构成巷道轮廓线的不同，平巷断面形状可划分为折线形和曲线形两大类。金属矿山的平巷一般为梯形或直壁拱形断面。断面形状的选择主要取决于支架类型，而巷道支架类型又取决于岩石稳固性及使用年限的长短。岩石较稳固、使用年限短，一般多用木材支架，因而断面形状常为梯形；岩石不稳固，或使用年限长，采用混凝土支架，巷道断面为直壁拱形；岩石很稳固，使用年限又不长时，则可不用支护，断面形状为自然拱形。

巷道断面尺寸主要根据巷道的用途及运输、凿岩等设备要求的尺寸大小来确定，并需根据通风要求加以校正。

B　掘进工序

平巷掘进主要包括凿岩、爆破、通风、装岩、支护等工序；辅助工序主要有撬浮石、铺轨和接长管线等。

2. 天井掘进

天井掘进多采用普通掘进法、吊罐掘进法和爬罐掘进法，少数矿山还采用天井全断面钻凿若干个贯穿天井全高的深孔，然后自下而上逐步爆破成井。天井的断面尺寸和形状主要取决于其用途和格间数目。断面形状通常为矩形，溜矿井和通风井常为圆形。

3. 竖井掘进

竖井断面形状和尺寸的确定原则与平巷大致相同。竖井掘进一般采用01-30型、YT-25型或7655型凿岩机进行凿岩作业，掘进圆形断面时，炮眼呈同心圆状排列。竖井掘进不仅工序复杂，而且效率低，为了改进竖井掘进工作，加快竖井掘进速度，国内外已采用竖井钻进法。

4. 斜井掘进

斜井掘进方向居于水平和垂直之间，故其掘进的主要工序和组织工作，有许多与平巷和竖井的掘进相同。斜井的倾角小于45°时，其断面形状和尺寸的确定方法基本上与平巷相同；当倾角大于45°时，则与竖井相似。

（三）支护

井巷支架的作用是支护井巷围岩，以控制地压防止围岩变形和塌落，使井巷保持一定的断面形状和尺寸，保证正常生产和安全。矿井支护按支架材料分为木材支护、混凝土支护、装配式钢筋混凝土支护、石材支护、金属支护、喷射混凝土和锚杆支护等，其中以木材支护、混凝土支护、喷射混凝土和锚杆支护应用较多。

四、固体矿地下开采技术及工艺

（一）矿床回采单元的划分

金属矿床的开采有着明显的特殊性。首先是地下作业，作业环境和劳动条件较差，空间狭小，开采的矿床复杂多变，作业地点也经常变化；其次，矿床开采必须高效、安全和可持续，充分保护环境和保护资源。

矿床因其成因条件的不同，其埋藏范围的大小也各有不同。一般来说，岩浆矿床的规模较小，走向长度常为数百米至千米；而沉积矿床埋藏规模较大，常为几千米至几十千米。缓倾斜及近水平的沉积矿床，其倾斜长度也常较大，有的可达一两千米。开采这类规模较大的矿床，就需要将矿床沿走向和倾斜方向划分成若干井田。

在缓倾斜、倾斜和急倾斜矿床中，通常是将矿床划分为井田，井田划分为阶段，阶段再划分为矿块。在水平和微倾斜矿床中，将矿床划分为井田后，井田划分为盘区，盘区划分成矿壁。矿块和矿壁是回采的最基本单元。

（1）矿田和井田。习惯上，划归一个矿山企业开采的矿床或其一部分，叫做矿田。划归一个矿井或坑口开采的矿田或其一部分，叫做井田。因此，矿田有时等于井田，有时包括数个井田。

（2）阶段和矿块。在缓倾斜、倾斜和急倾斜矿床的井田中，每隔一定垂直距离，掘进与矿体走向一致的阶段平巷，将矿体沿垂直方向划分成一个个矿段，这就是阶段。矿块也叫做采区，在阶段平巷中，沿矿体走向每隔一定距离掘进天井，将阶段划分成一个个矿块。

（3）盘区和矿壁。在水平和微倾斜矿床的井田中，首先在井田中掘进主要运输平巷，然后在垂直于主要运输平巷的方向上向井田边界掘进盘区平巷，将井田划分成一个个矿段，这些矿段叫做盘区。再沿盘区平巷，每隔一定距离掘进回采平巷，将盘区划分成一个个矿段，这些矿段叫做矿壁。它的四周被盘区平巷和回采平巷所包围。

（二）矿床开采步骤

矿床地下开采分开拓、采准、切割和回采四个步骤，它们反映了矿床开采的基本生产过程。

（1）开拓。矿床开拓就是从地面掘进一系列巷道通达矿体，使地面与矿体之间构成一个完整的运输、通风、排水、压气、供风、供水等线路，以便在矿体中进行采准、切割和回采工作。

（2）采准。开拓结束后，掘进采准巷道，将阶段划分成矿块，并在矿块内为回采创造行人、凿岩、放矿和通风条件。

（3）切割。在已采准完毕的矿块里，为大规模回采矿石开辟自由面和补偿空间，有的在矿块底部形成拉底空间（或水平补偿空间），有的在矿房全高形成切割立槽（或补偿空间），以及扩漏或形成堑沟等，称为切割工作。

（4）回采。矿块切割完成后，就可进行大量的矿石回采工作，它包括落矿、矿石运搬和地压管理三项主要工作。

（三）矿床开拓

1. 开拓巷道

根据开拓巷道在矿床开采过程中所起的作用主要可分为以下四种：

（1）主要开拓巷道。主要用于提升矿石，包括主平硐、主井、斜坡道、盲井筒等。

（2）辅助开拓巷道。主要用作通风、排水、运送材料设备、人员以及提运废石等。包括副平硐、副井、通风井、溜矿井、充填井等。

（3）补充开拓巷道。这类开拓巷道是补充主要巷道之不足，用来开采矿床下部的开拓巷道。竖井、斜井、盲斜井、盲竖井都可做补充开拓巷道。

（4）阶段开拓巷道。这类开拓巷道主要为开采阶段服务，属阶段开拓巷道的有井底车场及硐室、石门、主要阶段运输平巷等。

2. 开拓方法

根据主要开拓巷道的类型和下部有无补充开拓巷道，开拓方法分为两类：

（1）单一开拓法。用一种主要开拓巷道开采整个矿床的全部开采深度的开拓方法。分为竖井开拓法、斜井开拓法、平硐开拓法和斜坡道开拓法等。

（2）联合开拓法。开采矿床上部用某一种主要开拓巷道，下部用补充开拓巷道联合开拓的方法属于联合开拓法。联合开拓法根据井筒类型的不同可分为：平硐与盲井（盲竖井、盲斜井）联合开拓法、竖井与盲井（盲竖井、盲斜井）联合开拓法、斜井与盲井（盲竖井、盲斜井）联合开拓法、斜坡道联合开拓。

（四）采矿方法

地下采矿方法是根据矿床的赋存条件和矿石与围岩的物理力学性质等因素所确定的矿石开采方法。它包括采区的地压控制、结构参数和回采工艺等。

由于地压管理方法是以矿石与围岩的物理力学性质为依据，同时又与采矿方法的使用条件、结构参数、回采工艺等有密切关系，并最终将影响到开采的安全、效率和经济效果，因而采矿方法可分为三大类，即空场采矿法、充填采矿法及崩落采矿法。

（1）空场采矿法。这类方法用于开采围岩和矿石都很稳固的矿床，地压管理是用采区中所留下的矿柱支撑和维护采空区。在回采过程中随矿石被采出后所形成的采空区不立即进行处理而空放着，是这类方法的基本特征。空场采矿法属于结构简单的一种采矿方法，工人易于掌握，生产效率也较高，贫化小，成本低，实践技术也比较成熟，因而应用广泛。现阶段我国有色金属、黄金及化工矿山应用相当普遍。

属于这类采矿方法的主要有全面法、留矿法、房柱法、分段法、阶段矿房法。

（2）充填采矿法。这类方法用在开采矿石比较稳固（允许在一定的暴露面积下进行回采工作）而围岩不够稳固（暴露面积不能很大，否则会引起冒落）的矿床。采场地压管理是在矿石回采期间必须用充填料充填采空区，可靠地支撑围岩，这是充填法的基本特征。这类采矿法分为矿房与矿柱，分步回采或不分房柱连续回采，当矿岩稳固时，可以上向分层回采；矿岩稳固性较差时可以下向分层回采。

根据充填料的特性，这类方法可分为干式充填法、水砂充填法、胶结充填法。

（3）崩落采矿法。本类方法用在开采围岩和矿石由不够稳固到中等稳固的矿床。矿块按一个步骤开采，回采由上向下不断推进，而且不断崩落围岩处理采空区。因此，崩落法的地压管理是随崩落矿石的同时（或稍滞后）而围岩自动崩落或人工崩落充满采空区。围岩可以崩落，地表也允许塌陷是这类方法的应用条件。

属于这类方法的主要有分层崩落法、分段崩落法(有底柱或无底柱)、阶段崩落法等。

上述三大类采矿方法中又由于方法的结构特点、回采工作面的形式、落矿方式等不同而分组，如表 2-1 所示。

表 2-1　金属矿床地下采矿方法分类

采矿方法类别	采矿方法分组	采矿方法名称	采矿方法主要分类
空场法	分层（单层）空场法	全面采矿法	（1）普通全面法； （2）留矿全面法
		房柱采矿法	（1）浅孔落矿房柱法； （2）中深孔落矿留矿法
		留矿采矿法	（1）极薄矿脉留矿法； （2）浅孔落矿留矿法
	分段空场法	分段采矿法	（1）有底柱分段采矿法； （2）连续退采分段采矿法
		爆力运矿采矿法	
	阶段空场法	阶段矿房法	（1）水平深孔阶段矿房法； （2）垂直深孔阶段矿房法
崩落法	分层（单层）崩落法	壁式崩落法	（1）长壁崩落法； （2）短壁崩落法； （3）进路崩落法
		分层崩落法	（1）进路回采分层崩落法； （2）长工作面回采分层崩落法
	分段崩落法	无底柱分段崩落法	（1）典型方案； （2）高端壁无底柱分段崩落法
		有底柱分段崩落法	
	阶段崩落法	阶段强制崩落法	（1）典型方案； （2）分段留矿崩落法
		阶段自然崩落法	
充填法	分层（单层）充填法	上向分层充填法	
		上向进路充填法	
		点柱分层充填法	
		下向分层充填法	
		壁式充填法	
	分段充填法	分段充填法	
	阶段充填法	分段空场嗣后充填法	
		阶段空场嗣后充填法	
		V. C. R 嗣后充填法	
		留矿采矿嗣后充填法	
		房柱采矿嗣后充填法	

（五）溶浸采矿

溶浸采矿是根据某些矿物的物理化学特性，将工作剂注入矿层（堆），通过化学浸出、质量传递、热力和水动力等作用，将地下矿床或地表矿石中某些有用矿物，从固态转化为液态或气态，然后回收，以达到以低成本开采矿床的目的。

溶浸采矿方法包括地表堆浸法、原地浸出法和细菌化学采矿法等。溶浸采矿彻底改革了传统的采矿工艺，特别是地下溶浸采矿，少需或无需传统的采矿工程（如开拓、剥离、采掘、搬运等），使复杂的选冶工艺更趋简单。溶浸采矿可处理的金属矿物有：铜、铀、金、银、离子型稀土、锰、铂、铅、锌、镍、铬、钴、铁、汞、砷、铱等20多种。但应用比较多的是铜、铀、金、银、离子型稀土。

（1）地表堆浸法。堆浸法是指将溶浸液喷淋在矿石或边界品位以下的含矿岩石(废石)堆上，在其渗滤过程中，有选择地溶解和浸出矿石或废石堆中的有用成分，使之转入产品溶液(称浸出富液)中，以便进一步提取或回收的一种方法。

按浸出地点和方式的不同，堆浸可分为露天堆浸和地下堆浸两类，前者用于处理已采至地面的低品位矿石、废石和其他废料；后者用于处理地下残留矿石或矿体，如果这些矿体或矿柱未采动，为提高堆浸效果，需预先进行松动爆破。

（2）原地浸出法。原地浸出法，又称地下浸出法，包括地下就地破碎浸出和地下原地钻孔浸出。

1）地下就地破碎浸出。地下就地破碎浸出法开采金属矿床，是利用爆破法就地将矿体中的矿石破碎到预定的合理块度，使之就地产生微细裂隙发育、块度均匀、级配合理、渗透性能良好的矿堆，然后从矿堆上部布洒溶浸液，有选择性地浸出矿石中的有价金属，浸出的溶液收集后转输到地面加工回收金属，浸后尾矿留采场就地封存处置。

溶浸矿山比常规矿山基建投资少，建设周期短，生产成本低，有利于实现矿山机械化与自动化，有利于矿区环境保护，因此，该法很有应用发展前景。目前在国外已得到广泛应用，我国也在铀、铜等金属矿床试验研究或推广应用，取得了良好效果。

2）原地钻孔溶浸采矿方法。其特征是矿石处于天然赋存状态下，未经任何位移，通过钻孔工程往矿层注入溶浸液，使之与非均质矿石中的有用成分接触，进行化学反应。反应生成的可溶性化合物通过扩散和对流作用离开化学反应区，进入沿矿层渗透的液流，汇集成含有一定浓度的有用成分的浸出液（母液），并向一定方向运动，再经抽液钻孔将其抽至地面水冶车间加工处理，提取浸出金属。

（3）细菌化学采矿法或微生物溶浸法。某些微生物及其代谢产物，能对金属矿物产生氧化、还原、溶解、吸附、吸收等作用，使矿石中的不溶性金属矿物变为可溶性盐类，转入水溶液中，为进一步提取这些金属创造条件。利用微生物的这一生物化学特性进行溶浸采矿，是近几十年迅速发展起来的一种新的采矿方法。目前世界各国微生物浸矿成功地应用于工业化生产的主要是铀、铜、金、银等金属矿物，且正在向锰、钴、镍、钒、镓、钼、锌、铝、钛、铊和钪等金属矿物发展。浸出方式由池(槽)浸、地表堆浸逐步扩展到了地下就地破碎浸出，并有向地下原地钻孔浸出发展的趋势。一般说来，微生物浸矿主要是针对贫矿、含矿废石、复杂难选金属矿石。

五、露天开采技术及工艺

露天矿是指用露天法开采矿床的矿山企业。露天采场是指用矿山设备进行剥离及采矿的场所。露天开采是指依照矿床的赋存条件，用一定的采、装、运设备，在敞露的空间从事开采工作。有的矿床规模很大，埋藏较浅，甚至出露地表，只要将上覆岩层及部分围岩剥离掉，不需掘进大量的井巷就可以从地表直接挖掘出有用的矿物，这种矿床适合用露天开采。

露天与地下开采相比，优点是资源利用充分、回采率高、贫化率低，适用于大型机械施工，建矿快、产量大、劳动生产率高、成本低、劳动条件好、生产安全；缺点是需要剥离岩土，排弃大量的岩石，尤其较深的露天矿，往往占用较多的农田，设备购置费用较高，初期投资较大。此外，露天开采受气候影响较大，对设备效率及劳动生产率都有一定的影响。

（一）基本概念

（1）台阶：也叫阶段，是指开采过程中为适应采掘设备及运输设备的正常作业要求，将覆盖层、围岩及矿体划分成一定高度的水平分层，这些分层在空间上构成阶梯状，每个阶梯就是一个台阶或阶段，台阶是露天采场的基本要素之一。

（2）采掘带和采区：露天矿在开采时，常将工作台阶划分成若干条带顺次开采，每一条带叫做采掘带。采掘带如果长度足够和必要，可沿长度划分成若干区段，各配置独立的采掘运输设备进行开采，这样的区段称为采区。

（3）工作平盘、平台：工作平盘是指工作台阶上的平盘；平台是指非工作台阶上的平盘，它分为安全平台、清扫平台和运输平台。安全平台是指为保持采场最终边帮的稳定性和阻截滚石下落而设置的平台。清扫平台是非工作帮供清扫设备、清除落石的平台。运输平台是工作台阶与出入沟间供运输联系用的平台。

（4）露天开采境界：露天采矿场的底平面、最终边坡及开采深度所构成的空间几何形状。

（5）露天矿最终境界：露天矿开采结束时，由其上下部最终境界所限定的位置。

（6）剥采比：剥离量与采矿量的比值，是衡量露天开采经济效果的重要指标。

（7）采掘工作面：在采掘带中，进行采掘作业的部分。

（8）采掘工作线：具备采运条件的采掘带。

（9）工作台阶：具有正常采掘条件的台阶。

（10）工作帮：由若干工作台阶组成的露天矿边帮。

（11）工作帮坡角：假想平面和水平面的夹角。

（12）非工作帮：不进行矿山作业的露天矿边帮。非工作帮上常设置运输平台、安全平台和清扫平台。非工作帮常是露天采场开采结束时的最终边坡或最终边帮。

（13）上部境界线：非工作帮与地表的交线。

（14）下部境界线：非工作帮与露天矿底面的交线。

（15）最终边坡角：通过上部境界线、下部境界线的假想斜面和水平面的交角。

（二）开采步骤

露天矿从建设到生产，大致需要经过以下几个步骤：

（1）矿山地面准备。在矿区和地面设施范围内，清除各种天然的和人为的障碍物，如树木、房屋、河流、道路等。

（2）矿体疏干排水。当矿体地下水很大时，为保证正常生产，要先行疏干地下水，使矿区内地下水降至生产所需水平。在矿区范围内还应采用地面防水工程拦截引走地表水流。

（3）矿山基本建设。是指矿山投产前为保证矿山正常生产所完成的全部工程，包括形成供电供水，开拓运输系统，完成地面工业场地建筑和设施的建设以及基建剥离工程。

（4）露天矿的正常生产。露天矿基本建设完成后，即按一定的生产顺序和生产过程进行生产。

（5）地表恢复利用。由于露天矿占用大量土地，所以开采结束以后，要对露天采场进行恢复覆土，以供农业利用，保护环境，保持生态平衡。

（三）露天矿生产工艺

露天开采作业主要包括穿孔、爆破、采装、运输和排土。露天开采的顺序是采矿、剥离在时间与空间上的相互配合，这四项工作的好坏及它们之间的配合情况，是露天采矿的关键。

（1）穿孔爆破。是在露天采场矿岩内钻凿一定直径和深度的定向爆破孔，以炸药爆破，对矿岩进行破碎和松动。穿孔设备主要有冲击式钻机、潜孔钻机和牙轮钻机等，多用铵油炸药、浆状抗水炸药和乳化炸药及粒状乳化炸药。

（2）采装工作。是用人工或机械将矿岩装入运输设备，或直接卸到指定地点的作业。常用的设备是挖掘机（有多斗和单斗两类）、轮斗铲和前端式装载机，广泛采用的为单斗挖掘机。

（3）运输工作。是将露天采场的矿、岩分别运送到卸载点（或选矿厂）和排土场，同时把生产人员、设备和材料运送到采矿场。主要运输方式有铁路、公路、输送机、提升机，还有水力运输和用于崎岖山区的索道运输。选择运输方式必须综合考虑地形、地质、气候条件、露天矿生产能力、开采深度、矿石和围岩的物理力学性质等，经过全面技术经济比较后，确定合理的运输方式。

（4）排土工作。是指从露天采场将剥离覆盖在矿床上部及其周围的大量表土和岩石，运送到专门设置的场地（如排土场或废石场）进行排弃的作业。排土方法依其排土设备的不同，分为推土犁推土、推土机排土、前装机排土和拖拉铲运机或索斗铲排土等。排土场应尽量选择在靠近采矿场，少占农田的位置，有条件的应放置在山谷、洼地处，注意环境保护和造田、还田。

（四）露天矿开拓

露天矿在开采过程中，必须划分若干水平分层进行生产。露天矿开拓的目的是为了建立地面到各个工作台阶，以及各个台阶之间的通路，形成露天矿到选矿厂、排土场、工业广场之间的运输系统，以保证矿山采矿、剥离、开拓工作的正常进行。

露天矿床开拓有好几种分类方法，但主要以运输方法分类，包括铁路和公路运输开拓、带式输送机开拓、提升机运输开拓和平硐溜井开拓。

（1）铁路和公路运输开拓。其通道多为沟道，空间形状在浅、长露天矿为直进式，深、短露天矿为折返式、回返式或螺旋式。设在非工作帮的沟道称固定沟道，设在工作帮的沟道称移动沟道。前者运输条件好，但要求边坡稳定；后者能适应矿床条件变化，见矿快，但铁路运输的工艺较复杂。开拓沟道多设在采场内，有时浅部可延伸到境界以外，以改善运行条件。

（2）带式输送机开拓。因生产工艺不同，其通道有沟道和斜井两种。连续式生产工艺主要用沟道，有时设分流站；半连续式生产工艺两种均可用。为把矿岩破碎至输送机要求的块度，常在采场内设破碎机。

（3）提升机运输开拓。其通道有沟道和井巷，提升容器有箕斗罐笼和串车等。它不能直达工作面，需和公路或铁路运输等与之构成完整的运输系统。提升机能以最短运距克服大的高差，减少运输设备，节约能耗，运营费低，扩帮量少。但运输环节多，衔接点相互制约较大，影响生产能力；随开采水平的下降，用箕斗时需定期移设结构庞大的转载栈桥。适用于生产能力较小、高差大的露天矿。

（4）平硐溜井开拓。对地形复杂、高差大、坡度陡的山坡露天矿，可用平硐溜井开拓。工作面的矿岩运至溜井口卸载，沿溜井自重溜入平硐中的运输设备，运至卸载点。溜井的运距短，所用设备少，运营费低。但井壁易磨损，管理不当时易堵塞和跑矿，放矿时粉尘大，应加强通风，采取防尘措施。

第二节　矿物加工基础知识

一、概述

从矿山开采出来的矿石（或进入选矿厂的矿石）称为原矿。原矿一般由有用矿物和脉石矿物组成，含有用成分的矿物称为有用矿物，矿石中没有使用价值或不能被利用的矿物称为脉石矿物。

矿石中某有用成分的含量百分比称为品位。原矿品位一般都比较低，例如，很多铁矿石含铁只有20%～30%，铜矿石含铜只有0.5%～1%。这样的矿石直接进行冶炼不仅技术上有困难，经济上也不合算，而且有一些矿石当其品位很低时，几乎不能直接冶炼。为了满足下一步处理的要求，对于品位低的贫矿石，在冶炼前就需要用矿物加工（选矿）方法，将矿石中的有用矿物和脉石矿物分开，使矿石中有用成分的品位提高，得到适合于冶炼或其他部门要求的原料。

自然界的矿石往往含有多种有用成分，如铜、铅、锌等有色金属往往共生或伴生于同一矿床中；铁既有单一的铁矿石，也有铁-铜、铁-硫、钒钛铁等共生矿石。有用成分的互相共生或伴生给冶炼造成很大困难。冶炼过程对原料中某些共生或伴生元素，常视为有害杂质。将原料中这些成分彼此分离并使之得到富集之后，就可以变害为利，将它们分别回收，获得符合要求的各种单独精矿。这样就能合理利用多金属矿石中的各种有用成分。故矿物加工也是一门综合利用矿产资源的技术学科。

由此可见，矿物加工的目的就是分离有用矿物和脉石矿物，把共生或伴生的有用矿物尽可能地相互分离成单独的精矿，除去有害杂质，充分、经济、合理地利用矿产资源。

二、矿物加工基本过程

矿物加工过程是一个连续的生产过程，由一系列连续的作业组成。图2-2为简单的矿物加工流程框图，图 2-3 为矿物加工工艺流程图。矿物加工过程可分为选别前的准备作业、选别作业和产品处理作业。

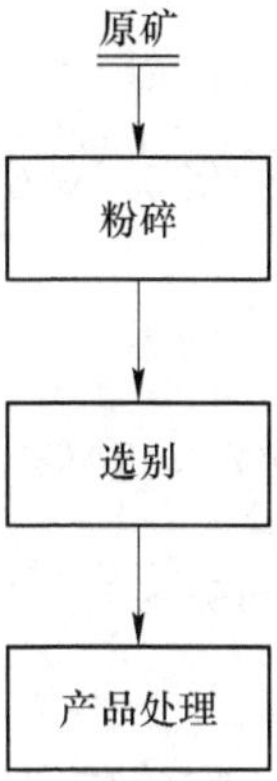

图 2-2　简单矿物加工流程框图

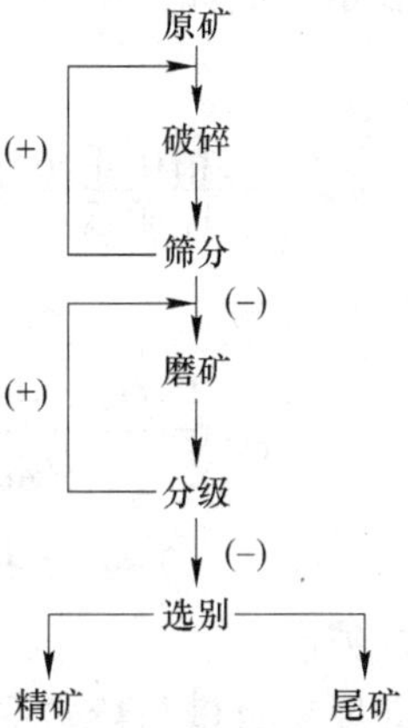

图 2-3　矿物加工工艺流程图

（一）选别前的准备作业

选别前的准备作业包括破碎和筛分、磨矿和分级。其目的主要是使有用矿物与脉石矿物、有用矿物与有用矿物相互分开，达到单体分离，为分选作业做准备。有时这种准备作业是将物料分成若干适宜的粒级，为分选作业做准备。

（二）选别作业

选别作业是矿物加工过程的关键作业（或称主要作业）。根据矿物性质的不同，采用不同的选矿方法，如浮选法、重选法、磁选法等。

矿石经过选别之后，可得到几种产品：精矿、尾矿和中矿。精矿是原矿经过选别之后，得到的有用矿物含量较高，适合于冶炼或其他工业部门要求的最终产品；尾矿是经过选别之后，得到的有用矿物含量很低，不需要进一步处理或目前技术经济上不适于进一步处理的产品；中矿是原矿经过选别之后，得到的中间产品（或称半成品），其中有用矿物含量比精矿低，但比尾矿高，因此还需要进一步加工处理。

（三）产品处理作业

产品处理作业主要包括精矿脱水和尾矿处理。精矿脱水常由浓缩、过滤、干燥（有时需要）三个阶段组成。尾矿处理通常包括尾矿贮存和尾矿水处理。

三、矿物加工的工艺指标

为了评价矿物加工过程进行的好坏，通常采用一些技术指标来表示。常用的选矿指标有：产品的品位、产率、选矿比、富集比和金属回收率等。

（一）品位

产品中金属（或某元素或金属氧化物）的品位是产品中该金属（或某元素或金属氧化物）的重量与产品重量之比，用百分数表示。例如：铜精矿品位为 20%，是指 100t 铜精矿中含有 20t 金属铜。通常用希腊字母 α、β、δ 分别表示原矿、精矿、尾矿的品位。

（二）产率

产品的重量通常以 Q 表示。产品重量与原矿重量之比的百分数叫做产品的产率，并以希腊字母 γ 表示。例如：某选矿厂每昼夜处理 500t 原矿石，获得 30t 精矿，则精矿产率 $\gamma_{精矿}$ 为：

$$\gamma_{精矿} = \frac{精矿重量}{原矿重量} \times 100\% = \frac{Q_{精}}{Q_{原}} \times 100\% = \frac{30}{500} \times 100\% = 6\%$$

尾矿产率 $\gamma_{尾矿}$ 为：

$$\gamma_{尾矿} = \frac{Q_{原矿} - Q_{精矿}}{Q_{原矿}} \times 100\% = \frac{500 - 30}{500} \times 100\% = 94\%$$

或

$$\gamma_{尾矿} = 100\% - \gamma_{精矿} = 100\% - 6\% = 94\%$$

（三）选矿比

选矿比即原矿重量与精矿重量的比值。用它可以决定获得一吨精矿所需处理原矿石的吨数。以上例数值为例，则：

$$选矿比 = \frac{Q_{原矿}}{Q_{精矿}} = \frac{500}{30} \approx 16.7$$

（四）富集比

富集比或称富矿比，即精矿中有用成分含量的百分数(β)和原矿中该有用成分含量的百分数（α）之比值，常以 i 表示。它表示精矿中有用成分的含量比原矿中该有用成分含量增加的倍数。如原矿中铜的品位为1%，精矿中铜的品位为15%，则其富矿比为：

$$i = \frac{\beta}{\alpha} = \frac{15\%}{1\%} = 15$$

（五）回收率

精矿中金属重量与原矿中该金属重量之比的百分数，称为回收率，常用 ε 表示，可用下式计算：

$$\varepsilon = \frac{\gamma\beta}{\alpha} \times 100\%$$

金属回收率是评定分选过程（或作业）效率的一个重要指标。回收率越高，表示分选过程（或作业）回收的金属越多。因此，选别过程中应在保证精矿质量的前提下，力求提高金属的回收率。

四、粉碎

（一）破碎

从矿山开采出来的矿石块度都较大，不能直接进行分选，因为其中的有用矿物与有用矿物、有用矿物与脉石矿物紧密共生。为了使它们相互分开，即达到单体分离，矿石送到选厂后，首先将矿石破碎到一定粒度，然后再送入磨矿机磨碎。

矿石的粗碎作业一般采用颚式破碎机或旋回破碎机，中碎和细碎多使用标准型和短头型圆锥破碎机，在少数情况下，也有使用对辊破碎机破碎的。处理松软矿石（如黏土矿或煤矿)，一般采用具有冲击作用的破碎机（如反击式破碎机和锤碎机）破碎。

（二）筛分

松散物料通过筛子分成不同粒级的过程，称为筛分。在选矿厂内，筛分多数是与破碎作业相结合的。在矿石进入某段破碎机之前预先分出粒度已经符合要求的合格产物，这种筛分称为预先筛分。它既能防止矿石的过粉碎，又可提高破碎机的生产效率。当矿石含水分高和粉矿较多时，还可避免破碎机的堵塞。当矿石经过破碎机粉破碎之后，应用筛分检查破碎产物的粒度，使不合格的过大块矿粒返回破碎作业，再次进行破碎，这种筛分称为检查筛分，它可以充分发挥破碎机的能力。

选矿厂使用的筛分机械种类很多，大致有：(1)格筛和棒条筛；(2)偏心振动筛；(3)惯性振动筛；(4)自定中心惯性振动筛；(5)共振筛；(6)细筛；(7)弧形筛。目前国内绝大多数选矿厂采用的筛分机械是惯性振动筛，其中尤以自定中心惯性振动筛应用最多。

（三）磨矿与分级

磨矿是矿石破碎过程的继续，其目的是使矿石中各种有用矿物颗粒全部或大部分达到单体分离，以便进行选别，并使其粒度符合选别作业的要求。

磨矿作业通常是在一个圆筒形的磨矿机中进行的。磨矿作业以湿式磨矿为主，而且一般与机械分级机或水力旋流器组成闭路循环；但在某些缺水地区和某些忌水工艺过程（如水泥厂、石棉厂生产过程或某些干法选矿过程），也采用干式磨矿。无论用哪种类型磨矿机进行研磨，在磨矿过程中，它们的作用原理基本上是一致的，都是利用介质（或矿石本身）对被磨物料进行冲击和研磨。

在水或空气中，物料按其沉降速度的不同分成若干粒度级别的过程称为分级。在磨矿作业中，通常采用分级作业把粒度合格的物料及时分出，既可避免产品过磨，又能提高磨矿效率。磨矿作业中使用的分级设备有机械分级机和水力旋流器。

由破碎机和筛分机组成的破碎工序叫做破碎筛分流程，由磨矿机和分级机组成的磨矿工序叫做磨矿分级流程，二者组合在一起就是破碎磨矿流程。

五、选矿

（一）重力选矿

重力选矿简称重选，是根据矿物密度不同及其在介质中具有不同的沉降速度来分离矿物的一种选矿方法。根据作用原理不同，重选可以分为跳汰选矿、摇床选矿、溜槽选矿、重介质选矿等。

密度（比重）是矿粒最重要的性质。单位体积矿粒所具有的质量，称为矿粒的密度（g/cm^3）。矿石的重量和同体积4℃水重量之比，称为矿粒的密度。如果物体和液体的密度都是均匀的，根据它们密度的大小就可以决定物体的浮或沉。当物体的密度大于液体的密度时，物体下沉；小于液体的密度时，物体浮起。

（二）磁选

磁选是在不均匀磁场中，利用矿物之间磁性的差异使不同矿物实现分离的一种选矿方法。磁选法是分选黑色金属矿石，特别是磁铁矿矿石和锰矿石的主要方法。磁选法在有色金属矿石和稀有金属矿石的选矿中应用也相当广泛，并在非金属矿物原料的选矿、冶金产品的处理等方面也得到了广泛应用。

矿物根据其磁性的差异可分为强磁性矿物、弱磁性矿物和非磁性矿物。最常见的强磁性矿物是磁铁矿；弱磁性矿物有赤铁矿、褐铁矿、锰矿、黑钨矿等。

（三）电选

根据矿物导电性的差异，可分为导体矿物、半导体矿物以及非导体矿物三大类。导体矿物很少，只有自然金属、石墨等。半导体矿物较多，如硫化矿物、金属氧化物、含铁硫酸盐矿物、岩盐、煤和一些沉积岩。而硅酸盐及碳酸盐矿物均属于非导体矿物。

高压电选是在高压电场中利用矿物的电性差异使矿物分离的一种选矿方法，它是细粒矿物重要的选矿方法之一。电选有着广泛的用途，主要用于：有色、黑色、稀有金属矿石的精选；非金属矿石和粉煤的分选；陶瓷、玻璃原料和建筑材料的提纯；工业废料的回收；谷物、种子、食品的精选；矿石和其他物料的分级和防尘等。目前应用最为广泛的电选机是高压电选机，它是利用物料导电性能的差异，在高压电晕电场与高压静电电场相结合的复合电场中，在电力和机械力的作用下，实现对物料的分离。

（四）浮选

浮游选矿是一门分选矿物的技术，是一种主要的选矿方法。其主要原理是利用矿物表面物理化学性质的差异使矿石中一种或一组矿物有选择性地附着于气泡上，升浮至矿浆液面，从而将有用矿物与脉石矿物分离。因其分选过程必须在矿浆中进行，所以叫浮游选矿，简称浮选。

据统计，有90%左右的有色金属矿都是用浮选法处理的。此外，浮选法还广泛用于稀有金属、贵金属、黑色金属、非金属以及煤等矿物原料的选别中。近年来，国内外还用浮选法进行水质净化、污水处理等。与其他选矿方法相比，用浮选法选别细粒浸染矿石时，效果较好而且比较经济合理。浮选法也常用于选别粗粒或粗细不均匀浸染矿石的细粒部分。

（五）化学分选

化学选矿法（又称矿物原料化学处理）是基于矿物组分的化学性质（如热稳定性、氧化还原性、溶解性、络合性、水化性和荷电性等）的差异，利用化学方法改变矿物组成而使其有用组分富集的矿物加工过程。它是处理和综合利用某些贫、细、杂等难选矿物以及在选冶过程中某些难处理中间产品的有效方法之一，也是使未利用资源化和解决三废（废水、废渣、废气）处理，变废为宝及保护环境的重要方法之一。其应用范围较物理选矿宽，除了可以处理难选原矿外，还可以处理物理选矿方法无法处理的中间产品、尾矿、粗精矿，并能从“三废”中回收有用组分。

化学选矿一般包括原料准备、焙烧、浸出、固液分离、浸出液的净化、制取化学精矿等六个主要作业。化学选矿的常用方法包括各种形式的焙烧、浸出、固液分离、化学沉淀、离子交换、溶剂萃取、离子浮选、活性炭吸附、金属置换、电沉积等方法。

六、精矿、尾矿处理

（一）精矿脱水

选矿过程中的某些中间产物，在进行下一步处理之前（如粗精矿再磨前，中矿再磨前以及粗精矿电选前），都必须排除多余的水。从选矿产品中除去水分的过程叫做脱水。脱水的主要方法有自然排水、浓缩、过滤和干燥。

粗粒物料的脱水比较容易，一般采用自然排水，即利用水自身的重力作用排泄出来。

但是，细粒物料用自然排水的方法，不但脱水过程很缓慢，而且细粒或细泥物料将随水流失。因此，细粒物料的脱水就比较复杂，一般要分几个阶段来完成。例如，欲将浮选精矿中的水分由60%～80%降低至3%～8%，通常要经过三个相连的脱水阶段来完成：浓缩、过滤、干燥。浓缩产品的水分一般为40%～60%；过滤后滤饼的水分在15%～20%以下，个别容易过滤的物料可能低于10%；干燥产品的水分在5%～10%以下。

（二）尾矿的贮存和输送

尾矿是金属或非金属矿山开采出来的矿石，经选矿厂选出有价值的精矿后排放的“废渣”。这些尾矿由于数量大，含有暂时不能处理的有用或有害成分，如果随意排放，会造成资源流失，大面积覆没农田或淤塞河道，污染环境。为了综合利用矿物资源及消除对环境的污染，必须采取有效措施对尾矿进行处理。

尾矿库是指筑坝拦截谷口或围地构成的，用以堆存金属或非金属矿山进行矿石选别后排出尾矿或其他工业废渣的场所。选矿厂的尾矿设施一般包括尾矿输送系统、尾矿堆存系统、尾矿排洪系统、尾矿回水系统以及尾矿水净化系统。

常见的尾矿输送方式有自流输送、压力输送和联合输送（自流输送与压力输送相结合）。

（三）尾矿水的回水再用与净化

为避免工业同农业争水现象，降低选矿厂生产供水系统的基建经营费用，减少工业废水对下游的影响，尾矿水在选矿生产许可的条件下，应通过技术经济比较尽可能多地回收利用，减少向下游排放。尾矿废水经净化处理后回水再用，一方面能解决水源的短缺，减少动力消耗，同时又能减少环境污染。使用回水的方法主要有两种：(1)将尾矿利用浓缩设备进行浓缩处理，将溢流水作为回水使用；(2)将尾矿沉淀池溢流水作为回水使用。

从尾矿池排出的澄清水在排入公共水系时，应遵照《工业企业设计卫生标准》的规定。若超过标准，则应根据环境保护条例采取适当净化措施。尾矿水的净化方法一般有：(1)自然沉淀；(2)物理化学净化；(3)化学净化。

复习思考题

一、名词解释

采矿、矿石、矿体、品位、损失、贫化、矿床储量基础、矿产储量、凿岩爆破、矿田、井田、阶段、矿块、盘区、矿壁、溶浸采矿、露天开采境界、剥采比、回收率。

二、简答题

1. 采矿工业的特点是什么？
2. 矿体埋藏要素有哪些？
3. 三级储量指什么？
4. 矿床地下开采分哪几个基本步骤？
5. 地下采矿方法有哪些，各自的特点是什么？
6. 露天矿开拓方法有哪些？
7. 选矿方法有哪些，原理是什么？

第三章 矿产品市场分析与预测

第一节 矿产品市场分析的意义及内容

一、矿业项目开发的主要风险因素

矿产品未来市场状况的好坏是影响矿业项目开发成败的重要因素和关键因素之一。除此之外，矿业项目开发的风险还来自于市场、资源、工程条件、技术、社会与环境等方面。

（1）市场方面。由于矿产品市场需求的变化、矿业市场的竞争程度、矿产品市场价格低迷等都有可能使得矿山企业产量和销售收入达不到预期目标，给项目预期收益带来损失。

（2）资源方面。矿产资源项目的开发与利用，由于矿产资源的储量、矿石品位、可采储量等与原预测结果发生较大偏离，导致矿业项目开采成本增加、产量降低或矿山经济寿命缩短，最终造成巨大损失而带来开发风险。

（3）工程条件方面。因矿床地质和水文地质条件存在出乎预料的变化、矿山工程设计发生重大变化等导致工程量增加、投资增加、工期延长而带来损失。

（4）技术、社会与环境方面。开发矿业项目的劳动力素质、所采取的开采工艺、企业的经营管理水平、矿区基础设施以及开发资源对当地带来的环境影响等都关系到矿业项目开发的顺利性和可行性。

（5）其他方面。包括矿业政策、配套条件、矿业项目融资等都会影响到矿业项目的投资开发工作。

二、矿产品市场分析的意义

矿产品市场分析是矿业项目可行性研究的一项重要工作。市场分析的精度直接影响到矿业项目未来产品的销售收入、生产成本的测算，影响到矿山未来的生产规模和企业经济效益。因此，做好矿产品市场分析是提高矿业项目技术经济评价工作质量的关键，关系到投资项目的成败。具体来说，做好矿产品市场分析：

（1）有利于把握矿业市场的未来走势，在宏观层面形成基本认识和判断。

（2）可以为政府相关部门制订矿业发展政策提供参考依据。

（3）可以为矿业企业制订投资规划、生产计划等提供参考依据。

三、矿产品市场分析的内容

从广义上讲，矿产品市场分析的内容主要包括矿产品市场调查、矿产品市场供需分析以及供需预测等内容；狭义上主要是指矿产品价格分析。

（一）矿产品市场调查

矿产品市场调查是获取矿产品信息的一种重要手段，是进行矿产品市场分析和预测的基础，通过收集整理反映矿产品市场的历史、现状以及发展变化的资料，为项目可行性研究提供科学依据。

1. 矿产品市场调查的类型

（1）矿产品需求、供给调查。需求方面包括矿产品消费者、潜在需求及其他情况；供给方面包括矿产品可供量、销售渠道、销售组织和促销活动等。

（2）矿产品数量、质量调查。包括矿产品产量、产值、利润、销售量、销售额和销售利润等，以及矿产品质量指标即品位、成分等。

（3）国内、国外矿产品市场调查。

（4）静态、动态矿产品市场调查。静态市场调查是现实矿产品市场的真实写照，服务于短期预测；动态市场调查是研究矿产品市场的发展、动向和趋势，服务于长期预测。

2. 矿产品市场调查的内容

（1）矿产品市场外部环境调查。包括社会经济环境、政治文化环境、自然地理环境等。

（2）矿产品市场专题调查。包括矿产品生产供应调查、矿产品消费需求调查、矿产品价格调查、矿产品竞争调查、替代产品的研制、性能及价格等问题的调查以及销售渠道和推销策略的研究和制定问题的调查等。

3. 矿产品市场调查的方法

（1）直接调查法。这种调查方法就是将调查的内容，通过走访、电话、函件、通讯等形式向被调查者询问，以获得所需要的资料。

（2）间接调查法。这是一种通过分析矿产品与用户之间的内在联系，了解矿产品市场需求及发展趋势的方法。要做好间接调查，必须注意对有关信息和资料的收集，如政府公布的国民经济或地方经济的发展计划、统计资料、政策、法令、条例、规定等；公开刊物刊载的新闻报道、市场信息、调查报告等；情报机构提供的市场情报信息等；以及已建立的矿山企业内部资料。

矿产品市场调查的其他方法还有抽样调查法、实验调查法等，但这些方法在矿产品市场调查中使用较少。

4. 矿产品市场调查报告的核心内容

（1）矿产品行业的宏观背景、产业政策、产业布局、产业生命周期、该行业在整体宏观产业结构中的地位以及各自的发展演变方向与成长背景。

（2）矿产品行业市场内的特征、竞争态势、市场进入与退出的难度以及市场的成长性。

（3）矿产品行业在不同条件下及成长阶段中的竞争策略和市场行为模式，给企业提供一些具有操作性的建议。

（4）为企业或投资者提供若干方向性的思路和选择依据，从而避免发生“方向性”的错误。

（二）矿产品市场供需分析

（1）矿产品供应分析。矿产品供应过程即是矿业生产过程，就是把矿产从地质资源转变为可销售矿产品的一系列多阶段活动。若矿产资源的自然赋存条件良好，市场需求条件又有利，则可循序渐进地进行地质勘查、矿山设计建设、矿山开采及选矿，进而生产出矿产品，以满足矿产品市场的需要。矿产品市场需求的变化和矿产储量耗减以及采、选加工技术的进步等都会使矿产品的供应具有动态性。

（2）矿产品需求分析。矿产品需求即矿产品的消费量，是指在特定的时间内实际用于最终产品的数量。矿产品的消费量在一定程度上是国内生产总值、人口数、经济增长率等变量的函数。随着社会经济的发展，人类对矿产品的需求一直在不断增加，为了制定矿产品供应计划，除了把预测出来的矿产品消费量看作是直接（原始）需求以外，还必须考虑对外贸易、再生（二次）资源利用、国家战略储备等变量。

（3）矿产品价格分析。矿产品价格反映着特定时刻需求和供应状况的综合影响，在市场经济条件下，矿产品长期价格趋势是矿石长期成本的函数。矿石的长期成本取决于采出矿石的品位和吨矿石的生产成本。由于采矿和选矿技术的进步，矿石生产成本呈下降趋势；但同时由于矿山的不断开采，矿产储量不断耗减，开采深度、难度逐渐提高，矿石生产成本呈上升趋势。因此，两相抵消会使长期成本变得异常复杂。

由于矿产品市场供需状况在短期内变化比较复杂，故矿产品的短期价格具有波动幅度较大的特点。一般来说，当某种矿产品的价格上涨时，则对其需求量便会减少，从而刺激用户设法寻求其他材料来代替这种矿产品；反之，则其供应量便会增加，从而刺激生产者充分开发利用品位较低、规模小、埋藏较深或地处边缘地区的矿床。市场调查人员的任务就是要设法估计出这种价格变化与未来供需关系，用以指导生产与销售，为国家和企业谋取最大的经济效益。

（三）矿产品市场供需预测

1. 矿产品市场供需预测内容及目的

矿产品市场供需预测就是对拟建矿山生产的矿产品，未来的供应和需求情况以及发展趋势进行预测。其中供应情况可通过生产该种矿产品的矿山企业现有生产能力和新建、拟建中的矿山生产能力大体评估出来。

矿产品市场供需预测的目的是使矿山建成投产后所生产的矿产品能适销对路。只有当确认矿产品在市场上有销路，而且在未来相当长的时期内矿产品市场需求量大于供应能力的情况下，才值得考虑项目可行性研究和进行矿山投资建设。如果某种矿产品目前的供应能力已经超过需求，而且在一定时期内需求量也不会有较大增长；或者该种矿产品目前的需求量虽然超过供应量，但生产该种矿产品的现有矿山企业增产潜力较大；或在建和拟建矿山所能增加的供应能力较大，能够满足未来对矿产品的需求，无论属于以上哪种情况，生产这种矿产品的矿山暂时都不能考虑投资建设。

2. 矿产品市场需求预测的程序

一般情况下，矿产品市场预测主要是对矿产品需求量的预测。其一般程序是：

（1）首先确定预测目标，制定工作计划。

（2）通过矿产品市场调查，收集信息资料，经过整理和分析研究，运用科学方法建立起反映市场变化规律的模型。

（3）按模型测算未来一定时期内矿产品需求量的变化情况和发展趋势。

（4）对预测结果进行误差分析和评价，选择最佳的预测方案，从而为制定国民经济和有关部门长远规划以及矿山建设投资决策、矿山企业经营决策、地质勘查工作部署等提供可靠依据。

第二节 矿产品市场预测方法

一、定性与定量研究方法概述

定性研究方法是根据社会现象或事物所具有的属性和在运动中的矛盾变化，从事物的内在规律性来研究事物的一种方法或角度。该方法以普遍承认的公理、一套演绎逻辑和大量的历史事实为分析基础，从事物的矛盾性出发，描述、阐释所研究的事物。进行定性研究，要依据一定的理论与经验，直接抓住事物特征的主要方面，将同质性在数量上的差异暂时略去。

定量研究方法是指研究者事先建立假设并确定具有因果关系的各种变量，然后使用某些经过检测的工具对这些变量进行测量和分析，从而验证研究者预定的假设。

定性研究是定量研究的基础，在实际研究中，定性研究与定量研究常配合使用。两者的主要不同点见表 3-1 所示。

表 3-1 定性研究与定量研究方法的不同点

不同点	定性研究	定量研究
着眼点	着重事物质的方面	着重事物量的方面
在研究中所处层次	是基础与前提	为了更准确地定性
依 据	大量历史事实和生活经验材料	主要是调查得到的现实资料数据
手 段	主要运用逻辑推理、历史比较等方法	主要运用经验测量、统计分析和建立模型等方法
学科基础	以逻辑学、历史学为基础	以概率论、社会统计学等为基础
结论表述形式	结论多以文字描述为主	主要以数据、模型、图形等来表达

二、矿产品市场定性预测方法

（一）定性预测的概念

定性预测是指预测者依靠熟悉业务知识、具有丰富经验和综合分析能力的人员与专家，根据已掌握的历史资料和直观材料，运用个人的经验和分析判断能力，对事物的未来发展做出性质和程度上的判断，然后再通过一定形式综合各方面的意见，作为预测未来的主要依据。定性预测在工程实践中被广泛使用，特别适合于对预测对象的数据资料（包括历史的和现实的）掌握不充分，或影响因素复杂难以用数字描述，或对主要影响因素难以进行数量分析等情况。

（二）定性预测的特点

（1）着重对事物发展的性质进行预测，主要凭借预测者的经验以及分析能力。

（2）着重对事物发展的趋势、方向和重大转折点进行预测。

（三）定性预测的方法

对矿产品供需、价格等方面的定性预测方法，主要有：

1. 德尔菲法

德尔菲法(Delphi method)，是采用背对背的通信方式征询专家小组成员的预测意见，经过几轮征询，使专家小组的预测意见趋于集中，最后做出符合市场未来发展趋势的预测结论。德尔菲法又名专家意见法或专家函询调查法，是依据系统的程序，采用匿名发表意见的方式，即团队成员之间不得互相讨论，不发生横向联系，只能与调查人员纵向联系，以集结问卷填写人的共识及搜集各方意见。德尔菲法的基本步骤如下：

（1）确定调查目的，拟订调查提纲。首先确定目标，拟订出要求专家回答问题的详细提纲，并同时向专家提供有关背景材料，包括预测目的、期限、调查表填写方法以及其他要求等说明。

（2）组成专家小组。选择一批熟悉本领域问题的专家，一般至少为 20 人左右，包括理论和实践等各方面的专家。

（3）发放调查表。以通信方式向各位选定专家发出调查表，征询意见。

（4）汇总调查意见，再次征询。对返回的意见进行归纳综合，定量统计分析后再寄给有关专家，请专家再次提出方案。该步骤可重复进行，直到取得大体上一致的意见。

（5）综合结果分析。根据预测问题的类型和预测的要求，得出定性或定量的调查结论。

2. 主观概率法

主观概率法是市场趋势分析者对市场趋势分析事件发生的概率（即可能性大小）做出主观估计，或者说对事件变化动态的一种心理评价，然后计算它的平均值，以此作为市场趋势分析事件结论的一种定性市场趋势分析方法。主观概率法一般和其他经验判断法结合运用。

主观概率与客观概率不同。主观概率是人们凭经验或预感而估算出来的概率；客观概率是根据事件发展的客观性统计出来的一种概率。在很多情况下，人们没有办法计算事件发生的客观概率，因而只能用主观概率来描述事件发生的可能性。主观概率法是一种适用性很强的统计预测方法，可以用于人类活动的各个领域。用主观概率法的一般步骤为：

（1）准备相关资料；

（2）编制主观概率调查表；

（3）汇总整理；

（4）判断预测。

3. 情景分析法

情景分析法最早用于军事领域，现在被广泛应用于各领域的战略规划研究中，尤其在预测不可再生的矿产资源消费方面更加普遍。“情景”是对将来情形以及能使事情由初始状态向未来某个状态发展的一系列事实的描述，是人们对未来的各种不同环境的认识，也是人们通过确立某些希望达到的目标，分析实现这一目标的可行性和必要条件以实现既定的目标。

根据国内外学者的研究，情景分析法具有以下特点：

（1）在了解内部环境的基础上，注重对组织发展起重要作用的关键因素的协调一致性关系的分析；

（2）定性分析加定量分析。通过定性分析指导定量分析，通过定量分析来阐述定性分析，二者是密不可分的；

（3）需要主观想象力。将决策者的主观意愿融入到预测当中；

（4）承认结果的多样性。因为存在不确定性因素，所以预测的结果也是多样的。

情景分析法的基本步骤为：

（1）主题的确定；

（2）主题所处环境的构造；

（3）关键因素的辨识；

（4）假想可能的发展和趋势；

（5）检测对发展和趋势的影响；

（6）得出预测结论。

三、矿产品市场定量预测方法

定量预测方法主要借助于数学方法，采用时间序列、因果分析等方式进行数学推算或估算，常用于市场经济发展趋势分析。这类方法可以识别市场发展变化的因果关系，因而能够较好地预测未来情况，尤其是预测可能的突变点。典型的预测模型有经济计量模型和工程过程模型。

（一）经济计量模型

经济计量模型一般包括线性回归模型和非线性回归模型两类。非线性回归分析是线性回归分析的扩展，也是传统计量经济学的结构模型法分析。在回归分析中，当研究的因果关系只涉及因变量和一个自变量时，叫做一元回归分析；当研究的因果关系涉及因变量和两个或两个以上自变量时，叫做多元回归分析。假定自变量与因变量之间的关系是线性的，称为线性回归分析。但社会经济现象是极其复杂的，有时各因素之间的关系不一定是线性的，而可能存在某种非线性关系，这时就需要建立非线性回归模型或采用非线性回归方法进行分析和预测。

例如根据矿产品历史价格资料，运用线性或非线性拟合方法建立相关模型对未来几年矿产品市场价格进行预测。从长远来看，矿产品价格在不断上下波动，受市场供求关系的影响，不确定因素较多而且影响复杂，因此利用线性回归模型来预测以后几年矿产品的市场价格，就会导致预测结果产生较大偏差，甚至是不准确的。但是，若根据某时间段矿产品的市场价格及数据变化规律，运用非线性模型进行预测往往会更加准确。

（二）季节指数法

季节指数法是根据统计数据的规律性季节变动进行预测的一种方法，在一般情况下，利用该方法进行预测可取得较为理想的效果。该方法首先要分析判断时间序列观察期内，数据是否呈现季节性波动，可以将需要预测的样本数据按月或者按年排列，并绘制相应的散点图，以此判断是否具有波动性特点。该方法使用的步骤如下：

第一步：收集历年各月份或者各季度的时间序列资料，一般要求有三年以上的历史资料；

第二步：求出月份或者季度的算术平均值，即把历年月份或者季度资料之和再除以历年月份或者季度总数，得到算术平均值 $\overline{X}$，$\overline{X} = \frac{1}{T}\sum_{i=1}^{T} x_i$；

第三步：求出同月份或者同季度的算术平均数，即把历年同月份或者同季度之和除以年数，得到月份或者季节平均数 $\overline{X_i}$；

第四步：求出月份或者季度系数 β_i，$\beta_i = \overline{X_i} / \overline{X}$。式中的 i 为月份或者季度的序列号；

第五步：预测。根据未来年度的全年趋势预测值，求出各月或各季度的平均趋势预测值，然后乘以相应季节指数，即得出未来年度内各月或各季度包含季节变动的预测值。

（三）人工神经网络

1943 年，心理学家 McCulloch 和 Pitts 合作提出了形式神经元的数学模型（即 MP 模型），开创了神经科学理论研究的时代。MP 模型用逻辑的数学工具研究客观世界的事件在形式神经网络中的表达。自此之后，大量开拓性的研究工作推动与发展了神经网络的模型与学习算法，特别是在 1982 年，美国加州工学院物理学家 Hopfield 提出了 HNN 模型，引入了"计算能量函数"的概念，给出了网络稳定性判据，从而有力地推动了神经网络的研究与发展。

近年来，神经网络理论引起了美国、日本以及欧洲一些国家的科学家和企业家的巨大热情。而神经网络的应用已经渗透到许多领域，并在模式识别、机器视觉、信号处理、非线性化、智能控制、遥感等方面取得了很大进展。目前神经网络的研究正逐步深入，由单纯的神经计算转向计算智能并结合脑科学的研究向生物智能方向发展，以开拓神经网络研究的更为广阔的前景。

人工神经网络是人脑的某种抽象、简化或模拟，其研究基础主要包括：生物学基础、认知科学基础、数学和非线性动力学基础以及实现的物质基础等。它由大量神经元广泛互联而成，网络的信息处理由神经元之间的相互作用来实现并以大规模并行分布方式进行，信息的存储体现在网络中神经元互联分布形式上，网络的学习和识别取决于神经元间联接权系数的动态演化过程。

1. 神经网络的结构特点

（1）神经网络是由大量的神经元互相联接而成。

（2）大量神经元按不同方式联接，构成不同类型的神经元网络。

（3）各神经元间联接强度由神经网络内部权值决定。当一个神经网络的结构确定后，将根据学习规则调整神经元间联接强度，从而获得有关问题领域的知识，即学习适应和自组织。

（4）各神经元的操作可以是同步的，也可以是非同步的。

2. 常用的神经网络

常用的神经网络主要可以分为：前馈神经网络、反馈神经网络和局部逼近神经网络。前馈神经网络又可分为：感知器和 BP 神经网络，其中感知器主要用于模式分类，而 BP 神经网络可以实现输入到输出的任意非线性映射，所以得到了广泛的应用。反馈神经网络又可分为：Hopfield 网络和 Boltzmann 机，它们是动态神经网络，需要工作一段时间才能达到稳定，主要用于对动力学模型的仿真、预测、组合、优化等方面。局部逼近神经网络又可分为：小脑模型关节控制器（CMAC）、B 样条神经网络、径向基函数（RBF）神经网络和小波神经网络，这些网络都具有局部逼近能力，有学习速度快的优点。

3. 误差回传神经网络

误差回传神经网络（Back-Propagation Neural Network，简称 BP 网络），是一种对非线性可微分函数进行权值训练的多层前馈神经网络，其具有分层结构，前后层分别是输入与输出层，中间为隐含层。其信息从输入层依次向前，直到输出层。由于该网络连接权值调整采用的是反向传播的学习算法，因此该网络被称为 BP 网络。

Hecht-Nielsen 在 1989 年证明了，一个三层的神经网络可以任意逼近一个非线性函数。在人工神经网络的实际应用中，80% ~90% 的人工神经网络模型是采用 BP 网络或它的变化形式。它主要用于以下几个方面：

（1）函数逼近：用输入矢量和相应的输出矢量训练一个网络，以实现对一个函数的逼近；

（2）模式识别：用一个特定的输出矢量将它与输入矢量联系起来；

（3）分类：把输入矢量以所定义的合适方式进行分类；

（4）数据压缩：减少输出矢量维数以便于传输或存储。

可以说，BP 网络是人工神经网络的核心内容，体现了人工神经网络最精华的部分。

矿产品市场预测是一个非线性系统，具有高度的复杂性，运用人工神经网络进行预测可以较好地解决这一问题。对矿产品市场需求情景的预测见第三节。

第三节 矿产品市场需求预测案例

这里以我国铝矿资源 2014 ~2020 年市场需求预测为例，基于 BP 网络模型，运用情景分析法对我国铝矿资源的未来需求状况进行分析与预测。分析时点为 2013 年 1 月 1 日，所用历史数据资料所属时期为 1990 ~2011 年。本节重点介绍方法运用以及模型建立的过程，而对变量选取、宏观情景设置等是否合理不深加探究，仅供读者参考。

一、影响我国铝矿资源需求的主要因素分析

影响我国铝矿资源需求的主要因素有：

（1）国际铝矿价格。根据需求规律，在其他条件不变的情况下，一种商品的需求量与其本身价格呈反方向变动关系，即我国铝矿资源的需求会随国际铝价的上升而减少，因国际铝价的下降而增加。

（2）我国原铝资源消费强度。根据矿产资源消费生命周期理论，在工业化初期（人均 GDP 达到 1000 美元）为矿产资源消耗快速增长时期；在工业化中期（人均 GDP 达到 3000 美元）为矿产资源消费成熟时期，进入矿产资源的高消费阶段；在后工业化时期（人均 GDP 达到 5000 美元），矿产资源消耗强度呈下降趋势。这种由增长到成熟再到衰落的过程形成了矿产资源消费生命周期的倒“S”形曲线。2008 年，我国人均 GDP 已经达到 3266. 8 美元，表明进入工业化的中期。2011 年我国人均 GDP 达 5414 美元，表明已进入后工业化时期，但国际上衡量工业化程度的主要经济指标还有工业化率和城市化率，我国工业化和城市化的任务还相当艰巨，有研究认为我国将在 2020 年基本完成工业化。因此，综合来看铝矿资源的消耗强度还会呈上升趋势。

（3）我国原铝产量。我国作为原铝生产的大国，工业和城市化的快速发展将引起原铝消费强度的提高，导致对铝矿资源需求的大幅上涨。

（4）我国经济发展趋势。改革开放三十余年里，我国经济年均增速高达 9. 8% 。如此高增速成绩主要得益于高效的资本回报率、人口红利、人力资本积累的效用以及 WTO 的全球红利。2008 年后，受世界金融危机和发达国家债务危机的拖累，世界经济缓慢复苏，

呈低速增长态势。受金融危机影响，我国经济增速减缓，且目前处于不稳定的复苏时期。但由于我国经济增长的动力转换和政策调整的空间还很大，只要继续实施稳健的财政政策，通过改革来实现经济的成功转换，自主增长的活力将会再次激发。

二、我国铝矿资源需求情景定义

以国际铝价、我国原铝消费强度、我国原铝产量和我国经济发展趋势四个因素作为我国铝矿资源需求情景定义的主要驱动变量，设置以下三个情景。

情景A(低情景)：未来十几年内全球经济增长长期持续低迷，生产要素配置需要更长时间，会严重影响我国经济的高速发展。我国经济刺激计划作用有限，经济增速出现下滑，导致对铝矿需求的增幅较小。

情景B(基础情景)：未来十几年内全球经济会继续减速增长，但对我国经济增长影响较小。受全球经济刺激计划推动，世界经济将再出现稳定增长，生产要素配置将更加合理，我国经济刺激计划作用有效，经济增速回升，对铝矿资源需求的增幅较大。

情景C(高情景)：未来十几年内全球经济出现减速增长，但幅度较小，对我国经济增长影响也很小。全球经济刺激计划有力地推动世界经济的高速增长，生产要素流动加速，配置将更合理，我国经济刺激计划作用比较显著，经济转型成功，致使铝矿资源的需求增幅也更大。

三、我国铝矿资源需求情景预测模型及测算

（一）模型建立

根据人工神经网络理论，构造一个三层神经网络，如图3-1所示。

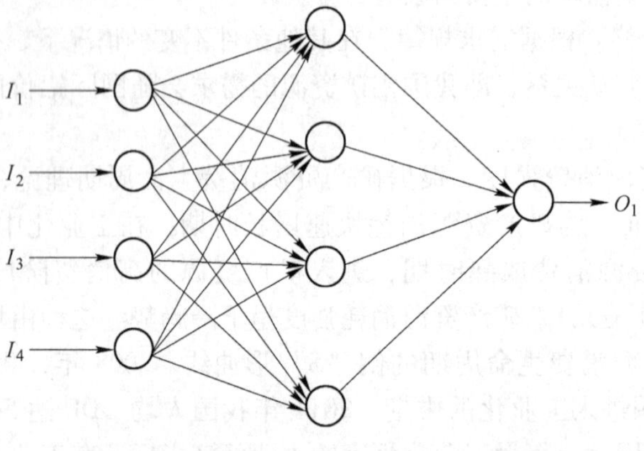

图3-1　人工神经网络图

（1）输入层神经元。国际铝价(I_1)，我国原铝消费强度(I_2)，我国原铝产量(I_3)和我国经济发展趋势(I_4)。

（2）输出层神经元。铝土矿表观消费量(O_1)。

（3）隐含层神经元数目的确定。基本原则是：一般隐含层的神经元数目大于输入神经元数目和输出神经元数目之和的一半，小于输入神经元数目和输出神经元数目之和。即

$$\frac{n_i + n_o}{2} < n_h < n_i + n_o \quad 或 \quad n_h \leqslant \sqrt{n_i(n_o + 3) + 1}$$

因此，$n_h = 4$。

（二）宏观情景设置及描述

1. 国际铝价未来情景设置

国际铝价受世界经济时局影响很大，价格呈现波动上升的态势。如图3-2所示，近二十年来，除在1995年有较大幅度上升外，与全球经济发展态势基本呈相关关系，且在正负25%之间波动，周期一般在5～7年之间。进入21世纪后，两者之间相关关系更为明显，特别是在2004～2007年间，世界经济增长率一度超过5%，国际铝价平均增速达到18%。在此后受金融危机作用的几年里，国际铝价又呈现出大幅波动的态势。

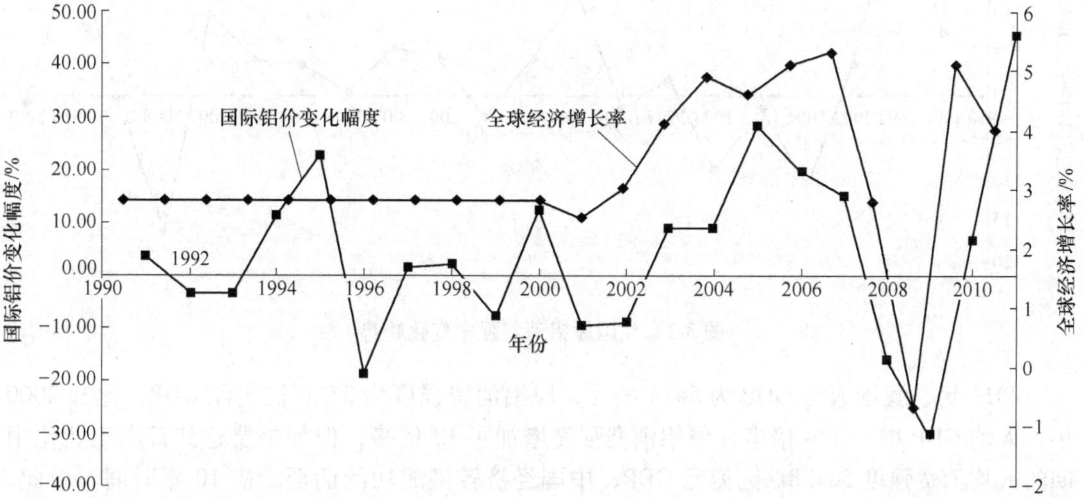

图3-2　全球经济增长率与国际铝价变化关系

根据全球经济增长率与国际铝价的波动关系，设置国际铝价未来情景见表3-2所示。

表3-2　国际铝价未来情景设置　（t/美元）

项　目	2014年情景	2017年情景	2020年情景
全球经济增长率 情景A	2013～2014年 2% 1800	2015～2017年 3% 1900	2018～2020年 3% 2100
全球经济增长率 情景B	2013～2014年 3% 2000	2015～2017年 4% 2100	2018～2020年 4% 2300
全球经济增长率 情景C	2013～2014年 4% 2300	2015～2017年 5% 2400	2018～2020年 5% 2600

2. 我国原铝消费强度未来情景设置

21世纪初，我国进入工业化初期。如图3-3所示，我国原铝消费强度处于波动上升的趋势，特别是随工业化水平的提高，对原铝消费的强度也越大。比照发达国家，如美国在1880～1950年的70年里结束了工业化进程，70年代过渡到后工业时代，1970年美国人均GDP达4893美元，人均原铝消费量为19.83kg，原铝消费强度为395t/亿美元GDP；日本在1950～1985年的35年完成工业化，1970年日本人均GDP为1943美元，人均原铝消费量为10.92kg，消费强度为561.8t/亿美元GDP，到其工业化进入后期的10年间，GDP总量增加了5倍，对原铝的消费总量也增加了近2倍。

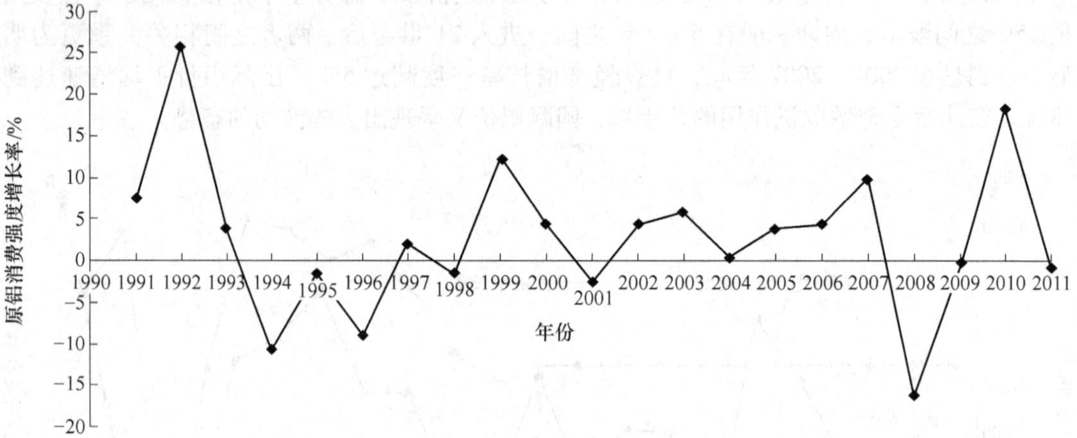

图3-3 我国原铝消费强度变化趋势

2011年，我国人均GDP为5414美元，原铝消费强度为357t/亿美元GDP，比起2000年，人均GDP增长了4倍多，原铝消费强度增加了12倍多，但如果要达到日本工业化中期的人均消费强度561.8t/亿美元GDP，中国经济转型成功的话至少需10年时间。由此，我国原铝消费强度未来情景设置如表3-3所示。

表3-3 我国原铝消费强度未来情景设置 （t/亿美元）

项 目	2014年情景	2017年情景	2020年情景
	2013～2014年	2015～2017年	2018～2020年
原铝消费强度年增长率	-1.40%	2.6%	3.4%
情景A	347	375	415
	2013～2014年	2015～2017年	2018～2020年
原铝消费强度年增长率	-1%	3%	4.6%
情景B	349	381	436
	2013～2014年	2015～2017年	2018～2020年
原铝消费强度年增长率	1%	4.5%	6.5%
情景C	364	416	503

3. 我国原铝产量未来情景设置

根据对我国原铝历年产量的分析，其未来情景设置如表3-4所示。

4. 我国经济发展趋势未来情景设置

我国经济发展趋势未来情景设置如表3-5所示。

表 3-4 我国原铝产量未来情景设置 （万吨）

项目	2014 年情景	2017 年情景	2020 年情景
产量增长率	2013 ~ 2014 年 11%	2015 ~ 2017 年 13%	2018 ~ 2020 年 13%
情景 A	2425	3499	5048
产量增长率	2013 ~ 2014 年 14%	2015 ~ 2017 年 17%	2018 ~ 2020 年 17%
情景 B	2558	4096	6561
产量增长率	2013 ~ 2014 年 18%	2015 ~ 2017 年 21%	2018 ~ 2020 年 21%
情景 C	2740	4855	8600

表 3-5 我国经济发展趋势未来情景设置 （亿元）

项目	2014 年情景	2017 年情景	2020 年情景
GDP 年增长率	2013 ~ 2014 年 7%	2015 ~ 2017 年 7%	2018 ~ 2020 年 7%
情景 A	584847.52	716463.36	877698.43
GDP 年增长率	2013 ~ 2014 年 8%	2015 ~ 2017 年 8%	2018 ~ 2020 年 8%
情景 B	595830.34	750574.62	945507.86
GDP 年增长率	2013 ~ 2014 年 9%	2015 ~ 2017 年 9%	2018 ~ 2020 年 9%
情景 C	606915.31	785972.93	1017857.74

（三）原始数据及其初始化

根据神经网络计算规则，应对原始数据（见表 3-6）进行初始化。为了使网络收敛速度更快，初始化后的数据应尽可能在 0.1 ~ 0.9。通常将实际值除以一个比例因子，该比例因子是该项数据可能取得的最大值。初始化后的训练数据见表 3-7 所示。

表 3-6 原始数据

年份	国际铝价/$t \cdot$ 美元$^{-1}$	原铝消费强度	原铝产量/万吨	GDP 总量/亿元	铝矿表观消费量/万吨
1990	1400	213	85.4	18718	311
1991	1450	229	93.6	21826	190
1992	1400	288	102.6	26937	230
1993	1350	299	122.7	35260	187
1994	1500	267	141.8	48108	679
1995	1840	263	155.4	59811	679
1996	1490	239	177.6	70142	540
1997	1510	244	217.8	78061	424

续表 3-6

年　份	国际铝价/t · 美元$^{-1}$	原铝消费强度	原铝产量/万吨	GDP 总量/亿元	铝矿表观消费量/万吨
1998	1540	240	241.8	83024	436
1999	1420	270	261.8	88479	407
2000	1594.5	282	282.5	98000	730
2001	1440	275	339.0	108068	717
2002	1311	287	436.0	119096	1452
2003	1430	304	528.0	134977	1537
2004	1560	305	668.9	159454	1840
2005	2000	317	780.6	183617	1957
2006	2390	331	934.9	215904	3120
2007	2750	364	1255.7	266422	4716
2008	2300	305	1310.5	316030	5097
2009	1600	304①	1296.4	340320	5321
2010	1705	360①	1613.1	399760	6181
2011	2482	357①	1778.6	472115	9540

① 估计值。（数据来源：LME、国家统计局）

表 3-7　神经网络训练值

年　份	I_1	I_2	I_3	I_4	O_1
1990	0.070	0.142	0.002	0.006	0.008
1991	0.073	0.153	0.002	0.007	0.005
1992	0.070	0.192	0.003	0.009	0.006
1993	0.068	0.199	0.003	0.012	0.005
1994	0.075	0.178	0.004	0.016	0.017
1995	0.092	0.175	0.004	0.020	0.017
1996	0.075	0.159	0.004	0.023	0.013
1997	0.076	0.163	0.005	0.026	0.011
1998	0.077	0.160	0.006	0.028	0.011
1999	0.071	0.180	0.007	0.029	0.010
2000	0.080	0.188	0.007	0.033	0.018
2001	0.072	0.183	0.008	0.036	0.018
2002	0.066	0.191	0.011	0.040	0.036
2003	0.072	0.203	0.013	0.045	0.038
2004	0.078	0.203	0.017	0.053	0.046
2005	0.100	0.211	0.020	0.061	0.049
2006	0.120	0.221	0.023	0.072	0.078
2007	0.138	0.243	0.031	0.089	0.118
2008	0.115	0.203	0.033	0.105	0.127
2009	0.080	0.203	0.032	0.113	0.133
2010	0.085	0.240	0.040	0.133	0.155
2011	0.124	0.238	0.044	0.157	0.239

（四）铝矿资源需求情景测算及分析

1. 铝矿资源需求情景测算

（1）神经网络的训练学习。

设定期望单个误差 0.001，期望系统平均误差 0.001，最大学习步数 100000 步。将经过初始化的神经网络训练数据（见表 3-7）输入到神经网络，对网络加以训练学习。

（2）需求情景测算。

利用训练好的神经网络分别对情景 A、B、C 中的三个情景进行测算，结果如表 3-8 所示。

表 3-8　我国铝矿未来表观消费量　（万吨）

年　份	情景 A	情景 B	情景 C
2014	9060	9521	10063
2017	12358	13584	15282
2020	16783	18970	21780

2. 铝矿资源未来需求分析

利用 1990 ~2011 年我国铝土矿产量和 GDP 做一元线性回归分析，预测未来铝土矿产量，进而计算出未来铝矿资源的外贸依存度，如表 3-9 所示。

表 3-9　我国未来铝矿资源外贸依存度

项　目	指　标	2014 年情景	2017 年情景	2020 年情景
情景 A	进口量/万吨	3512	5538	8408
	消费量/万吨	9060	12358	16783
	外贸依存度/%	38.8	44.8	50.1
情景 B	进口量/万吨	3867	6435	9938
	消费量/万吨	9521	13584	18970
	外贸依存度/%	40.6	47.4	52.4
情景 C	进口量/万吨	4302	7791	12049
	消费量/万吨	10063	15282	21780
	外贸依存度/%	42.7	51.0	55.3

综上所述，随着我国工业化进程和经济发展水平的不断提高，即使在低情景 A 下，我国铝矿资源外贸依存度也将逐年提高，到 2020 年将达到 50% 以上。在基础情景 B 以及高情景 C 下，外贸依存度与情景 A 相比，将分别提高 2%、4% 左右。因此，一方面，在合理开发与利用国内铝矿资源、加强战略资源储备的同时，还应改进废铝回收技术并鼓励支持再生铝行业的发展；另一方面，在短期内国内铝矿供给难以取得突破的情况下，应加快海外铝矿资源的开发。

复习思考题

一、名词解释

矿产品市场分析、矿产品市场供需预测、定性研究方法、定量研究方法、定性预测、定量预测

二、简答题

1. 矿业项目开发的主要风险因素有哪些？
2. 试述矿产品市场分析的意义。
3. 矿产品市场调查的类型和内容。
4. 矿产品市场调查的方法有哪些？
5. 矿产品市场调查报告的核心内容。
6. 矿产品市场需求预测的程序。
7. 定性预测的方法有哪些，其基本步骤是什么？
8. 定量预测的方法有哪些？

第四章 矿山生产规模的确定

第一节 影响矿山生产规模的基础因素分析

矿山生产规模基础要素是指在研究合理生产规模之前必须首先确定的矿区主要生产技术条件，一般包括矿山外部建设条件、地质资源条件、开采范围及采矿方法、选矿以及冶炼技术条件、生产能力等。只有把这些问题研究清楚了，才能对矿山生产规模的大小做出初步判断，才能提出主要设计方案并选出较优方案。因此，对这些基础要素的深入分析与研究成为矿山生产规模研究的首要步骤。不失一般性，下面以江西某大型地下开采铜矿扩建合理规模为例进行详细分析，分析日期为2004 年11 月1 日。

一、矿山外部建设条件

矿山项目开发的外部建设条件主要是指矿区交通运输条件、水电供应条件、通讯、生活条件、矿区建设各种工业设施和行政生活设施所需的施工建设条件、当地的人文素质条件等。

（一）矿区交通运输、气候条件

矿区交通运输条件主要包括矿山所处地理位置，距离中心城市的远近，是否有公路、铁路或水运通达，当地地形地貌，气候条件等。这些条件的好坏，直接影响到矿山运输生产成本，对矿山生产规模的确定具有较大的影响。

江西某大型地下开采铜矿距离中心城市 8km，北距长江边的码头镇仅 14km，采选主要工业场地距离火车站仅 5km，矿山在此建有专用货物转运站，所产精矿可通过此站运往用户，生产物资可以通过铁路或公路运输，因此，交通十分便利。

矿区地处低山丘陵地带，地表水体发育。当地气候为亚热带，温暖湿润，雨量充沛。年平均降雨量 1374.6mm，蒸发量 1455.8mm。每年 3 ~ 5 月份为梅雨季节，雨量集中。夏季最高气温达 41.2℃，一般为 34 ~ 37℃，冬季最冷为 12 月至次年 2 月，最低气温可达 -13.4℃。

（二）水电供应条件

当地农业、工业发达，水电资源丰富。目前水源泵房内设有 12SH-9B 水泵 2 台，每台泵流量 $Q = 16416\mathrm{m^3/d}$，$H = 43\mathrm{m}$，可以满足矿山生产扩建的水量（$7000\mathrm{m^3/d}$）需要。

矿山生产能力为 3000t/d 时，总装机容量为 19018kW，工作容量为 13892kW。在原有供电基础上，新增 1 台 12500kVA 主变取代原 7500kVA 主变，这样系统运行方式更加灵活。矿山生产能力为 5000t/d 时，总装机容量为 30777kW，工作容量为 21814kW。为满足用电设备要求，总降变电所设两台 20000kVA 主变取代原有主变，相应更换其他配电设备，可以满足供电要求。

（三）通讯、生活、施工建设、人文素质等条件

矿山所在地工业主要有轻纺、机械、化工、建材水泥等，通讯、生活和施工建设等条件十分优越。当地民风淳朴，劳动力充沛，人文素质条件较好。

二、矿区地质资源条件

地质资源条件主要是指矿区地质、矿床地质、矿区水文地质和矿区资源储量等的基本情况，这些条件是矿山进行生产的基础。

（一）矿区地质概况

矿区位于某铜矿田中部，横立山——黄桥向斜东段北翼。

1. 地层

矿区内地层由老至新依次分布为：志留系上统纱帽组、泥盆系上统五通组、石炭系中统黄龙阶、二叠系下统栖霞阶和茅口阶、二叠系上统龙潭阶和长兴阶、三叠系下统大冶组、三叠系中统嘉陵江组、第四系等。其中石炭系中统黄龙阶和二叠系地层为矿体主要的赋存层位。

地层走向65°～75°，倾向南东，倾角60°～75°。地表除了志留系、泥盆系出露较好外，其他时代地层仅零星出露，第四系覆盖面积占60%。矿区中部相当于栖霞阶至嘉陵江组层位约0.6km^{2}面积为花岗闪长斑岩体占据，岩体周围及北矿带附近地层受强烈蚀变。

2. 构造

横立山——黄桥向斜贯于矿区南部，轴向北东东。矿区位于该向斜北翼，为单斜构造。

断裂构造主要有北东东、北西-北北西和北东向三组。北东东向断层发育于地层假整合面，岩性差异较大的层间，早期以逆冲为主，后期转化为正断层性质，主要有$F^1_{\Pi\text{-}1}$、$F^2_{\Pi\text{-}1}$、$F_{\Pi\text{-}2}$等。其中$F^2_{\Pi\text{-}1}$断层发育于黄龙与栖霞阶地层间，为矿区主要的控矿构造。北西-北北西向断层发育于矿区北部，为平移断层，断距一般为2～16m，对矿体走向延伸的连续性影响不大。北东向断层分布于矿区南部，为平移断层，规模小，为矿区控岩及控矿构造。

裂隙构造主要有北东东、北北西、北东和北西向四组，多有矿脉充填。

矿区构造既控制着主岩体的边界形态，岩枝的分布，又是良好的导矿通道和容矿的有利场所。在成岩成矿后构造继续活动，但较微弱，位移小，对矿体完整性破坏较小。

3. 岩浆岩

与成矿有关的岩浆岩主要为燕山早期花岗闪长斑岩，呈岩株状侵入于二叠系～三叠系中统碳酸盐地层中，出露面积0.6km^2，平面近椭圆形，长轴北西15°，剖面上呈喇叭形，三维空间形态为一向南东陡倾的蘑菇状岩株。接触带形态比较复杂，常有不规则状岩枝沿层间裂隙伸入围岩。岩体与矿床空间关系密切，南矿带矿体直接产于接触带或岩体中，北矿带矿体赋存于岩体下盘灰岩层位中，距离岩体仅数十米。此外，还有石英闪长玢岩、花岗细晶岩、次英安斑岩、煌斑岩等，多呈脉状产出并切穿矿体。

4. 围岩蚀变

围岩蚀变主要有大理岩化、矽卡岩化、硅化、白云石化和绿泥石化等，与矿化关系密切。

5. 矿床成因

矿区矿床主要有如下几个特点：

（1）成矿物质来源：南矿带成矿物质来源上地幔或下地壳硅镁层；北矿带主要来源除上地幔或下地壳硅镁层外，部分来自五通组碎屑岩地层。

（2）成矿作用性质：南矿带为岩浆-热液成矿，区内分布的花岗闪长斑岩是成矿母岩；北矿带为同生沉积作用形成的矿源层，岩浆-热液叠加改造成矿。

（3）矿体赋存部位：南矿带接触带是成矿的主要部位；北矿带具有层控性，矿体主要赋存五通组与黄龙阶之层间，受假整合面、岩性差异面和层间构造控制，矿体呈层状、似层状，产状与地层基本吻合。

（4）矿化类型：南矿带主要为含铜矽卡岩型；北矿带主要为含铜黄铁矿型。

（5）矿床形成温度及深度：矿床形成为中-高温，形成深度约0.7～1.7km。

基于以上特征，从成矿物质来源和控矿主导因素出发，该矿床应属于矽卡岩型-层控铜矿。就矿带而言，南矿带为岩控矽卡岩型铜矿，北矿带为层控型铜矿。

（二）矿床地质

1. 矿体特征

该铜矿属大型铜硫矿床，铜储量137万吨，硫储量1226万吨，伴生有益组分有金、银、硒、碲、镓、钼、铅、锌、铊等。矿体分布于南北两个矿带中，共由124个矿体组成，其中主矿体8个，其储量占全区储量的96%。全区平均铜品位1.17%。据矿体控矿因素及空间分布特征，将该矿床划分为南、北两个矿带，北矿带即位于矿区北部，受层间断裂带控制的一组矿体；南矿带位于矿区南部，受岩体与围岩接触带及岩体内围岩残留体控制的一组矿体。

（1）南矿带。南矿带矿体主要赋存于岩体与围岩的接触带中，其次为岩体内的围岩残留体内。矿石类型以含铜矽卡岩型为主，有少量的含铜碳酸盐岩及含铜花岗闪长斑岩型矿石。矿带中共有铜矿体109个，硫矿体2个。其中产于接触带的8Cu、9Cu矿体规模最大，其次有12Cu、15Cu、17Cu等矿体。该矿带铜金属量53.2万吨，占全区储量的39%，平均品位1.04%。矿体总体倾向南东，倾角40°～80°。矿体最大厚度32m，最小厚度3m，平均15m。

（2）北矿带。北矿带中有铜矿体4个，硫矿体8个，铅锌矿体1个。其中产于接触带的1Cu1、1Cu2、5Cu、7Cu矿体规模较大。矿石类型主要为含铜黄铁矿、含铜碳酸盐岩，其次为铜高岭土、铜铅锌黄铁矿、黄铁矿等。该矿带铜金属量83.8万吨，占全区储量的61%，硫储量1226万吨。矿体总体倾向南东，倾角51°～64°。矿体最大厚度30m，最小厚度1.3m，平均9m。

2. 矿石品质

矿石品质包含矿石品位、矿石性质、矿石有用和有害组分、矿石的可选性等方面。该铜矿矿石的组成比较复杂，金属矿物有55种，脉石矿物有22种。其中主要金属矿物为黄铁矿、黄铜矿等。各类矿石均属可选，只是由于矿物组分、结构构造及氧化程度不同，因而难易有所区别。

根据氧化程度不同可将矿石自然类型分为氧化矿石、混合矿石和原生矿石三类，分别占全区铜矿石储量的2.7%、8.1%、89.2%。

矿石主要有用组分为Cu、S，伴生有益组分为Au、Ag、Se、Fe、Ga、Ti、Pb、Zn、Mo等。矿石有害组分是锌、镁、氟，但它们在铜精矿中的含量均小于规定的允许含量。

因此，矿石的主要有害组分为 As。北矿带局部地段，矿石含 As 较高，超出规定指标；南矿带 As 含量明显偏低，小于允许含量。

北矿带含硫高，南矿带含硫低。北矿带平均含硫 20.87%，其中混合矿石含硫 26.2%，原生矿石含硫 20.33%。南矿带平均含硫 5.21%，其中含铜矽卡岩含硫 4.85%，含铜碳酸盐岩含硫 6.27%。

（三）矿区水文地质

1. 水文地质条件

矿区地处温暖、湿润多雨地区，属山前丘陵湖滨过渡地带。每年 3 ~ 5 月为梅雨季节，12 月至次年 2 月雨量稀少，年均降雨量 1374.6mm，年均蒸发量 1455.8mm，潮湿系数 0.94。主要地表水体有长江、赤湖、赛湖、大桥河和瑞昌河。长江位于矿区北东，距矿区 10km。赤湖离矿区最近，平水期距矿区 1 ~ 2km，洪水期湖水可漫及矿床边缘。溶洞裂隙含水层可透过湖积第四系弱含水层与地表水发生水力联系。

矿体位于当地侵蚀基准面以下，三叠系至石炭系灰岩溶洞裂隙水为矿体直接充水的水源。矿区岩层经历多次构造运动，岩浆侵入，岩石风化，地表水和地下水的活动作用，导致部分矿体和围岩不稳定。该铜矿属于岩溶溶洞裂隙直接充水型矿床，围岩的不良工程地质问题较多。矿床水文地质条件属于复杂类型。

2. 矿坑水质

北矿带和南矿带 1 ~ 9 月份的坑内水质分析结果见表 4-1。

表 4-1　矿区水质分析结果　（mg/L）

矿带	S	Cu	Pb	Zn	Cd	As	Cr	pH 值
北矿带	427.78	13.02	1.56	31.04	0.226	0.602	0.041	2.81 ~ 7.63
南矿带	6.38	0.381	0.101	0.236	0.024	0.01	0.006	6.93 ~ 8.78

由表 4-1 可知，南矿带水质较好，符合排放标准。北矿带由于矿石含硫高，所以水质差，其 pH 值为 2.81 ~ 7.63（不同位置差别较大），重金属元素也高，不能直接排放，需要考虑对坑内废水处理及井下设备的防腐。

3. 矿坑涌水量预测

目前，南北矿带已开拓到 －160m 中段以下，根据矿山生产技术科提供的资料，－160m中段以上矿坑涌水量南矿带为 5370m^3/d，北矿带为 1750m^3/d，较地质报告中预测的矿坑涌水量小得多。因采矿方法为充填采矿法，所以不单独计算采矿崩落范围内大气降水渗入量。根据矿床水文地质条件和目前矿山排水量情况，采用比拟法预测设计最低开采标高（－160m）时矿坑涌水量为：

南矿带：正常涌水量 6750m^3/d，最大涌水量 9580m^3/d；

北矿带：正常涌水量 3010m^3/d，最大涌水量 3920m^3/d。

4. 矿山防治水工作

北矿带矿体含硫高，具有较高的腐蚀性，且含较高的重金属离子和有害元素，应考虑井下设备的防腐和对坑内排放水的处理。北矿带东西两侧及南矿带岩体与大理岩的接触带附近是矿山防水的重点，开拓工程施工期间应注意超前探水。

地下水的疏干可能导致隐伏碳酸盐岩区产生地面塌陷或沉降。矿山生产中应对可能产生塌陷的地区定期观测，对可能造成地表水直接灌入井下的塌洞及时回填。

目前矿山采用自然疏干，在采场或井下其他工程作业面施工少量水平放水孔。扩建之前南矿带已疏干到 -120m 水平，北矿带疏干到 -140m 水平，在疏干范围内局部存在残余水头。随着开采深度的增加，疏干漏斗会向外扩展，尤其是南矿带疏干可引起漏斗东扩，地表塌陷的范围也会随之向外扩展。

从矿床地质和水文地质条件看，尽管下部开采条件比较复杂，但与上部相比有较大的改观，尤其是南矿带地质条件较好，具备了改变采矿方法以扩大矿山生产规模的基本条件。

（四）矿床勘察工作

矿床于 1958 年发现，1962 年江西地质局赣西北大队对矿区进行了详查和勘探工作，1970 年 6 月提交了《江西某大型地下开采铜矿铜硫铁矿区最终储量报告》。1973 年 2 月江西省地质局会同有关单位进行审查，认为还需要做补勘工作。1974 年 3 月至 1982 年 3 月在原勘探工作的基础上进行了补勘，1984 年 9 月提交了《江西某大型地下开采铜矿详细勘探地质报告》，1985 年 9 月经原全国储委审查通过。

通过上述工作基本查明了 -400m 以上主矿体的空间分布和形态及主要元素的品位变化规律，查明了水文地质和矿山开采条件。但仍然存在一些问题，地质勘探深度为 -400m 标高，-400m 以下地质报告中提供的储量基本为 D 级储量，因此，应考虑 -400m 以下矿体的补充勘探工作，提高深部矿体的控制程度。

根据矿山探采情况，考虑到资源的负变因素和矿体可能发生的变化，建议采矿时资源的负变率按如下考虑：南矿带 C 级 -30%，D 级 -50%；北矿带 D 级 -20%。

（五）矿区资源储量

1. 铜的工业指标

该铜矿圈定铜矿体、计算储量所采用的工业指标为：边界品位铜 0.3%，最低工业品位铜 0.5%，最小可采厚度 1m，最大允许夹石厚度 2m。

2. 地质勘探储量与矿山保有储量

地质报告提交的矿区地质储量见表 4-2。

表 4-2　矿区地质储量计算总表

矿带	自然类型	B 级		C 级		D 级		B + C + D 级	
		矿石量 /10^3t	品位 Cu/%	矿石量 /10^3t	品位 Cu/%	矿石量 /10^3t	品位 Cu/%	矿石量 /10^3t	品位 Cu/%
北矿带	氧化矿	985.0	4.29	1703.7	2.59	503.3	1.73	3192.0	2.98
	混合矿	326.0	2.72	4774.9	1.42	3171.7	1.19	8272.6	1.38
	原生矿	—	—	17553.5	1.06	36992.2	1.19	54545.7	1.15
	小　计	1311.0	3.90	24032.1	1.24	40667.2	1.20	66010.3	1.27
南矿带	氧化矿	—	—	—	—	—	—	—	—
	混合矿	281.7	1.70	343.1	1.66	652.8	0.89	1277.6	1.28
	原生矿	737.7	1.32	20270.1	1.07	29068.4	1.00	50076.3	1.03
	小　计	1019.4	1.43	20613.2	1.08	29721.2	0.99	51353.9	1.04
合　计		2330.4	2.82	44645.3	1.17	70388.4	1.11	117364.2	1.17

矿山 2002 年底保有储量见表 4-3。

表 4-3　截止 2002 年年底各中段保有储量表（铜）

矿带	中　段	B 级		C 级		D 级		B + C + D 级	
		矿石量 /10^3t	品位 Cu/%	矿石量 /10^3t	品位 Cu/%	矿石量 /10^3t	品位 Cu/%	矿石量 /10^3t	品位 Cu/%
北矿带	-40m	11	0.691	3	0.833	7	0.514	21	0.652
	-80m	40	1.035	33	0.615	—	—	73	0.845
	-120m	133	1250	19	0.737	5	1.680	157	1.201
	-160m	1315	1.364	495	1.346	100	0.857	1910	1.333
	-210m	—	—	3028	1.022	237	0.784	3265	1.005
	-400m	—	—	12810	1.065	7354	1.224	20164	1.123
	-400m 上	1499	1.340	16388	1.064	7703	1.205	25590	1.123
	-400m 下	—	—	883	0.606	29980	1.197	30863	1.180
	小计	1499	1.340	17271	1.041	37683	1.198	56453	1.154
南矿带	0m	1	1.900	168	2.861	394	1.372	563	1.817
	-40m	168	1.586	—	—	640	0.988	808	1.112
	-80m	425	1.068	512	1.179	441	1.067	1378	1.109
	-120m	600	0.972	9	1.500	18	1.011	627	0.981
	-160m	1821	1.059	55	0.918	1	1.041	1877	1.056
	-210m	—	—	3786	0.968	1326	1.170	5112	1.021
	-400m	—	—	6591	0.963	11271	0.859	17862	0.897
	-400m 上	3015	1.073	11121	1.003	14091	0.915	28227	0.967
	-400m 下	—	—	928	1.206	12182	1.056	13110	1.067
	小计	3015	1.073	12049	1.019	26273	0.980	41337	0.998
全矿	-400m 上	4514	1.162	27509	1.040	21794	1.017	53817	1.041
	-400m 下	—	—	1811	0.913	42162	1.156	43973	1.146
	合　计	4514	1.162	29320	1.032	63956	1.109	97790	1.088

从表 4-2 和表 4-3 可以看出，矿区地质储量丰富，截止 2002 年底矿山保有储量是 9779 万吨，铜金属量 106 万吨。按现有规模生产，矿山可以稳产 90 年，其中 B + C 级储量可服务 30 年以上。因此，具备了扩大生产能力的资源条件。

三、开采范围及采矿方法

（一）采矿生产现状

该铜矿 2004 年 1 ~ 10 月生产规模平均达到日采选矿石 3300t，采区分南矿带和北矿带。南矿带生产能力约为 1800t/d，采矿方法主要为上向进路式充填采矿法（简称上向进路法），部分为钢筋混凝土假底下向进路式充填采矿法（简称下向进路法）。北矿带的生产能力约为 1500t/d，采矿方法为下向进路法。

不同采矿方法的采场生产能力为：下向进路法铲运机出矿 90 ~ 130t/d，下向进路法

CG-12 气动装岩机出矿 60 ~ 80t/d；上向进路法 100 ~ 130t/d。下向进路法采场长 100m（铲运机出矿）或50m（气动装岩机出矿），采场高50m，宽为矿体水平厚度。分层回采高度3.3m，进路回采为2.7 ~3m。

矿山南矿带目前共有采场22 个，其中 -80m 中段3 个、 -120m 中段5 个、 -160m 中段 14 个。北矿带共有采场 14 个，其中有 5 个采场将转入 -210m 中段作业。矿山目前开拓方式为竖井和无轨道斜坡联合开拓，南北矿带通过中段南北运输巷道相连，坑内矿石从北矿带主井集中提升至地表。地表矿石由有轨运输系统运往选矿厂地表原矿堆。南北两矿带的废石分别通过各自的副井提升到地表。

北矿带主井、副井和溜破系统皆布置在北矿带矿体的下盘中部，主井、副井井底标高皆在 -310m，破碎硐室在 -245m。破碎硐室可以服务 -210m 以上的中段。主井井筒井深455m，上部净直径 ϕ4m，下部净直径 ϕ4.5m，井口标高 145m，井底标高 -310m。现有主井承担矿山井下生产 3300t/d 矿石的提升任务。北副井井筒净直径 ϕ5.5m，井口标高110m，井深420m，主要提升人员、材料和北矿带的废石兼作管缆井。南矿带老副井在南矿带北部中区，只服务到 -80m 中段。新南副井布置在南矿带矿体的西北部，井口标高42.3m，井底标高 -260m，井深 302.3m，提升中段在 -210m，主要承担南矿带人员、材料、设备以及废石的提升任务。

北矿带东西部各有一个风井，形成中央副井进风，两翼回风井出风的通风方式。南矿带东部有一个风井，西部南副井进风，东部风井回风。矿山现有南北各两座空压机房，每座机房能够提供220m^3/min 的压缩空气，提供给矿山生产使用。矿山现有三座充填搅拌站，其中南矿带 2 座，主要充填料为河砂；北矿带 1 座，主要充填料为分级尾砂。通过充填搅拌站充填到井下的料浆为非胶结水砂料浆。胶结料在地表制备后，通过无轨设备从斜坡道送往井下供充填使用。

从采矿方面来看，目前制约矿山生产能力的主要因素是采矿方法和充填工艺。

（二）开采范围

矿山目前主要在 -160m 中段回采，北矿带部分已开拓到 -210m 中段，南矿带 -210m 中段也正在开拓。根据矿山现有的生产状况和 -210m 以下矿量的分布条件，深部扩建总体开采范围标高为 -210 ~ -610m，从矿床资源量及其可靠程度、初期资金投入量、矿山生产规模和开采服务年限等方面综合考虑，也可分期实施，即一期开采 -260 ~ -460m 中段，二期开采 -460 ~ -610m 中段，开采顺序为由上向下回采。

（三）采矿方法选择

矿山目前的采场生产能力为 65 ~ 130t/d，采矿方法制约着矿山生产能力的提高，因此，必须选择效率较高、成本相对较低的采矿方法。根据矿山所用采矿方法的实际情况，并综合分析国内几个主要采用充填法开采的类似矿山，可以拟定不同的采矿方法。

北矿带矿岩稳定性差，宜根据矿体厚度不同采用不同的下向充填法，当矿体厚度大于12m 时，选用下向分层倾斜六角形进路胶结充填采矿法，凿岩台车凿岩，3m^3 或 2m^3 斗容铲运机出矿，这种采矿方法在国内类似矿山已经使用多年，生产能力大，安全可靠程度高。如边帮稳固较好，不产生片帮时，可以采用矩形进路回采。

当矿体厚度为 5 ~ 12m 时，选用下向分层倾斜进路胶结充填采矿法，凿岩台车凿岩，3m^3 或 2m^3 斗容铲运机出矿，进路断面为矩形断面时，也可以采用水平进路。

当矿体厚度小于5m时，选用普通下向分层进路胶结充填采矿法，即矿山目前在南矿带使用的采矿方法。对于首采中段矿山可根据实际条件采用下向分层水平进路胶结充填采矿法，并通过采矿方法试验和生产实践后，有选择地过渡到下向分层倾斜六角形进路胶结充填采矿法。对于少量薄矿体仍然采用该矿山已用的普通进路充填法。

南矿带矿岩较为稳固，宜选用分段空场嗣后充填法开采，采用中深孔凿岩机凿岩，铲运机运矿，采场采完进行嗣后充填整个采空区。该采矿方法工艺简单，集中出矿，生产效率高，作业成本低，安全可靠程度高。

采矿主要技术经济指标见表4-4。

表4-4 采矿主要技术经济指标

序号	项目	单位	北矿带	南矿带	备注
1	采矿方法		六角形进路胶结充填采矿法	分段空场嗣后充填采矿法	少量薄矿体采用普通进路充填法
2	比例（按矿量）	%	55	35	10
3	采场综合生产能力	t/d	400	500	
4	矿石贫化率	%	6	10	
5	矿石损失率	%	8	12	
6	回采采场数	个	7	4	
7	备采采场数	个	2	1	
8	切采比	m^3/kt	42	38	
9	综合切采比	m^3/万吨	500		系数1.25
10	开拓比	m^3/万吨	200		
11	探采比	m^3/万吨	50		
12	掘采比	m^3/万吨	750		187.5

由表4-4可以得出，通过改变采矿方法完全可以达到扩大生产规模的目的。

四、选矿技术条件及生产能力

（一）选矿厂生产现状

该铜矿于1974年4月建成生产规模为3000t/d（南北矿带各1500t/d）的老选矿厂，碎矿流程为带洗矿作业的三段一闭路流程。由于南矿带基建滞后，投产以来主要处理北矿带矿石，由于该矿石含硫高、泥多等原因，容易堵塞，碎矿流程不畅通，设备腐蚀严重，生产极不稳定，选别指标差，经济效益低。1993年8月新建生产规模为3000t/d（南北矿带各1500t/d）的新选矿厂，碎矿采用半自磨+球磨的两段碎磨流程，因流程短，物料畅通，生产较稳定，浮选工艺流程做了相应的改进。老选矿厂碎洗、磨选则停止生产。目前选矿厂生产能力基本达到3300t/d。近年来选矿厂的综合指标见表4-5。

（二）选矿生产工艺流程

粗碎设在井下，矿石破碎后块度最大350mm，由竖井提至地表，电机车运至粗矿堆。粗矿堆下设有两条皮带通廊，各有1台1200mm×8000mm铁板给矿机卸矿至带式运输机上，然后运至磨矿浮选车间。

表 4-5　2000 ~ 2002 年选矿厂综合指标

年　份	作业量			设备效率			选矿全员实物劳动生产率 /t·人$^{-1}$
	处理量/万吨	铜金属量/t	标硫量/万吨	自磨作业率 /%	球磨作业率 /%	磨机台效(系统)/t·h^{-1}	
2000	81.99	7600	18.62	48.60	48.8	95.68	189.27
2001	88.20	8201	19.86	53.3	53.3	95.11	224.82
2002	101	9010	19	61.6	61.6	93.27	255.88

磨浮作业采用双系列，其中磨矿采用“半自磨 + 球磨”磨矿流程，ϕ5.5m × 1.8m 半自磨机排矿给入 ϕ2.4m 双螺旋分级机，分级机与 ϕ2.7m × 3.6m 格子型球磨机构成闭路。磨矿细度为 -0.074mm 占 50% ~ 55%，未达到设计细度 60% ~ 65% 要求，溢流浓度为 38%。浮选作业采用铜优先浮选流程，先选出铜粗精矿，粗精矿再磨后进行铜精选得铜精矿，铜浮选尾矿脱泥进入选硫作业得硫精矿和最终尾矿。

（三）存在的主要问题

（1）该铜矿南、北矿带矿石硬度差异很大，南矿带矿石较硬，北矿带矿石较软，含泥多。采矿难以配矿，选矿给矿性质波动较大。

（2）选矿厂现有粗矿堆容积偏小，对采矿和选矿生产之间的调节作用不足。

（3）由于矿石硬度的差异，使半自磨机生产能力波动较大。矿石难磨时，半自磨机容易出现“胀肚”现象，生产能力下降；矿石易磨时，半自磨机生产能力较大，又易造成分级作业和球磨作业生产能力不足。

针对选矿厂存在的主要问题，结合矿山扩建的实际需要，可对选矿厂进行技术改造，主要包括粗矿堆改造、磨浮改造、脱水车间改造等。基本原则是在保证设计指标的前提下，边生产边改造，尽可能少影响生产，宜分系列进行改造；控制投资，尽量利用原有厂房设备。

五、基础要素评价

通过对矿山生产规模基础要素的分析，可以得出，该大型地下开采铜矿具备了扩大生产规模的地质资源条件以及其他技术条件，选矿厂仅需对一些设施进行必要的改造和投入即可达到扩大生产规模的目的。

第二节　设计规范及有关规定

一、矿山生产规模与服务年限的关系

矿田储量、矿山生产规模与其服务年限的关系可用式（4-1）表达：

$$T_p = \frac{Q_{jg}}{K \cdot Q_a} \tag{4-1}$$

式中　T_p——合理矿山服务年限，年；

Q_{jg}——矿床的工业储量（扣除损失量），t；

K——储量备用系数，地下矿 K = 1.3 ~ 1.5，露天矿 K = 1.1 ~ 1.3；

Q_a——矿山生产规模。

二、煤矿服务年限的规定

影响煤矿设计服务年限的因素主要有：

（1）资源条件：富煤地区设计服务年限可长一些，如西部地区；缺煤地区设计服务年限可短一些，如中、东部地区；

（2）矿区服务年限因素：矿区服务年限长，露天煤矿设计服务年限可短一些，各矿可接续开采；

（3）社会因素：服务年限短，考虑转产、社会稳定等影响；

（4）经济因素：投资回收期，建筑物服务年限等；

（5）探矿权、采矿权因素：我国已实行业主探矿权和采矿权管理制度，如服务年限过长，其勘探工作量增加和要求储量大，初期投资增加。

因此，煤矿设计服务年限需考虑上述影响因素综合确定。

煤炭工业矿井设计规范（GB 50215—2015）细分了新建、扩建和改建矿井三种不同情况的设计服务年限，其中新建矿井及其第一开采水平的设计服务年限，不应小于表4-6的规定。

表4-6　新建矿井设计服务年限

矿井设计生产能力/$Mt \cdot a^{-1}$	矿井设计服务年限/a	第一开采水平设计服务年限/a		
		煤层倾角<25°	煤层倾角25°~45°	煤层倾角>45°
10.00及以上	70	35		
3.00~9.00	60	30		
1.20~2.40	50	25	20	15
0.45~0.90	40	20	15	15
0.21~0.30	25			
0.15	15			
0.09	10			

扩建矿井，扩建后的矿井设计服务年限不应小于表4-7的规定。

表4-7　扩建矿井设计服务年限

矿井设计生产能力/$Mt \cdot a^{-1}$	矿井设计服务年限/a
10.00及以上	60
3.00~9.00	50
1.20~2.40	40
0.45~0.90	30
<0.45	不应低于同类型新建矿井服务年限的50%

改建矿井的服务年限，不应低于同类型新建矿井服务年限的50%。

三、冶金矿山服务年限的规定

根据冶金矿山采矿设计规范（GB 50830—2013），冶金矿山服务年限应符合表4-8的规定。

表 4-8 冶金矿山服务年限

矿山规模类型	特大型	大 型	中 型	小 型
服务年限/a	≥25	≥20	≥15	≥5

注：1. 矿山服务年限系指矿山从投产到开采终了的全部年限；
2. 对于国家或市场急需的资源和邻近有接续矿山的，其服务年限可适当缩短；
3. 达到设计规模的年限宜超过矿山服务年限的 2/3 以上。

四、矿山生产规模的规定

为进一步搞好矿产资源的开发管理，设立科学合理的矿山企业生产建设规模标准，促进企业实行与资源储量规模相适应的开采规模，按照《矿产资源开采登记管理办法》的有关规定，国土资源部决定对我国矿山建设生产规模分类进行调整（见国土资发［2004］208 号文件），调整之后的矿山生产建设规模级别以及最低生产建设规模分别见表 4-9 ~ 表 4-11 所示。

表 4-9 矿山生产建设规模分类一览表（能源矿产）

矿种类别	矿山生产建设规模级别				最低生产建设规模	备 注
	计量单位/年	大 型	中 型	小 型		
煤（地下开采）	原煤万吨	≥120	120 ~ 45	<45	备注	新调整
煤（露天开采）	原煤万吨	≥400	400 ~ 100	<100		新调整
石 油	原油万吨	≥50	50 ~ 10	<10		
油页岩	矿石万吨	≥200	200 ~ 50	<50		
烃类天然气	亿立方米	≥5	5 ~ 1	<1		
二氧化碳气	亿立方米	≥5	5 ~ 1	<1		
煤成（层）气	亿立方米	≥5	5 ~ 1	<1		
地热（热水）	万立方米	≥20	20 ~ 10	<10		
地热（热气）	万立方米	≥10	10 ~ 5	<5		
放射性矿产	矿石万吨	≥10	10 ~ 5	<5		

注：1. 富煤地区山西、内蒙古、陕西为 15 万吨/年；
2. 北京、河北、辽宁、吉林、黑龙江、山东、安徽、甘肃、青海、宁夏、新疆为 9 万吨/年；
3. 云南、贵州、四川为 6 万吨/年；
4. 湖北、湖南、浙江、广东、广西、福建、江西等南方缺煤地区为 3 万吨/年。

表 4-10 矿山生产建设规模分类一览表（金属矿产）

矿种类别	矿山生产建设规模级别				最低生产建设规模	备 注
	计量单位/年	大 型	中 型	小 型		
金（岩金）	矿石万吨	≥15	15 ~ 6	<6	1.5 万吨/年	
金（砂金船采）	矿石万立方米	≥210	210 ~ 60	<60	10 万立方米/年	
金（砂金机采）	矿石万立方米	≥80	80 ~ 20	<20	10 万立方米/年	
银	矿石万吨	≥30	30 ~ 20	<20		
其他贵金属	矿石万吨	≥10	10 ~ 5	<5		

续表 4-10

矿种类别	矿山生产建设规模级别				最低生产建设规模	备 注
	计量单位/年	大 型	中 型	小 型		
铁（地下开采）	矿石万吨	≥100	100～30	<30	3 万吨/年	新调整
铁（露天开采）	矿石万吨	≥200	200～60	<60	5 万吨/年	新调整
锰	矿石万吨	≥10	10～5	<5	2 万吨/年	
铬、钛、钒	矿石万吨	≥10	10～5	<5		
铜	矿石万吨	≥100	100～30	<30	3 万吨/年	
铅	矿石万吨	≥100	100～30	<30	3 万吨/年	
锌	矿石万吨	≥100	100～30	<30	3 万吨/年	
钨	矿石万吨	≥100	100～30	<30	3 万吨/年	
锡	矿石万吨	≥100	100～30	<30	3 万吨/年	
锑	矿石万吨	≥100	100～30	<30	3 万吨/年	
铝土矿	矿石万吨	≥100	100～30	<30	6 万吨/年	
钼	矿石万吨	≥100	100～30	<30	3 万吨/年	
镍	矿石万吨	≥100	100～30	<30	3 万吨/年	
钴	矿石万吨	≥100	100～30	<30		
镁	矿石万吨	≥100	100～30	<30		
铋	矿石万吨	≥100	100～30	<30		
汞	矿石万吨	≥100	100～30	<30		
稀土、稀有金属	矿石万吨	≥100	100～30	<30	6 万吨/年	新调整

表 4-11 矿山生产建设规模分类一览表（化工及建筑材料矿产）

矿种类别	矿山生产建设规模级别				最低生产建设规模	备 注
	计量单位/年	大 型	中 型	小 型		
石灰岩	矿石万吨	≥100	100～50	<50		
硅 石	矿石万吨	≥20	20～10	<10		
白云岩	矿石万吨	≥50	50～30	<30		
耐火黏土	矿石万吨	≥20	20～10	<10		
萤 石	矿石万吨	≥10	10～5	<5		
硫铁矿	矿石万吨	≥50	50～20	<20	5 万吨/年	
自然硫	矿石万吨	≥30	30～10	<10		
磷 矿	矿石万吨	≥100	100～30	<30	10 万吨/年	新调整
蛇纹岩	矿石万吨	≥30	30～10	<10		
硼 矿	矿石万吨	≥10	10～5	<5		
岩盐、井盐	矿石万吨	≥20	20～10	<10		
湖 盐	矿石万吨	≥20	20～10	<10		
钾 盐	矿石万吨	≥30	30～5	<5		新调整

续表 4-11

矿种类别	矿山生产建设规模级别				最低生产建设规模	备 注
	计量单位/年	大 型	中 型	小 型		
芒 硝	矿石万吨	≥50	50～10	<10		
碘	矿石万吨	按小型矿山归类				
砷、雌黄、雄黄、毒砂	矿石万吨	按小型矿山归类				
金刚石	万克拉	≥10	10～3	<3		
宝 石	矿石吨	发证权限按中型划分、矿山生产建设规模按小型矿山归类				
云 母	工业云母	按小型矿山归类				
石 棉	石棉万吨	≥2	2～1	<1		新调整
重晶石	矿石万吨	≥10	10～5	<5		
石 膏	矿石万吨	≥30	30～10	<10		
滑 石	矿石万吨	≥10	10～5	<5		
长 石	矿石万吨	≥20	20～10	<10		
高岭土、瓷土等	矿石万吨	≥10	10～5	<5		新调整
膨润土	矿石万吨	≥10	10～5	<5		
叶蜡石	矿石万吨	≥10	10～5	<5		
沸 石	矿石万吨	≥30	30～10	<10		新调整
石 墨	石墨万吨	≥1	1～0.3	<0.3		
玻璃用砂、砂岩	矿石万吨	≥30	30～10	<10		新调整
水泥用砂岩	矿石万吨	≥60	60～20	<20		新调整
建筑石料	万立方米	≥10	10～5	<5		
建筑用砂、砖瓦黏土	矿石万吨	≥30	30～6	<6		新调整
页 岩	矿石万吨	≥30	30～6	<6		新增
矿泉水	万吨	≥10	10～5	<5		

第三节 矿山生产规模的计算方法

一、国内矿山生产规模的计算方法

（一）地下开采

主要包括以下五种计算方法：

1. 矿山合理服务年限法

A 计算公式

当矿床的工业储量一定时，可以根据经济上合理的矿山服务年限计算矿山生产规模

Q_a，公式为：

$$Q_a = \frac{Q_{jg} \cdot k_e}{T_p(1 - k_c)} \tag{4-2}$$

式中　Q_{jg}——矿床的工业储量(扣除损失量)，t；

k_e——采矿回收率,%；

k_c——采矿贫化率,%；

T_p——合理矿山服务年限，a。

矿山合理服务年限是指按照最佳经济效益原则确定的矿山生产规模和保有的可采储量，经计算或者类比求得矿山服务年限，以年（a）表示。不同矿种、不同规模的矿山企业具有不同的合理矿山服务年限，在实际工作中，常用规定的或者经验推导的合理矿山服务年限来检验矿山生产规模的合理性。矿山服务年限与投资回收期有直接关系，一般情况下，应在可采储量消耗不超过一半时回收全部投资。

B　案例分析

仍以江西某大型地下开采铜矿为例。按合理服务年限确定生产规模主要考虑矿床地质资源量。该铜矿北矿带的地质储量比较稳定，从 -260 ~ -610m 中段的地质储量变化不大，中段矿石储量(C + D 级)均在 525 ~ 667 万吨之间。南矿带的地质储量从 -260 ~ -460m中段比较稳定，变化不大，其 C + D 级矿石储量在 415 ~ 513 万吨之间，-510m 中段为 350 万吨，而 -560m、-610m 两个中段只有 150 万吨左右。根据矿山多年开采的情况来看，北矿带矿石开采量与地质储量基本一致，而南矿带 -160m 中段以上采出矿量与地质储量相比负变较大，负变率 40% 左右。因此，在确定地质储量利用时，可采储量考虑了矿床储量可能负变，北矿带的 D 级储量考虑 20% 的负变；南矿带的 C 级储量考虑 30% 的负变，D 级储量考虑 50% 的负变，这样，可以计算出南矿带和北矿带地质计算储量为 5731.51 万吨。

由公式(4-2)，有

$$Q_a = \frac{Q_{jg} \cdot k_e}{T_p(1 - k_c)} = \frac{5731.51 \times 90\%}{25(1 - 8\%)} = 224.3 \text{ 万吨/年}(6796\text{t/d})$$

2. 下降速度法

A　计算公式

按开采工作面年下降深度计算矿山生产规模，公式为：

$$Q_a = \frac{m_v \cdot s_k \cdot v_a \cdot k_e}{1 - k_c} \tag{4-3}$$

式中　m_v——开采工作面每年下降深度，m；

s_k——开采矿体的水平面积，m^2；

v_a——矿石容重，t/m^3。

B　案例分析

要保证矿山生产规模的持续稳定，其采准开拓应满足回采进度要求。下降速度过快，采准开拓工程跟不上，将造成回采开拓不平衡，影响矿山的稳定生产。为了简化计算，可以计算在不同生产规模下，南矿带和北矿带各中段的年下降速度，计算结果见表 4-12。

表 4-12 南、北矿带下降速度计算结果 (m)

中段	地质计算储量		南矿带			北矿带		
	南矿带 /10^4t	北矿带 /10^4t	2000t/d	2500t/d	3000t/d	3000t/d	3500t/d	4000t/d
-260m	253.76	494.61	12	15	18	10	12	14
-310m	266.60	543.53	12	15	18	9	11	13
-360m	302.94	507.55	10	13	16	10	12	14
-410m	257.78	514.05	12	15	18	10	11	14
-460m	228.20	541.34	13	16	19	9	11	13
小计	1309.29	2601.08	12	15	18	10	11	13
-510m	175.18	532.72	15	18	21	9	11	13
-560m	74.71	533.93	22	24	26	9	11	13
-610m	65.43	439.16	23	24	26	12	13	15
合计	1624.61	4106.89	14	17	20	10	11	13

由表 4-12 可知，南矿带生产规模为 2000～2500t/d，下降速度为 14～17m/a，属中等；当生产规模为 2500～3000t/d 时，下降速度为 17～20m/a，属中等偏大。北矿带生产规模为 3000～4000t/d，下降速度为 10～13m/a，属中等。因此，按照年下降速度，矿山扩建生产规模至少可达到 6500t/d，甚至可以超出一些。另外，由于矿山地质储量较大，可以考虑采取多中段同时作业，这样新中段开拓准备时间将更加充裕。

3. 新阶段准备速度法

为了保证矿山生产均衡持续地进行，必须经常保持规定的三级矿量，及时向新的阶段过渡。在上一阶段进行回采作业的同时，必须在下一阶段进行开拓、采准与切割工作，以便回采工作转入新阶段之前，完成新阶段的准备工作。地下矿山生产能力可以通过对一个有代表性阶段的开拓、采准工程所需全部时间进行计算，计算公式为：

$$Q_a = \frac{Q_j \cdot k_e}{T_j \times \omega \times (1 - k_c)} \tag{4-4}$$

式中 Q_j——阶段中可采矿石工业储量，t；

T_j——阶段开拓、采准所需总时间，a；

ω——阶段开拓、采准所需超前系数，一般取 1.1～1.5。

4. 标准矿块法

A 计算公式

根据开采条件确定采矿方法及其结构参数，按标准矿块布置于各个阶段中，则各阶段可以达到的生产能力为：

$$Q_{ai} = \frac{N_i q K_i n_{工}}{(1 - \beta_i)} \tag{4-5}$$

式中 Q_{ai}——i 阶段的生产能力，t/a；

N_i——i 阶段可以布置的标准矿块数，个；

q——一个标准矿块（或回采单元）的生产能力，t/d，根据开采条件、采矿方法、技术装备和工作组织等因素以类比法选取；

K_i——阶段 i 的矿块利用系数，$K_i=0.3\sim0.6$，根据开采条件、采矿方法、技术装备和工作组织等因素以类比法选取；

$n_{工}$——年工作日，d；

β_i——阶段 i 的副产矿石率，根据开采条件及采准工程的布置计算确定。

B 案例分析

根据南矿带和北矿带开采技术条件以及所选采矿方法的采场布置和采场综合生产能力，按每个中段可布置的矿块数确定和计算矿山生产规模，根据公式（4-5）进行计算，结果见表4-13。

表4-13 按中段可布置矿块确定生产能力

中段	矿带	矿块有效长度	同时回采矿块数（综合考虑负变和矿块利用系数后）/个	矿块综合生产能力 /t·d^{-1}	矿块合计生产能力(包括副产矿量)/t·d^{-1}	中段生产能力 /t·d^{-1}	中段合计生产能力 /t·d^{-1}
-260m	北矿	1180	8	400	3310	3520	6070
		470	4	50	210		
	南矿	530	2	500	1080	2550	
		200	3	400	1260		
		1020	4	50	210		
-310m	北矿	1110	8	400	3310	3570	7530
		670	5	50	260		
	南矿	930	4	500	2170	3960	
		290	4	400	1680		
		540	2	50	110		
-360m	北矿	1150	8	400	3310	3620	7160
		700	6	50	310		
	南矿	950	4	500	2170	3540	
		200	3	400	1260		
		580	2	50	110		
-410m	北矿	1120	8	400	3310	3570	6740
		650	5	50	260		
	南矿	980	4	500	2170	3170	
		180	2	400	840		
		600	3	50	160		
-460m	北矿	1200	8	400	3310	3520	6640
		500	4	50	210		
	南矿	780	4	500	2170	3120	
		170	2	400	840		
		550	2	50	110		

由表4-13可以得出，除了－260m中段合计生产能力（6070t/d）稍微偏低以外，南北矿带其余中段的生产能力合计可以达到6500～7500t/d，平均6800t/d。

5. 实际排产法

选定采矿方法，根据各阶段开采条件布置矿块，按照矿块采准、切割、矿房回采和矿柱回采四个生产过程的矿石产量以及一年内处于各生产过程的矿块数，求矿山生产能力：

$$Q_a = N_1P_1 + N_2P_2 + N_3P_3 + N_4P_4 \tag{4-6}$$

式中　$P_1 \sim P_4$——矿块采准、切割、矿房回采、矿柱回采的年产矿石量，t/a；

$N_1 \sim N_4$——一年内处于相应各过程的矿块数，个，通过编排采掘计划确定。

（二）露天开采

主要包括以下两种计算方法：

(1) 矿山工程年下降速度法。

矿山工程年下降速度法是指露天矿采剥工程每年平均下降的深度，生产规模计算公式为：

$$Q_a = \frac{m_b \cdot q_a \cdot k_e}{h(1 - k_c)} \tag{4-7}$$

式中　m_b——矿山工程下降速度，m/a；

q_a——有代表性的水平分层矿量，t；

h——露天矿的台阶高度，m。

(2) 新水平准备速度法。

新水平准备速度法是指露天矿为准备新水平而完成的掘斜沟、开段沟及为完成新水平掘沟的扩帮工作量所需的总时间，根据这个总时间计算矿山生产规模，计算公式为：

$$Q_a = \frac{Q_n \cdot k_e}{t(1 - k_c)} \tag{4-8}$$

$$t = t_1 + t_2 + t_3 = \frac{q_1 + q_2 + q_3}{c \cdot \eta} \tag{4-9}$$

式中　Q_n——有代表性的新水平矿量，t；

t——准备新水平所需的总时间，a；

$t_1 \sim t_3$——分别为新水平掘斜沟、开段沟、扩帮所需的时间，a；

$q_1 \sim q_3$——分别为新水平斜沟、段沟、扩帮工程量，m^3；

η——电铲效率，m^3/(台·a)；

c——电铲效率降低系数，汽车运输时，$c = 0.85 \sim 0.95$；铁路运输时，$c = 0.6 \sim 0.8$。

二、国外矿山生产规模的计算方法

（一）最佳寿命公式

HK Taylor根据多年的设计经验，对于矿山经济寿命与矿田储量的关系归纳为下列经验公式：

$$T_p = 6.5\sqrt[4]{Q_{jg}}(1 \pm 0.2) \tag{4-10}$$

公式符号意义同上，其中 Q_{jg}单位为百万吨。

最佳寿命公式实际上提出了矿田储量、矿山合理生产规模及矿山经济寿命之间的匹配关系。依式（4-10）可得出不同矿田储量下的矿山经济寿命及合理生产规模之间的关系，如图 4-1 和图 4-2 所示。

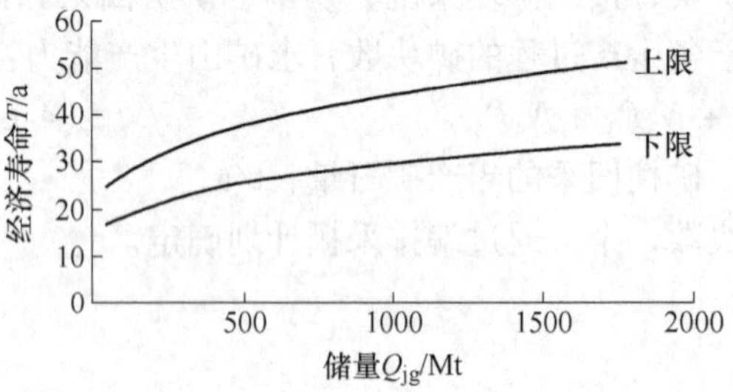

图 4-1 矿山经济寿命与矿田储量的关系

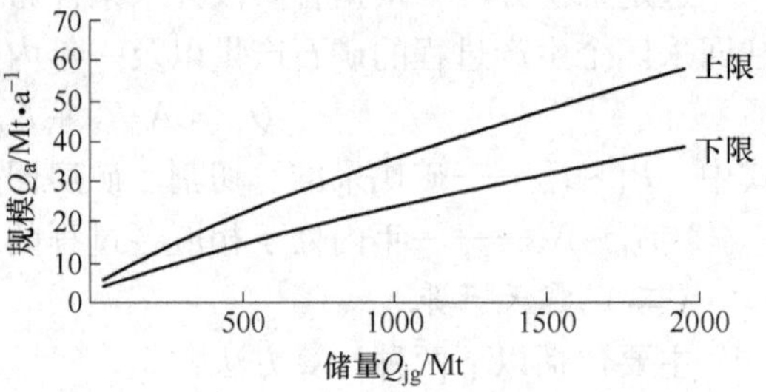

图 4-2 矿山生产规模与矿田储量的关系

国外若干特大型矿山设计指标见表 4-14 所示。

表 4-14 国外若干特大型矿山设计指标

矿 山 名 称	矿田储量/Mt	矿山生产规模	矿山服务年限/a
南非 Parabora 露天铜矿	285.8	约 10Mt/a	26
智利 Chuqulcamata 露天铜矿	863	约 30Mt/a	25
美国黑雷露天煤矿	680	30Mt/a	约 28
德国 Hambach 露天煤矿	2500	50Mt/a	约 50
南非埃兰斯兰德金矿	770（金储量/t）	23(t(金)/a)	32
南非比阿特克斯金矿	275（金储量/t）	11.6(t(金)/a)	23

值得注意的是，表 4-14 中所列各矿山的矿田储量、矿山生产规模与矿山服务年限的关系与最佳寿命公式基本吻合。

（二）经济数学方法

前苏联克里沃罗格矿业学院 Kuch.，IA 教授提出了一种确定地下矿最佳生产能力的图表分析法。建立了按地下矿实际和最佳生产能力确定 1t 采出矿石实际成本的计算公式，即：

$$C = (|1 - A_0/A_1|^{A_1/A_0} + 1)C_0 \tag{4-11}$$

式中 C，C_0——分别为 1t 采出矿石的实际和最佳成本，卢布/t；

A_1，A_0——分别为矿山实际的和最佳的矿石生产能力(1000t/a)。

根据式（4-11），实际成本相对于最佳成本的变化系数为：

$$K_C = |1 - A_0/A_1|^{A_1/A_0} + 1 \tag{4-12}$$

于是可以得到 K_C 与按式（4-12）计算的相对生产能力的曲线 1 以及按式（4-13）计算的关系曲线 2。

$$C = \alpha(H - 325)A_1^{-1}K_a^{-1} + \beta \tag{4-13}$$

式中 H——矿床开采深度，m；

K_a——矿石产量系数；

α，β——与地下开采工艺和组织有关的经验系数。

根据式（4-13）计算出基洛夫矿最佳年生产能力为930万吨/a。

前苏联哈萨克共和国科学院通讯院士拉．，БР针对多露天矿生产能力的确定问题，采用多目标优化方法，建立了具有参数约束、函数约束和目标约束组的经济数学模型。

第四节　矿山生产规模的优化方法

国内一些矿山工作者以及有关专家学者根据其研究视角的不同，在对矿山生产规模进行优化时，运用了不同的优化分析方法，归纳起来主要有以下几种。

一、技术经济分析法

矿山生产规模的传统分析方法是技术经济分析法，采用如经济评价参数分析法、不确定性分析法、敏感性分析法、盈亏平衡分析法、规模及开拓方案比较法等对生产规模进行优化。

二、模糊综合评价法

模糊综合评价法以模糊数学为理论基础。模糊数学是近40年来发展起来的一门新兴学科，它的创始人是美国加利福尼亚大学著名的控制论专家L. A. Zadeh教授。模糊数学发展的主流是在它的应用方面，它为人们研究和解决那些复杂的、难以用精确数学关系描述的问题，提供了一种简捷而有效的方法。由于模糊概念已经找到了模糊集的描述方式，人们运用概念进行判断、评价、推理、决策和控制的过程也可以用模糊数学的方法来描述。例如模糊聚类分析、模糊模式识别、模糊综合评判、模糊决策与模糊预测、模糊控制、模糊信息处理等。这些方法构成了一种模糊系统理论，构成了一种思辨数学的雏形，它已经在医学、气象、心理、经济管理、石油、地质、环境、生物、农业、林业、化工、语言、控制、遥感、教育、体育等方面取得了较好的研究成果。模糊数学最重要的应用领域是计算机智能，它已经被用于专家系统和知识工程等方面，在各个领域中发挥着非常重要的作用，并已经获得了巨大的经济效益。

宋华岭教授等应用模糊数学理论和方法，建立了阜新矿务局五龙矿矿井井型的隶属函数，多层次影响因素树状模型及多层次模糊综合评判模型，建立了确定矿井生产能力的模糊综合评判方法。陈星明等利用灰色系统理论对矿山未来的生产能力进行了灰色预测。

宋卫东教授等综合考虑技术、经济和社会等因素对大冶铁矿生产规模的影响，采用模糊综合评价的理论与方法进行选优，并运用灰色系统理论进行验证，得到露天转地下后地下开采金属矿山的最佳生产规模。杜树浩等利用模糊综合评价法考虑了投资、净现值、服务年限、总成本、就业人数等影响矿山生产规模的因素，对焦家金矿的生产规模进行了优化。

三、经济数学方法

陈建宏教授对Corbyn模型、Struggle模型、梯形模型进行了比较分析，并编制了网络流计算机优化程序对矿山最优生产规模进行计算。

张绍文等在对影响矿井生产规模确定的各项技术、经济影响因素分析的基础上，对矿井生产规模进行了初步确定，确定了生产规模的可行范围，以矿井生产寿命期内获得净收益现值最大为目标，建立了矿井最佳生产能力确定的经济数学模型。

吴爱祥教授等针对矿业联合企业特点，考虑采、选、冶生产平衡，建立了金属矿山地下开采最优生产能力的经济数学模型，并采用基于随机搜索的遗传算法进行求解。

叶蔚通过建立煤炭地质可采储量与累计生产量之间的关系模型，研究地质可采储量、生产量以及剩余可采储量的预测问题，并从这一关系模型出发，研究煤炭企业的最优生产规模和最高生产量的发生时间。

四、综合优化方法

张幼蒂、姬长生教授认为如果由规模经济模型确定的矿山生产规模偏大，由于其他各种因素的限制难以达到或暂时还达不到这种经济规模，就要考虑矿山生产规模的综合优化问题，如分期建设、从小到大、滚动发展等建矿模式，以便条件具备时逐步实现经济规模。并通过对安家岭露天煤矿的实例研究提出了对矿田储量、矿山生产规模及其服务年限三要素进行综合优化的思路与方法。张东，丁浪平运用综合平衡的原理确定矿山生产能力，并以新建铜采选冶联合企业为例进行了分析说明。

五、其他优化方法

郑明贵教授认为地下开采有色金属矿山扩建合理规模的确定受很多不确定性因素的影响，因此，很难用精确的数学语言来表达。针对这样一些特点，人工智能综合集成化方法可成为一种重要手段。在分析金属矿山扩建合理规模影响因素的基础上，建立了基于神经网络的智能化系统，并利用 DEA 方法对训练样本进行了筛选，然后对智能化系统进行了训练学习，结果表明所建立的智能化系统能根据矿山自身特点确定扩建合理的生产规模，对矿山设计具有一定的参考价值，尤其适用于地下开采有色金属矿山扩建合理规模的确定。

其他优化矿山生产规模的方法有系统动力学方法、聚类分析函数法、灰色多目标决策理论、非线性多目标规划等。

复习思考题

一、名词解释

矿山合理服务年限、下降速度法、新阶段准备速度法、标准矿块法、实际排产法、新水平准备速度法

二、简答题

1. 矿山项目开发的外部建设条件主要有哪些？
2. 矿山生产规模与服务年限的关系是什么，设计规范中对服务年限做了怎样的规定？
3. 地下开采矿山生产规模的计算方法有哪些，如何计算？
4. 露天开采矿山生产规模的计算方法有哪些，如何计算？
5. 国外矿山生产规模的计算方法有哪些？

第五章　矿业项目技术评价

第一节　矿业项目建设与生产条件评价

一、矿区位置、交通及自然地理条件评价

主要评价内容包括以下几个方面：

（1）矿区与主要镇、县、市区的距离。这将直接影响到原材料、燃料及动力等的供应成本以及劳动力供应条件。

（2）矿区与周边矿证的关系，是否存在矿权纠纷问题。

（3）矿区水陆交通状况。这将直接影响到运输成本。

（4）矿区地形地貌水系情况。

（5）矿区气象及地震情况。

（6）矿区周边文物古迹情况。

二、资源条件评价

（一）资源的概念及特点

1. 资源的概念及分类

资源是指可以利用的自然资源，如矿产资源、水利水能资源和森林资源等。按其再生能力，可以把资源分为两大类：一类称为非再生资源，这类资源的特点在于一旦被开发加工利用后，就不能够再生长出来，或者即使能再生长，也要经过极其漫长的年代，最典型的是各种矿产资源；另一类称为可再生资源，这类资源在被开发利用后，经过一定的时间或过程能够重新生长出来，如森林资源等。

资源开发项目包括：金属矿、煤矿、石油天然气矿、建材矿、化工矿及水利水电、森林等项目。在可行性研究阶段，应对资源开发利用的可能性和可靠性进行研究和评价，为项目建设规模和开发方案的制订提供依据。

2. 自然资源的特点

一般来说，自然资源具有以下两大特点：

（1）资源的有限性。对于绝大多数矿产资源来说，它们的蕴藏量是有限的。例如金属、非金属矿产资源以及煤炭、石油、天然气等，需要经过漫长的地质年代，并在特定的条件下才能形成，开采出多少蕴藏量就减少多少，直至枯竭。土地资源和水资源虽然是可再生的，但在一定时期范围内也是有限的。从总量上来说，我国许多资源都很丰富，但人均则较少。资源的有限性要求在其开发利用中，必须进行评价以合理利用资源，使项目发挥更大的经济和社会效益。

（2）资源分布的不均衡性。不同地区的自然条件是千差万别的，不同的自然资源要在不同的自然条件下才能形成，从而各地区的自然资源分布呈现出不均衡性。因此，在对资源条件进行评价时，要对项目拟建地区的资源品种、储量和开发条件等进行研究，以便扬长避短，使项目能够取得成功。

（二）资源条件评价的目的

资源条件是投资项目最基本的建设条件，是项目进行生产经营的物质基础。任何一个投资项目在一定程度上都要依赖于项目所在地的自然资源，而项目本身效益发挥的好坏，资源条件也起着重要的作用，可以说资源条件的状况直接关系到项目的取舍与建设规模大小。

进行资源条件评价主要有两个目的：一是通过对项目所在地资源条件的评价，为项目建设以及具体方案的选择提供依据；二是通过资源条件的评价，根据资源分布情况，因地制宜，对该项目进行合理布局，以科学利用自然资源，促进项目效益提高。

（三）资源开发利用的基本要求

资源开发利用的基本要求有以下几方面：

（1）符合资源开发总体规划要求。不同地区根据本地的自然条件往往制订了适合本地要求的资源开发总体规划，因此，建设项目的资源开发应在总体规划的指导下进行。例如，钨矿开采项目，应符合钨矿区域的开发规划；油气田开采项目，应符合油气田区域的开发规划；水利水电项目，应符合流域综合开发规划和国土整治的要求；对可再生资源（森林、农牧产品等）项目的开发利用，还要注意保证资源的连续补偿。

（2）符合资源综合利用的要求。许多矿区往往不止生产一种资源而是有多种资源可供开采，因此在对多金属、多种有用化学元素共生矿、油气混合矿等进行开发时，应根据资源特征提出合理的、多层次的、多目标的综合利用方案，做到物尽其用。

（3）选择资源的最佳用途。一般来说，一种资源的用途是多样的，因此，在项目的资源研究中，如果开采出的一种资源能用于多种不同产品的生产，则应进行技术经济分析，在其他条件相同的情况下，选择经济效益最好的用途。当然，要注意技术进步对资源利用的影响，对于那些即使有较高的经济效益，但对环境造成严重污染的资源利用方式，则不应选择。

（4）选择最合适的资源。在同一产品的生产上，有时可以选择多种资源进行生产，都能达到生产目的，此时也必须进行经济效益分析，以选择技术上最适用、经济上最合理的资源。例如铁矿石是钢铁企业的主要原材料，但各地铁矿石的质量是不同的，就必须对各种铁矿石的储量、品位、成分等进行对比选择。

（5）符合节约资源和可持续发展的要求。由于资源的有限性，在研究资源开发利用的强度和开采速度时，应处理好远期与近期的关系，要注意资源数量、质量、服务年限、开采方式、利用条件等，力求节约资源，合理利用资源。对非再生资源，要考虑到满足后代的需要问题，不要过度开采；对可再生资源，要按其生长规律合理安排开采进度。

（6）对稀缺和昂贵的资源，要研究和寻找替代品。研究和寻找替代品，有利于扩大资源来源，减少稀缺和昂贵的资源消耗，降低成本。替代品是指在不降低产品质量和性能的前提条件下，以低廉的资源代替价高的资源，以较为充裕和容易取得的资源代替稀缺的资源等。

(7) 符合保护生态环境的要求。资源的不当开采将破坏生态环境的平衡，引起环境的恶化，最终影响到人类自身，因此，资源开发过程中应达到环保要求，力求减少对生态平衡的破坏。

(8) 资源的储量和品质勘探深度，应达到国家相关部门规定要求，以确保资源开发项目建设的可靠性。

编制资源开发项目可行性研究报告时，矿产开采项目应附有国土资源部门批准的关于该资源储量、品位、开采价值以及运输条件的报告。

（四）资源评价的原则

在对自然资源进行评价时，要遵循以下四个原则：

(1) 自然资源的可得性。自然资源具有分布的不均衡性，每一个地区的资源禀赋条件是不同的。另外，每种资源的物理和化学性质也是不一样的，因此，在对资源条件进行评价时，必须考虑到拟建地区项目所需资源的拥有状况，在现有条件下是否能够开采，以确认资源确实能为本项目所得。

(2) 自然资源的可用性。每一种自然资源在其物理和化学性质上都是不一样的，即使是同一种资源，其质量等级也是不一样的，从而发挥的作用也各不相同。对于拟建项目，要评价资源能否满足正常生产经营的需要，是否是所需的品种、所要求的质量等级。例如对矿产资源，要对该矿石的工业品位、结构、构造以及伴生的有益、有害成分等进行详细分析，以确定能否为本投资项目所用。

(3) 自然资源的可靠性。矿产资源的储量是有限的，在投资时要考虑到资源的可靠性。要评价其在项目寿命期内可供开采的量是否能满足生产要求，评价该矿产资源提前枯竭的可能性以及生产探矿前景等。

(4) 自然资源的效益性。在项目拟建地区，该种自然资源的获得应该具有经济上的效益性，在几个不同的资源地进行选择时，在数量和质量都能满足要求的同时，尽量选择价格最低廉的供应地，运输最方便和运费最便宜的供应路线。

（五）资源评价的内容

资源评价的内容主要包括以下几方面：

(1) 资源可利用量。主要研究在项目拟建地区可供利用的资源数量，即矿产资源的可采储量。矿产开采项目，应根据国土资源部门批准的储量、品位、成分和开采价值的报告，在进一步勘探核查的基础上，提出项目的矿产可采储量。

(2) 资源自然品质。主要研究资源自然品质能否满足项目技术方案的要求。例如金属矿和非金属矿开采项目，应分析研究矿石品位、物理性能和化学组分。煤炭开采项目，应分析研究其热值、灰分、硫分、瓦斯含量、结焦性能等。石油天然气开采项目，应分析研究其化学组分、物理性能(黏度、凝固点等)。

(3) 资源赋存条件。主要研究分析资源地质构造和采选难易程度，以便确定开采方式。例如矿产开采项目，应分析地质构造、矿体结构、矿层厚度、倾斜度、埋藏深度、岩体性质、灾害因素、涌水量等。石油天然气开采项目，应分析研究油气藏压力、含油气地质构造、孔隙率、渗透率等。

(4) 资源开发价值。应分析研究资源是否值得开发利用，能否取得预期的经济效益。矿产开采项目，应分析计算单位矿产品生产能力投资、单位矿产品的开采成本、露天矿的采剥比、地下矿井的采掘比、财务盈利能力、风险分析等指标。

(5) 资源的可替代性。对于稀缺资源和供应紧张的资源，要注意分析有无替代资源和开辟新资源的前景，能否采取节能工艺和措施，其成本效益情况如何等。对矿产资源还要考虑开采年限及接替矿问题。

(六) 资源的有效利用及其评价

对选定的资源进行合理而有效的利用，可以降低产品生产中的资源消耗，从而降低成本，提高效益。对资源的有效利用主要有以下几个途径：

(1) 进行预处理。有些资源在进入生产前可以就地进行预处理，如精选、分类、压块等，以除杂提纯、取得精料，这样既可以提高资源的利用水平，降低消耗，又可以提高产品的质量。

(2) 采用先进工艺。根据技术上可能和经济上合理的原则，应尽量采用先进合理的工艺路线和工艺技术，提高资源的利用率。一般来说，技术含量高的工艺，往往能有效地提高资源回收率，减少生产过程中的消耗，提高资源的利用程度。例如钢铁部门采用的纯氧炼钢、直接轧制工艺等。

(3) 采用先进的机械设备。机械设备落后，在生产过程中既影响产品的质量，又会因回收率低而浪费资源，因此，采用先进的机械设备也是提高资源利用水平的重要途径。

(4) 综合利用和回收复用。在生产过程中，伴随产品生产出来的同时，常常会有一些无用的物质被废弃掉，即废水、废气和废渣。如果对这些废弃物进行综合利用，经过科学处理或进一步加工可以生产出新的产品，既可以大大提高资源的利用效率，获得多种产品，又有利于保护环境。如有色冶金工业的尾气可以用来制造硫磺等。

三、原材料供应条件评价

(一) 原材料供应条件评价概述

原材料供应条件评价的内容主要包括对主要原材料的品种、数量、规格、质量、价格、来源、供应方式和运输方式等进行分析评价。

原材料是矿业项目建成后生产经营所需的主要投入物，一般包括主要原材料、辅助材料及半成品等。由于矿业项目所需原材料的种类较多，所以在项目评估阶段只需着重分析评价几种耗用量大的或关键性的原材料的供应条件，而没有必要对所有的原材料进行分析评价。

(二) 原材料供应条件评价要点

1. 原材料的数量

根据矿业项目的设计生产能力、选用的工艺技术和使用的设备估算所需原材料的数量，并分析和预测其供应的稳定性和保证程度。以项目的生产规模、采购运输条件等为依据计算原材料的经常储备量，同时还要估算为预防原材料延滞到货风险而增加的保险储备量，以便保证项目的正常生产经营。

2. 原材料的质量

通常情况下，原材料的质量性能对项目的生产工艺、产品性能和资源的利用效率等有较大的影响，因此，应根据产品方案和工艺技术方案，对项目生产所需原材料的质量性能（包括物理性能和化学成分）进行分析研究，建立必要的检验、化验和试验设施，以确保采购的各种原材料的质量能够符合项目生产工艺要求，保证项目投产后的正常生产运营。

3. 原材料的供应来源与方式

应确定原材料的采购地区、供货企业和供货方案。进口原材料应调查国际贸易情况，分析拟选用的供货企业的资信状况，确保原材料供应的可靠性。大宗原材料还要对供应企业的生产经营状况进行调查研究，签订供货意向书。供应方式一般分为市场采购、投资建立原材料基地、投资供货企业扩大生产能力等方式，企业可以根据实际情况进行选择。

4. 原材料的运输方式和存储设施

原材料运输方式的选择和运输距离的远近，对项目生产的连续性和生产成本的高低有较大的影响。根据项目所需原材料的形态（固态、液态、气态）、运输距离、包装方式、运输费用等因素，选择经济合理的运输方式。

原材料存储设施的建设，是原材料供应连续性的保证，也是项目生产连续性的保证。因此，要根据原材料的存储要求建设存储设施。例如矿山炸药库的建设必须满足其建设基本要求，煤矿有煤矿炸药库管理规范，金属矿山有炸药库建设标准等。

5. 原材料的价格

原材料的价格是影响项目经济效益的关键因素之一，因此，要调查分析原材料当前价格的变动情况，并预测其未来的波动趋势。在市场分析和预测的基础上，要分析、计算原材料的出厂价、到厂价，以及进口原材料的到岸价和有关税费，再进行比选。另外，要充分考虑原材料供应的弹性和互补性，以保证原材料的合理替换和选择，充分利用资源优势，提高工艺技术的经济合理性。

（三）原材料供应条件评价内容

原材料供应条件评价主要包括以下内容：

（1）分析和评价原材料的质量是否符合生产工艺的要求。在评价时，对所需要的主要原材料的名称、品种、规格、化学和物理性质以及其他质量上的要求加以了解。一般来说，投入物的质量和性能特征对特定项目的生产工艺、产品质量和资源利用程度影响极大。因此，还必须分析相关投入物的质量和性能是否符合特定项目的要求。

（2）分析和评价原材料的品种和供应数量能否满足项目的要求。根据项目产品方案详细分析并提出所需各种物料的品种、规格。对于矿业项目来说，如果所需原材料没有稳定的来源和长期的供应保证，其生产将会受到极大影响。因此，应根据项目的设计生产能力、选用的工艺技术和使用的设备来估算所需原材料的数量，分析预测其供应的稳定性和保证程度。

（3）分析和评价原材料的供应来源与方式。对于可以从市场采购的原材料和辅助材料，比较不同地区市场上原材料采购的综合成本，确定合理的采购地区；有特殊要求的原材料，应提出拟选择的供货企业及供货方案。另外，需根据项目自身特点选择经济合理的供应方式。

（4）分析和评价原材料的价格、运输方式等对项目生产成本的影响。一般来说，项目主要投入物的价格是影响项目经济效益的关键因素之一。因此，不但要分析主要投入物目前的市场价格，还要预测其未来价格的变化趋势。要估计到原材料供应的弹性和互补性，以保证原材料的合理替换和选择。另外，还需要分析项目所需主要原材料运输费用的大小。

（5）分析和评价原材料的存储设施条件。原材料供应条件应包括合理储备量，在评估时，应分析拟建项目存储设施规模是否适应生产的连续性，其原材料的储备量是否合理等。如果有条件，应编制原材料和能源平衡流量图或表示数量流动的图表。

四、燃料及动力供应条件评价

燃料及动力是矿业项目建设和生产过程中的基本要素和重要的物质保证。燃料通常有煤炭、石油和天然气等；动力主要有电力、蒸汽和水等。

燃料及动力供应条件评价主要包括以下内容：

（1）分析和评价燃料供应条件。项目所需燃料的需求量能否得到满足。首先要依据生产过程、生产成本、产品质量和区域环境对所用燃料的要求来选择燃料种类；其次要分析燃料供应政策、供应数量、质量、来源及供应方式。

（2）分析和评价供水条件。要计算项目生产和建设所需用水量、供水价格对成本的影响，分析项目对水源和水质的要求；分析是否有节水的循环设施、污水净化设施，并估算水源、供水泵站及管网等供水设施的费用。

（3）分析和评价供电条件。电力是工业生产的主要动力。对耗电量大而又要求连续生产的工业项目（如选矿厂项目），需要分析估算项目最大用电量、高峰负荷、备用量、供电来源等，要按生产工艺要求计算日耗电量、年耗电量以及对产品成本的影响，还需计算变电所、输电线路及自备电厂的功率及其投资，要尽可能保证动力供应的稳定性。

（4）分析和评价其他动力供应条件。在评估时，还要对生产中所需的其他动力的总需求量进行测算，并分析其对产品成本的影响，分析自备设施投资、规模及设备选型、管网布置的合理性等。

第二节 矿业项目工艺技术方案评价

一、概述

矿业项目工艺技术方案是指在矿产品生产过程中为保证项目正常运转而采用的生产工艺技术或矿产品生产制造方法。矿业项目工艺技术方案的选择直接关系到矿产品的质量、产量、成本和竞争力，因此它直接关系到项目运行的成败和企业的生死存亡。同时，从长远的角度出发，矿业项目工艺技术方案的选择会从根本上影响项目技术装备和项目实施技术方案的选择，所以项目工艺技术方案评价是项目技术评价的一项至关重要的基本内容。

矿业项目工艺技术方案评价是指结合国内外同类项目技术水平与设备的发展趋势，分析矿产品生产全过程的技术方法，分析项目的优点、缺点、综合效果以及是否与经济社会发展的目标相符合等。工艺技术方案评价是项目可行性分析的核心。

二、评价内容

不同矿业项目工艺技术方案的评价涉及的内容会有所不同，这在很大程度上取决于项目本身的特性和要求，但是大多数矿业项目工艺技术方案的评价应包括如下几个方面的内容。

（一）工艺技术方案合理性的分析评价

工艺技术方案的合理性是指矿业项目工艺方法和过程符合矿产品生产的客观规律和要求，并能够科学合理地利用资源和人力，减少不必要的资源和时间浪费，使项目运行达到科学高效。为此，项目工艺技术方案应达到以下要求：

（1）能够保证项目运行过程的连续性。项目运行过程的连续性是指在整个项目运行过程中各阶段在时间上和空间上能够紧密衔接，运行中的物流、信息和工作等方面实现顺畅的互动。通过保持和提高项目运行过程的连续性可缩短项目的运行周期长度，加速资金的周转，提高生产效率，提高技术装备、设施利用率和人员的工作效率。项目运行过程的连续性同项目工艺技术方案有密切的关系，因此，在矿业项目技术评价中必须充分考虑工艺技术方案在这方面的情况和特性。

（2）能够保障项目运行过程的协调性。项目运行过程的协调性是指矿业项目运行过程各阶段的生产能力和技术水平上配置的合理性和均衡性等比例关系的协调情况。项目工艺技术方案必须能够保障项目运行各阶段的配置合理，整个方案配备的设备、人员数量、技术水平和装备工程能力指数及精度与效率等都能够满足项目运行各阶段的要求。项目运行过程的协调性同样与项目工艺技术方案直接相关，它是保证项目顺利运行和提高经济效益的前提条件，所以必须进行严格地评价。

（3）能够满足项目运行过程的特定要求。项目工艺技术方案的合理性主要体现在其能够满足项目运行过程中各种特定的要求。任何项目的运行都有自己特定的条件要求，这些不同行业和产品特定的条件和要求对于项目的工艺技术方案提出了特殊的要求，在项目工艺技术方案评价中必须全面评价其是否能够满足这些特定的要求。例如，矿业生产需要通风、防渗水、防冒顶、防片帮等条件，因此，必须评价项目工艺技术方案能否满足这些具体要求。

（二）工艺技术方案适用性的分析评价

工艺技术方案的适用性是指矿业项目所使用的工艺技术方案是否能够很好地适应项目能够获得的各种原材料以及项目所在地的气候条件与地理条件等方面的分析评价，其主要评价内容包括下述几个方面：

（1）原材料和燃料等的适用性。项目采用的工艺技术应与项目能获得的原材料和燃料等条件相适应。不同的项目工艺技术方案要求不同的原材料，这种要求的可行性也是项目工艺技术评价的一项内容。要分析项目工艺技术方案所需原材料的要求和考虑所需原材料的供应能否保证项目的运行。

（2）气候和地理条件的适用性。项目的运行都是在一定的地理和气候环境中开展的，项目采用的工艺技术方案必须要能够适应项目所在地的地理和气候条件。通常，项目运行和产品质量的要求越高，项目所采用的工艺技术对于项目所在地的气候和地理条件适应性的要求就越高。

（3）其他资源条件的适用性。项目的运行除要消耗能源和原材料以外，还需要消耗其他各种各样的资源，项目工艺技术方案还必须适应这些资源的条件和要求。例如，项目工艺技术方案若对设备、人力资源的要求比较高，直接导致生产成本大幅度增加，那么该项目工艺技术方案的适用性将大打折扣。

（三）工艺技术方案可靠性的分析评价

工艺技术方案的可靠性是指矿业项目所选工艺技术方案必须是成熟可靠的，必须保证能够实现矿产品各种技术要求，同时还必须保证项目生产设备和人员的安全。项目工艺技术的可靠性是选择项目工艺技术方案的前提，因为如果项目的工艺技术方案不可靠，企业未来的项目运营活动就无法正常进行。项目工艺技术方案的可靠性分析评价既可以使用专家评价法，也可以使用实验的方法。特别是对于不确定较大但又必须采用的新工艺技术，必须要有可靠性实验和保障措施，以确保项目的生产连续、设备不被损害以及人员安全等。

(四) 工艺技术方案先进性的分析评价

工艺技术方案的先进性是指对于矿业项目所选工艺技术方案，应该尽量避免使用落后的技术，因为那样会出现随着工艺技术的进一步发展而使整个项目被淘汰出局的危险。项目工艺技术的先进性与可靠性有时候是一对矛盾，因此在项目技术评价中必须综合分析和平衡这两方面的要求，既不能过度地追求项目工艺技术的先进性而影响项目的可靠性，也不能过高地要求项目工艺技术的可靠性而降低对项目工艺技术先进性的要求。

(五) 工艺技术方案经济性的分析评价

项目工艺技术方案的经济性主要表现在矿产品制造成本低而经济效益高等方面，因此，项目工艺技术评价必须对矿产品的制造成本和收益进行分析，然后分析其经济性。项目运行主体的组织和人员等方面的变化也会对项目工艺技术方案的经济性有一定的影响，所以还应该要求项目工艺技术方案能够适应人员和设备的具体情况并有一定的灵活性，一般认为这样的项目工艺技术方案的经济性会更高一些。

三、评价方法

(一) 专家评分法

项目工艺技术方案的评价方法有很多种，但最主要的方法是专家评分法。

(1) 专家评分法的基本思想。这种方法主要是利用相关技术专家的经验与知识，由相关专家对既定项目工艺技术方案的各方面评价指标进行评定和打分，从而将项目工艺技术方案的评价定量化，然后将各项项目工艺技术的评分予以综合，最终给出项目工艺技术方案的评价结果。

(2) 专家评分法的基本步骤。首先根据被评价项目工艺技术方案的具体情况确定出相应的评价指标，并对每个评价指标制订出相应的评分标准和分值；然后根据被评价项目的工艺技术方案和确定出的评价标准对备选方案的各方面进行评分并给出相应的得分值；最后将每个备选方案得分值进行综合并求出各方案的总分值，以此来决定选择方案。

专家评分法按评分的计算方法又可分为加法评分法、连乘评分法和加权评分法三种。

(3) 专家评分法的优缺点。项目工艺技术方案专家评分法是一种定性问题定量化的方法，以便使项目评价和决策科学化。但由于专家评分法是一项非常复杂的工作，受到许多因素的影响。同时，评分的各个指标之间往往还会有重叠性，因此，在实践中应注意和设法解决该方面的问题。

(二) 经济特性评价步骤

项目工艺技术方案的评价既包括对矿业项目工艺的技术特性评价，也包括对矿业项目工艺的经济特性评价。其中，项目工艺的技术特性评价是指对矿业项目工艺技术是否能够达到矿产品生产和项目运行的要求而进行的评估；项目工艺的经济特性评价是指矿业项目工艺技术在能够达到设计要求并满足项目运行要求的前提下，有关项目工艺技术成本与收益的评价。

项目工艺经济特性评价一般包括以下几个步骤：

（1）确定项目工艺技术方案的成本。通常可把项目工艺技术方案的成本划分为两类：其一是与项目产品产量成正比例变化的变动成本（如人工费、主要原材料费用等）；其二是与项目产品产量无直接关系的固定成本（如折旧费、管理费等）。两者之和构成了一个项目工艺技术方案的成本总和。

（2）确定项目工艺技术方案的收益。通常项目工艺技术方案的收益可以按照不同的标志划分为很多种类，如利润（企业收益）和税金（国家收益），税前收益（国家加企业的收益）和税后收益（企业收益）等。通常应该由国家和企业收益之和构成一个项目工艺技术方案的收益总和。

（3）对各方案进行经济评价和选择。在经济评价和选择项目工艺技术方案时应根据具体情况采用不同的方法，但最主要的是两两比较法，进而得出最优或较优方案。

第三节　矿业项目工程设计方案评价

工程设计是矿业项目建设过程中的一个重要环节，在很大程度上能预先决定工程项目在建设过程和使用时间上的经济性。因此，对矿业项目的工程设计方案进行研究评价，必须对不同设计方案进行经济效果比较，并在工程设计的各个阶段，对各种设计方案中的各项技术经济指标进行全面的分析论证和综合评价，从中选择技术上先进可靠、经济上合理有效的设计方案。

下面将结合某地下开采铁矿床为例进行说明。

一、评价原则

一般来说，工程设计方案评价应遵循以下原则：

（1）保证设计方案在技术上的可靠性和功能上的适用性；

（2）保证设计方案的可比性；

（3）注意设计方案应切合实际，要因地制宜，因工程制宜；

（4）应重视评价的全局性，强调整体的经济效果。

二、评价内容

（一）总平面设计方案评价

1. 总平面设计的原则

（1）依据当地规划部门的要求，保护环境，节约用地。

（2）平面布置尽量利用已征土地。

（3）满足各场地和设施的功能要求，各设施之间联系尽可能顺畅、短捷，为生产过程创造有利条件。

（4）若是改扩建项目，在满足生产工艺要求的前提下，尽量利用原有设施，尽量不影响现有生产。

（5）满足各种防护距离、规范的要求。

2. 总平面设计方案的概念

总平面设计方案是根据矿山的生产规模、设备和工艺流程等要求，结合矿区的自然条件以及矿区内外部运输、公用设施等条件，按照生产工艺流程，对采矿工业场地、选矿工业场地、废石场工业场地、尾矿库及生活办公区等进行经济合理的布置，并对交通运输、环境美化、地上和地下管线布置等方面进行合理规划后而设计的。

3. 总平面设计方案的评价内容

(1) 采矿井位（主井、副井、回风井）的布置是否合理；

(2) 采选工业场地的布置是否合理、顺畅；

(3) 变配电站离主井、副井的距离；

(4) 供水净化站及高位水池的布置是否合理；

(5) 充填站工业场地离选矿厂的运距，离主要公路的距离大小；

(6) 精矿脱水及转运车间离选矿厂、冶炼厂的距离，占地面积大小；

(7) 尾矿库离选矿厂的距离，尾矿管线要不要新征地；

(8) 炸药库、废石场的布置是否合理，满足规范要求；

(9) 其他设施的布置是否合理：机电修、铁运、汽运、仓库、居住区、消防站和职工医院等的布置情况，要不要新征地。

4. 竖向布置的评价内容

矿山建设项目须适应地形，力求减少土石方量和建筑物的基础工程量，各建筑物地坪标高因地形而异，并能满足生产工艺的要求。

(1) 主井井塔、副井工业场地、粗矿仓、中细碎至筛分厂房、选别车间和粉矿仓、尾矿浓密及输送泵站等的标高是否搭配；

(2) 台阶之间的连接方式及做法，挖方边坡、填方边坡的坡度；

(3) 防止水土流失的设施及做法。

(二) 采选场地设计方案评价

1. 设计原则

(1) 节约用地，保护环境；

(2) 保证生产工艺流程的顺畅；

(3) 尽可能减少各种能耗。

2. 评价内容

(1) 采矿工业场地的组成及各部分的设计是否合理、紧凑，有没有满足安全防护距离的要求；

(2) 选矿工业场地的组成及主要设备选择与计算是否合理。

(三) 建筑工程设计方案评价

建筑工程设计方案评价是根据矿山生产和工艺设备的要求，考虑场地、自然条件和经济效益等对建筑工程的要求，确定主要建筑物和构筑物的数量、建筑造型、建设标准以及建筑形式、厂房跨度、柱网布置等，并对各备选方案进行分析、比较、论证、选出最优方案的过程。

采矿主要建筑物有副井提升、主井提升、坑口空压机站、净化站、坑口管理与服务中心、尾矿充填站等；选矿主要建筑物有粗矿仓、中细碎厂房、筛分厂房、主厂房、精矿脱水与转运车间、尾矿浓密与输送泵站等。

1. 评价原则

主要从以下原则出发进行评价：

（1）应遵守国家现行有关的规程、规范和规定；

（2）充分利用原有厂房和公用设施；

（3）建筑物、构筑物要适应引进技术和设备的要求；

（4）建筑物的空间平面设计力求节约并尽可能满足以下要求：

工业厂房的配置，必须最大限度地满足工艺流程和生产操作的要求，功能分区明确、合理，交通方便，便于生产操作，力求厂房平面规整、造型美观大方，柱网布置符合建筑统一模数制有关规定。

建筑造型以满足工艺特征为前提，建筑体型力求简洁、明快，装修协调，美观大方，既体现现代工业建筑的特色又符合当地地方特色。同时，应配合全厂区的总体规划，使整个矿区既富于变化，又协调统一，达到环境与建筑融为一体。

（5）建筑物的结构设计力求经济适用。

2. 评价内容

（1）建筑物空间平面设计方案分析与评价。建筑物的空间平面设计方案的选择包括正确选择厂房的层数和层高；正确设计厂房、车间等的平面布置形式，合理确定工业用房的柱网、厂房的面积和体积。

（2）建筑物结构设计方案的分析与评价。根据经济、适用、美观和耐用的原则，结合项目生产工艺技术的具体要求，合理选择厂房建筑的结构形式，并适应目前工业建筑结构向“轻质、大跨、薄壁”方向发展的趋势，以薄壳结构、悬索结构、折板结构等装配式结构，以及现浇混凝土筒体结构，逐渐替代过去广泛采用的梁板结构。厂房建筑的结构造型必须因地制宜，结合工程特点，就地取材，充分利用当地的建材资源，降低运输费用，切实做到技术先进、经济合理、安全适用、施工方便。

复习思考题

一、名词解释

资源、工艺技术方案、总平面设计方案

二、简答题

1. 资源条件评价的目的和内容是什么？
2. 资源开发利用的基本要求是什么？
3. 原材料供应条件评价要点和内容是什么？
4. 燃料及动力供应条件评价的内容是什么？
5. 工艺技术方案评价的内容及方法是什么？
6. 工艺技术方案经济特性评价有哪些基本步骤？
7. 总平面设计方案评价的内容是什么？
8. 建筑工程设计方案评价的原则和内容是什么？

第六章　矿业项目环境影响评价

第一节　环境影响评价概述

一、环境影响评价的概念和作用

环境影响评价是指对拟议中的人类重要决策和开发建设活动，可能对环境产生的物理性、化学性或生物性的作用及其造成的环境变化、人类健康和福利的可能影响进行系统的分析和评估，并提出减少这些影响的对策措施。

环境影响评价可明确规划制定者、开发建设者的环境责任及规定应采取的行动，可为规划制定、建设项目的工程设计提出环保要求和建议，可为环境管理者提供对建设项目实施有效管理的科学依据。《中华人民共和国环境影响评价法》第二条指出“本法所称的环境影响评价是指对规划和建设项目实施后可能造成的环境影响进行分析、预测和评估，提出预防或者减轻不良环境影响的对策建议和措施，进行跟踪监测的方法与制度。”

环境影响评价是一门技术性很强的学科，是强化环境管理的有效手段，对确定经济发展和环境保护措施等一系列重大决策都有重要作用。其作用主要表现在以下几个方面：

（1）保证开发活动选址和布局的合理性；

（2）指导环境保护措施的设计，强化环境管理；

（3）为区域的社会经济发展提供导向；

（4）推进科学决策、民主决策进程；

（5）促进相关环境科学技术的发展。

二、环境影响评价的分类

环境影响评价可按照以下不同角度进行分类：

（1）按照评价对象。分为规划环境影响评价、建设项目环境影响评价两类。

（2）按照环境要素。分为大气环境影响评价、地面水环境影响评价、土壤环境影响评价、声环境影响评价、固体废弃物环境影响评价和生态环境影响评价等。

（3）按照评价专题。分为人体健康评价、清洁生产与循环经济分析、污染物排放总量控制和环境风险评价等。

（4）按照时间顺序。分为环境质量现状评价、环境影响预测评价、规划环境影响跟踪评价、建设项目环境影响后评价。

矿山项目环境影响评价是在矿山环境质量调查研究的基础上，按照一定原则，制定一定标准，选用合适的研究方法，对矿山环境质量优劣做出定性或定量评判，对其评价结果进行等级划分，判别存在的主要环境问题，为政府实施矿山环境问题防治规划以及企业制定防止或减少环境危害措施提供参考依据。由于矿山生态环境量化综合评价的重要性以及建立评价模型的复杂性使之成为当前矿山生态环境研究中的热点和难点问题。

本书主要针对矿山项目的建设、生产过程中可能产生的污染，按照环境要素划分准则进行分别介绍。

三、环境影响评价工作内容

（一）工作内容

（1）环境现状调查与评价。根据当地环境特征、建设项目特点和专项评价设置情况，从自然环境、社会环境、环境质量和区域污染源等方面选择相应内容进行现状调查与评价。

（2）环境影响预测与评价。给出预测时段、预测内容、预测范围、预测方法及预测结果，并根据环境质量标准或评价指标对建设项目的环境影响进行评价。

（3）环境风险评价。根据建设项目环境风险识别、分析情况，给出环境风险评估后果、环境风险的可接受程度，提出具体可行的风险防范措施和应急预案。

（4）环境保护措施及其技术、经济论证。

1）明确建设项目拟采取的具体环境保护措施；

2）结合环境影响评价结果，论证项目拟采取环境保护措施的可行性，并按技术先进、适用、有效的原则，进行多方案比选，推荐最佳方案；

3）按工程实施不同时段，分别列出其环保投资额，并分析其合理性；

4）给出各项措施及投资估算一览表。

（5）清洁生产分析和循环经济。量化分析建设项目清洁生产水平，提高资源利用率、优化废弃物处置途径，提出节能、降耗、提高清洁生产水平的改进措施与建议。

（6）污染物排放总量控制。根据主要污染物排放量，提出污染物排放总量控制指标建议和满足指标要求的环境保护措施。

（7）环境影响经济损益分析。根据建设项目环境影响所造成的经济损失与效益分析结果，提出补偿措施与建议。

（8）环境管理与检测计划。根据建设项目环境影响情况，提出设计、施工期、运营期的环境管理及检测计划要求。

（9）公众参与。给出采取的调查方式、调查对象、建设项目的环境影响信息、拟采取的环保措施、公众对环境保护的主要意见、公众意见的采纳情况等。

（10）方案比选。

（11）环境影响评价的结论和建议。包括建设项目的建设概况、建设现状和主要环境问题、环境影响预测与评价结论、项目建设的环境可行性、结论与建议等内容。

（二）环境影响报告书

根据《中华人民共和国环境影响评价法》第 17 条和《建设项目环境保护管理条例》第 8 条规定：建设项目的环境影响报告书应当包括下列内容：

（1）建设项目概况；

（2）建设项目周围环境现状；

（3）建设项目对环境可能造成影响的分析、预测和评估；

（4）建设项目环境保护措施及其技术、经济论证；

(5) 建设项目对环境影响的经济损益分析;

(6) 对建设项目实施环境监测的建议;

(7) 环境影响评价的结论。

涉及水土保持的建设项目，还必须有经水行政主管部门审查同意的水土保持方案。环境影响报告表和环境影响登记表的内容和格式，由国务院环境保护行政主管部门制定。

四、环境影响识别与预测方法

(一) 环境影响识别

1. 环境影响识别的基本内容

A 环境影响定义

环境影响指人类活动（经济活动、政治活动和社会活动）导致的环境变化以及由此引起的对人类社会的效应。

B 环境影响因子识别

环境影响因子识别就是要找出所有受影响（特别是不利影响）的环境因素，以使环境影响预测减少盲目性，环境影响综合分析增加可靠性，污染防治对策具有针对性。环境影响因子的选择应根据工程的组成、特性及其功能，结合工程影响地区的特点，从自然环境和社会环境两个方面，选择需要进行影响评价的环境因子。自然环境影响包括对地质地貌、水文、气候、地表水质、空气质量、土壤、草原森林、陆生生物与水生生物等方面的影响；社会环境影响包括对城镇、耕地、房屋、交通、文物古迹、风景名胜、自然保护区、人群健康以及重要的军事、文化设施等方面的影响。

入选环境因子的原则：

(1) 尽可能地精练，并能反映评价对象的主要环境影响和充分表达环境质量状态，以及便于监测和度量；

(2) 选出的因子应能组成群，并构成与环境总体结构相一致的层次，在各个层次上将环境影响全部识别出来；

(3) 项目的建设阶段、生产运行阶段和服务期满后对环境的影响内容是各不相同的，因此有不同的环境影响识别表。

C 环境影响程度识别

工程建设项目对环境因子的影响程度可用等级划分来反映，按有利影响与不利影响两类分别划级。

(1) 不利影响

常用负号（-）表示，按环境敏感度划分。例如可划分为极端不利、非常不利、中度不利、轻度不利、微弱不利5个等级。

(2) 有利影响

一般用正号（+）表示，按对环境与生态产生的良性循环，提高的环境质量，产生的社会经济效益程度而定等级。例如亦可分为5级，即微弱有利、轻度有利、中等有利、大有利、特有利。

(二) 环境影响预测方法

环境影响常用的预测方法大体可分为：以专家经验为主的主观预测方法；以数学模式

为主的客观预测方法；以实验手段为主的实验模拟方法；对比法与类比法等。

1. 专家咨询法

最简单的咨询法是召开专家会议，通过组织专家讨论，对一些疑难问题进行咨询，在此基础上作出预测。较有代表性的专家咨询法是德尔菲法。

2. 数学模式方法

（1）灰箱模型(半经验、半理论)。客观世界中的许多事物，人们对其已有相当了解，但对其变化机制的某些方面还未了解清楚。可首先根据系统各变量之间的物理、化学、生物学的过程，建立起各种守恒或变化关系(白箱)，而在某些了解还不清楚的方面设法参数化(黑箱)，根据输入、输出数据的统计关系确定参数数值。

（2）环境预测解析模式的质量。

1）模式推导过程中所用的假设条件以及尺度分析。原型与模式在以上因素存在差异，是模式质量(误差)的主要决定因素(来源)。

2）模式参数(如扩散参数）的确定。模式参数可以采用类比的方法、数值试验逐步逼近的方法、现场测定的方法和物理实验的方法进行确定。比如示踪剂测定法、照相测定法、平衡球测定法与风洞、水渠实验方法等。由于所得模式参数与原型中的实际参数是有差别的，此差别构成模式质量问题的又一重要因素。

3）输入数据的质量。包括源、汇项数据(如源、汇强度)、环境数据(如风速、水速、气温、水温)以及用于模式参数确定的原始测量数据(如监测数据）的质量。这些数据必须经过严格的质量把关检查。

以上三项误差的存在，决定了环境预测结果的误差或不确定性。一般严格的环境影响预测，要求有这方面的讨论，以让决策者对预测结果有一个比较全面的认识。

3. 物理模拟预测方法

应用物理、化学、生物等方法直接模拟环境影响问题的方法统称为物理模拟方法，属实验物理学研究范畴。其最大特点是采用实物模型(非抽象模型)来进行预测。该方法的关键是原型与模型的相似(几何相似、运动相似、热力相似、动力相似)。物理模拟的主要测试技术有：

（1）示踪物浓度测量法。原则上野外现场示踪试验所用的示踪物和测试、分析方法在物理模拟中同样可以使用。

（2）光学轮廓法。对物理模拟形成的污气流、污气团、污水流、污水团按一定的采样时段拍摄照片(或录像)，所得资料处理方法与野外资料处理方法相同。

4. 对比法与类比法

（1）对比法。通过工程兴建前后，对某些环境因子影响机制及变化过程进行对比分析。

（2）类比法。拟建工程对环境的影响，可以通过一个已知的相似工程兴建前后对环境的影响类比得到。

五、环境影响综合评价方法

环境影响综合评价是按照一定的评价目的，把人类活动对环境的影响从总体上综合起来，对环境影响进行定性或定量的评定。其评价方法主要有：

（一）指数法

环境现状评价中常采用能代表环境质量好坏的环境质量指数进行评价。具体有普通指数法、函数型指数法（巴特尔指数法）等方法。

1. 普通指数法

（1）单因子法

先引入环境质量标准，然后对评价对象进行处理，通常以实测值（或预测值）C 与标准值 C_s 的比值作为其数值：

$$P_i = \frac{C_i}{C_{si}} \tag{6-1}$$

单因子指数法用于分析该环境因子的达标（$P_i < 1$）或超标（$P_i > 1$）及其程度。

（2）综合指数法

已知大气环境影响分指数、水体环境影响分指数、土壤环境影响分指数等，求环境影响综合指数：

$$P = \sum_{i=1}^{n} \sum_{j=1}^{m} p_{ij} \tag{6-2}$$

$$P_{ij} = \frac{c_{ij}}{c_{sij}} \tag{6-3}$$

式中 i——第 i 个环境要素；

n——环境要素总数；

j——第 i 个环境要素中的第 j 个环境因子；

m——第 i 个环境要素中的环境因子总数。

以上综合方法是等权综合，即各影响因子的权重完全相等。各影响因子权重不同的综合方法可采用式（6-4）：

$$P = \frac{\sum_{i=1}^{n} \sum_{j=1}^{m} W_{ij} P_{ij}}{\sum_{i=1}^{n} \sum_{j=1}^{m} W_{ij}} \tag{6-4}$$

或在此基础上再作函数运算（为了便于评分）。

式中，W_{ij} 为权重因子，根据专门研究或专家咨询确定。

2. 函数型指数法

函数型指数法，又称巴特尔指数法，该指数不是引入环境质量标准，而是引入评价对象的变化范围。通常将评价对象的变化范围定为横坐标，把环境质量指数定为纵坐标，且把纵坐标标准化为 0～1，以“0”表示质量最差，“1”表示质量最好。

（二）矩阵法

矩阵法将清单中所列内容，按其因果关系，系统地加以排列。并把开发行为和受影响的环境要素组成一个矩阵，在开发行为和环境影响之间建立起直接的因果关系，以定量或半定量地说明拟议的工程行动对环境的影响。这类方法主要有相关矩阵法、迭代矩阵法两种。

1. 相关矩阵法

在横轴上列出各项开发行为的清单，纵轴上列出受开发行为影响的各环境要素清单，从而把两种清单组成一个环境影响识别矩阵，如表6-1所示。

原理：因为在一张清单上的一项条目可能与另一清单的各项条目都有系统的关系，可确定它们之间有无影响。因而有助于对影响的识别，并确定某种影响是否可能。当开发活动和环境因素之间的相互作用确定之后，此矩阵就成为一种简单明了、有用的评价工具。

表6-1　各开发行为对环境要素的影响(按矩阵法排列)

环境要素	居住区改变	水文排水改变	修路	噪声和震动	城市化	平整土地	侵蚀控制	园林化	汽车环形	总影响
地形	8(3)	-2(7)	3(3)	1(1)	9(3)	-8(7)	-3(7)	3(10)	1(3)	3
水循环使用	1(1)	1(3)	4(3)			5(3)	6(1)	1(10)		47
气候	1(1)				1(1)					2
洪水稳定性	-3(7)	-5(7)	4(3)			7(3)	8(1)	2(10)		5
地震	2(3)	-1(7)			1(1)	8(3)	2(1)			26
空旷地	8(10)		6(10)	2(3)	-10(7)			1(10)	1(3)	89
居住区	6(10)				9(10)					150
健康和安全	2(10)	1(3)	3(3)		1(3)	5(3)	2(1)		-1(7)	45
人口密度	1(3)			4(1)	5(3)					22
建筑	1(3)	1(3)	1(3)		3(3)	4(3)	1(1)		1(3)	34
交通	1(3)		-9(7)		7(3)				-10(7)	-109
总影响	180	-47	42	11	97	31	-2	70	-68	314

注：表中数字表示影响大小。1表示没有影响；10表示影响最大。负数表示坏影响；正数表示好影响。括号内数字表示权重，数值愈大权重愈大。

2. 迭代矩阵法

迭代矩阵法的步骤：

（1）首先列出开发活动（或工程）的基本行为清单及基本环境因素清单。

（2）将两清单合成一个关联矩阵。把基本行为和基本环境因素进行系统地对比，找出全部“直接影响”，即某开发行为对某环境因素造成的影响。

（3）进行“影响”评价，每个“影响”都给定一个权重G，区分“有意义影响”和“可忽略影响”，以此反映影响的大小问题。

（4）进行迭代。把经过评价认为是不可忽略的全部一级影响，形式上当作“行为”处理，再同全部环境因素建立关联矩阵进行鉴定评价，得出全部二级影响……，循此步骤继续进行迭代，直到鉴定出至少有一个影响是“不可忽略”，其他全部影响“可以忽略”为止。

（三）图形叠置法

准备一张画上项目的位置、要考虑影响评价的区域和轮廓基图的透明图片以及另一份可能受影响的当地环境因素一览表，对每一种要评价的因素都要准备一张透明图片，每种因素受影响的程度可以用一种专门的黑白色码阴影的深浅来表示。通过在透明图上的区域给出的特定阴影，可以很容易地表示影响程度。把各种色码的透明片叠置到基片图上就可看出一项工程的综合影响。不同地区的综合影响差别由阴影的相对深度来表示。

（四）网络法

由于环境是个复杂的系统，一个社会活动可能产生一种或几种环境影响，后者又会依次引起一种或几种后续条件的变化。网络法可以鉴别和累积直接的及间接的影响。网络法往往表示为树枝状，因此又称为关系树或影响树。影响树要求估计事件的各个分支的单个事件的发生概率，求出每个分支上各事件的概率积，然后再求出活动的总影响。

网络法用简要的形式给出了由于某项活动直接产生和诱发影响的全貌，因此是有用的工具。然而这种方法只是一种定性的概括，它只能给出总体的影响程度。

（五）动态系统模拟法

1972 年，罗马俱乐部以动态的观点综合分析世界范围内的人口、工农业生产、资源和环境污染之间的复杂关系，并用数学模式表达出来，在计算机上进行数学模拟，模拟了 1900 年到 2100 年的发展过程。

建设项目对环境的影响，就是要分析它对区域环境这个动态、非平衡系统带来什么变化，可能使其平衡点偏移到什么程度，应该采取什么措施给予补偿，使其对当地生态平衡影响最小或最有利于建立环境质量优良的新生态系统。因此，动态系统模拟法是很有发展前途的综合分析方法，但运行要求很高，需要对社会行为和技术发展做一系列的严格设定，往往需要花费相当大的人力、物力和财力。

第二节 水环境影响评价

一、矿山项目废水来源及影响

矿山项目废水主要来自于矿山建设和生产过程中的生活污水、矿坑排水、选矿废水、废石堆及尾砂淋滤废水等。

矿山项目废水排放量大、持续时间长，污染范围大、影响地区广，成分复杂、浓度极不稳定，而且含有大量的重金属离子、酸和碱、固体悬浮物、选矿各种药剂，个别矿山废水中还含有放射性物质等。我国每年因采矿产生的废水、废液的排放总量约占全国工业废水排放总量的 10% 以上，但处理率仅为 4.28%。全国的选矿废水年排放量大约为 36 亿吨，而且很少达到“工业废水排放标准”，大量未经处理的废水直接排入地表水体，对地表和地下区域水环境造成较大的影响。矿山废水常通过以下途径造成污染：

（1）径流污染。矿山建设及开采工作会破坏地表或山区植被，因而会造成水土流失；另外，降雨或雪融后的水流会搬运大量泥砂，不但堵塞河流渠道，而且会造成农田污染。

（2）渗透污染。矿山废水池或选矿废水排入尾矿池以后，能通过土壤及岩石层的裂隙渗透而进入含水层，造成地下水源污染。同时还会渗过防水墙，造成地表水体污染。

（3）渗流污染。含硫化物的废石堆及煤矸石石堆直接暴露在空气中，不断进行氧化分解，生成硫酸盐类。当降雨侵入废石堆以后，在废石堆中所形成的酸性水就会大量渗流出来，污染地表水体。

二、水环境影响评价等级

（一）地面水评价等级的确定

《环境影响评价技术导则——地面水环境》对评价等级划分作了规定。地面水环境质量评价等级的划分主要由四项指标确定，分别是建设项目的污水排放量；污水水质的复杂程度；受纳水体的水域规模；地面水环境质量要求。一般情况下，污水排放量越大，水质越复杂，评价等级越高；受纳水体水域规模越小，水质要求严格，评价等级越高。

1. 污水排放量

污水排放量中不包括间接冷却水、循环水以及其他含污染物极少的清净水的排放量，但包括含热量大的冷却水的排放量。污水排放量 $Q(m^3/d)$ 按大小划分为五个等级：(1) $Q \geq 20000$；(2) $20000 > Q \geq 10000$；(3) $10000 > Q \geq 5000$；(4) $5000 > Q \geq 1000$；(5) $1000 > Q \geq 200$。

2. 污水水质的复杂程度

根据污染物在水环境中的输移、衰减特点以及它们的预测模式，将污染物分为四类：

（1）持久性污染物（其中还包括在水环境中难降解、毒性大、易长期积累的有毒物质）；

（2）非持久性污染物；

（3）酸和碱（以 pH 值表征）；

（4）热污染（以温度表征）。

3. 受纳水体的水域规模

按建设项目排污口附近河段的多年平均流量或平水期平均流量，可将河流与河口划分为大河（$\geq 150m^3/s$）、中河（$15 \sim 150m^3/s$）和小河（$< 15m^3/s$）。

以平均水深和水面积作为划分水域规模的依据，可将湖泊划分为大湖、中湖和小湖：

（1）当平均水深 $\geq 10m$ 时：大湖（库）（$\geq 25km^2$）、中湖（库）（$2.5 \sim 25km^2$）、小湖（库）（$< 2.5km^2$）；

（2）当平均水深 $< 10m$ 时：大湖（库）（$\geq 50km^2$）、中湖（库）（$5 \sim 50km^2$）、小湖（库）（$< 5km^2$）。

具体应用上述划分原则时，可根据我国南、北方以及干旱、湿润地区的特点等进行适当调整。

4. 地面水环境质量要求

地面水域的水质要求（即水质类别）以 GB 3838 为依据，目前以 2002 年新修订的标准为依据。该标准将地面水环境质量分为五类，如受纳水域的实际功能与该标准的水质分类不一致时，由当地环保部门对其水质提出具体要求。地面水评价标准主要有：《地表水环境质量标准》（GB 3838—2002）、《污水综合排放标准》（GB 8978—1996）、《城镇污水处理厂污染物排放标准》（GB 18918—2002）、《海水水质标准》（GB 3097—1997）、《工业企业设计卫生标准》（GBZ 1—2010）等。

根据以上四项判断依据，地面水环境影响评价等级的划分参照表 6-2 进行，海湾环境影响评价分级判据如表 6-3 所示。

表 6-2　地面水环境影响评价分级判据（内陆水体）

建设项目污水排放量 /$m^3 \cdot d^{-1}$	建设项目污水水质的复杂程度	一　级		二　级		三　级	
		地面水域规模（大小规模）	地面水水质要求（水质类别）	地面水域规模（大小规模）	地面水水质要求（水质类别）	地面水域规模（大小规模）	地面水水质要求（水质类别）
≥20000	复杂	大	Ⅰ~Ⅲ	大	Ⅳ、Ⅴ		
		中、小	Ⅰ~Ⅳ	中、小	Ⅴ		
	中等	大	Ⅰ~Ⅲ	大	Ⅳ、Ⅴ		
		中、小	Ⅰ~Ⅳ	中、小	Ⅴ		
	简单	大	Ⅰ、Ⅱ	大	Ⅲ~Ⅴ		
		中、小	Ⅰ~Ⅲ	中、小	Ⅳ、Ⅴ		
<20000 ≥10000	复杂	大	Ⅰ~Ⅲ	大	Ⅳ、Ⅴ		
		中、小	Ⅰ~Ⅳ	中、小	Ⅴ		
	中等	大	Ⅰ、Ⅱ	大	Ⅲ、Ⅳ	大	Ⅴ
		中、小	Ⅰ、Ⅱ	中、小	Ⅲ~Ⅴ		
	简单			大	Ⅰ~Ⅲ	大	Ⅳ、Ⅴ
		中、小	Ⅰ	中、小	Ⅱ~Ⅳ	中、小	Ⅴ
<10000 ≥5000	复杂	大、中	Ⅰ、Ⅱ	大、中	Ⅲ、Ⅳ	大、中	Ⅴ
		小	Ⅰ、Ⅱ	小	Ⅲ、Ⅳ	小	Ⅴ
	中等			大、中	Ⅰ~Ⅲ	大、中	Ⅳ、Ⅴ
		小	Ⅰ	小	Ⅱ~Ⅳ	小	Ⅴ
	简单			大、中	Ⅰ、Ⅱ	大、中	Ⅲ~Ⅴ
				小	Ⅰ~Ⅲ	小	Ⅳ、Ⅴ
<5000 ≥1000	复杂			大、中	Ⅰ~Ⅲ	大、中	Ⅳ、Ⅴ
		小	Ⅰ	小	Ⅱ~Ⅳ	小	Ⅴ
	中等			大、中	Ⅰ、Ⅱ	大、中	Ⅲ~Ⅴ
				小	Ⅰ~Ⅲ	小	Ⅳ、Ⅴ
	简单					大、中	Ⅰ~Ⅳ
				小	Ⅰ	小	Ⅱ~Ⅳ
<1000 ≥200	复杂					大、中	Ⅰ~Ⅳ
						小	Ⅰ~Ⅴ
	中等					大、中	Ⅰ~Ⅳ
						小	Ⅰ~Ⅴ
	简单					中、小	Ⅰ~Ⅳ

表 6-3　海湾环境影响评价分级判据

污水排放量/$m^3 \cdot d^{-1}$	污水水质的复杂程度	一　级	二　级	三　级
≥20000	复　杂	各类海湾		
	中　等	各类海湾		
	简　单	小型封闭海湾	其他各类海湾	

续表 6-3

污水排放量/$m^3 \cdot d^{-1}$	污水水质的复杂程度	一　级	二　级	三　级
<20000 ≥ 5000	复　杂	小型封闭海湾	其他各类海湾	
	中　等		小型封闭海湾	其他各类海湾
	简　单		小型封闭海湾	其他各类海湾
<5000 ≥ 1000	复　杂		小型封闭海湾	其他各类海湾
	中等或简单			各类海湾
<1000 ≥ 500	复　杂			各类海湾

【例 6-1】　一拟建建设项目，污水排放量为 $5800m^3/d$，经类比调查知污水中含有 COD、BOD、Cd、Hg，pH 为酸性，受纳水体为一河流，多年平均流量为 $90m^3/s$，水质要求为Ⅲ类，此环评应按几级进行评价？

污水排放量：$5000 \sim 10000m^3/d$ 之间。

水质复杂程度：含有持久性污染物（Cd、Hg）、非持久性污染物（COD、BOD）、酸碱（pH 为酸性），污染物类型数 = 3，复杂程度为“复杂”。

水域规模：介于 $150 \sim 15m^3/s$ 之间，为中等河流。

水质要求：Ⅲ类。

查表可知，此环评应按二级评价要求进行。

（二）地下水环境评价等级的确定

地下水评价等级的划分一般根据下述因素确定，具体如表 6-4 所示。

（1）工程特征。包括工程规模、性质、能源结构、生产工艺，特别是废水排放特征（废水类型、排放量、排放方式及去向、污染物组成及含量、废水的物理化学性质等）。

（2）自然环境特征。主要是与污染物迁移及转化有关的自然环境特征，包括评价区的地层、岩性、含水层、埋藏条件、水文地质条件、地球化学特性以及地下水的开发利用情况。

（3）所处地理位置。主要与大城市、重要名胜古迹或旅游区、水源地、人口密集区等的远近及相对方位。

表 6-4　地下水环境影响评价等级划分的主要依据

评价等级	工 程 特 征	自然环境特征	所处地理位置
一　级	投资大；废水量大；污染物组成复杂；污染物排放量大；污染物毒性大	地下水污染严重；岩性不易保留污染物；地下水与地面水水力联系密切	大城市上游；工业供水水源地上游；旅游景观区；敏感地区
二　级	投资中等；废水量中等；污染物组成不太复杂；污染物排放量中等；污染物毒性中等	地下水污染中等；岩性污染物保留能力中等；地下水与地面水水力联系较密切	中等城市上游；工业供水水源地；较敏感地区
三　级	投资少；废水量少；污染物单一且毒性小	地下水水质较好；岩性易于保留污染物；地下水与地面水水力联系不密切	小城镇上游；非敏感区

三、水环境现状调查

（一）调查范围

水环境现状的调查范围，应能包括建设项目对周围地面水环境影响较显著的区域。在此区域内进行的调查，能全面说明与地面水环境相联系的环境基本状况，并能充分满足环境影响预测的要求。

在确定某项具体工程的地面水环境调查范围时，应尽量按照将来污染物排放后可能的达标范围，并考虑评价等级的高低（评价等级高时可取调查范围略大，反之可略小）后决定。具体参见《环境影响评价技术导则——地面水环境》中有关规定。

（二）调查时间

（1）根据当地的水文资料初步确定河流、河口、湖泊、水库的丰水期、平水期、枯水期，同时确定最能代表这三个时期的季节或月份。对于海湾，应确定评价期间的大潮期和小潮期。

（2）评价等级不同，对各类水域调查时期的要求也不同。具体参见《环境影响评价技术导则——地面水环境》中有关规定。

（3）当调查区域面源污染严重，丰水期水质劣于枯水期时，一、二级评价的各类水域应调查丰水期，若时间允许，三级评价也应调查丰水期。

（4）冰封期较长的水域，且作为生活饮用水、食品加工用水的水源或渔业用水时，应调查冰封期的水质、水文情况。

（三）水质调查

（1）水质调查的原则。水质调查时应尽量利用现有数据资料，如资料不足时应实测。

（2）水质参数的选择。所选择的水质参数包括两类：一类是常规水质参数，它能反映水域水质一般状况。常规水质参数以 GB 3838 中所提出的 pH 值、溶解氧、高锰酸盐指数、五日生化需氧量、凯氏氮或非离子氨、酚、氰化物、砷、汞、铬（六价）、总磷以及水温为基础，根据水域类别、评价等级、污染源状况适当删减。另一类是特征水质参数，它能代表建设项目将来排放的水质。特征水质参数根据建设项目特点、水域类别及评价等级选定，具体参见《环境影响评价技术导则——地面水环境》中有关规定。

（四）水环境现状各种评价方法及其推荐

（1）水质参数数值的确定。在单项水质参数评价中，一般情况，某水质参数的数值可采用多次监测的平均值，但如该水质参数变化甚大，为了突出高值的影响可采用内梅罗（Nemerow）平均值，或其他计算高值影响的平均值。

（2）单项、多项水质参数评价方法及其推荐。单项水质参数评价建议采用标准指数法；多项水质参数评价可采用幂指数法、加权平均法、向量模法和算术平均法等。具体参见《环境影响评价技术导则——地面水环境》中有关内容。

四、地面水环境影响预测

（一）地面水环境影响预测的原则

（1）对于季节性河流，应依据当地环保部门所定的水体功能，结合建设项目的特性确定其预测的原则、范围、时段、内容及方法。

（2）当水生生物保护对地面水环境要求较高时（如珍贵水生生物保护区、经济鱼类养殖区等），应简要分析建设项目对水生生物的影响。分析时一般可采用类比调查法或专业判断法。

（二）预测范围和预测点的布设

（1）地面水环境预测的范围与地面水环境现状调查的范围相同或略小（特殊情况也可以略大），确定预测范围的原则与现状调查相同。

（2）在预测范围内应布设适当的预测点，通过预测这些点所受的环境影响来全面反映建设项目对该范围内地面水环境的影响。预测点的数量和布设应根据受纳水体和建设项目的特点、评价等级以及当地的环保要求确定。

（三）拟预测水质参数的筛选

（1）建设项目实施过程各阶段拟预测的水质参数应根据工程分析和环境现状、评价等级、当地的环保要求筛选和确定。

拟预测水质参数的数目应既说明问题又不过多，一般应少于环境现状调查水质参数的数目。建设过程、生产运行（包括正常和不正常排放两种）、服务期满后各阶段均应根据各自的具体情况决定其拟预测水质的参数，彼此不一定相同。

（2）根据上述原则，在环境现状调查水质参数中选择拟预测水质参数。

五、建设项目地面水环境影响评价

（一）评价的原则

评价建设项目的地面水环境影响是评定与估价建设项目各生产阶段对地面水的环境影响，它是环境影响预测的继续。原则上可以采用单项水质参数评价方法或多项水质参数综合评价方法。

单项水质参数评价是以国家、地方的有关法规、标准为依据，评定与评价各评价项目的单个质量参数的环境影响。预测值未包括环境质量现状值（背景值）时，评价时注意应叠加环境质量现状值。多项水质参数综合评价的评价方法和评价的水质参数应与环境现状综合评价相同。

地面水环境影响的评价范围与影响预测范围相同。确定其评价范围的原则与环境调查相同。所有预测点和所有预测的水质参数均应进行各生产阶段不同情况的环境影响评价，但应有重点。空间方面，水文要素和水质急剧变化处、水域功能改变处、取水口附近等应作为重点；水质方面，影响较重的水质参数应作为重点。

（二）评价的基本资料

（1）水域功能是评价建设项目环境影响的基本资料。

（2）评价建设项目的地面水环境影响所采用的水质标准应与环境现状评价相同。河道断流时应由环保部门规定功能，并据以选择标准，进行评价。

（3）规划中几个建设项目在一定时期（如5年）内兴建并向同一地面水环境排污时，应由政府有关部门规定各建设项目的排污总量或允许利用水体自净能力的比例（政府有关部门未做规定的可以自行拟定并报环保部门认可）。向已超标的水体排污时，应结合环境规划酌情处理或由环保部门事先规定排污要求。

（三）评价方法

（1）单项水质参数评价一般常采用自净利用指数法。

（2）环境现状已经超标的情况，可以采用标准指数法进行评价。

（3）多项水质参数综合评价建议采用与环境现状评价相同的方法。

第三节　声环境影响评价

随着工业和社会经济的发展，噪声污染已成为当今世界的主要污染源之一，因此环境噪声影响评价是构成环境影响评价的重要组成部分。矿区噪声主要来自生产过程中各种机械设备和动力装备。噪声污染对人体健康会造成持续不断的损害，同时，噪声还会对生产设施和建筑物带来损害，如震裂墙壁，致使高精度的仪表失灵以及引发事故等。

一、声环境影响评价内容

（一）评价程序

声环境影响评价工作一般分为四个阶段。第一阶段是开展现场勘查、了解环境法规标准的规定、确定评价级别与评价范围和编制环境噪声评价工作大纲；第二阶段是开展工程分析、收集资料、现场监测调查噪声的基线水平及噪声源的数量、各声源噪声级与发声持续时间、生源空间位置等；第三阶段是预测噪声对敏感点人群的影响，对影响的意义和重大性作出评价，并提出削减影响的相应对策；第四阶段是编写环境噪声影响的专题报告。

（二）评价工作等级

1. 划分依据

声环境影响评价工作等级划分依据包括：

（1）建设项目所在区域的声环境功能区类别。

（2）建设项目建设前后所在区域的声环境质量变化程度。

（3）受建设项目影响人口的数量。

2. 评价等级划分

（1）声环境影响评价工作等级一般分为三级，一级为详细评价，二级为一般性评价，三级为简要评价。

（2）评价范围内有适用于 GB 3096 规定的 0 类声环境功能区域，以及对噪声有特别限制要求的保护区等敏感目标，或建设项目建设前后评价范围内敏感目标噪声级增高量达 5dB(A)以上[不含 5dB(A)]或受影响人口数量显著增多时，按一级评价。

（3）建设项目所处的声环境功能区为 GB 3096 规定的 1 类、2 类地区，或建设项目建设前后评价范围内敏感目标噪声级增高量达 3～5dB(A)[含 5dB(A)]，或受噪声影响人口数量增加较多时，按二级评价。

（4）建设项目所处的声环境功能区为 GB 3096 规定的 3 类、4 类地区，或建设项目建设前后评价范围内敏感目标噪声级增高量在 3dB(A)以下[不含 3dB(A)]，且受影响人口数量变化不大时，按三级评价。

（5）在确定评价工作等级时，如建设项目符合两个以上级别的划分原则，按较高级别的评价等级评价。

二、声环境影响评价范围

（一）评价范围的确定

声环境影响评价范围依据评价工作等级确定。对于以固定声源为主的建设项目（如工厂、港口、施工工地、铁路站场等）：

（1）满足一级评价的要求，一般以建设项目边界向外200m为评价范围。

（2）二级、三级评价范围可根据建设项目所在区域和相邻区域的声环境功能区类别及敏感目标等实际情况适当缩小。

（3）如依据建设项目声源计算得到的贡献值到200m处，仍不能满足相应功能区标准值时，应将评价范围扩大到满足标准值的距离。

（二）一级评价的基本要求

（1）在工程分析中，给出建设项目对环境有影响的主要声源的数量、位置和声源源强，并在标有比例尺的图中标识固定声源的具体位置或流动声源的路线、跑道等位置。在缺少声源源强的相关资料时，应通过类比测量取得，并给出类比测量的条件。

（2）评价范围内具有代表性的敏感目标的声环境质量现状需要实测。对实测结果进行评价，并分析现状声源的构成及其对敏感目标的影响。

（3）噪声预测应覆盖全部敏感目标，给出各敏感目标的预测值及厂界（或场界、边界）噪声值。固定声源评价、机场周围飞机噪声评价、流动声源经过城镇建成区和规划区路段的评价应绘制等声级线图，当敏感目标高于（含）三层建筑时，还应绘制垂直方向的等声级线图。给出建设项目建成后不同类别的声环境功能区内受影响的人口分布、噪声超标的范围和程度。

（4）当工程预测的不同代表性时段噪声级可能发生变化的建设项目，应分别预测其不同时段的噪声级。

（5）对工程可行性研究和评价中提出的不同选址（选线）和建设布局方案，应根据不同方案噪声影响人口的数量和噪声影响的程度进行比选，并从声环境保护角度提出最终的推荐方案。

（6）针对建设项目的工程特点和所在区域的环境特征提出噪声防治措施，并进行经济、技术可行性论证，明确防治措施的最终降噪效果和达标分析。

（三）二级评价的基本要求

（1）在工程分析中，给出建设项目对环境有影响的主要声源的数量、位置和声源源强，并在标有比例尺的图中标识固定声源的具体位置或流动声源的路线、跑道等位置。在缺少声源源强的相关资料时，应通过类比测量取得，并给出类比测量的条件。

（2）评价范围内具有代表性的敏感目标的声环境质量现状以实测为主，可适当利用评价范围内已有的声环境质量监测资料，并对声环境质量现状进行评价。

（3）噪声预测应覆盖全部敏感目标，给出各敏感目标的预测值及厂界（或场界、边界）噪声值，根据评价需要绘制等声级线图。给出建设项目建成后不同类别的声环境功能区内受影响的人口分布、噪声超标的范围和程度。

（4）对工程预测的不同代表性时段噪声级可能发生变化的建设项目，应分别预测其不同时段的噪声级。

（5）从声环境保护角度对工程可行性研究和评价中提出的不同选址（选线）和建设布局方案的环境合理性进行分析。

（6）针对建设项目的工程特点和所在区域的环境特征提出噪声防治措施，并进行经济、技术可行性论证，给出防治措施的最终降噪效果和达标分析。

（四）三级评价的基本要求

（1）在工程分析中，给出建设项目对环境有影响的主要声源的数量、位置和声源源强，并在标有比例尺的图中标识固定声源的具体位置或流动声源的路线、跑道等位置。在缺少声源源强的相关资料时，应通过类比测量取得，并给出类比测量的条件。

（2）重点调查评价范围内主要敏感目标的声环境质量现状，可利用评价范围内已有的声环境质量监测资料，若无现状监测资料时应进行实测，并对声环境质量现状进行评价。

（3）噪声预测应给出建设项目建成后各敏感目标的预测值及厂界（或场界、边界）噪声值，分析敏感目标受影响的范围和程度。

（4）针对建设项目的工程特点和所在区域的环境特征提出噪声防治措施，并进行达标分析。

三、声环境现状调查与评价

（一）主要调查内容

（1）影响声波传播的环境要素。调查建设项目所在区域的主要气象特征：年平均风速和主导风向、年平均气温、年平均相对湿度等。收集评价范围内1∶（2000～50000）地理地形图，说明评价范围内声源和敏感目标之间的地貌特征、地形高差及影响声波传播的环境要素。

（2）声环境功能区划。调查评价范围内不同区域的声环境功能区划情况，调查各声环境功能区的声环境质量现状。

（3）敏感目标。调查评价范围内敏感目标的名称、规模、人口的分布等情况，并以图、表相结合的方式说明敏感目标与建设项目的关系（如方位、距离、高差等）。

（4）现状声源。建设项目所在区域的声环境功能区的声环境质量现状超过相应标准要求或噪声值相对较高时，需对区域内主要声源的名称、数量、位置、影响的噪声级等相关情况进行调查。

（二）调查方法

环境现状调查的基本方法有：收集资料法、现场调查法、现场测量法。评价时，应根据评价工作等级的要求确定需采用的具体方法。

（三）监测布点原则

（1）布点应覆盖整个评价范围，包括厂界（或场界、边界）和敏感目标。当敏感目标高于（含）三层建筑时，还应选取有代表性的不同楼层设置测点。

（2）评价范围内没有明显的声源（如工业噪声、交通运输噪声、建设施工噪声、社会生活噪声等），且声级较低时，可选择有代表性的区域布设测点。

（3）评价范围内有明显的声源，并对敏感目标的声环境质量有影响，或建设项目为改、扩建工程，应根据声源种类采取不同的监测布点原则。

（四）现状评价

（1）以图、表结合的方式给出评价范围内的声环境功能区及其划分情况，以及现有敏感目标的分布情况。

（2）分析评价范围内现有主要声源种类、数量及相应的噪声级、噪声特性等，明确主要声源分布，评价厂界（或场界、边界）超、达标情况。

（3）分别评价不同类别的声环境功能区内各敏感目标的超、达标情况，说明其受到现有主要声源的影响状况。

（4）给出不同类别的声环境功能区噪声超标范围内的人口数及分布情况。

四、声环境影响预测

（一）基本要求

预测范围应与评价范围相同。预测点的确定原则应将建设项目厂界（或场界、边界）和评价范围内的敏感目标作为预测点。

（二）基础资料

建设项目的声源资料主要包括：声源种类、数量、空间位置、噪声级、频率特性、发声持续时间和对敏感目标的作用时间段等。

影响声波传播的各类参量应通过资料收集和现场调查取得，各类参量为：

（1）建设项目所处区域的年平均风速和主导风向、年平均气温、年平均相对湿度。

（2）声源和预测点间的地形、高差。

（3）声源和预测点间障碍物（如建筑物、围墙等；若声源位于室内，还包括门、窗等）的位置及长、宽、高等数据。

（4）声源和预测点间树林、灌木等的分布情况，地面覆盖情况（如草地、水面、水泥地面、土质地面等）。

（三）预测步骤

（1）建立坐标系，确定各声源坐标和预测点坐标，并根据声源的性质以及预测点与声源之间的距离等情况，把声源简化成点声源，或线声源，或面声源。

（2）根据已获得的声源源强的数据和各声源到预测点的声波传播条件资料，计算出噪声从各声源传播到预测点的声衰减量，由此计算出各声源单独作用在预测点时产生的A声级或有效感觉噪声级。

（四）矿业建设项目噪声影响预测

1. 声源分析

（1）主要声源的确定。分析矿业建设项目的设备类型、型号、数量，并结合设备类型、设备和工程边界、敏感目标的相对位置等确定项目的主要声源。

（2）声源的空间分布。依据项目平面布置图、设备清单及声源源强等资料，标明主要声源的位置。建立坐标系，确定主要声源的三维坐标。

（3）声源的分类。将主要声源划分为室内声源和室外声源两类。确定室外声源的源强和运行的时间及时间段。当有多个室外声源时，为简化计算，可视情况将数个声源组合为声源组团，然后按等效声源进行计算。对于室内声源，需分析围护结构的尺寸及使用的建筑材料，确定室内声源源强和运行的时间及时间段。

（4）编制主要声源汇总表。以表格形式给出主要声源的分类、名称、型号、数量、坐标位置等；声功率级或某一距离处的倍频带声压级、A声级。

2. 声波传播途径分析

列表给出主要声源和敏感目标的坐标或相互间的距离、高差，分析主要声源和敏感目标之间声波的传播路径，给出影响声波传播的地面状况、障碍物、树林等。

3. 预测内容

按不同评价工作等级的基本要求，选择以下工作内容分别进行预测，给出相应的预测结果。

（1）厂界噪声预测。预测厂界噪声，给出厂界噪声的最大值及位置。

（2）敏感目标噪声预测。预测敏感目标的贡献值、预测值、预测值与现状噪声值的差值，敏感目标所处声环境功能区的声环境质量变化，敏感目标受噪声影响的程度，确定噪声影响的范围，并说明受影响人口分布情况。

当敏感目标高于（含）三层建筑时，还应预测有代表性的不同楼层所受的噪声影响。

（3）绘制等声级线图。绘制等声级线图，说明噪声超标的范围和程度。

（4）明确主要声源，分析超标原因。根据厂界和敏感目标受影响的状况，明确影响厂界和周围声环境功能区声环境质量的主要声源，分析厂界和敏感目标的超标原因。

第四节　大气环境影响评价

一、概述

大气环境影响评价是对项目实施所引起的大气环境影响的程度、范围和概率进行分析、预测和评估，通过适当的评价手段和模式计算，分析建设项目在建设施工期和建成后的生产期内所排放的主要气载污染物和对大气环境可能带来的影响程度和范围，为优化项目选址、制定大气污染防治措施等提供决策依据，为环保工程设计提供指导。

矿业项目气体排放物可分为四大类：

（1）在矿石采掘、岩石爆破、凿岩放炮、井巷通风、矿石粉碎、碎石运输、矿山球团烧结等过程中，排放出来的由极为细小的岩石和矿石的机械性粉尘组成的浮尘性污染气体，它会长时间悬浮在空气中，降低大气的透明度，污染空气，损害人体健康。

（2）在矿山开采过程中使用了大量的燃烧石油制品的动力机械、设备、车辆等，从而排放了大量的燃油型污染气体，这种气体主要来自排气管、燃料箱、化油箱等部件，主要含有 CO、NO_x 和碳氢化合物。

（3）矿产资源开发利用过程中，锅炉、机车以及居民使用大量的煤炭作为获取能量的重要来源，产生了含有 H_2S、SO_2、HCl、CO_2、CO、NO_x、燃烧不完全的化合物、苯类有机化合物、灰分等燃煤型污染气体。

（4）空气中悬浮的酸性气溶胶状态的污染物和酸性气体状态的污染物，在雨水、雪花、蒸汽的作用下，或通过悬浮物彼此之间的作用，使其重量变大而沉降到地表，影响人类和动物健康、酸化土壤、危害植被、侵蚀各种建筑和物品。这种酸性气体主要以硫为主。

二、大气环境影响评价等级的确定

根据《环境影响评价技术导则——大气环境》(HJ 2.2—2008)的规定，大气环境影响评价的等级与拟建项目的主要污染物排放量、周围地形的复杂程度、当地应执行的大气环境质量标准等因素有关。大气环境影响评价共分三级，不同等级的评价工作要求不同。

（一）大气污染源调查

要掌握建设项目气载污染物的排放量，必须对建设项目进行调查，首先要确定调查范围、调查对象、调查方法与调查内容。

(1) 调查范围。大气污染源的调查范围与大气环境影响评价范围一致或略小，根据污染源排放强度、高度及环境特征确定。

(2) 调查对象。评价等级不同，调查的对象也不同。对于一级、二级评价项目，应调查分析项目的所有污染源（对于改、扩建项目应包括新、老污染源）、评价范围内与项目排放污染物有关的其他在建项目、已批复环境影响评价文件的未建项目等污染源，如有区域替代方案，还应调查评价范围内所有的拟替代污染源；对于三级评价项目可只调查分析项目污染源。

(3) 调查方法。大气污染源的调查方法根据项目类别的不同而有所差异。新建项目可通过类比调查、物料衡算或设计资料确定；评价范围内的在建和未建项目的污染源调查，可使用已批准的环境影响报告书中的资料；现有项目和改、扩建项目的现状污染源调查，可利用已有有效数据或进行实测；分期实施的工程项目，可利用前期工程最近5年内的验收监测资料、年度例行监测资料或进行实测；评价范围内拟替代的污染源调查方法参考项目的污染源调查方法。

(4) 调查内容。评价级别不同的项目调查内容也不同。一级评价项目污染源调查内容包括污染源排污概况调查、污染源排放方式调查、建筑物下洗参数调查、颗粒物的粒径分布调查等；二级评价项目污染源调查内容参照一级评价项目执行，可适当从简；三级评价项目可只调查污染源排污概况，并对估算模式中的污染源参数进行核实。

（二）评价等级划分

《环境影响评价技术导则——大气环境》(HJ 2.2—2008)规定，选择推荐模式中的估算模式对项目的大气环境评价工作进行分级。结合项目的初步工程分析结果，选择正常排放的主要污染物及排放参数，采用估算模式计算各污染物在简单平坦地形、全气象组合情况条件下的最大影响程度和最远影响范围，然后按评价工作分级判据进行分级。评价工作等级的确定详见HJ 2.2—2008。

（三）评价标准

常用的大气环境标准主要有《环境空气质量标准》、《大气污染物综合排放标准》以及《环境影响评价技术导则——大气环境》。

在《大气污染物综合排放标准》中规定了33种大气污染物排放限值，并设置了三项排放指标，即最高排放浓度、最高允许排放速率和无组织排放监控浓度限值。在控制大气污染物排放方面，除该标准为综合性排放标准外，我国还有行业性排放标准。

（四）评价范围的确定

项目的大气环境影响评价范围应根据项目排放污染物的最远影响范围来确定，即以排放源为中心点，以 $D_{10\%}$ 为半径的圆或以 $2\times D_{10\%}$ 为边长的矩形作为大气环境影响评价范围。当最远距离超过25km时，确定评价范围为半径25km的圆形区域，或边长为50km的矩形区域。评价范围的直径或边长一般不应小于5km。

对于以线源为主的城市道路等项目，评价范围可设定为线源中心两侧各200m的范围。

三、大气环境质量现状调查与评价

（一）大气环境质量现状调查原则

1. 现状调查资料来源的三种途径

(1) 评价范围内及邻近评价范围的各例行空气质量监测点的近3年与项目有关的监测资料。

(2) 收集近3年与项目有关的历史监测资料。

(3) 进行现场监测。

以上三种途径可视不同评价等级对数据的要求结合进行。

2. 监测资料统计内容与要求

凡涉及GB 3095中污染物的各类监测资料的统计内容与要求，均应满足该标准中各项污染物数据统计的有效性规定。

3. 监测方法

(1) 涉及GB 3095中各项污染物的分析方法应符合GB 3095对分析方法的规定。

(2) 应首先选用国家环保主管部门发布的标准监测方法。对尚未制定环境标准的非常规大气污染物，应尽可能参考ISO等国际组织和国内外相应的监测方法，在环评文件中详细列出监测方法、适用性及其引用依据，并报请环保主管部门批准。

(3) 监测方法的选择，应满足项目的监测目的，并注意其适用范围、检出限、有效检测范围等监测要求。

（二）现有监测资料的分析

(1) 对照各污染物有关的环境质量标准，分析其长期质量浓度(年平均质量浓度、季平均质量浓度、月平均质量浓度)、短期质量浓度(日平均质量浓度、小时平均质量浓度)的达标情况。

(2) 若监测结果出现超标，应分析其超标率、超标倍数以及超标原因。

(3) 分析评价范围内的污染水平和变化趋势。

（三）环境空气质量现状监测

1. 监测因子

(1) 凡项目排放的污染物属于常规污染物的应筛选为监测因子。

(2) 凡项目排放的特征污染物有国家或地方环境质量标准的，或者有GBZ 1—2010中的居住区大气中有害物质的最高允许浓度的，应筛选为监测因子；对于没有相应环境质量标准的污染物，且属于毒性较大的，应按照实际情况，选取有代表性的污染物作为监测因子，同时应给出参考标准值和出处。

2. 监测制度

(1) 一级评价项目应进行2期（冬季、夏季）监测；二级评价项目可取1期不利季节进行监测，必要时应作2期监测；三级评价项目必要时可作1期监测。

（2）每期监测时间，至少应取得有季节代表性的7天有效数据，采样时间应符合监测资料的统计要求。对于评价范围内没有排放同种特征污染物的项目，可减少监测天数。

（3）监测时间的安排和采用的监测手段，应能同时满足环境空气质量现状调查、污染源资料验证及预测模式的需要。

（4）对于部分无法进行连续监测的特殊污染物，可监测其一次质量浓度值，监测时间须满足所用评价标准值的取值时间要求。

（四）监测布点

（1）监测点设置

1）应根据项目的规模和性质，结合地形复杂性、污染源及大气环境保护目标的布局，综合考虑监测点设置数量。

2）一级评价项目，监测点应包括评价范围内有代表性的环境空气保护目标，点位不少于10个。

3）二级评价项目，监测点应包括评价范围内有代表性的环境空气保护目标，点位不少于6个。对于地形复杂、污染程度空间分布差异较大，环境空气保护目标较多的区域，可酌情增加监测点数目。

4）三级评价项目，若评价范围内已有例行监测点位，或评价范围内有近3年的监测资料，且其监测数据有效性符合 HJ 2. 2—2008 有关规定，并能满足项目评价要求的，可不再进行现状监测，否则，应设置2～4个监测点。

5）若评价范围内没有其他污染源排放同种特征污染物的，可适当减少监测点位。

（2）监测点位。监测点的布设，应尽量全面、客观、真实反映评价范围内的环境空气质量。依项目评价等级和污染源布局的不同，按照 HJ 2. 2-2008 的要求进行监测布点。

（3）监测采样。环境空气监测中的采样点、采样环境、采样高度及采样频率的要求，按相关环境监测技术规范执行。

（4）同步气象资料要求。应同步收集项目位置附近有代表性的，且与各环境空气质量现状监测时间相对应的常规地面气象观测资料。

（5）监测结果统计分析。

1）以列表的方式给出各监测点大气污染物的不同取值时间的质量浓度变化范围，计算并列表给出各取值时间最大质量浓度值占相应标准质量浓度限值的百分比和超标率，并评价达标情况。

2）分析大气污染物质量浓度的日变化规律以及大气污染物质量浓度与地面风向、风速等气象因素及污染源排放的关系。

3）分析重污染时间分布情况及其影响因素。

四、大气环境影响预测与评价

大气环境影响预测用于判断项目建成后对评价范围内大气环境影响的程度和范围。常用的大气环境影响预测方法是通过建立数学模型来模拟各种气象条件、地形条件下的污染物在大气中传输、扩散、转化和清除等物理、化学机制。

（一）大气环境影响的预测步骤

大气环境影响预测的步骤一般为：

（1）确定预测因子；

（2）确定预测范围；

（3）确定计算点；

（4）确定污染源计算清单；

（5）确定气象条件；

（6）确定地形数据；

（7）确定预测内容和设定预测情景；

（8）选择预测模式；

（9）确定模式中的相关参数；

（10）进行大气环境影响预测与评价。

（二）大气环境影响预测要点

详见 HJ 2. 2—2008。

（三）大气环境影响评价结论与建议

（1）项目选址及总图布置的合理性和可行性。根据大气环境影响预测结果及大气环境防护距离计算结果，评价项目选址及总图布置的合理性和可行性，并给出优化调整的建议及方案。

（2）污染源的排放强度与排放方式。根据大气环境影响预测结果，比较污染源的不同排放强度和排放方式（包括排气筒高度）对区域环境的影响，并给出优化调整的建议。

（3）大气污染控制措施。大气污染控制措施必须保证污染源的排放符合排放标准的有关规定，同时最终环境影响也应符合环境功能区划要求。根据大气环境影响预测结果评价大气污染防治措施的可行性，并提出对项目实施环境监测的建议，给出大气污染控制措施优化调整的建议及方案。

（4）大气环境防护距离设置。根据大气环境防护距离计算结果，结合厂区平面布置图，确定项目大气环境防护区域。若大气环境防护区域内存在长期居住的人群，应给出相应的搬迁建议或优化调整项目布局的建议。

（5）污染物排放总量控制指标的落实情况。评价项目完成后污染物排放总量控制指标能否满足环境管理要求，并明确总量控制指标的来源。

（6）大气环境影响评价结论。结合项目选址、污染源的排放强度与排放方式、大气污染控制措施以及总量控制等方面综合进行评价，明确给出大气环境影响可行性结论。

第五节　固体废弃物环境影响评价

一、概述

固体废弃物是指在生产、生活和其他活动中产生的丧失原有利用价值或者虽未丧失利用价值但被抛弃或者放弃的固态、半固态和置于容器中的气态物品、物质，以及法律、行政法规规定纳入固体废弃物管理的物品、物质。需要指出的是，不能排入水体的液态废物和不能排入大气的置于容器中的气态废物，由于多具有较大的危害性，一般归入固体废弃物管理体系。

（一）固体废弃物的来源

固体废弃物是矿业活动产生的一个重要环境影响因素，主要有采矿废石、尾矿、冶炼废渣、砂石及漂浮物等，这些废弃物来自矿山开发过程中，如开掘矿体、开拓巷道、平整场地等。固体废弃物不仅占用了大面积的土地资源，而且其自身经过风化和氧化作用，会对土壤、水体和大气造成污染，并且容易引发地质灾害。

（二）固体废弃物的特点

固体废弃物具有以下特点：

（1）兼具有废物和资源的相对性。固体废弃物具有鲜明的时间和空间特征，是在错误的时间放在错误地点的资源。从时间角度看，它仅仅是在目前科学技术和经济条件下无法加以利用，但随着时间的推移、科学技术的发展以及人们的要求变化，今天的废物可能成为明天的资源。从空间角度看，废物仅仅相对于某一过程或某一方面没有使用价值，而非在一切方面都没有使用价值。一种过程的废物，往往可以成为另一种过程的原料。固体废弃物一般具有某些工业原材料所具有的化学、物理特性，且较废水、废气容易收集、运输、加工处理，可以回收利用。

（2）富集多种污染物成分的终态，污染环境的源头。固体废弃物往往是许多污染物成分的终极状态。一些有害气体或飘尘，通过治理，最终富集成固体废弃物；一些有害溶质和悬浮物，通过治理，最终被分离出来成为污泥或残渣；一些含重金属的可燃性固体废弃物，通过焚烧处理，有害金属浓集于灰烬中。这些"终态"物质中的有害成分，在长期的自然因素作用下，又会转入大气、水体和土壤，成为污染环境的"源头"。

（3）危害具有潜在性、长期性和灾难性。固体废弃物对环境的污染不同于废水、废气和噪声。固体废弃物中的有害物质呆滞性大，扩散性小，它对环境的影响主要是通过水、气和土壤进行的。污染环境不易被及时发现，一旦造成环境污染，有时很难补救恢复。其中污染成分的迁移转化，如浸出液在土壤中的迁移，是一个比较缓慢的过程，其危害可能在数年至数十年后才能发现。从某种意义上讲，固体废弃物，特别是危险废弃物对环境造成的危害可能要比水、气造成的危害严重得多。

（三）固体废弃物对环境的污染

（1）对大气环境的影响。堆放的固体废弃物中的细微颗粒、粉尘等随风飞扬，从而污染空气。一些有机固体废弃物，在适宜的湿度和温度下被微生物分解，能释放出有害气体，可以在不同程度上产生毒气或恶臭，造成地区性空气污染。

（2）对水环境的影响。固体废弃物弃置于水体，使水质直接受到污染，严重危害水生生物的生存条件，并影响水资源的充分利用。此外在陆地堆积的或简单填埋的固体废弃物，经过雨水的淋滤作用和废弃物本身的分解，将会产生含有害化学物质的渗滤液，会对附近地区的地表及地下水系造成污染。

（3）对土壤环境的影响。废弃物堆放，其中有害组分容易污染土壤。工业固体废弃物特别是有害固体废弃物，经过风化、雨雪淋溶、地表径流的侵蚀，产生高温和有毒液体渗入土壤，能杀害土壤中的微生物，使堆置区土壤变酸、变碱、变硬，土壤结构遭到破坏，破坏土壤的腐解能力，导致草木不生。废弃物堆放同时占用大量土地资源。

（4）对人体健康的危害。固体废弃物常常是多种污染成分的终态而长期存在于环境中，在一定条件下会发生化学的、物理的或生物的转化，对周围环境造成一定的影响。如果处理、处置管理不当，污染成分就会通过水、气、土壤、食物链等途径污染环境，危害人体健康。

另外，固体废弃物不适当的堆置会破坏周围自然景观。同时，固体废弃物特别是生活垃圾容易滋生蚊蝇、鼠类，是流行病的重要发生源，腐烂分解产生的恶臭影响人的感官。一些放射性物质含量较高的废耐火砖、废渣被用作建筑材料，使居住者受到额外的辐射照射。

二、工程分析和固体废弃物产生量预测

（一）工程分析

建设项目环境影响评价的目的是贯彻“预防为主”的方针，在项目开发建设之前，通过对其“活动、产品和服务”的识别，预测和评价其可能带来的环境污染和破坏，制定出消除或减轻其负面影响的措施。结合固体废弃物全过程管理的污染控制特点，在建设项目的工程分析中，必须抓住以下几个环节：

（1）根据清洁生产与环境管理体系（ISO 14000）这一新的环境保护模式的要求，对建设项目的工艺、设备、原辅材料以及产品进行分析，从生产活动的源头控制抓起，以消除或减少固体废弃物的产出。因此，不但对《淘汰落后生产能力、工艺和产品的目录》、《中国禁止或严格限制的有毒化学品目录》等有关规定必须执行，而且还要对生产工艺、设备、生产水平以及目前具有的部分工业行业固体废弃物排放系数等进行（同行业）比较。

（2）对照《危险废物名录》、《危险废物鉴别标准》以及相对应的污染控制标准，对固体废弃物进行判别分类，并确定其环境影响的危害程度。

（3）依据《资源综合利用名录》，判别可重复回收或综合利用的废弃物。

（4）对有毒有害的原辅材料，采用替代或更换环境影响小的物料加以分析。

（5）对建设项目固体废弃物从产生、收集、运输、贮存、处理到最终处置的全过程管理控制进行分析。

（二）固体废弃物产生量预测

固体废弃物产生量预测应结合具体的工程分析，采用物料衡算法、资料复用法、现场调查或类比分析等手段进行预测。对于矿山来说，固体废弃物主要是开采期间产生的废石、煤矸石、尾矿等，属于工业固体废弃物，其产生量应结合具体的工程分析进行物料衡算，或采用现场调查、类比分析等手段进行预测。通过现场调查实测后，可采用产品排污系数、工业产值排污系数等方法进行预测。

三、固体废弃物环境影响评价

（一）环评类型与内容

固体废弃物的环境影响评价主要分为两大类型：第一类是对一般工程项目产生的固体废弃物，由产生、收集、运输、处理到最终处置的环境影响评价；第二类是对处理、处置固体废弃物设施建设项目的环境影响评价。

1. 第一类项目环评的主要内容

第一类项目环境影响评价的主要内容包括：

（1）污染源调查。根据调查结果，要给出包括固体废弃物名称、组分、性态、数量等内容的调查清单，同时应按一般工业固体废弃物和危险废弃物分别列出。

（2）污染防治措施论证。根据工艺过程、各个产出环节提出防治措施，并对防治措施的可行性加以论证。

（3）提出最终处置措施方案。如综合利用、填埋、焚烧等。

（4）全过程的环境影响分析。固体废弃物的分类收集，有害与一般固体废弃物、生活垃圾的混放对环境的影响；包装、运输过程中散落、泄露的环境影响。固体废弃物本身是一个综合性的污染源，因此，预测其对环境的影响，重点是依据固体废弃物的种类、产生量及其管理的全过程可能造成的环境影响进行有针对性的分析和预测。

对于一般工程项目产生的固体废弃物将可能涉及收集、运输过程。另一方面为了保证固体废弃物处理、处置设施的安全稳定运行，必须建立一个完整的收、贮、运体系，因此在环评中这个体系是与处理、处置设施构成一个整体的。例如这一体系中必然涉及运输设备、运输方式、运输距离、运输路径等，运输可能对线路周围环境敏感目标造成影响，如何规避运输风险也是环评的主要任务。

2. 第二类项目环评的主要内容

第二类处理、处置固体废弃物设施建设项目环境影响评价的主要内容，则是根据处理处置的工艺特点，依据《环境影响评价技术导则》，执行相应的污染控制标准进行环境影响评价，如一般工业废弃物贮存、处置场，危险废弃物贮存场所，生活垃圾焚烧厂、填埋场，危险废弃物填埋场、焚烧厂等。在这些工程项目污染物控制标准中，对厂（场）址选择、污染控制项目、污染物排放限制等都有相关规定，是环境影响评价必须严格予以执行的。

在预测分析中，需对固体废弃物堆放、贮存、转移及最终处置（如自建焚炉、自设填埋场）可能造成的对大气、水体、土壤的污染以及对人体、生物的危害进行充分分析与预测，避免产生二次污染。

（二）固体废弃物环评的特点

（1）固体废弃物的形态决定了只有评价其对环境的实际危害而非潜在危害才能更具有意义。

（2）固体废弃物形态的多样性和不确定性，使其难以获取确定的源参数，对环境的影响不能像评价废水、废气污染源对环境的影响一样采用常规的数学模式法等评价方法。

（3）固体废弃物是通过水体、大气、土壤等介质对环境造成危害，也决定了难以对其直接进行评价。

四、建设项目固体废弃物处理处置对策

固体废弃物由于其来源和种类的多样化、复杂化，其处理、处置方法应遵循无害化、减量化、资源化原则，并根据各自的特点和组成进行优化选择。无害化的基本任务是将固体废弃物通过工程处理，达到不损害人体健康、不污染周围自然环境的目的。减量化的基本任务是通过适宜手段减少和减小固体废弃物的数量和容积，一般从两方面着手，一方面减少产生（前端），另一方面是对其进行处理利用（末端）。资源化的基本任务是采用适宜工艺从固体废弃物中回收有用的物质和能源。

通常，针对固体废弃物污染防治的措施，环评报告书中往往容易出现就事论事、按照建设项目的可研报告进行描述、没有进行深入研究等不足。根据固体废弃物的污染、利用与处理、处置的特性，对其防治对策与建议，必须满足以下几个方面：

（1）法律、法规的符合性。对固体废弃物尤其是危险废弃物的管理、防治和控制技术，处理、处置途径及相应措施，过程控制与最终处置必须符合法律、法规的要求。

（2）综合利用、处理、处置的合理性。对固体废弃物综合利用的基本渠道，包括利用方式、技术路线、经济效益等，应进行合理性论述。

（3）固体废弃物削减、管理及监控措施建议。对建设项目固体废弃物的削减、管理及其监控措施应提出实质性、可操作的建议。

第六节　生态环境现状与影响评价

一、概述

（一）评价原则

（1）坚持重点与全面相结合的原则。既要突出评价项目所涉及的重点区域、关键时段和主导生态因子，又要从整体上兼顾评价项目所涉及的生态系统和生态因子在不同时空等级尺度上结构与功能的完整性。

（2）坚持预防与恢复相结合的原则。预防优先，恢复补偿为辅。恢复、补偿等措施必须与项目所在地的生态功能区划的要求相适应。

（3）坚持定量与定性相结合的原则。生态影响评价应尽量采用定量方法进行描述和分析，当现有科学方法不能满足定量需要或因其他原因无法实现定量测定时，生态影响评价可通过定性或类比的方法进行描述和分析。

（二）评价工作等级

（1）依据影响区域的生态敏感性和评价项目的工程占地（含水域）范围，包括永久占地和临时占地，将生态影响评价工作等级划分为一级、二级和三级，如表 6-5 所示。位于原厂界（或永久用地）范围内的工业类改扩建项目，可做生态影响分析。

表 6-5　生态影响评价工作等级划分表

影响区域生态敏感性	工程占地（含水域）范围		
	面积≥20km^2 或长度≥100km	面积 2～20km^2 或长度 50～100km	面积≤2km^2 或长度≤50km
特殊生态敏感区	一　级	一　级	一　级
重要生态敏感区	一　级	二　级	三　级
一般区域	二　级	三　级	三　级

（2）工程占地（含水域）范围的面积或长度分别属于两个不同评价工作等级时，原则上应按其中较高的评价工作等级进行评价。改扩建工程的工程占地范围以新增占地（含水域）面积或长度计算。

（3）在矿山开采可能导致矿区土地利用类型明显改变，或拦河闸坝建设可能明显改变水文情势等情况下，评价工作等级应上调一级。

（三）评价工作范围

生态影响评价应能够充分体现生态完整性，涵盖评价项目全部活动的直接影响区域和间接影响区域。评价工作范围应依据评价项目对生态因子的影响方式、影响程度和生态因子之间的相互影响和相互依存关系确定。可综合考虑评价项目与项目区的气候过程、水文过程、生物过程等生物地球化学循环过程的相互作用关系，以评价项目影响区域所涉及的完整气候单元、水文单元、生态单元、地理单元界限为参照边界。

（四）生态影响判定依据

（1）国家、行业和地方已颁布的资源环境保护等相关法规、政策、标准、规划和区划等确定的目标、措施与要求。

（2）科学研究判定的生态效应或评价项目实际的生态监测、模拟结果。

（3）评价项目所在地区及相似区域生态背景值或本底值。

（4）已有性质、规模以及区域生态敏感性相似项目的实际生态影响类比。

（5）相关领域专家、管理部门及公众的咨询意见。

二、生态环境现状调查

（一）调查要求

（1）生态环境现状调查是生态环境现状评价、影响预测的基础和依据，调查的内容和指标应能反映评价工作范围内的生态背景特征和现存的主要生态问题。在有敏感生态保护目标（包括特殊生态敏感区和重要生态敏感区）或其他特别保护要求对象时，应做专题调查。

（2）生态环境现状调查应在收集资料基础上开展现场工作，生态环境现状调查的范围应不小于评价工作的范围。

（3）一级评价应给出采样地样方实测、遥感等方法测定的生物量、物种多样性等数据，给出主要生物物种名录、受保护的野生动植物物种等调查资料。

（4）二级评价的生物量和物种多样性调查可依据已有资料推断，或实测一定数量的、具有代表性的样方予以验证。

（5）三级评价可充分借鉴已有资料进行说明。

（二）调查内容

（1）生态背景调查。根据生态影响的空间和时间尺度特点，调查影响区域内涉及的生态系统类型、结构、功能和过程，以及相关的非生物因子特征（如气候、土壤、地形地貌、水文及水文地质等），重点调查受保护的珍稀濒危物种、关键种、土著种、建群种和特有种，天然的重要经济物种等。如涉及国家级和省级保护物种、珍稀濒危物种和地方特有物种时，应逐个或逐类说明其类型、分布、保护级别、保护状况等；如涉及特殊生态敏感区和重要生态敏感区时，应逐个说明其类型、等级、分布、保护对象、功能区划、保护要求等。

（2）主要生态问题调查。调查影响区域内已经存在的制约本区域可持续发展的主要生态问题，如水土流失、沙漠化、石漠化、盐渍化、自然灾害、生物入侵和污染危害等，指出其类型、成因、空间分布、发生特点等。

三、生态环境现状评价

（一）概述

生态环境现状评价是将生态环境调查和生态分析得到的重要信息进行量化，定量或比较精细地描述生态环境的质量状况和存在的问题。其内容包括生态系统质量、状态和功能的评价，区域生态系统问题评价、自然资源赋存和利用状况评价，敏感保护目标和状况评价等。其中生态系统质量、状况和功能的评价是现状评价的重点。

由于生态系统结构的层次特点，决定着生态系统评价也具有层次性：一是生态系统层次上的整体质量评价；二是生态因子层次上的因子状况评价。生态系统现状评价首先重视的是系统整体性评价，其次是系统的结构与状态，即通常所关注的质量问题，再次是环评特有的系统功能评价，最后还要评价系统所面临的压力及存在的问题等。

生态环境现状评价要有大量数据支持结果，可以应用定性与定量相结合的方法进行。现状评价结论要明确回答区域环境的生态完整性、人与自然的共生性、土地和植被的生产能力是否受到破坏等重大环境问题，要回答自然资源的特征及其对干扰的承受能力，并用可持续发展的观点对生态环境质量进行判定。

在现状评价的基础上可采用生态激励分析法或借助数学方法进行要素的重要性分析，得到再确认的评价因子与预测过程。

（二）评价要求

在区域生态基本特征现状调查的基础上，对评价区的生态环境现状进行定量或定性的分析评价，评价应采用文字和图件相结合的表现形式。

（三）评价内容

（1）在阐明生态系统现状的基础上，分析影响区域内生态系统状况的主要原因。评价生态系统的结构与功能状况（如水源涵养、防风固沙、生物多样性保护等主导生态功能）、生态系统面临的压力和存在的问题、生态系统的总体变化趋势等。

（2）分析和评价受影响区域内动、植物等生态因子的现状组成、分布；当评价区域涉及受保护的敏感物种时，应重点分析该敏感物种的生态学特征；当评价区域涉及特殊生态敏感区或重要生态敏感区时，应分析其生态环境现状、保护现状和存在的问题等。

（四）评价方法

生态环境现状评价因生态环境特点的不同而有所不同，一般包括对生态系统的生物成分（生物种、种群、群落等）和非生物成分（水分、土壤等）的评价，即生态系统因子层次上的状况评价；生态系统整体结构与环境功能的评价；区域生态问题及自然资源的评价等。具体的评价方法有以下两种：

1. 列表清单法

列表清单法的基本做法是：将拟实施的开发建设活动的影响因素与可能受影响的环境因子分别列在同一张表格的行与列内。逐点进行分析，并逐条阐明影响的性质、强度等，由此分析开发建设活动的生态影响。该方法可用于：

（1）进行开发建设活动对生态因子的影响分析；

（2）进行生态保护措施的筛选；

（3）进行物种或栖息地重要性或优先度比选。

2. 图形叠置法

图形叠置法是把两个以上的生态信息叠合到一张图上，构成复合图，用以表示生态变化的方向和程度。该方法直观、形象、简单明了，主要用于区域生态质量评价和影响评价以及具有区域性影响的特大型建设项目评价中，如矿业开发项目、大型水利枢纽工程、新能源基地建设等。图形叠置法有两种基本制作手段：指标法和3S叠图法。

A　指标法

（1）确定评价区域范围；

（2）进行生态调查，收集评价工作范围与周边地区自然环境、动植物等信息，同时收集社会经济和环境污染及环境质量信息；

（3）进行影响识别并筛选拟评价因子，其中包括识别和分析主要生态问题；

（4）研究拟评价生态系统或生态因子的地域分异特点与规律，对拟评价的生态系统、生态因子或生态问题建立表征其特性的指标体系，并通过定性分析或定量方法对指标赋值或分级，再依据指标值进行区域划分；

（5）将上述区划信息绘制在生态图上。

B　3S叠图法

（1）选用地形图，或正式出版的地理地图，或经过精校正的遥感影像作为工作底图，底图范围应略大于评价工作范围；

（2）在底图上描绘主要生态因子信息，如植被覆盖、动物分布、河流水系、土地利用和特别保护目标等；

（3）进行影响识别与筛选评价因子；

（4）运用3S技术，分析评价因子的不同影响性质、类型和程度；

（5）将影响因子图和底图叠加，得到生态影响评价图。

四、生态环境影响预测与评价

（一）生态影响预测与评价内容

生态影响预测与评价内容应与现状评价内容相对应，依据区域生态保护的需要和受影响生态系统的主导生态功能选择评价预测指标。

（1）评价工作范围内涉及的生态系统及其主要生态因子的影响评价。通过分析影响作用的方式、范围、强度和持续时间来判别生态系统受影响的范围、强度和持续时间；预测生态系统组成和服务功能的变化趋势，重点关注其中的不利影响、不可逆影响和累积生态影响。

（2）敏感生态保护目标的影响评价应在明确保护目标的性质、特点、法律地位和保护要求的情况下，分析评价项目的影响途径、影响方式和影响程度，预测潜在的后果。

（3）预测评价项目对区域现存主要生态问题的影响趋势。

（二）生态影响预测与评价方法

1. 生态机理分析法

生态机理分析法是根据建设项目的特点和受其影响的动、植物的生物学特征，依照生态学原理分析、预测工程生态影响的方法。生态机理分析法的工作步骤为：

（1）调查环境背景现状、搜集工程组成和建设等有关资料；

（2）调查植物和动物分布，动物栖息地和迁徙路线；

（3）根据调查结果分别对植物或动物种群、群落和生态系统进行分析，描述其分布特点、结构特征和演化等级；

（4）识别有无珍稀濒危物种及重要经济、历史、景观和科研价值的物种；

（5）预测项目建成后该地区动物、植物生长环境的变化；

（6）根据项目建成后的环境（水、气、土和生命组分）变化，对照无开发项目条件下动物、植物或生态系统演替趋势，预测项目对动物和植物个体、种群和群落的影响，并预测生态系统演替方向。

评价过程中有时要根据实际情况进行相应的生物模拟试验，如环境条件、生物习性模拟试验、生物毒理学试验、实地种植或放养试验等；或进行数学模拟，如种群增长模型的应用。该方法需与生物学、地理学、水文学、数学及其他多学科合作评价，才能得出较为客观的结果。

2. 景观生态学法

景观生态学法是通过研究某一区域、一定时段内的生态系统类群的格局、特点、综合资源状况等自然规律，以及人为干预下的演替趋势，揭示人类活动在改变生物与环境方面作用的方法。景观生态学对生态质量状况的评判是通过两个方面进行的，一是空间结构分析，二是功能与稳定性分析。

空间结构分析基于景观，是高于生态系统的自然系统，是一个清晰的和可度量的单位。景观由斑块、基质和廊道组成，其中基质是景观的背景地块，是景观中一种可以控制环境质量的组分。因此，基质的判定是空间结构分析的重要内容。判定基质有三个标准，即相对面积大、连通程度高、有动态控制功能。基质的判定多借用传统生态学中计算植被重要值的方法。

3. 指数法与综合指数法

指数法是利用同度量因素的相对值来表明因素变化状况的方法，是建设项目环境影响评价中规定的评价方法，指数法同样可拓展用于生态影响评价中。指数法简明扼要，且符合人们所熟悉的环境污染影响评价思路，但困难之点在于需明确建立表征生态质量的标准体系，且难以赋权和准确定量。综合指数法是从确定同度量因素出发，把不能直接对比的事物变成能够同度量的方法。

4. 系统分析法

系统分析法是指把要解决的问题作为一个系统，对系统要素进行综合分析，找出解决问题的可行方案的咨询方法。具体步骤包括：限定问题、确定目标、调查研究、收集数据、提出备选方案和评价标准、备选方案评估和提出最可行方案。系统分析法因其能妥善地解决一些多目标动态性问题，目前已广泛应用于各行各业，尤其在进行区域开发或解决优化方案选择问题时更有优势。

在生态系统质量评价中使用系统分析的具体方法有专家咨询法、层次分析法、模糊综合评判法、综合排序法、系统动力学、灰色关联等方法，这些方法原则上都适用于生态影响评价。

5. 生物多样性评价方法

生物多样性评价是指通过实地调查，分析生态系统和生物种的历史变迁、现状和存在主要问题的方法，评价目的是有效保护生物多样性。生物多样性通常用香农-威纳指数表征。

第七节 环境经济损益分析与评价

一、概述

我国环境影响评价制度规定，必须对环境影响进行损益分析，即对环境影响进行经济评价。任何一个建设项目所产生的社会经济环境影响，其表现形式是多种多样的，包括有利影响和不利影响、直接影响和间接影响、现实影响和潜在影响、长期影响和短期影响、可逆影响和不可逆影响等，在实际评价中无需面面俱到。一般应根据需要来确定拟建项目社会经济环境影响的一些典型特征，并由此明确该项目所带来的主要社会经济问题。

对于矿业项目所产生的各类影响的程度和后果可以通过社会经济效果加以评价和度量。根据产生影响的性质，可分为正效果（效益）和负效果（损失）；根据产生影响的方式，可分为内部效果和外部效果。项目的收益属于内部效果，是建设者提出可行性研究的本意；而项目的外部效果并非建设者的目的，且往往不能在项目的收益或支出中直接反映出来，例如矿业项目产生的污水排放、噪音污染、固体废弃物污染、大气环境污染、生态系统破坏等。这些都属于环境影响的经济损益范畴。

（一）环境影响经济损益的度量

社会经济效果有时可以用货币来衡量，有时又难以用货币来衡量。例如矿业开发生产产品的收益、排放污染物带来的直接经济损失都能通过货币来计量效益的增加或减少，是有形效果；但空气污染、地下水污染、生态环境破坏等带来的经济损失则没有直接的市场价格，这些被称为无形效果。环境资源的生产性和消费性都与人们的经济活动有着密切的联系。因此，即使有无形效果的情况，也可以通过适当的方法进行转化，让其可用货币化来计量。

衡量环境质量价值可以从效益与费用两个方面进行评价：一是从环境质量的效用，即从其满足人类需要的能力，以及人类从中得到益处的角度进行评价；二是从环境质量遭到污染，为此进行治理所花费的费用角度进行评价。

由于环境资源的功能具有多样性，环境费用-效益分析的方法也是种类繁多的，目前仍然在不断地研究和发展中。对环境影响报告书中所要求的环境影响的经济效益分析，目前尚无统一、规范的分析方法，在环境影响评价实践中常常对其进行综合评价。

（二）环境影响经济评价的具体程序

一般来说，环境影响经济评价的程序包括以下几个方面：

（1）确定和筛选环境影响。环境影响的确定和筛选就是要决定项目的哪些影响是最重要的。首先，根据环境影响因子和影响的方式，确定一个项目所有实际和潜在的环境影响；其次，就是要筛选出最重要的环境影响，用于筛选环境影响的因素包括影响的规模、影响是否被内部化或控抑、环境影响是否可以被定量评价或货币化。筛选有助于集中分析最重要的环境影响。

（2）环境影响的量化。量化环境影响，即用一个合理的物理量单位来表达每一种影响的大小。这是数据整理与数据校准关键的一步。量化应确保量化结果的一致性，从而使这些结果之间可以相互比较，并能用来确定各种经济价值。在环境预评估或环境影响评价中，应用剂量-反应函数予以量化，将环境污染物的预期剂量与受体的量化影响联系起来。

（3）环境影响的货币化。环境影响的货币化就是将每种环境影响的量级从物理单位转换为货币单位。为了获得环境影响的货币价值，通常需要用一种或多种基本的环境影响经济评价方法来对其进行货币化。

（4）估算因素分析。有关环境影响经济评价的各种方法，均包含一定程度的估算成分。环境影响的货币价值只是真实价值的近似值，其中包含有省略、偏差和不确定性因素，采用的贴现率及其他因素也影响货币价值的估算。在考察并估算环境影响的经济价值时，必须认真分析这些问题。

（5）把评价结果纳入项目经济分析。环境影响经济评价结果的应用，就是将货币化的环境费用和环境效益纳入项目的经济分析。只有这样，才能更加准确全面地描述一个项目的经济价值，为企业的相关决策提供有力的支持。实际上，这也是环境影响经济评价的最终目的。

二、环境影响经济评价的方法

为了实施环境影响经济评价，需要利用各种环境影响经济评价方法对环境价值、环境影响的损益及环保措施的经济成本和效益进行评估。环境影响经济评价方法主要包括直接市场评价法、替代市场评价法和环境补偿法等。

（一）直接市场评价法

直接市场评价法就是把环境质量看作一个生产要素，并根据生产率的变动情况来评价环境影响的一种方法。环境资源是经济发展的基础，它与劳动、土地、资本等都属于生产要素。环境质量的变化会导致生产率和生产成本的变化，进而导致产品价格和产出水平的变化。价格和产出的变化是可以度量的，而且可以用货币价格（市场价格或影子价格）进行计算。只有在环境质量变化的后果既可以被度量，又可以用货币价格加以测算的时候，才能采用该方法，如农业、林业、渔业及人体健康的损害值可以用直接市场评价法来计算。直接市场评价法主要包括生产率变动法、人力资本法、机会成本法、预防性支出法和重置成本法等。

（二）替代市场评价法

所谓替代市场评价法，也称间接市场法，就是使用替代物的市场价格来衡量没有市场价格的环境物品价值的一种方法。它通过考察人们与市场相关的行为，特别是在与环境联系紧密的市场中所支付的价格或它们获得的利益，间接推断出人们对环境的偏好，以此来估算环境质量变化的经济价值。替代市场法能够利用直接市场法所无法利用的信息，这些信息本身是可靠的，衡量时所涉及的因果关系也是客观存在的。替代市场评价法主要包括后果阻止法、资产价值法、工资差额法和旅行费用法等。

（三）环境补偿法

1. 防护费用法

防护费用法采取补偿的方法对环境进行估价，也即以个人在自愿基础上为消除或减少环境恶化的有害影响而承担的防护费用作为环境产品和服务的潜在价值。防护费用是指人们为了减少和消除环境污染或生态恶化的影响而支付的费用。比如为了防止噪音的污染而安装各种隔音设备；为了得到安全卫生的饮用水，而购买安装净水设备等。

防护费用法依据人们的行为而不是言语进行估价，相对于其他估价方法更为直接。此方法运用的前提：

（1）个人可以获取足够的信息以便正确地估计环境变化的危害；

（2）个人采取的防护行为不受诸如贫穷或市场不完善等因素的制约。然而，实际使用时会因多种行为动机和环境目标等因素导致环境价值过高或过低的补偿，进而使估价结果产生偏差。

另外，防护费用法考察的仅是环境资源的使用价值，对环境资源的非使用价值无法做出合理的评估。

2. 恢复费用法

用恢复环境破坏（或重置相似环境）的费用来表示该环境的价值。假如导致环境质量恶化的环境污染无法得到有效治理，那么就不得不用其他方式来恢复受到损害的环境，以便使原有的环境质量得以保持。将受到损害的环境质量恢复到受损害以前状况所需要的费用就是恢复费用。恢复费用一般采用重置成本进行计算，以准确反映现实价格水平下的恢复成本。

三、环境影响的费用-效益分析评价

（一）案例分析

以下引用一份矿山项目资料，说明水污染对人体健康影响的经济损失估算。主要采用了人力资本法、防护费用法等进行分析与计算。

1. 确定水环境污染因素与人体健康的关系

在估算矿山项目废水污染影响健康所导致的经济损失时，考察污染水体威胁人体健康及社会对此所做出的反应是必要的。污染水体中致病物质将通过直接或间接途径进入人体，引起慢性疾病乃至传染病爆发流行。由于水污染对人体健康的影响，人们必须支付水污染费用，在承受患病引起工时损失的同时，也不得不支付相当数量的水污染疾病预防费用。矿山项目水污染影响健康造成的社会支出和减少的收入称为水污染对健康影响引起的经济损失，简称水污染健康损失，用 C_n 表示；把水污染疾病带来的经济损失称为健康损害费用，用 L_n 表示；把预防水污染的社会支出称为防护费用，用 P_n 表示。因此，$C_n = L_n + P_n$。

矿山水污染对健康损害费用主要包括：

（1）水污染疾病治疗费用（L_c）；

（2）因水污染疾病丧失工作日的经济损失（L_w）；

（3）因水污染疾病早逝造成的经济损失（L_d）；

（4）在传染病爆发流行时，疫区中许多正常的社会经济活动因之取消、推延或限制所造成的经济损失（L_i）；

（5）因治疗费用支出导致经济开发活动的损失（O_c）。

因此

$$L_n = L_c + L_w + L_d + L_i + O_c$$

水污染疾病的防护费用仅限于生活用水卫生及防疫保健的范围内，其防护费用主要包括：

(1) 用于水污染疾病防护的卫生事业费用（P_o）；

(2) 自来水厂因水污染而被迫进行取水口改建工程费用（P_w）；

(3) 增加的生活用水水处理费用（P_t）；

(4) 农村用水改革费用（P_v）；

(5) 防护支出造成的投资机会损失（O_p）。

因此
$$P_n = P_o + P_w + P_t + P_v + O_p$$

2. 费用计算方法

A 治疗费用的计算

治疗费用等于矿业项目水污染疾病患者人数乘以患者平均治疗费用。水污染疾病患者人数可以通过清洁区与污染区差异推求，但目前情况下，欲寻找一个与计算区自然条件相似而又不受污染的清洁区很难。治疗费用计算公式为：

$$L_c = \sum_{i=1}^{k} l_{ci} S_i a_i$$

式中 k——列入计算的水污染疾病种类数；

l_{ci}——第 i 种疾病平均治疗费用；

S_i——第 i 种疾病患者人数；

a_i——第 i 种疾病病人中因水污染引起的比例数。a_i 的确切值仍有待于环境医学的研究结果，但目前可以通过病因调查确定。

B 工作损失和早逝损失的计算

休养期间患者与陪护人员的工时损失以及早逝损失都是一种工作机会丧失所导致的损失。工时损失可用下式计算：

$$L_w = \sum_{i=1}^{k} G_a N_i$$

式中 G_a——人均日国民收入；

N_i——第 i 种疾病平均病休日数与需陪护日数之和；

其他符号意义同前。

早逝者导致的损失可理解为：如果人还健在，在未来的工作年限内，其劳动所产生的价值减去自身消耗的部分。早逝损失可用下式计算：

$$L_d = \sum_{i=1}^{k} \left(\sum_{t}^{t_n} D_{i,t_0} l_{d,t_0} \right)$$

式中 t_0——死亡时的年龄；

t_n——工作年龄的上限；

D_{i,t_0}——第 i 种疾病患者在 t_0 岁死亡人数；

l_{d,t_0}——一个人在 t_0 岁死亡时的平均损失。

其中，l_{d,t_0} 可用下式计算：

$$l_{d,t_0} = \sum_{t=t_0}^{t_n} A_{t_0} \left(\frac{1+R}{1+r} \right)^{t-t_0}$$

式中 A_{t_0}——在年龄 t_0 死亡当年的人均积累。如果 t_0 小于起始工作年龄，A_{t_0} 为平均养育费且取负值；

R——社会年积累的平均增长率；

r——社会平均贴现率。

C 防护费用的计算

防护费用中的卫生事业费、生活供水所增加的水处理费用、取水口改建工程费用以及农村水改费用等一般都可通过调查统计取得。因计算污染损失时，往往取年为单位，所以在涉及防护工程的费用时，可借用工程经济学方法，以年度费用计算。年度费用包括年度运行费和维修费，以及把工程投资分摊到使用年上的资金恢复费用。

（二）应注意的主要问题

1. 环境影响的量化

在环境影响费用-效益分析前，环境影响的量化往往是在环评的其他阶段（如工程分析、某环境影响因素的单项评价）完成的。因此：

（1）环境影响的已有量化方式，不一定适合于下一步的价值评估。如对健康的影响，可能被量化为健康风险水平的变化，而不是死亡率、发病率的变化。

（2）在许多情况下，环评报告只给出项目排放污染物（SO_2，TPS，COD）的数量或浓度，而不是这些污染物对受体影响的大小。

2. 环境影响的价值估计

环境影响的价值估计是对量化的环境影响货币化的过程，它是环境损益分析中最关键的一步，也是环境影响经济评价的核心。

3. 将环境影响货币化价值纳入项目经济分析

环境影响经济评价的最后一步，是将环境影响的货币化价值纳入项目的整体经济分析（费用-效益分析）中去，以判断项目的这些环境影响将在多大程度上影响项目、规划或政策的可行性。因此，需要对项目进行费用-效益分析（经济分析），其中关键是将估算出的环境影响价值（环境成本或环境效益）纳入经济现金流量表。

计算出项目的经济净现值和经济内部收益率后，可作出判断。将环境影响的货币化价值纳入项目经济分析后计算出的净现值和内部收益率，是否显著改变了项目可行性报告中财务分析得出的项目评价指标？在多大程度上改变了原有的可行性评价指标？将环境成本纳入项目的经济分析后，是否使项目变得不可行了？以此判断项目的环境影响在多大程度上影响了项目的可行性。

在费用-效益分析之后，通常需要做敏感性分析，分析项目对环境计划执行情况的敏感性、对环境成本变化的敏感性、对贴现率选择的敏感性等。

复习思考题

一、名词解释

环境影响、环境影响评价、大气环境影响评价、固体废弃物、生态环境现状评价、直接市场评价法、替代市场评价法、防护费用法、恢复费用法

二、简答题

1. 环境影响评价包括哪些工作内容？
2. 环境影响综合评价方法有哪几种？
3. 简述指数法在环境影响综合评价中的应用。
4. 某监测点数据如下，请用单项水质标准指数对其进行评价，标准采用 GB 3838—2002 Ⅱ类水质标准。

BOD_5 /mg · L^{-1}	COD_{Mn} /mg · L^{-1}	DO /mg · L^{-1}	Cd /mg · L^{-1}	Cr /mg · L^{-1}	Cu /mg · L^{-1}	As /mg · L^{-1}	石油 /mg · L^{-1}	酚 /mg · L^{-1}
15	10	9	0.004	0.05	0.6	0.05	0.04	0.01

5. 声环境影响评价的程序。
6. 如何进行声环境影响预测？
7. 如何划分大气环境影响评价的等级和评价范围？
8. 固体废弃物有哪些特点？处理时应遵循哪些原则？
9. 确定生态影响评价工作范围应注意哪些问题？
10. 生态环境现状调查的要求、内容和评价方法。
11. 生态环境影响的预测与评价方法。
12. 环境影响经济评价的程序和评价方法。

第七章　矿业建设项目工程造价计量

第一节　矿业建设项目的组成及分类

一、矿业建设项目的组成

一般来说，矿业工程由矿建、土建和安装三大类工程组成。矿建工程包括井工或露天矿山的建设工作；土建工程指矿区地面的矿山工业广场与生活区的房屋建筑与工业厂房（包括选矿厂房）建筑工程；安装工程包括为采矿及采矿生产过程中的通风、排水、提升运输、供电等各种机电设备安装以及针对不同选矿方法所用的选矿设备的安装内容。矿业工程也涉及矿区的公路、铁路与桥梁、场地等建（构）筑物的建设工程。

（一）单项工程

单项工程是指在一个建设项目中，具有独立的设计文件，竣工后可以独立发挥生产能力或使用效益的工程。单项工程是建设项目的组成部分。在工业建筑中的各个生产车间、辅助车间、仓库等，在民用建筑中的教学楼、图书馆、住宅等，在矿区中的矿井、露天矿、选煤厂、电厂、矿区机修厂、铁路专用线、矿区公路、矿区供水工程、救护队等都是单项工程。

单项工程的造价是由编制单项工程综合概预算来确定的。

（二）单位工程

单位工程是单项工程的组成部分。一般指不能独立发挥生产能力或效益，但具有独立施工条件的工程。通常按照单项工程中不同性质的工程内容，可独立组织施工、单独编制工程预算的部分划分为若干个单位工程。如矿井单项工程分为立井井筒、斜井井筒和平硐、巷道、硐室、通风安全设施、井下铺轨六类单位工程；机械厂单项工程有车间厂房建筑、车间设备安装；非工业性建筑一般将单栋房屋作为一个单位工程（包含水、电、暖、卫等）；设备安装工程，指凡具有独立安装基础和单独安装条件的主体设备，以单台设备的主机作为一个单位工程。跨年度施工的井筒、巷道等单位工程，可以按施工年度划分为子单位工程。单位工程和子单位工程的地位是相同的。

单位工程的造价是以单位工程为对象编制确定的。

（三）分部工程

分部工程按工程的主要部位划分，它们是单位工程的组成部分；分部、分项工程不能独立发挥生产能力，没有独立施工条件，但可以独立进行工程价款的结算。如立井井筒工程的分部工程为井颈、井身、壁座、井窝、防治水、钻井井筒、沉井井筒、冻结、混凝土帷幕等。组成房屋工程的分部工程有基础、墙体、屋面等；或按照工种不同划分为土石方、钢筋混凝土、装饰等分部工程。

对于支护形式不同的井筒井身、巷道主体等分部工程，可按支护形式的不同划分为若干个子分部工程；对于支护形式相同的井筒井身、巷道主体等分部工程，可按月度验收区段划分为若干个子分部工程。

和子单位工程性质一样，子分部工程的地位和分部工程相同。

（四）分项工程

把分部工程按照不同的施工方法、不同的材料、不同的规格等作进一步的分类，可划分成多个分项工程。

分项工程是建设安装工程进行施工活动的基本环节，是编制单位工程预算时计算工程量的基本对象，也是预算定额分项的基本单位。分项工程既不能独立发挥能力（或效益），也不具备独立施工条件。如房屋建筑工程中的砖石分部工程可按砌体材料的种类及砌体的厚度划分为一砖墙、一砖半墙、毛石墙等分项工程。

二、建设项目的分类

基本建设项目按不同的分类方式可以分为许多类型。按建设项目在国民经济中的用途不同，可分为生产性建设项目、非生产性建设项目；按建设性质可以分为新建项目、扩建项目、改建项目、迁建项目、恢复项目等；按建设项目的规模大小或投资总额多少分为大型项目、中型项目、小型项目。另外，还可以按资金来源和渠道不同进行划分等。

（一）按建设性质分类

1. 新建项目

新建项目一般是指从无到有，“平地起家”，新开始建设的项目。包括新建的企业、事业和行政单位及新建输电线路、铁路、公路、水库等独立工程。现有企事业和行政单位的原有基础很小，经建设后，其新增加的固定资产价值超过其原有固定资产价值（原值）三倍以上，也应算为新建。

2. 扩建项目

扩建项目一般是指为扩大原有产品生产能力，在厂内或其他地点增建主要生产车间（或主要工程）、矿井、独立的生产线或总厂之下的分厂；企事业单位和行政单位在原单位增建业务用房（如学校增建教学用房，医院增建门诊部或病床用房，行政机关增建办公楼等），也作为扩建。

3. 改建项目

改建项目一般是指现有企业、事业单位为了技术进步，提高产品质量、增加花色品种、促进产品升级换代、降低消耗和成本、加强资源综合利用和三废治理及劳保安全等，采用新技术、新工艺、新设备、新材料等对现有设施、工艺条件等进行技术改造和更新（包括相应配套的辅助性生产、生活设施建设）。有的企业为充分发挥现有的生产能力，进行填平补齐而增建不直接增加本单位主要产品生产能力的车间等，也属于改建。

4. 迁建项目

迁建项目是指为改变生产力布局或由于环境保护和安全生产的需要等原因而搬迁到另地建设的项目。在搬迁另地建设过程中，不论其建设规模是维持原规模，还是扩大规模，都按迁建统计。

5. 恢复项目

恢复项目是指因自然灾害、战争等原因，使原有固定资产全部或部分报废，后又投资恢复建设的项目。在恢复建设过程中，不论其建设规模是按原规模恢复，还是在恢复的同时进行扩建，都按恢复统计。尚未建成投产或交付使用的单位，因自然灾害等原因毁坏后，仍按原设计进行重建的，不作为恢复，而按原设计性质统计；如按新的设计进行重建，其建设性质根据新的建设内容确定。

（二）按建设规模分类

按照建设项目上级批准的建设总规模（设计生产能力或工程效益）或计划总投资，基本建设项目分为大型、中型和小型三类；更新改造项目分为限额以上（能源、交通、原材料工业项目计划总投资5000万元以上，其他项目计划总投资3000万元以上）和限额以下两类。

第二节 矿业建设项目工程造价的费用构成

一、我国建设项目投资及工程造价的构成

建设项目总投资是指为完成工程项目建设并达到使用要求或生产条件，在建设期内预计或实际投入的全部费用总和。生产性建设项目总投资包括建设投资、建设期利息和流动资金三部分；非生产性建设项目总投资包括建设投资和建设期利息两部分。建设投资、建设期利息之和对应于固定资产投资，固定资产投资与建设项目的工程造价在量上相等。工程造价基本构成包括用于购买工程项目所含各种设备的费用，用于建筑施工和安装施工所需支出的费用，用于委托工程勘察设计应支付的费用，用于购置土地所需的费用，也包括用于建设单位自身进行项目筹建和项目管理所花费的费用等。总之，工程造价是按照确定的建设内容、建设规模、建设标准、功能要求和使用要求等将工程项目全部建成，在建设期预计或实际支出的建设费用。

工程造价中的主要构成部分是建设投资，建设投资是为完成工程项目建设，在建设期内投入且形成现金流出的全部费用。根据国家发改委和建设部发布的《建设项目经济评价方法与参数（第三版）》（发改投资［2006］1325号）的规定，建设投资包括工程费用、工程建设其他费用和预备费三部分。工程费用是指建设期内直接用于工程建造、设备购置及其安装的建设投资，可以分为建筑安装工程费和设备及工器具购置费；工程建设其他费用是指建设期发生的与土地使用权取得、整个工程项目建设以及未来生产经营有关的构成建设投资但不包括在工程费用中的费用。预备费是在建设期内为各种不可预见因素的变化而预留的可能增加的费用，包括基本预备费和价差预备费。

建设项目总投资的具体构成内容如表7-1所示。

二、国外建设工程造价构成

国外各个国家的建设工程造价构成虽然有所不同，但具有代表性的是世界银行、国际咨询工程师联合会对建设工程造价构成的规定。这些国际组织对工程项目的总建设成本（相当于我国的工程造价）作了统一规定，工程项目总建设成本包括直接建设成本、间接建

设成本、应急费和建设成本上升费等。

表 7-1 我国现行建设项目总投资构成

建设项目总投资	固定资产投资——工程造价	建设投资	工程费用	设备及工器具购置费	
				建筑安装工程费	直接费
					间接费
					利 润
					税 金
			工程建设其他费用	建设用地费	
				与建设有关的其他费用	
				与未来生产经营有关的其他费用	
			预备费	基本预备费	
				价差预备费	
		建设期利息			
	流动资产投资——流动资金				

（一）项目直接建设成本

项目直接建设成本包括以下内容：

（1）土地征购费。

（2）场外设施费用。如道路、码头、桥梁、机场、输电线路等设施费用。

（3）场地费用。指用于场地准备、厂区道路、铁路、围栏、场内设施等的建设费用。

（4）工艺设备费。指主要设备、辅助设备及零配件的购置费用，包括海运包装费用、交货港离岸价，但不包括税金。

（5）设备安装费。指设备供应商的监理费用，本国劳务及工资费用，辅助材料、施工设备，消耗品和工具等费用，以及安装承包商的管理费和利润等。

（6）管道系统费用。指与系统的材料及劳务相关的全部费用。

（7）电气设备费。其内容与第 4 项类似。

（8）电气安装费。指设备供应商的监理费用，本国劳务与工资费用，辅助材料、电缆管道和工具费用，以及营造承包商的管理费和利润。

（9）仪器仪表费。指所有自动仪表、控制板、配线和辅助材料的费用以及供应商的监理费用、外国或本国劳务及工资费用、承包商的管理费和利润。

（10）机械的绝缘和油漆费。指与机械及管道的绝缘和油漆相关的全部费用。

（11）工艺建筑费。指原材料、劳务费以及与基础、建筑结构、屋顶、内外装修、公共设施有关的全部费用。

（12）服务性建筑费用。其内容与第 11 项相似。

（13）工厂普通公共设施费。包括材料和劳务费以及与供水、燃料供应、通风、蒸汽发生及分配、下水道、污物处理等公共设施有关的费用。

（14）车辆费。指工艺操作必需的机动设备零件费用，包括海运包装费用以及交货港的离岸价，但不包括税金。

（15）其他当地费用。指那些不能归类于以上任何一个项目，不能计入项目间接成本，但在建设期间又是必不可少的当地费用。如临时设备、临时公共设施及场地的维持费，营地设施及其管理，建筑保险和债券，杂项开支等费用。

（二）项目间接建设成本

项目间接建设成本包括以下内容：

（1）项目管理费。

1）总部人员的薪金和福利费，以及用于初步和详细工程设计、采购、时间和成本控制、行政和其他一般管理的费用。

2）施工管理现场人员的薪金、福利费和用于施工现场监督、质量保证、现场采购、时间及成本控制、行政及其他施工管理机构的费用。

3）零星杂项费用，如返工、旅行、生活津贴、业务支出等。

4）各种酬金。

（2）开工试车费。指工厂投料试车必需的劳务和材料费用。

（3）业主的行政性费用。指业主的项目管理人员费用及支出。

（4）生产前费用。指前期研究、勘测、建矿、采矿等费用。

（5）运费和保险费。指海运、国内运输、许可证及佣金、海洋保险、综合保险等费用。

（6）地方税。指地方关税、地方税及对特殊项目征收的税金。

（三）应急费

应急费包括以下内容：

（1）未明确项目的准备金。此项准备金用于在估算时不可能明确的潜在项目，包括那些在做成本估算时因为缺乏完整、准确和详细的资料而不能完全预见和不能注明的项目，并且这些项目是必须完成的，或它们的费用是必定要发生的。在每一个组成部分中均单独以一定的百分比确定，并作为估算的一个项目单独列出。此项准备金不是为了支付工作范围以外可能增加的项目，不是用以应付天灾、非正常经济情况及罢工等情况，也不是用来补偿估算的任何误差，而是用来支付那些几乎可以肯定要发生的费用。因此，它是估算不可缺少的一个组成部分。

（2）不可预见准备金。此项准备金（在未明确项目准备金之外）用于在估算达到了一定的完整性并符合技术标准的基础上，由于物质、社会和经济的变化，导致估算增加的情况。此种情况可能发生，也可能不发生。因此，不可预见准备金只是一种储备，可能不动用。

（四）建设成本上升费用

通常，估算中使用的构成工资率、材料和设备价格基础的截止日期就是“估算日期”。必须对该日期或已知成本基础进行调整，以补偿直至工程结束时的未知价格增长。工程的各个主要组成部分（国内劳务和相关成本、本国材料、外国材料、本国设备、外国设备、项目管理机构）的细目划分决定以后，便可确定每一个主要组成部分的增长率。这个增长率是一项判断因素。它以已发表的国内和国际成本指数、公司记录等为依据，并与实际供应商进行核对，然后根据确定的增长率和从工程进度表中获得的各主要组成部分的中点值，计算出每项主要组成部分的成本上升值。

第三节 矿业建设项目投资估算

一、投资估算的含义及作用

（一）投资估算的含义

投资估算是在投资决策阶段，以方案设计或可行性研究文件为依据，按照规定的程序、方法和依据，对拟建项目所需总投资及其构成进行的预测和估计；是在研究并确定项目的建设规模、产品方案、技术方案、设备方案、厂址方案、工程建设方案以及项目进度计划等的基础上，依据特定的方法，估算项目从筹建、施工直至建成投产所需全部建设资金总额并测算建设期各年资金使用计划的过程。投资估算的成果文件称作投资估算书，也简称投资估算。投资估算书是项目建议书或可行性研究报告的重要组成部分，是项目决策的重要依据之一。

投资估算的准确与否不仅影响到可行性研究工作的质量和经济评价结果，而且直接关系到下一阶段设计概算和施工图预算的编制，以及建设项目的资金筹措方案。因此，全面准确地估算建设项目的工程造价，是可行性研究乃至整个决策阶段造价管理的重要任务。

（二）投资估算的作用

投资估算作为论证拟建项目的重要经济文件，既是建设项目技术经济评价和投资决策的重要依据，又是该项目实施阶段投资控制的目标值。投资估算在建设工程的投资决策、造价控制、资金筹措等方面都有重要作用。

（1）项目建议书阶段的投资估算，是项目主管部门审批项目建议书的依据之一，也是编制项目规划、确定建设规模的参考依据。

（2）项目可行性研究阶段的投资估算，是项目投资决策的重要依据，也是研究、分析、计算项目投资经济效果的重要条件。当可行性研究报告被批准后，其投资估算额将作为设计任务书中下达的投资限额，即建设项目投资的最高限额，不得随意突破。

（3）项目投资估算是设计阶段造价控制的依据，投资估算一经确定，即成为限额设计的依据，用以对各设计专业实行投资切块分配，作为控制和指导设计的尺度。

（4）项目投资估算可作为项目资金筹措及制订建设贷款计划的依据，建设单位可根据批准的项目投资估算额进行资金筹措和向银行申请贷款。

（5）项目投资估算是核算建设项目固定资产投资需要额和编制固定资产投资计划的重要依据。

（6）投资估算是建设工程设计招标、优选设计单位和设计方案的重要依据。在工程设计招标阶段，投标单位报送的投标书中包括项目设计方案、项目投资估算和经济性分析，招标单位根据投资估算对各项设计方案的经济合理性进行分析、衡量、比较，在此基础上，择优确定设计单位和设计方案。

二、投资估算的阶段划分与精度要求

（1）项目规划阶段的投资估算。建设项目规划阶段是指有关部门根据国民经济发展规划、地区发展规划和行业发展规划的要求，编制一个建设项目的建设规划。此阶段是按项目规划的要求和内容，粗略估算建设项目所需投资额，其对投资估算精度的允许误差大于±30%。

(2) 项目建议书阶段的投资估算。项目建议书阶段是指按项目建议书中的产品方案、项目建设规模、产品主要生产工艺、企业车间组成、初选建厂地点等，估算建设项目所需投资额。此阶段项目投资估算是审批项目建议书的依据，是判断项目是否需要进入下一阶段工作的依据，其对投资估算精度的误差控制在±30%以内。

(3) 初步可行性研究阶段的投资估算。初步可行性研究阶段是指在掌握更详细、更深入资料的条件下，估算建设项目所需投资额。此阶段项目投资估算是初步明确项目方案，为项目进行技术经济论证提供依据，同时是判断是否进行详细可行性研究的依据，其对投资估算精度的误差控制在±20%以内。

(4) 可行性研究阶段的投资估算。可行性研究阶段的投资估算较为重要。是对项目进行较详细的技术经济分析，决定项目是否可行，并作为选出最佳投资方案的依据。此阶段的投资估算经审查批准后，即是工程设计任务书中规定的项目投资限额，对工程设计概算起控制作用，其对投资估算精度的误差控制在±10%以内。

三、投资估算的内容

根据《建设项目投资估算编审规程》(CECA/GC 1—2015) 规定，投资估算按照编制估算的工程对象划分，包括建设项目投资估算、单项工程投资估算和单位工程投资估算等。投资估算文件一般由封面、签署页、编制说明、投资估算分析、总投资估算表、单项工程估算表、主要技术经济指标等内容组成。

(一) 投资估算的编制说明

投资估算的编制说明一般包括以下内容：

(1)工程概况。(2)编制范围。(3)编制方法。(4)编制依据。(5)主要技术经济指标。(6)有关参数、率值的选定。(7)特殊问题的说明(包括采用新技术、新材料、新设备、新工艺)；必须说明价格的确定过程；进口材料、设备、技术费用的构成与计算参数；采用特殊结构的费用估算方法；安全、节能、环保、消防等专项投资占总投资的比重；建设项目总投资中未计算项目或费用的必要说明等。(8)对投资限额和投资分解说明(采用限额设计的工程)。(9)对方案比选的估算和经济指标说明(采用方案比选的工程)。(10)资金筹措方式。

(二) 投资分析

投资分析应包括以下内容：

(1) 工程投资比例分析。

(2) 建筑工程费、设备购置费、安装工程费、工程建设其他费用、预备费占建设总投资比例分析；引进设备费用占全部设备费用的比例分析。

(3) 影响投资的主要因素分析。

(4) 与类似工程的比较，对投资总额进行分析。投资分析可单独成篇，亦可列入编制说明中叙述。

(三) 投资估算

(1) 总投资估算。总投资估算包括汇总单项工程估算、工程建设其他费用、计算预备费和建设期利息等。

（2）单项工程投资估算。单项工程投资估算应按建设项目划分的各个单项工程分别计算组成工程费用的建筑工程费、设备购置费及安装工程费。

（3）工程建设其他费用估算。工程建设其他费用估算应按预期将要发生的工程建设其他费用种类逐项详细计算其费用金额。

（四）主要技术经济指标

估算人员应根据项目特点，计算并分析整个建设项目、各单项工程和主要单位工程的主要技术经济指标。

四、投资估算的编制

（一）投资估算的编制依据、要求及流程

1. 投资估算的编制依据

依据建设项目特征、设计文件和相应的工程计价依据，对项目总投资及其构成进行估算，并对主要技术经济指标进行分析。投资估算的编制依据是指在编制投资估算时所遵循的计量规则、市场价格、费用标准及工程计价有关参数、率值等基础资料。具体有以下几个方面：

（1）国家、行业和地方政府的有关法律、法规或规定；政府有关部门、金融机构等发布的价格指数、利率、汇率、税率等有关参数。

（2）行业部门、项目所在地工程造价管理机构或行业协会等编制的投资估算指标、概算指标（定额）、工程建设其他费用定额（规定）、综合单价、价格指数和有关造价文件等。

（3）类似工程的各种技术经济指标和参数。

（4）工程所在地同期的人工、材料、机械市场价格，建筑、工艺及附属设备的市场价格和有关费用。

（5）与建设项目相关的工程地质资料、设计文件、图纸或有关设计专业提供的主要工程量和主要设备清单等。

（6）委托单位提供的其他技术经济资料。

2. 投资估算的编制要求

（1）建设项目投资估算要结合拟建项目所处行业的特点，按照拟建项目采用的设计方案及总图布置，参考拟建项目所在地的投资估算基础资料和数据，采用生产能力指数法、系数估算法、比例估算法、混合法、指标估算法编制。

（2）建设项目投资估算无论采用何种方法，其投资估算费用的内容和构成均应符合CECA/GC 1—2015的要求。

（3）建设项目投资估算无论采用何种方法，应充分考虑拟建项目设计的技术参数和投资估算所采用的估算系数和估算指标。

（4）建设项目投资估算无论采用何种方法，应将所采用的估算系数和估算指标价格水平调整到项目建设所在地及项目建设期的实际水平，同时应对拟建项目的建设条件，如抗震设防等级、建设用地费、厂外交通、供水、供电等，以及所采用的估算系数和估算指标中未包括的费用内容进行修正。

3. 投资估算的编制流程

投资估算主要包括项目建议书阶段及可行性研究阶段的投资估算。可行性研究阶段的

投资估算编制一般包含静态投资部分、动态投资部分与流动资金估算三部分内容，见表7-2所示。

表 7-2　建设项目可行性研究阶段投资估算编制流程

<table>
<tr><td colspan="5">投资估算静态部分</td><td colspan="2">投资估算动态部分</td><td rowspan="4">流动资金估算</td></tr>
<tr><td>建筑工程费估算</td><td>安装工程费估算</td><td>设备及工器具购置费估算</td><td rowspan="2">工程建设其他费用估算</td><td>基本预备费估算</td><td>价差预备费估算</td><td rowspan="3">建设期利息估算</td></tr>
<tr><td colspan="3">工程费用估算</td><td colspan="2">预备费估算</td></tr>
<tr><td colspan="6">建设投资估算</td></tr>
<tr><td colspan="8">建设项目总投资估算</td></tr>
</table>

（1）分别估算各单项工程所需建筑工程费、设备及工器具购置费、安装工程费，在汇总各单项工程费用的基础上，估算工程建设其他费用和基本预备费，完成工程项目静态投资部分的估算。

（2）在静态投资部分估算的基础上，估算价差预备费和建设期利息，完成工程项目动态投资部分的估算。

（3）估算流动资金。

（4）估算建设项目总投资。

（二）静态投资部分的估算方法

静态投资部分估算的方法有很多，各有其适用的条件和范围，而且误差程度也不相同。一般情况下，应根据项目的性质、占有的技术经济资料和数据的具体情况，选用适宜的估算方法。在项目规划和建议书阶段，投资估算的精度较低，可采取简单的匡算法，如单位生产能力估算法、生产能力指数法、系数估算法、比例估算法或混合法等，在条件允许时，也可采用指标估算法；在可行性研究阶段，投资估算精度要求高，需采用相对详细的投资估算方法，即指标估算法。

1. 项目规划和建议书阶段投资估算方法

A　单位生产能力估算法

单位生产能力估算法是根据已建成的、性质类似的建设项目的单位生产能力投资乘以建设规模，即得到拟建项目的静态投资额的方法。其计算公式为：

$$C_2 = \left(\frac{C_1}{Q_1}\right)Q_2 f \tag{7-1}$$

式中　C_1——已建类似矿业项目的静态投资额；

C_2——拟建矿业项目静态投资额；

Q_1——已建类似矿业项目的生产能力；

Q_2——拟建矿业项目的生产能力；

f——不同时期、不同地点的定额、单价、费用变更等综合调整系数。

这种方法将项目的建设投资与其生产能力的关系视为简单的线性关系，估算简便迅速。而事实上单位生产能力的投资会随生产规模的增加而减少，因此，该方法一般只适用于与已建项目在规模和时间上相近的拟建项目，一般两者间的生产能力比值为0.2～2。

另外，由于在实际工作中不易找到与拟建矿业项目完全类似的项目，通常是把项目按其构成的采矿场、设施和装置进行分解，分别套用类似采矿场、设施和装置的单位生产能力投资指标计算，然后加总求得项目总投资，或根据拟建矿业项目的规模和建设条件，将投资进行适当调整后估算项目的投资额。

【例 7-1】 某地 2017 年拟建污水处理能力为 15 万立方米/日的矿区污水处理厂一座。根据调查，该地区 2013 年建设污水处理能力 10 万立方米/日的矿区污水处理厂的投资为 16000 万元。拟建矿区污水处理厂的工程条件与 2013 年已建项目类似，调整系数为 1.5。估算该项目的建设投资。

解： 拟建项目的建设投资 $=\frac{16000}{10}\times 15\times 1.5=36000$ 万元

单位生产能力估算法估算误差较大，可达 ±30%，应用该估算法时需要注意：（1）地区性。建设地点不同，地区性差异主要表现为：两地经济情况不同；土壤、地质、水文情况不同；气候、自然条件的差异；材料、设备的来源、运输状况不同等。（2）配套性。一个工程项目或装置，均有许多配套装置和设施，也可能产生差异，如公用工程、辅助工程、厂外工程和生活福利工程等，均随地方差异和工程规模的变化而各不相同，它们并不与主体工程的变化呈线性关系。（3）时间性。工程建设项目的兴建，不一定是在同一时间建设，时间差异或多或少存在，在这段时间内技术、标准、价格等方面均有可能发生变化。

B　生产能力指数法

生产能力指数法又称指数估算法，它是根据已建成的类似矿业项目生产能力和投资额来粗略估算同类但生产能力不同的拟建矿业项目静态投资额的方法，是对单位生产能力估算法的改进。其计算公式为：

$$C_2 = C_1\left(\frac{Q_2}{Q_1}\right)^x \cdot f \qquad (7\text{-}2)$$

式中，x 为生产能力指数。

式（7-2）表明，投资与规模（或容量）呈非线性关系，且单位造价随工程规模（或容量）的增大而减小。生产能力指数法的关键是生产能力指数的确定，一般要结合行业特点确定，并应有可靠的例证。正常情况下，$0\leqslant x\leqslant 1$。不同生产率水平的地区和不同性质的项目中，x 的取值是不同的。若拟建项目规模与已建类似项目规模的比值在 0.5 ~2 之间时，x 的取值近似为 1；若拟建项目规模与已建类似项目规模的比值为 2 ~50，且拟建项目生产规模的扩大仅靠增大设备规模来达到时，则 x 的取值约为 0.6 ~0.7；若是靠增加相同规格设备的数量达到时，x 的取值约在 0.8 ~0.9 之间。

【例 7-2】 某地 2017 年拟新建采选规模为 20 万吨/年的金矿项目。根据调查，该地区 2015 年建设的 10 万吨/年类似项目投资额为 5000 万元。生产能力指数为 0.6，2015 年至 2017 年工程造价平均每年递增 10%。估算该项目的建设投资。

解： 拟建项目的建设投资 $=5000\times\left(\frac{20}{10}\right)^{0.6}\times(1+10\%)^2=9170.0852$ 万元

生产能力指数法与单位生产能力估算法相比精确度略高，其误差可控制在 ±20% 以内。生产能力指数法主要应用于设计深度不足，拟建建设项目与类似建设项目的规模不同，设计定型并系列化，行业内相关指数和系数等基础资料完备的情况。一般拟建项目与已建类似项目生产能力比值不宜大于 50，以 10 倍内效果较好，否则误差就会增大。另外，尽管该方法估价误差仍较大，但有它独特的好处，即该方法不需要详细的工程设计资料，只需要知道工艺流程及规模就可以，在总承包工程报价时，承包商大都采用该方法。

C　系数估算法

系数估算法也称为因子估算法，它是根据已知的拟建建设项目主体工程费或主要设备购置费为基数，以其他辅助配套工程费占主体工程费或主要设备购置费的百分比为系数，估算拟建建设项目相关投资额的方法。该方法主要应用于设计深度不足，拟建建设项目与类似建设项目的主体工程费或主要设备购置费比重较大，行业内相关系数等基础资料完备的情况。在我国国内常用的方法有设备系数法和主体专业系数法，世行项目投资估算常用的是朗格系数法。

a　设备系数法

设备系数法是指以拟建项目的设备购置费为基数，根据已建成的同类项目的建筑安装费和其他工程费等占设备价值的百分比，求出拟建项目建筑安装工程费和其他工程费，进而求出项目的静态投资。其计算公式为：

$$C = E(1 + f_1P_1 + f_2P_2 + f_3P_3 + \cdots) + I \tag{7-3}$$

式中　C——拟建矿业项目的静态投资；

E——拟建矿业项目根据当时当地价格计算的设备购置费；

P_1，P_2，P_3，…——已建矿业项目中建筑安装工程费及其他工程费等占设备购置费的比例；

f_1，f_2，f_3，…——由于时间、地点因素引起的定额、价格、费用标准等变化的综合调整系数；

I——拟建矿业项目的其他费用。

b　主体专业系数法

主体专业系数法是指以拟建矿业项目中投资比重较大，并与生产能力直接相关的工艺设备投资为基数，根据已建同类矿业项目的有关统计资料，计算出拟建矿业项目各专业工程（总图、土建、采暖、给排水、管道、电气、自控等）与工艺设备投资的百分比，据以求出拟建矿业项目各专业投资，然后加总即为拟建矿业项目的静态投资。其计算公式为：

$$C = E(1 + f_1P'_1 + f_2P'_2 + f_3P'_3 + \cdots) + I \tag{7-4}$$

式中　P'_1，P'_2，P'_3，…——已建矿业项目中各专业工程费用占工艺设备投资的比重。

c　朗格系数法

朗格系数法是国际上估算一个工程项目或一套装置的费用时，采用较为广泛的方法。它以设备购置费为基数，乘以适当系数来推算项目的静态投资。估算误差在 10%～15%。该方法的基本原理是将项目建设总成本费用中的直接成本和间接成本分别计算，再合为项目的静态投资。其计算公式为：

$$C = E(1 + \Sigma K_i) \cdot K_c \tag{7-5}$$

式中　K_i——管线、仪表、建筑物等项费用的估算系数；

K_c——管理费、合同费、应急费等间接费在内的总估算系数。

静态投资与设备购置费之比为朗格系数 K_L。即：

$$K_L = (1 + \Sigma K_i) \cdot K_c \tag{7-6}$$

D　比例估算法

比例估算法是根据已知的同类建设项目主要生产工艺设备占整个建设项目的投资比例，先逐项估算出拟建矿业项目主要生产工艺设备投资，再按比例估算拟建矿业项目的静态投资的方法。其计算公式为：

$$C = \frac{1}{K}\sum_{i=1}^{n} Q_i P_i \tag{7-7}$$

式中　K——已建矿业项目主要设备投资占拟建项目投资的比例；

n——设备种类数；

Q_i——第 i 种设备的数量；

P_i——第 i 种设备的单价（到厂价格）。

比例估算法主要应用于设计深度不足，拟建矿业建设项目与类似矿业建设项目的主要生产工艺设备投资比重较大，行业内相关系数等基础资料完备的情况。

E　混合法

混合法是根据主体专业设计的阶段和深度，投资估算编制者所掌握的国家、地区、行业或部门相关投资估算基础资料和数据（包括造价咨询机构自身统计和积累的可靠的相关造价基础资料），对一个拟建矿业建设项目采用生产能力指数法与比例估算法混合或系数估算法与比例估算法混合估算其相关投资额的方法。

2. 可行性研究阶段投资估算方法——指标估算法

指标估算法是把拟建矿业建设项目以单位工程或单项工程为单位，按建设内容纵向划分为各个主要生产系统、辅助生产系统、公用工程、服务性工程、生活福利设施，以及各项其他工程费用；同时，按费用性质横向划分为建筑工程、设备购置、安装工程等，根据各种具体的投资估算指标，进行各单位工程或单项工程投资的估算，在此基础上汇集编制成拟建矿业建设项目的各个单项工程费用和拟建矿业建设项目的工程费用投资估算。最后，按相关规定估算工程建设其他费用、预备费、建设期利息等，形成拟建矿业建设项目总投资。

第四节　矿业建设项目设计概算

一、设计概算的含义及作用

（一）设计概算的含义

设计概算是以初步设计文件为依据，按照规定的程序、方法和依据，对建设项目总投资及其构成进行的概略计算。具体而言，设计概算是在投资估算的控制下由设计单位根据初步设计或扩大初步设计的图纸及说明，利用国家或地区颁发的概算指标、概算定额、综合指标预算定额、各项费用定额或取费标准（指标）、建设地区自然、技术经济条件和设备材料预算价格等资料，按照设计要求，对建设项目从筹建至竣工交付使用所需全部费用进行的预计。设计概算的成果文件称为设计概算书，也简称设计概算。设计概算书是初步设计文件的重要组成部分，其特点是编制工作相对简略，无需达到施工图预算的准确程度。采用两阶段设计的建设项目，初步设计阶段必须编制设计概算；采用三阶段设计的，扩大初步设计阶段必须编制修正概算。

设计概算的编制内容包括静态投资和动态投资两个层次。静态投资作为考核工程设计和施工图预算的依据；动态投资作为项目筹措、供应和控制资金使用的限额。

设计概算经批准后，一般不得调整。如果由于下列原因需要调整概算时，应由建设单位调查分析变更原因，报主管部门审批同意后，由原设计单位核实编制调整概算，并按有关审批程序报批。当影响工程概算的主要因素查明且工程量完成了一定量后，方可对其进行调整。一个工程只允许调整一次概算。允许调整概算的原因包括以下几点：

（1）超出原设计范围的重大变更；

（2）超出基本预备费规定范围不可抗拒的重大自然灾害引起的工程变动和费用增加；

（3）超出工程造价调整预备费的国家重大政策性的调整。

（二）设计概算的作用

设计概算是工程造价在设计阶段的表现形式，但其并不具备价格属性。因为设计概算不是在市场竞争中形成的，而是设计单位根据有关依据计算出来的工程建设的预期费用，用于衡量建设投资是否超过估算并控制下一阶段费用支出。设计概算的主要作用是控制以后各阶段的投资，具体表现为：

（1）设计概算是编制固定资产投资计划、确定控制建设项目投资的依据。设计概算投资应包括建设项目从立项、可行性研究、设计、施工、试运行到竣工验收等的全部建设资金。按照国家有关规定，编制年度固定资产投资计划，确定计划投资总额及其构成数额，要以批准的初步设计概算为依据，没有批准的初步设计文件及其概算，建设工程不能列入年度固定资产投资计划。

设计概算一经批准，将作为控制建设项目投资的最高限额。在工程建设过程中，年度固定资产投资计划安排、银行拨款或贷款、施工图设计及其预算、竣工决算等，未经规定程序批准，都不能突破这一限额，确保对国家固定资产投资计划的严格执行和有效控制。

（2）设计概算是控制施工图设计和施工图预算的依据。设计单位必须按批准的初步设计和总概算进行施工图设计，施工图预算不得突破设计概算，设计概算批准后不得任意修改和调整。

（3）设计概算是衡量设计方案技术经济合理性和选择最佳设计方案的依据。设计部门在初步设计阶段要选择最佳设计方案，设计概算是从经济角度衡量设计方案经济合理性的重要依据。因此，设计概算是衡量设计方案技术经济合理性和选择最佳设计方案的依据。

（4）设计概算是编制招标控制价（招标标底）和投标报价的依据。以设计概算进行招投标的工程，招标单位以设计概算作为编制招标控制价（标底）及评标定标的依据。承包单位也必须以设计概算为依据，编制投标报价，以合适的投标报价在投标竞争中取胜。

（5）设计概算是签订建设工程合同和贷款合同的依据。合同法中明确规定，建设工程合同价款是以设计概、预算价为依据，且总承包合同不得超过设计总概算的投资额。银行贷款或各单项工程的拨款累计总额不能超过设计概算。如果项目投资计划所列支投资额与贷款突破设计概算时，必须查明原因，之后由建设单位报请上级主管部门调整或追加设计概算总投资。凡未批准之前，银行对其超支部分不予拨付。

（6）设计概算是考核建设项目投资效果的依据。通过设计概算与竣工决算对比，可以分析和考核建设工程项目投资效果的好坏，同时还可以验证设计概算的准确性，有利于加强设计概算管理和建设项目的造价管理工作。

二、设计概算的编制内容

设计概算文件的编制应采用单位工程概算、单项工程综合概算、建设项目总概算三级概算编制形式。当建设项目为一个单项工程时，可采用单位工程概算、总概算两级概算编制形式。三级概算的费用构成如表 7-3 所示。

表 7-3　三级概算之间的相互关系和费用构成

项 目 分 解	概 算 体 系	费 用 构 成
单位工程	单位工程概算	直接费
		间接费
		利　润
		税　金
		设备及工器具购置费
单项工程	单项工程综合概算	建筑工程费用
		安装工程费用
		设备及工器具购置费用
建设项目	建设项目总概算	建筑工程费用
		安装工程费用
		设备及工器具购置费用
		工程建设其他费用
		预备费
		建设期利息
		生产或经营性项目铺底流动资金

（一）单位工程概算

单位工程概算是以初步设计文件为依据，按照规定的程序、方法和依据，计算单位工程费用的成果文件，是编制单项工程综合概算（或项目总概算）的依据，是单项工程综合概算的组成部分。单位工程概算按其工程性质可分为建筑工程概算和设备及安装工程概算两大类。建筑工程概算包括土建工程概算，给排水、采暖工程概算，通风、空调工程概算，电气照明工程概算，弱电工程概算，特殊构筑物工程概算等。设备及安装工程概算包括机械设备及安装工程概算，电气设备及安装工程概算，热力设备及安装工程概算，工器具及生产家具购置费概算等。

（二）单项工程综合概算

单项工程综合概算是以初步设计文件为依据，在单位工程概算的基础上汇总单项工程费用的成果文件，是建设项目总概算的组成部分。

（三）建设项目总概算

建设项目总概算是以初步设计文件为依据，在单项工程综合概算的基础上计算建设项目概算总投资的成果文件，它是由各单项工程综合概算、工程建设其他费用概算、预备费、建设期利息和铺底流动资金概算汇总编制而成的。

三、设计概算的编制

（一）设计概算文件的组成

三级编制形式设计概算文件的组成为：

（1）封面、签署页及目录；（2）编制说明；（3）总概算表；（4）其他费用表；（5）综合概算表；（6）单位工程概算表；（7）附件：补充单位估价表。

二级编制形式设计概算文件的组成为：

（1）封面、签署页及目录；（2）编制说明；（3）总概算表；（4）其他费用表；（5）单位工程概算表；（6）附件：补充单位估价表。

（二）设计概算的编制依据及要求

设计概算的编制依据有：

（1）批准的可行性研究报告；（2）设计工程量；（3）项目涉及的概算指标或定额；（4）国家、行业和地方政府有关法律、法规或规定；（5）资金筹措方式；（6）正常的施工组织设计；（7）项目涉及的设备材料供应及价格；（8）项目的管理（含监理）、施工条件；（9）项目所在地区有关的气候、水文、地质地貌等自然条件；（10）项目所在地区有关的经济、人文等社会条件；（11）项目的技术复杂程度，以及新技术、专利使用情况等；（12）有关文件、合同、协议等。

设计概算的编制要求有：

（1）设计概算应按编制时项目所在地的价格水平编制，总投资应完整地反映编制时建设项目的实际投资。

（2）设计概算应结合项目所在地设备和材料市场供应情况、建筑安装施工市场变化，还应按项目合理工期预测建设期价格水平，以及资产租赁和贷款的时间价值等动态因素对投资的影响。

（3）设计概算应考虑建设项目施工条件等因素对投资的影响。

（三）设计概算编制办法

设计概算编制办法详见《建设项目设计概算编审规程》（CECA/GC 2—2015）中有关规定。

第五节　矿业建设项目施工图预算

一、施工图预算的含义及作用

（一）施工图预算的含义

施工图预算是以施工图设计文件为依据，按照规定的程序、方法和依据，在工程施工前对工程项目的工程费用进行的预测与计算。施工图预算的成果文件称为施工图预算书，也简称施工图预算，它是在施工图设计阶段对工程建设所需资金做出较精确计算的设计文件。

施工图预算价格既可以是按照政府统一规定的预算单价、取费标准、计价程序计算得到的属于计划或预期性质的施工图预算价格，也可以是通过招标投标法定程序后施工企业根据自身的实力即企业定额、资源市场单价以及市场供求及竞争状况计算得到的反映市场性质的施工图预算价格。

（二）施工图预算的作用

施工图预算作为建设工程建设程序中一个重要的技术经济文件，在工程建设实施过程中具有十分重要的作用。

1. 施工图预算对投资方的作用

（1）施工图预算是施工图设计阶段控制工程造价的重要环节，是控制施工图设计预算不突破设计概算的重要措施。

（2）施工图预算是控制造价及资金合理使用的依据。

（3）施工图预算是确定工程招标控制价的依据。

（4）施工图预算可以作为确定合同价款、拨付工程进度款及办理工程结算的基础。

2. 施工图预算对施工企业的作用

（1）施工图预算是建筑施工企业投标报价的基础。

（2）施工图预算是建筑工程预算包干的依据和签订施工合同的主要内容。

（3）施工图预算是施工企业安排调配施工力量、组织材料供应的依据。

（4）施工图预算是施工企业控制工程成本的依据。

（5）施工图预算是进行“两算”对比的依据。施工企业可以通过施工图预算和施工预算的对比分析，找出差距，采取必要的措施。

3. 施工图预算的其他作用

（1）对于工程咨询单位而言，尽可能客观、准确地为委托方做出施工图预算，不仅可体现出其水平、素质和信誉，而且强化了投资方对工程造价的控制，有利于节省投资，提高建设项目的投资效益。

（2）对于工程项目管理、监督等中介服务企业而言，客观准确的施工图预算是为业主方提供投资控制的依据。

（3）对于工程造价管理部门而言，施工图预算是其监督、检查执行定额标准、合理确定工程造价、测算造价指数以及审定工程招标控制价的重要依据。

（4）如在履行合同的过程中发生经济纠纷，施工图预算还是有关仲裁、管理、司法机关按照法律程序处理、解决问题的依据。

二、施工图预算的编制内容

（一）施工图预算文件的组成

施工图预算根据建设项目实际情况可采用三级预算编制或两级预算编制形式。当建设项目有多个单项工程时，应采用三级预算编制形式，三级预算编制形式由建设项目施工图总预算、单项工程综合预算、单位工程施工图预算组成。当建设项目只有一个单项工程时，应采用两级预算编制形式，两级预算编制形式由建设项目施工图总预算和单位工程施工图预算组成。

采用三级预算编制形式的工程预算文件包括：封面、签署页及目录、编制说明、总预算表、综合预算表、单位工程预算表、附件等内容。采用二级预算编制形式的工程预算文件包括：封面、签署页及目录、编制说明、总预算表、单位工程预算表、附件等内容。

（二）施工图预算的内容

按照预算文件的不同，施工图预算的内容也有所不同。建设项目总预算是反映施工图设计阶段建设项目投资总额的造价文件，是施工图预算文件的主要组成部分，由组成该建设项目的各个单项工程综合预算和相关费用组成。具体包括：建筑安装工程费、设备及工器具购置费、工程建设其他费用、预备费、建设期利息及铺底流动资金。施工图总预算应控制在已批准的设计总概算投资范围以内。

单项工程综合预算是反映施工图设计阶段一个单项工程（设计单元）造价的文件，是总预算的组成部分，由构成该单项工程的各个单位工程施工图预算组成。其编制的费用项目是各单项工程的建筑安装工程费、设备及工器具购置费总和。

单位工程预算是依据单位工程施工图设计文件、现行预算定额以及人工、材料和施工机械台班价格等，按照规定的计价方法编制的工程造价文件，包括单位建筑工程预算和单位设备及安装工程预算。

三、施工图预算的编制方法

（一）施工图预算的编制依据、要求及步骤

1. 施工图预算的编制依据

（1）国家、行业、地方政府发布的计价依据、有关法律法规或规定；

（2）建设项目有关文件、合同、协议等；

（3）批准的设计概算；

（4）批准的施工图设计图纸及相关标准图集和规范；

（5）相应预算定额和地区单位估价表；

（6）合理的施工组织设计和施工方案等文件；

（7）项目有关的设备、材料供应合同、价格及相关说明书；

（8）项目所在地区有关的气候、水文、地质地貌等自然条件；

（9）项目的技术复杂程度，以及新技术、专利使用情况等；

（10）项目所在地区有关的经济、人文等社会条件。

2. 施工图预算的编制要求

建设项目施工图预算应按照设计文件和项目所在地的人工、材料和机械等要素的市场价格水平进行编制，应充分考虑项目其他因素对工程造价的影响；并应确定合理的预备费，力求能够使投资额度得以科学合理地确定，以保证项目的顺利进行。

3. 施工图预算的编制步骤

施工图预算的编制主要包括三大内容：单位工程施工图预算编制、单项工程综合预算编制、建设项目总预算编制。单位工程施工图预算是施工图预算的关键。施工图预算的编制应在设计交底及图纸会审的基础上，按照图7-1的步骤进行。

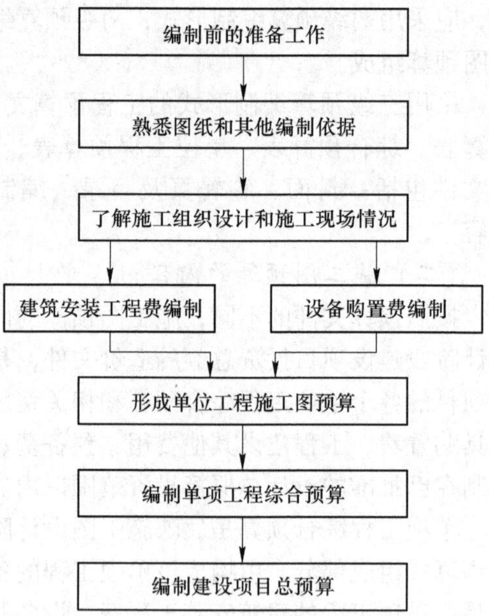

图7-1　施工图预算的编制步骤

（二）单位工程施工图预算的编制

单位工程施工图预算的主要编制方法有单价法和实物量法，其中单价法分为定额单价法和工程量清单单价法。

1. 定额单价法

定额单价法是用事先编制好的分项工程的单位估价表来编制施工图预算的方法。按施工图及计算规则计算的各分项工程的工程量，并乘以相应工料机单价，得到单位工程的人工费、材料费、机械使用费之和；再加上按规定程序计算出来的间接费、利润和税金，便得出单位工程的施工图预算造价。

定额单价法编制施工图预算的计算公式为：

$$单位工程施工图预算直接费 = \sum (工程量 \times 预算定额单价)$$

2. 工程量清单单价法

工程量清单单价法是指根据招标人按照国家统一的工程量计算规则提供的工程数量，采用综合单价的形式计算工程造价的方法。该综合单价是指完成一个规定计量单位的分部分项工程量清单项目或措施清单项目所需要的人工费、材料费、施工机械使用费和企业管理费与利润，以及一定范围内的风险费用。

3. 实物量法

实物量法是依据施工图纸和预算定额的项目划分及工程量计算规则，先计算出分部分项工程量，然后套用预算定额（实物量定额）计算出各类人工、材料、机械的实物消耗量，再根据预算编制期的人工、材料、机械价格计算出直接费。最后再依据费用定额计算其他直接费、间接费、利润和税金等。

实物量法编制施工图预算时，其中直接费的计算公式为：

$$直接人工费 = \sum (工程量 \times 人工预算定额用量 \times 当时当地人工工资单价)$$

$$直接材料费 = \sum (工程量 \times 材料预算定额用量 \times 当时当地材料预算单价)$$

$$直接机械使用费 = \sum (工程量 \times 施工机械台班预算定额用量 \times 当时当地机械台班单价)$$

$$单位工程预算直接费 = 直接人工费 + 直接材料费 + 直接机械使用费$$

（三）综合预算和总预算编制

综合预算造价由组成该单项工程的各个单位工程预算造价汇总而成。总预算造价由组成该建设项目的各个单项工程综合预算以及经计算的工程建设其他费、预备费、建设期贷款利息等汇总而成。具体详见《建设项目施工图预算编审规程》(CECA/GC 5—2010)中有关规定。

第六节　矿业建设项目竣工结算与决算

一、竣工结算

（一）竣工结算的概念

工程竣工结算是指工程项目完工并经竣工验收合格后，发承包双方按照施工合同的约定对所完成的工程项目进行的工程价款的计算、调整和确认。工程竣工结算分为单位工程竣工结算、单项工程竣工结算和建设项目竣工总结算，其中，单位工程竣工结算和单项工程竣工结算也可看作是分阶段结算。

（二）竣工结算的编制依据

(1)《建设工程工程量清单计价规范》(GB 50500—2013)；

（2）工程合同；

（3）发承包双方实施过程中已确认的工程量及其结算的合同价款；

（4）发承包双方实施过程中已确认调整后追加（减）的合同价款；

（5）建设工程设计文件及相关资料；

（6）投标文件；

（7）其他依据。

（三）竣工结算的计价原则

采用工程量清单计价的方式，工程竣工结算的计价原则为：

（1）分部分项工程和措施项目中的单价项目应依据双方确认的工程量与已标价工程量清单的综合单价计算；如发生调整的，以发承包双方确认调整的综合单价计算。

（2）措施项目中的总价项目应依据合同约定的项目和金额计算；如发生调整的，以发承包双方确认调整的金额计算，其中安全文明施工费必须按照国家或省级、行业建设主管部门的规定计算。

（3）其他项目应按下列规定计价：

1）计日工应按发包人实际签证确认的事项计算；

2）暂估价应按《建设工程工程量清单计价规范》(GB 50500—2013)的相关规定计算；

3）总承包服务费应依据合同约定金额计算，如发生调整的，以发承包双方确认调整的金额计算；

4）索赔费用应依据发承包双方确认的索赔事项和金额计算；

5）现场签证费用应依据发承包双方签证资料确认的金额计算；

6）暂列金额应减去合同价款调整(包括索赔、现场签证)金额计算，如有余额归发包人。

（4）规费和税金应按照国家或省级、行业建设主管部门的规定计算。规费中的工程排污费应按工程所在地环境保护部门规定标准缴纳后按实列入。

（5）发承包双方在工程实施过程中已经确认的工程计量结果和合同价款，在竣工结算办理中应直接进入结算。

（四）竣工结算的程序

详见《建设工程工程量清单计价规范》(GB 50500—2013)。

二、竣工决算

（一）竣工决算的概念

项目竣工决算是指项目竣工后，项目单位按照国家有关规定在项目竣工验收阶段编制的竣工决算报告。竣工决算是以实物数量和货币指标为计量单位，综合反映竣工项目从筹建开始到项目竣工交付使用为止的全部建设费用、建设成果和财务情况的总结性文件，是竣工验收报告的重要组成部分。

项目竣工时，应编制建设项目竣工决算。建设周期长、建设内容多的项目，单项工程竣工且具备交付使用条件的，可编制单项工程竣工决算。建设项目全部竣工后应编制竣工总决算。

（二）竣工决算的作用

（1）是综合全面地反映竣工项目建设成果及财务情况的总结性文件。

（2）是办理交付使用资产的依据，也是竣工验收报告的重要组成部分。

（3）是建设单位确定新增固定资产价值的依据。

（4）是分析和检查设计概算的执行情况，考核建设项目管理水平和投资效果的依据。

（三）竣工决算的编制依据

（1）经批准的可行性研究报告及其投资估算书。

（2）经批准的初步设计或扩大初步设计及其概算书或修正概算书。

（3）经批准的施工图设计及其施工图预算书。

（4）设计交底或图纸会审会议纪要。

（5）招投标的标底、承包合同、工程结算资料。

（6）施工记录或施工签证单及其他施工发生的费用记录。

（7）竣工图及各种竣工验收资料。

（8）历年基建资料、财务决算及批复文件。

（9）设备、材料等调价文件和调价记录。

（10）有关财务核算制度、办法和其他有关资料、文件等。

（四）竣工决算的编制要求

为了严格执行建设项目竣工验收制度，正确核定新增固定资产价值，考核分析投资效果，建立健全经济责任制，所有新建、扩建和改建等建设项目竣工后，都应及时、完整、正确地编制好竣工决算。建设单位要做好以下工作：

（1）按照规定组织竣工验收，保证竣工决算的及时性。

（2）积累、整理竣工项目资料，保证竣工决算的完整性。

（3）清理、核对各项账目，保证竣工决算的正确性。

（五）竣工决算的编制步骤

竣工决算的编制步骤为：

（1）收集、整理和分析有关依据资料。

（2）清理各项财务、债务和结余物资。

（3）核实工程变动情况。

（4）编制建设工程竣工决算说明。

（5）填写竣工决算报表。

（6）做好工程造价对比分析。

（7）清理、装订好竣工图。

（8）上报主管部门审查存档。

（六）竣工决算的内容

建设项目竣工决算应包括从筹建到竣工投产全过程的全部实际费用，即包括建筑工程费、安装工程费、设备及工器具购置费、工程建设其他费用、预备费等费用。根据财政部、国家发改委、住房和城乡建设部的有关文件规定，竣工决算是由竣工财务决算说明书、竣工财务决算报表、工程竣工图和工程竣工造价对比分析四部分组成。其中竣工财务决算说明书和竣工财务决算报表两部分又称建设项目竣工财务决算，是竣工决算的核心内容。

1. 竣工财务决算说明书

竣工财务决算说明书主要反映竣工工程建设成果和经验，是对竣工决算报表进行分析和补充说明的文件，是全面考核分析工程投资与造价的书面总结，是竣工决算报告的重要组成部分，其内容主要包括：

（1）建设项目概况，对工程总的评价。一般从进度、质量、安全和造价方面进行分析说明。

（2）资金来源及运用等财务分析。主要包括工程价款结算、会计账务的处理、财产物资情况及债权债务的清偿情况。

（3）基本建设收入、投资包干结余、竣工结余资金的上交分配情况。

（4）各项技术经济指标的分析。

（5）工程建设的经验、项目管理和财务管理工作以及竣工财务决算中有待解决的问题。

（6）决算与概算的差异和原因分析。

（7）需要说明的其他事项。

2. 竣工财务决算报表

建设项目竣工财务决算报表根据大中型建设项目和小型建设项目分别制定。大中型建设项目是指经营性项目投资额在5000万元以上、非经营性项目投资额在3000万元以上的建设项目；在上述标准之下的为小型项目。根据《基本建设财务管理若干规定》（财建［2002］394号）以及“关于印发《基本建设项目竣工财务决算报表》和《基本建设项目竣工财务决算报表填表说明》的通知”（财基字［1998］498号），大中型建设项目竣工决算报表包括：建设项目竣工财务决算审批表、大中型建设项目概况表、大中型建设项目竣工财务决算表、大中型建设项目交付使用资产总表、建设项目交付使用资产明细表；小型建设项目竣工财务决算报表包括建设项目竣工财务决算审批表、竣工财务决算总表、建设项目交付使用资产明细表等。

复习思考题

一、名词解释

单项工程、单位工程、分部工程、分项工程、建设项目总投资、投资估算、设计概算、施工图预算、工程量清单计价、竣工结算、竣工决算。

二、简答题

1. 建设项目的分类。
2. 我国现行建设项目总投资的构成。
3. 国外建设工程造价的构成。
4. 投资估算的编制内容。
5. 建设项目可行性研究阶段投资估算的编制流程。
6. 项目规划和建议书阶段投资估算方法。
7. 设计概算的编制内容。
8. 施工图预算的作用。
9. 施工图预算的编制内容与编制步骤。
10. 单位工程施工图预算的编制方法。
11. 竣工财务决算报表包括哪些主要内容?

第八章　矿业项目经济效果分析方法

第一节　现金流量与资金等值计算

一、现金流量

（一）现金流量的概念

项目建设过程可以从物质形态和货币形态两个方面进行考察。从物质形态来看，项目建设表现为人们使用各种工具、设备，消耗一定量的能源，生产某种产品和提供某种服务；从货币形态来看，项目建设表现为投入一定量的资金，花费一定量的成本，通过产品销售获取一定量的货币收入。

一个项目的建设，其投入的资金、花费的成本、得到的收益，都可以看成是以货币形式体现的现金流出或现金流入。把各个时点上实际发生的现金流入或现金流出称为现金流量，流出系统的资金称为现金流出，流入系统的资金称为现金流入，现金流入与现金流出的差额称为净现金流量。项目经济评价的目的就是要考察特定经济系统的净现金流量的大小，从而计算出项目各方案的经济效果，选择最佳方案。

（二）现金流量的构成

对于一个投资项目来说，投资、成本、销售收入、利润和税金等经济变量是构成经济系统现金流量的基本要素，也是进行技术经济分析最重要的基础数据。

$$现金流量 = 年收益 - 年成本$$

二、资金的时间价值

资金的时间价值，是技术经济分析的基本概念，是采用动态分析方法对投资方案进行科学评价的基础。在进行技术经济分析时，为了保证各投资方案在不同的时间上所发生的费用及收益具有可比性，因而引进资金时间价值的概念，以消除各方案的费用及收益在时间上的差异，使之具有可比性。

（一）资金时间价值的概念

任何投资项目的建设与运行，任何技术方案的实施，都有一个时间上的延续过程。对于投资者来说，资金的投入与收益的获取往往构成一个时间上有先有后的现金流量序列。要客观地评价投资项目或技术方案的经济效果，不仅要考虑现金流出与现金流入的数额，还必须考虑每笔现金流量发生的时间。

在不同的时间付出或得到同样数额的资金在价值上是不等的，即资金的价值会随时间发生变化。今天可以用来投资的一笔资金，即使不考虑通货膨胀因素，也比将来可获得的同样数额的资金更有价值。因为当前可用的资金能够立即用来投资并带来收益，而将来才可取得的资金无法用于当前的投资，也无法获取相应的收益。不同时间发生的等额资金在价值上的差别称为资金的时间价值。

对于资金的时间价值，可以从两个方面理解。

首先，随着时间的推移，资金价值会增加，这种现象叫资金增值。资金是属于商品经济范畴的概念，在商品经济条件下，资金是不断运动着的。资金的运动伴随着生产与交换的进行，生产与交换活动会给投资者带来利润，表现为资金的增值。资金增值的实质是劳动者在生产过程中创造了剩余价值。从投资者的角度来看，资金的增值特性使资金具有时间价值。

其次，资金一旦用于投资，就不能用于现期消费。牺牲现期消费是为了能在将来得到更多的消费，个人储蓄的动机和国家积累的目的都是如此。从消费者的角度来看，资金的时间价值体现为对放弃现期消费的损失所应作的必要补偿。

在商品经济高度发达的今天，自觉地运用资金在生产、流通过程中的增值原理，即资金时间价值的基本思想，在各项基本建设投资中重视资金的时间价值，尽力缩短建设周期，加速资金的周转，可以取得更大的投资经济效果。

（二）利息与利率

1. 利息和利率的概念

利息是指占用资金所付出的代价（或放弃使用资金所得到的补偿）。将一笔资金存入银行，这笔资金就称为本金。经过一段时间之后，储户可在本金之外再得到一笔利息，这一过程可表示为：

$$F_n = P + I_n$$

式中，F 为到期后的本利和；P 为本金；I 为到期所得利息；下标 n 为计算利息的周期数。计息周期是指计算利息的时间单位，如“年”、“月”等。利息是衡量资金时间价值的绝对尺度。

利率是指在一个计息周期内所得的利息额与借贷金额（即本金）之比，一般以百分数表示，用 i 表示利率。其表达式为：

$$i = \frac{I_1}{P} \times 100\%$$

式中，I_1 为一个计息周期的利息。上式表明，利率是单位本金经过一个计息周期后的增值额。利率是衡量资金时间价值的相对尺度，i 越大，表明资金增值速度越快。

2. 单利和复利

利息的计算有单利计算和复利计算之分。

（1）单利。单利法仅以本金为基数计算利息，利息不再产生利息。资金随时间推移呈线性变化。单利的本利和计算公式为：

$$F_n = P + I_n = P + P \cdot i \cdot n = P(1 + i \cdot n)$$

（2）复利。复利法是用本金和前期累计利息总额之和进行计息，即除了最初的本金要计算利息外，每一计息周期的利息都要并入本金，再生利息，也就是所谓的“利滚利”。复利法计算的本利和公式为：

$$F_n = P(1 + i)^n$$

3. 名义利率和实际利率

在实际经济活动中，计息周期有年、半年、季、月、周、日等多种。将计息周期实际发生的利率称为实际利率，实际利率乘以每年计息周期数就得到名义利率。例如按月计算利息，月利率为1%，通常称为“年利率12%，每月计息一次”。年利率12%称为“名义利率”。按单利计息，名义利率与实际利率是一致的。但按复利计算，上述“年利率12%，每月计息一次”的实际年利率则不等于名义利率，而是比12%略大的一个数。

名义利率显然没有考虑资金的时间因素，是一种单利计算法。当计入复利，即考虑资金时间因素时，则年实际利率的计算如下：

设 r 为名义利率，i 为年实际利率，m 为每年的计息周期数，则1年后的本利和应为：

$$F = P\left(1 + \frac{r}{m}\right)^m$$

按利率定义得到年实际利率：

$$i = \frac{F - P}{P} = \left(1 + \frac{r}{m}\right)^m - 1$$

三、资金等值计算

（一）资金等值的概念

资金等值是指在考虑资金时间价值因素后，不同时点上数额不等的资金在一定利率条件下具有相等的价值。例如，现在的1000元与一年后的1100元，其数额并不相等，但如果年利率为10%，则两者是等值的。因为现在的1000元在10%利率下，一年后的本金与资金时间价值两者之和为1100元。同样，一年后的1100元在年利率为10%的情况下等值于现在的1000元。不同时点上数额不等的资金如果等值，则它们在任何相同时点上的价值必然相等。

影响资金等值计算的要素有三个：(1)资金金额的大小；(2)资金发生的时间；(3)计算的利率。在已定资金额及时点的情况下，利率是决定资金等值的主要因素。为了计算资金的时间价值，利用现金流量图对现金流量进行分析和计算，需掌握资金时间价值的相关概念。

(1) 贴现与贴现率。把将来某一时点的资金金额换算成现在时点等值金额的过程称为贴现。贴现时所用的利率称为贴现率或折现率。

(2) 现值。发生在时间序列起点处的资金值称为资金的现值。时间序列的起点通常是评价时刻的点，即现金流量图的零点处，用符号 P 表示。注意，现值是一个相对的概念，一笔资金被称为现值是相对将来某个时刻而言的。

(3) 等年值。等年值是指分期等额收支的资金，用符号 A 表示。

(4) 终值。终值是现值在未来时点上的等值资金，用符号 F 表示。

（二）现金流量图

为了考察投资项目在其整个寿命期或计算期内的全部收益和全部费用，可以用现金流量图来分析和计算项目的经济效果。现金流量图可直观、方便、形象地把项目的现金收支情况表示出来，如图8-1所示。

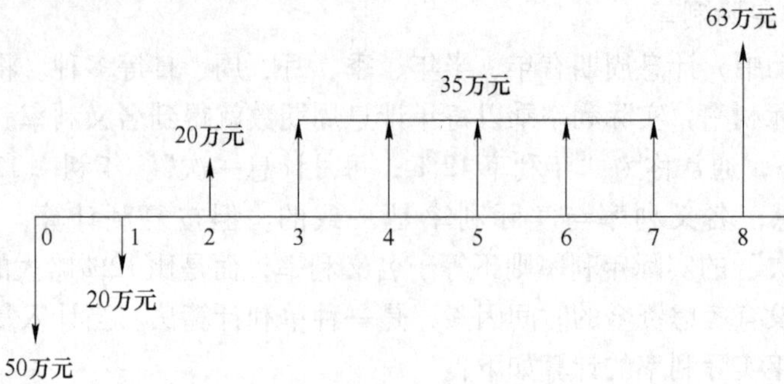

图 8-1 现金流量图示例

在图 8-1 中，纵坐标表示所在时刻发生的费用或收益的金额，并且约定以研究对象（如一个项目）为一个独立系统。现金流量图上横坐标表示时间尺度，单位通常用年。图上的时点 1、2、3、…是该年年末时点，同时也是下一年年初时点。0 时点是第一年开始的时点。箭头向上表示现金的流入（正现金流），箭头向下表示现金的流出（负现金流）。带箭头的垂直线段的长短与现金流入、现金流出的大小相对应。现金流量图上还要注明每一笔现金流量的金额。

为了便于分析和评价，通常将具体的资金运动予以简化。在项目或方案的经济评价中，如无特别说明，现金流量图中时间以年为分析单位，并约定投资发生在年初，经营费用、销售收入、残值等发生在年末。

【例 8-1】 某项目第 1、2 年分别投资 50 万元和 30 万元，以后各年收益均为 40 万元，经营费用均为 20 万元，寿命期为 10 年（包括建设期），期末残值为 30 万元，试画现金流量图。

解： 如图 8-2 所示。

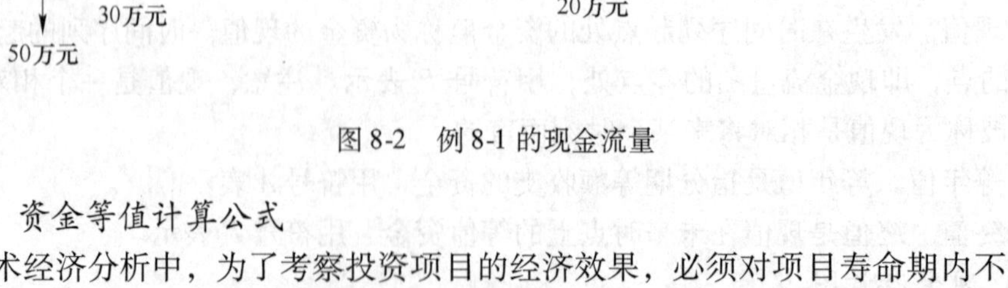

图 8-2 例 8-1 的现金流量

（三）资金等值计算公式

在技术经济分析中，为了考察投资项目的经济效果，必须对项目寿命期内不同时间发生的全部费用和全部收益进行计算和分析。在考虑资金时间价值的情况下，不同时间发生的收入或支出，其数值不能直接相加或相减，只能通过资金等值计算将它们换算到同一时间点上进行分析。资金等值计算公式和复利计算公式的形式是相同的，现将主要计算公式介绍如下。

1. 一次支付类型

一次支付又称整付，是指所分析系统的现金流量，无论是流入还是流出，均在一个时点上一次发生。其典型现金流量图如图 8-3 所示。

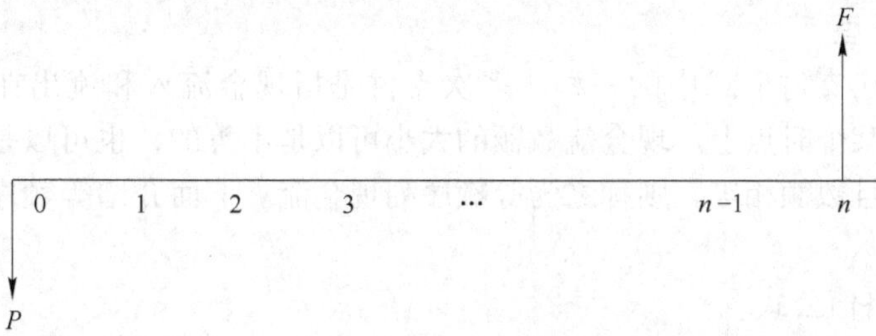

图 8-3　一次支付现金流量图

对于所考虑的系统来说，如果在考虑资金时间价值的条件下，现金流入恰恰能补偿现金流出，则 F 与 P 就是等值的。一次支付的等值计算公式有两个。

A　一次支付终值公式

$$F = P(1 + i)^n \tag{8-1}$$

式（8-1）与复利计算的本利和公式是一样的。但在等值计算中，一般称 P 为现值、F 为终值、i 为折现率、n 为时间周期数。此公式表示在折现率为 i，周期数为 n 的条件下，终值 F 和现值 P 之间的等值关系。系数 $(1+i)^n$ 称为一次支付终值系数，也可用符号 $(F/P,\ i,\ n)$ 表示。其中，斜线右边字母表示已知的数据与参数，左边表示欲求的等值现金流量。

【例 8-2】　某矿山向银行借款 100 万元，年利率为 10%，借期 5 年。问 5 年后一次归还银行的本利和是多少？

解： 5 年后归还银行的本利和应与现在的借款金额等值，折现率就是银行利率。由式（8-1）可得：

$$F = P(1 + i)^n = 100 \times (1 + 0.1)^5 = 100 \times 1.611 = 161.1\text{ 万元}$$

也可以查复利系数表，当 $i = 10\%$、$n = 5$ 时，$(F/P,\ 10\%,\ 5) = 1.611$。故

$$F = P(F/P, i, n) = 100(F/P, 10\%, 5) = 100 \times 1.611 = 161.1\text{ 万元}$$

B　一次支付现值公式

这是已知终值 F 求现值 P 的等值公式，是一次支付终值公式的逆运算。由式（8-1）可直接导出：

$$P = F\left[\frac{1}{(1 + i)^n}\right] \tag{8-2}$$

系数 $\dfrac{1}{(1+i)^n}$ 称为一次支付现值系数，亦可记为 $(P/F, i, n)$。

【例 8-3】　如果银行利率为 12%，按复利计息，为在 5 年后获得 10000 元款项，现在应存入银行多少？

解：由式（8-2）可得：

$$P = F(1+i)^{-n} = 10000 \times (1+0.12)^{-5} = 10000 \times 0.5674 = 5674 \text{ 元}$$

也可以查复利系数表，当 $i=12\%$、$n=5$ 时，$(P/F,12\%,5)=0.5674$。故

$$P = F(P/F,i,n) = 10000(P/F,12\%,5) = 10000 \times 0.5674 = 5674 \text{ 元}$$

2. 等额分付类型

等额分付是多次支付形式中的一种。多次支付是指现金流入和流出在多个时点上发生，而不是集中在某个时点上。现金流数额的大小可以是不等的，也可以是相等的。当现金流序列是连续的且数额相等，则称之为等额序列现金流。下面介绍等额序列现金流的四个等值计算公式。

A　等额分付终值公式

如图 8-4 所示，从第 1 年末至第 n 年末有一等额的现金流序列，每年的金额均为 A，称为等额年值。如果在考虑资金时间价值的条件下，n 年内系统的总现金流出等于总现金流入，则第 n 年末的现金流入 F 应与等额现金流出序列等值，F 相当于等额年值序列的终值。

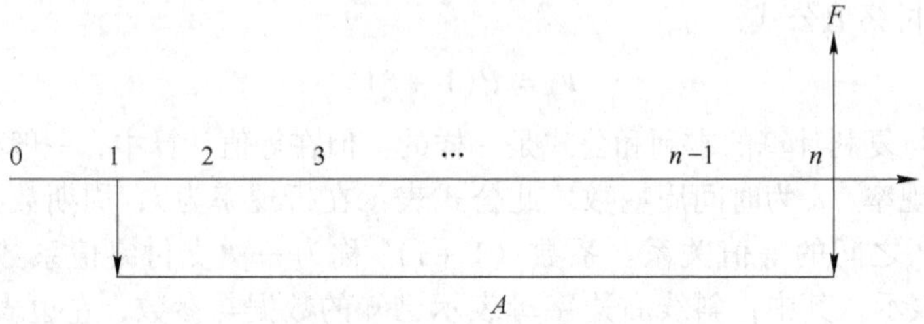

图 8-4　等额序列现金流之一

若已知每年的等额年值 A，欲求终值 F，依据图 8-4，可得：

$$\begin{aligned} F &= A + A(1+i) + A(1+i)^2 + \cdots + A(1+i)^{n-2} + A(1+i)^{n-1} \\ &= A[1 + (1+i) + (1+i)^2 + \cdots + (1+i)^{n-2} + (1+i)^{n-1}] \end{aligned}$$

利用等比数列求和得：

$$F = A\left[\frac{(1+i)^n - 1}{i}\right] \tag{8-3}$$

式（8-3）即为等额分付终值公式。$\frac{(1+i)^n - 1}{i}$ 称为等额分付终值系数，亦可记为 $(F/A,i,n)$，其值可由复利系数表查出。

【例 8-4】　某矿业公司设立某基金，每年年末存入银行 20 万元，若存款利率为 10%，按复利计息，第 5 年年末基金总额为多少？

解：由式（8-3）可得：

$$F = A\left[\frac{(1+i)^n - 1}{i}\right] = 20 \times \left[\frac{(1+0.1)^5 - 1}{0.1}\right] = 20 \times 6.105 = 122.1 \text{ 万元}$$

B　等额分付偿债基金公式

等额分付偿债基金公式是等额分付终值公式的逆运算，即已知终值 F，求与之等价的等额年值 A。由式（8-3）可直接导出。

$$A = F\left[\frac{i}{(1+i)^n - 1}\right] \tag{8-4}$$

式中，$\frac{i}{(1+i)^n - 1}$ 称为等额分付偿债基金系数，记为 $(A/F,i,n)$，其值可由复利系数表查出。

【例 8-5】 某矿业公司打算在 5 年后购置一固定资产，所需资金估计为 150 万元。该公司计划从当年开始于每年年末向银行等额存入资金，若年利率为 6%，在复利计息条件下，该公司 5 年中每年年末应向银行存入多少钱？

解：由式（8-4）可得：

$$A = F(A/F,i,n) = 150 \times (A/F,6\%,5) = 150 \times 0.1774 = 26.61 \text{ 万元}$$

即每年年末应等额存入银行 26.61 万元。

C　等额分付现值公式

如果在考虑资金时间价值的条件下，n 年内系统的总现金流出等于总现金流入，则第 0 年年末的现金流出 P 应与从第 1 年年末到第 n 年年末的等额现金流入序列等值，P 就相当于等额年值序列的现值。见图 8-5 所示。

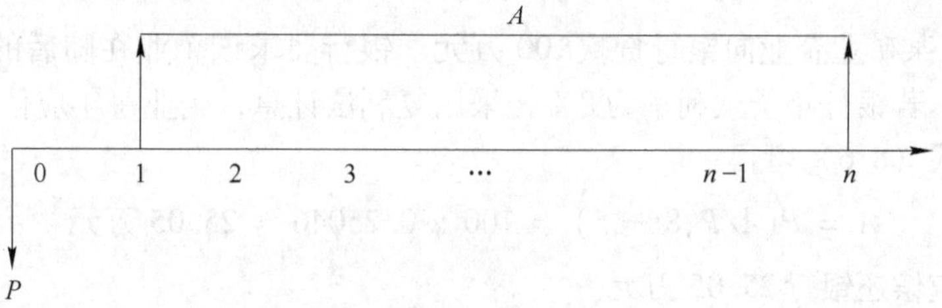

图 8-5　等额序列现金流之二

将式（8-3）两边各乘以 $\frac{1}{(1+i)^n}$，可得

$$P = A\left[\frac{(1+i)^n - 1}{i(1+i)^n}\right] \tag{8-5}$$

式（8-5）即为等额分付现值公式。$\frac{(1+i)^n - 1}{i(1+i)^n}$ 称为等额分付现值系数，也可记为 $(P/A,i,n)$，其值可由复利系数表查出。

【例 8-6】 某矿业公司要设立一项基金，计划在从现在开始的 10 年内，每年年末从基金中提取 50 万元，若已知年利率为 10%，问现在应存入多少钱？

解：根据式（8-5）可得：

$$P = A(P/A,10\%,10) = 50 \times 6.1446 = 307.23 \text{ 万元}$$

现在应一次性存入 307.23 万元。

由于

$$\lim_{n \to \infty} \frac{(1+i)^n - 1}{i(1+i)^n} = \frac{1}{i}$$

当周期数 n 足够大时，可近似认为

$$P = \frac{A}{i}$$

D　等额分付资金回收公式

等额分付资金回收公式是等额分付现值公式的逆运算，即已知现值 P，求与之等价的等额年值 A。由式（8-5）可直接导出。

$$A = P\left[\frac{i(1+i)^n}{(1+i)^n - 1}\right] \tag{8-6}$$

式中，$\frac{i(1+i)^n}{(1+i)^n - 1}$ 称为等额分付资金回收系数。亦可记为 $(A/P,i,n)$，其值可由复利系数表查出。这是一个重要的系数，对矿业项目进行技术经济分析时，它表示在考虑资金时间价值的条件下，对应于矿业项目的单位投资，在项目寿命期内每年至少应该回收的金额。如果对应于单位投资的实际回收金额小于这个值，在项目的寿命期内就不可能将全部投资收回。

资金回收系数与偿债基金系数之间存在如下关系：

$$(A/P,i,n) = (A/F,i,n) + i$$

【例 8-7】 某矿业企业向银行贷款 100 万元，银行要求该企业在随后的 5 年中每年等额偿还本利和。若银行年贷款利率为 8%，采用复利法计息，企业每年应偿还银行多少钱？

解： 根据式（8-6）可得：

$$A = P(A/P,8\%,5) = 100 \times 0.25046 \approx 25.05 \text{ 万元}$$

企业每年应偿还银行 25.05 万元。

第二节　矿业项目经济效果评价方法

矿业项目经济效果评价中常用的评价指标有净现值、净现值指数、内部收益率、投资回收期、费用现值和费用年值等，分别介绍如下。

一、净现值与净现值指数

（一）净现值

净现值（Net Present Value，简称 NPV）指标是对矿业投资项目进行动态评价的最重要指标之一。该指标要求考察项目寿命期内每年发生的现金流量。

1. 净现值的含义

净现值是指按一定的折现率将方案计算期内各时点的净现金流量折现到计算期初的现值累加之和。净现值的表达式为：

$$NPV = \sum_{t=0}^{n} (CI - CO)_t (1 + i_0)^{-t}$$

$$= \sum_{t=0}^{n} (CI - K - CO')_t (1 + i_0)^{-t} \tag{8-7}$$

式中　NPV——净现值；

CI_t——第 t 年的现金流入额；

CO_t——第 t 年的现金流出额；

K_t——第 t 年的投资支出；

CO'_t——第 t 年除投资支出以外的现金流出，即 $CO'_t = CO_t - K_t$；

n——项目寿命年限（或计算期）；

i_0——基准折现率。

若矿业项目只有初始投资 K_0，以后各年均获得相等的净收益 NB，此时式（8-7）可简化为：

$$NPV = NB(P/A, i_0, n) - K_0 \tag{8-8}$$

2. 判别准则

对单一项目方案而言，若 $NPV \geqslant 0$，则项目应予接受；若 $NPV < 0$，则项目应予拒绝。多方案比选，若方案间的投资规模相差不大时，净现值越大的方案相对越优（净现值最大准则）。

【例 8-8】 某矿业项目投资 11000 万元，在未来五年中平均每年收入 5310 万元，期末残值 2000 万元，每年支出的经营费和维修费为 3000 万元，按折现率 10% 计算，试说明是否值得投资？

解： 绘制的现金流量图如图 8-6 所示。

$$NPV = -11000 + (5310 - 3000)(P/A, 10\%, 5) + 2000(P/F, 10\%, 5)$$

$$= -1001.5 < 0$$

因此，该项目不值得投资，应予拒绝。

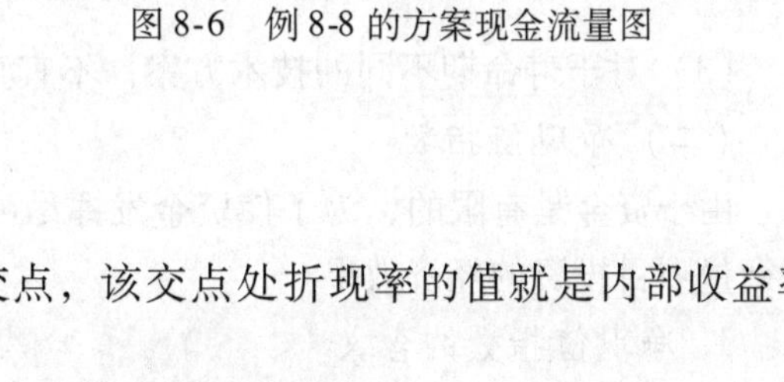

图 8-6　例 8-8 的方案现金流量图

3. 净现值函数

净现值函数是指净现值与折现率之间的一种变化关系。一般情况下，同一净现金流量的净现值随着折现率 i 的增大而减少，故基准折现率定得越高，能被接受的方案越少，如图 8-7 所示。

由图 8-7 可知，净现值函数曲线具有以下特点：

（1）折现率 i 越大，净现值 NPV 越小；

（2）净现值曲线在横轴上至少有一个交点，该交点处折现率的值就是内部收益率（后面将做专门介绍）；

（3）曲线不同点上切线的斜率表明 NPV 对折现率 i 的敏感性。

4. 净现值评价方法的优点

（1）计算较简便，考虑了资金的时间价值。

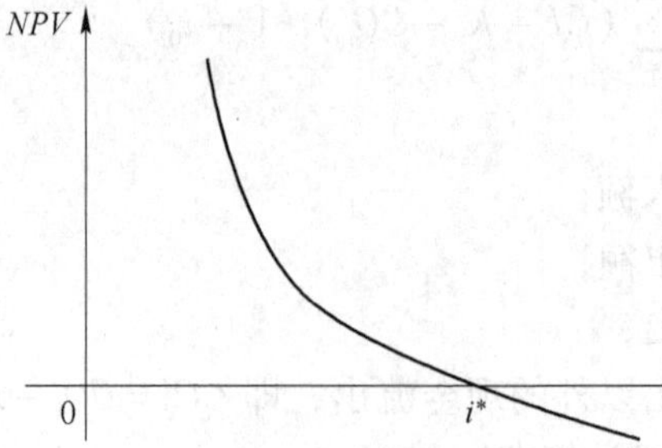

图 8-7　净现值函数曲线

（2）考虑了项目整个寿命期内的现金流入流出情况，比较全面、科学。

（3）计算结果稳定，不会因现金流量换算方法的不同而带来任何差异。

5. 净现值评价方法的缺点

（1）需要预先给定折现率，这给项目决策带来了一定的困难。因为若折现率定得过高，可行项目就可能被否定；反之，折现率定得过低，不合理的项目就可能被选中。

（2）净现值指标用于多方案比较时，没有考虑各方案投资额的大小，因而不能直接反映资金的利用效率，当方案间的初始投资额相差较大时，可能出现决策失误。因为一个勉强可行的大型项目的净现值可能比一个较好的中小型项目的净现值大，若按照净现值最大准则进行决策而选择大项目，可能造成失误。

表 8-1 列出了大中小型三个项目的投资总额和按同一折现率计算的项目净现值。根据净现值的大小，评价结果是大型项目最优、小型项目最差。但若根据净现值指数（*NPVI*）的大小，实际情况却相反。因此，为了考察资金的利用效率，人们通常用净现值指数作为净现值评价的辅助指标，后面将进行介绍。

表 8-1　三个项目的经济效果评价

项目类型	投资总额/万元	净现值/万元	按 *NPV*	按 *NPVI*	实际优劣
大	1000	+15	优	1.5%	差
中	300	+6	中	2.0%	中
小	50	+3	差	6.0%	优

（3）对于寿命期不同的技术方案，不宜直接使用净现值指标进行评价。

（二）净现值指数

由于资金是有限的，为了使资金发挥尽可能大的效用，可以根据每单位投资的盈利性来衡量项目投资的经济效果。

1. 净现值指数的含义

净现值指数（Net Present Value Index，简称 NPVI），又称净现值率或净现值比，是项目净现值与项目投资总额现值之比，其经济涵义是单位投资现值所能带来的净现值。净现值指数的表达式为：

$$NPVI = \frac{NPV}{P} \tag{8-9}$$

式中，P 为方案投资现值之和。

2. 判别准则

净现值指数克服了 NPV 有利于投资额大的方案的偏差。以净现值指数的最大化为决策目标，将有利于实现有限投资取得净贡献的最大化。

（1）单个方案。NPVI 与 NPV 判别准则相同。即当 $NPVI \geqslant 0$ 时，方案可行，可以考虑接受；当 $NPVI < 0$ 时，方案不可行，应予拒绝。

（2）多个方案。对于多个方案比较时应用 NPVI 指标评价，一般适用于寿命期相等、现金流量和折现率已知，各方案的投资额相差悬殊时的方案比较和排序。采用净现值指数法排序，NPVI 最大值的方案为最优；如果各方案的 NPVI 皆为负值，投资者最佳的决策应是不投资。

【例 8-9】 在表 8-1 中，三个方案的净现值指数 NPVI 分别为：$NPVI_{大方案} = 1.5\%$，$NPVI_{中方案} = 2.0\%$，$NPVI_{小方案} = 6.0\%$。

由于 $NPVI_{小方案} > NPVI_{中方案} > NPVI_{大方案} > 0$，因此，小方案为优。

二、内部收益率

内部收益率（Internal Rate of Return，简称 IRR）又称内部（含）报酬率。在所有的经济评价指标中，内部收益率是最重要的评价指标之一，它是对项目进行盈利能力分析时采用的主要方法。

（一）内部收益率的含义

内部收益率是指项目在整个计算期内各年净现金流量的现值累计等于零时的折现率。内部收益率是效率型指标，它反映项目所占用资金的盈利率，是考察项目资金使用效率的重要指标，其定义式为：

$$\sum_{t=0}^{n} (CI - CO)_t (1 + IRR)^{-t} = 0 \tag{8-10}$$

（二）判别准则

计算求得内部收益率 IRR 后，要与项目的基准收益率 i_0（财务评价时的行业基准收益率）比较：当 $IRR \geqslant i_0$ 时，则表明项目的收益率已达到或超过基准收益率水平，项目可行，可以考虑接受；当 $IRR < i_0$ 时，则表明项目的收益率未达到基准收益率水平，项目不可行，应予拒绝。

（三）计算方法

内部收益率可通过解式（8-10）求得，但该式是一个高次方程，不容易直接求解，通常采用“试算内插法”求 IRR 的近似解。求解过程如下：

先给出一个折现率 i_1，计算相应的 $NPV(i_1)$，若 $NPV(i_1) > 0$，说明欲求的 $IRR > i_1$；若 $NPV(i_1) < 0$，说明 $IRR < i_1$。据此将折现率修正为 i_2，求 $NPV(i_2)$ 的值。如此反复试算，逐步逼近，最终可得到比较接近的两个折现率 i_m 与 i_n，且 $i_m < i_n$，使得 $NPV(i_m) > 0$，$NPV(i_n) < 0$，然后用线性插值的方法确定 IRR 的近似值。计算公式为：

$$IRR = i_m + \frac{|NPV(i_m)|}{|NPV(i_m)| + |NPV(i_n)|} \times (i_n - i_m) \quad (8\text{-}11)$$

由于式（8-11）的计算误差与 $i_m \sim i_n$ 之间的距离大小有关，i_m 与 i_n 之间的距离相差越大，误差也越大。为控制误差，运用试算内插法时 i_m 与 i_n 之间的差距一般不应超过 2% ~5%。

【例 8-10】 某矿业项目净现金流量如表 8-2 所示。当基准折现率 $i_0 = 10\%$ 时，试用内部收益率指标判断该项目在经济效果上是否可以接受。

表 8-2　某矿业项目的净现金流量表　（万元）

时点	0	1	2	3	4	5
净现金流量	-2000	300	500	500	500	1200

解： 列出方程：

$$NPV(i) = -2000 + 300(1+i)^{-1} + 500(1+i)^{-2} + 500(1+i)^{-3} + 500(1+i)^{-4} + 1200(1+i)^{-5} = 0$$

第一次试算，取 $i_1 = 12\%$，代入方程求得：

$$NPV(i_1) = 21\text{ 万元} > 0$$

由净现值函数曲线的特性知，折现率的取值偏小，应再取大些。

第二次试算，取 $i_2 = 14\%$，代入方程求得：

$$NPV(i_2) = -91\text{ 万元} < 0$$

可见，内部收益率在 12% ~14% 之间，代入式（8-11）可求得：

$$IRR = 12\% + 21 \times (14\% - 12\%) \div (21 + 91) = 12.4\%$$

由于 $IRR = 12.4\% > i_0 = 10\%$，因此该项目在经济效果上可以接受。

（四）优缺点

1. 优点

（1）内部收益率法比较直观，概念清晰、明确，并可直接表明项目投资的盈利能力和反映投资的使用效率。

（2）内部收益率是内生决定的，即由项目的现金流量系统特征决定的，不是事先外生给定的。这与净现值法需要事先设定一个基准折现率才能进行计算和比较来说，操作起来困难小，容易决策，而基准折现率的确定有时难以把握。

2. 缺点

（1）内部收益率指标计算比较繁琐，对于非常规项目往往会有多解问题，此时分析、检验和判别比较复杂。

（2）内部收益率指标虽然能明确表示出项目投资的盈利能力，但当项目的内部收益率过高或过低时，往往失去实际意义。

（3）内部收益率法适用于独立方案的经济评价和可行性判断，但多方案分析时，一般不能直接用于比较和选优，需要结合其他指标（如净现值）加以综合判别。

三、投资回收期

投资回收期（Payback Period）是指从项目的投建之日起，用项目所得的净现金流量偿还原始投资所需要的时间长度。根据是否考虑资金的时间价值，投资回收期可分为静态投资回收期和动态投资回收期。

（一）静态投资回收期

1. 定义

静态投资回收期是指以投资项目经营净现金流量抵偿原始总投资所需要的全部时间。它有“包括建设期的投资回收期”和“不包括建设期的投资回收期”两种形式。其单位通常用“年”表示。投资回收期的起点一般应从项目投资建设之日算起，有时也从投产之日或贷款之日算起，计算时应具体注明。

静态投资回收期计算公式为：

$$\sum_{t=0}^{T_P}(CI-CO)_t=0 \quad 或 \quad \sum_{t=0}^{T_P}NCF_t=0 \tag{8-12}$$

式中　NCF_t——第 t 年的净现金流量，$NCF_t = CI_t - CO_t$；

T_P——静态投资回收期。

2. 计算方法

对于各年净现金流量不同的项目，投资回收期通常用列表法求解。根据表格法，计算静态投资回收期的实用公式为：

$$T_P = T-1+\frac{第(T-1)年的累计净现金流量的绝对值}{第T年的净现金流量} \tag{8-13}$$

式中，T 为项目各年累计净现金流量首次出现正值或零的年份。

【例 8-11】 某矿业投资项目净现金流量如表 8-3 所示，试求静态投资回收期。

表 8-3　现金流量表　　（万元）

项　目	基建期	生　产　期			
	1	2	3	4	5
现金流入	1333	6217	6217	6217	4800
现金流出	8200	4289	4289	4289	1408
净现金流量	-6867	1928	1928	1928	3392
累计净现金流量	-6867	-4939	-3011	-1083	2309

解：根据式(8-13)，可得：

$$T_P = 5-1+\frac{|-1083|}{3392}=4.32年$$

3. 判别准则

用静态投资回收期评价投资项目时，需要将计算所得的静态投资回收期与行业、部门的基准投资回收期或投资者意愿确定的基准投资回收期相比较。如果项目有贷款资金，还应考虑银行贷款偿还期。

设基准投资回收期为 T_b，判别准则为：$T_b \geqslant T_p$ 时，项目可以考虑接受；$T_b < T_p$ 时，项目应予以拒绝。

4. 优缺点

（1）优点：

1）概念清晰，简单易行，直观，宜于理解；

2）不仅在一定程度上反映了技术方案的经济性，而且反映了技术方案的风险大小和投资的补偿速度；

3）既可判定单个方案的可行性（与 T_b 比较），也可用于方案间的比较（判定优劣）。

静态投资回收期作为能够反映技术方案的经济性和风险性的指标，在建设项目评价中具有独特的地位和作用，被广泛用作建设项目评价的辅助性指标。

（2）缺点：

1）没有反映资金的时间价值；

2）由于它舍弃了方案在回收期以后的收入和支出情况，故难以全面反映方案在整个寿命期内的真实效益；

3）没有考虑期末残值；

4）方案的投资额相差较大时，比较的结论难以确定。

（二）动态投资回收期

1. 定义

为了克服静态投资回收期未考虑资金时间价值的缺点，在投资项目评价中有时采用动态投资回收期。动态投资回收期是把投资项目各年的净现金流量按基准折现率折成现值之后，再来计算投资回收期，这是它与静态投资回收期的根本区别。动态投资回收期就是净现金流量累计现值等于零时的年份。

动态投资回收期是能使下式成立的 T_p^*（单位：年）：

$$\sum_{t=0}^{T_p^*}(CI - CO)_t(1 + i_0)^{-t} = 0 \tag{8-14}$$

2. 计算方法

与静态投资回收期类似，动态投资回收期计算的实用公式为：

$$T_p^* = \left(\begin{matrix}\text{累计折现值出}\\ \text{现正值的年数}\end{matrix}\right) - 1 + \frac{\text{上年累计折现值的绝对值}}{\text{当年净现金流量的现值}} \tag{8-15}$$

3. 判别准则

用动态投资回收期 T_p^* 评价投资项目的可行性，需要与基准投资回收期 T_b 相比较。判别准则为：若 $T_p^* \leqslant T_b$，则项目可以被接受；否则，应予以拒绝。

【例 8-12】 以表 8-3 的数据为例，$i_0 = 10\%$，基准投资回收期 $T_b = 5$ 年，试计算动态投资回收期，并判断该项目的可行性。

解：

第一步：计算各年净现金流量的贴现值和累计贴现值，如表 8-4 所示。

表 8-4　现金流量表　（万元）

项　目	基建期	生　产　期			
	1	2	3	4	5
现金流入	1333	6217	6217	6217	4800
现金流出	8200	4289	4289	4289	1408
净现金流量	-6867	1928	1928	1928	3392
现值系数 $(1+10\%)^{-t+1}$	1.0	0.9091	0.8264	0.7513	0.6830
贴现值	-6867	1752.745	1593.299	1448.506	2316.736
累计贴现值	-6867	-5114.255	-3520.956	-2072.450	244.286

第二步：利用式（8-15），可得：

$$T_p^* = 5 - 1 + \frac{|-2072.450|}{2316.736} = 4.90 \text{ 年}$$

由于 $T_p^* < T_b$，因此，该项目可行。

4. 优缺点

与静态投资回收期指标相比较，动态投资回收期考虑了资金的时间价值，但计算较为复杂。通常只宜用于辅助性评价。

四、费用现值和费用年值

在对多个方案比较选优时，如果诸方案产出价值相同，或者诸方案能够满足同样需要，但其产出效益难以用价值形态（货币）计量（如矿山环境保护、矿山安全等）时，可以通过对各方案费用现值 PC 或费用年值 AC 的比较进行选择。

（一）计算公式

费用现值 PC 的计算公式为：

$$PC = \sum_{t=0}^{n} CO_t(1+i_0)^{-t} \tag{8-16}$$

费用年值 AC 的计算公式为：

$$AC = \sum_{t=0}^{n} CO_t(1+i_0)^{-t} \times (A/P, i_0, n) = PC \times (A/P, i_0, n) \tag{8-17}$$

（二）适用范围

（1）参与评价的各个方案是可行的。

（2）只能用于多个方案的比选，不能用于单个方案的评价。

（三）判别准则

费用现值或费用年值最小的方案为优。

【例 8-13】 某矿山项目有三个环保方案 A、B、C，均能满足环保要求，其费用数据如表 8-5 所示。$i_0 = 10\%$。试用费用现值和费用年值确定最优方案。

表 8-5　三个方案的费用数据表　(万元)

方　案	总投资(0 年)	年运营费用(1～10 年)	PC	AC
A	200	60	568.64	92.55
B	240	50	547.20	89.06
C	300	35	515.04	83.82

解：各方案的费用现值计算如下：

$$PC_A = 200 + 60(P/A, 10\%, 10) = 568.64\ 万元$$

$$PC_B = 240 + 50(P/A, 10\%, 10) = 547.20\ 万元$$

$$PC_C = 300 + 35(P/A, 10\%, 10) = 515.04\ 万元$$

各方案的费用年值计算如下：

$$AC_A = 200(A/P, 10\%, 10) + 60 = 92.55\ 万元$$

$$AC_B = 240(A/P, 10\%, 10) + 50 = 89.06\ 万元$$

$$AC_C = 300(A/P, 10\%, 10) + 35 = 83.82\ 万元$$

费用现值和费用年值的计算结果均表明：方案 C 最优，方案 B 次之，方案 A 最差。另外，在各方案寿命期相等的情况下，就评价结论而言，费用现值和费用年值是等效评价指标。

第三节　风险分析方法

一、风险分析概述

风险是指投资项目预期收益发生偏差的可能性，这种可能性越大则风险越高。风险是普遍存在的，任何工程项目都有风险，只是大小不同。矿床的勘探和开发是一项极其复杂的综合工程，对这样一个工程进行投资决策，必然会遇到风险问题。因为在决策时无法完全查明矿床的全部情况，而且各种环境参数（如市场条件、经营成本、矿业政策等）只有在项目开发过程中才能得到比较准确的数据。矿山风险决策通常包括：进一步圈定矿体、继续进行某个勘探工程、新建矿山、扩大矿山生产能力、改变矿山经营参数、选择采矿方法、安装选矿设备、生产矿山的大规模改造以及设备更新等。

例如某一矿业项目的风险主要来自以下三方面：

(1) 矿业项目自然、资源条件的不确定性。包括矿床自然条件，如地质条件的不确定性，矿岩物理力学性质、水文条件的不确定性，矿石品位和矿产储量的不确定性等。

(2) 市场、社会环境的不确定性。包括投资、矿产品价格、成本、市场供需、矿业政策、环保法规、国内外政治经济形势等。

(3) 基础资料的不确定性。由于矿床经济评价和矿业项目可行性研究的大部分基础资料来自类似矿山或经验，因此其正确性或可靠性难以保证。

二、风险分析的目的

由于矿业项目的建设期、投资回收期以及运营期很长，将面临大量的不确定性因素，从而导致投资支出能否取得预期收益具有很大的不确定性，加上投资数额巨大，矿山一旦基建则很难再改变投资方向。因此，在矿业项目可行性研究中，风险分析绝不是可有可无的，而应该成为可行性研究的重要组成部分。

研究矿业项目风险的主要目的是：

（1）为了比较不同方案以便做出正确的决策，需要了解整个项目的综合风险程度。

（2）为了应对意外事件的发生，以便采取相应的对策，需要了解各种风险因素对收益的影响大小。

三、风险分析的步骤

（一）风险识别

风险识别首先是要认识和确定项目可能会存在哪些风险因素？这些风险因素会给项目带来什么影响及其具体原因是什么？在对风险特征充分认识的基础上，识别项目潜在的风险和引起这些风险的具体因素，进一步通过风险评价确定损失程度和发生的可能性，进而找出关键风险因素，提出风险对策。

风险识别的一般步骤是：(1)明确所要实现的目标；(2)找出影响目标的全部因素；(3)分析各因素对目标的相对影响程度；(4)对各因素向不利方向变化的可能性进行分析、判断并确定主要风险因素。

风险识别常用的方法主要有风险分解法、流程图法和专家调查法等。

（二）风险估计

风险估计是估计风险发生的可能性及其对项目的影响。矿业投资项目所涉及的风险因素有些是可以量化的，可以通过定量分析的方法对它们进行分析。另外，也存在许多不可量化的风险因素，它们又可能给项目带来较大的风险，有必要对不可量化的风险因素进行定性描述。因此，风险估计应采用定性描述与定量分析相结合的方法，从而对项目所面临的风险做出全面的估计。

（三）风险评价

风险评价是在风险估计的基础上，通过设置相应的指标体系和评价标准，对风险程度进行划分，以揭示影响项目成败的关键风险因素，以便采取防范对策。风险评价包括单因素风险评价和整体风险评价。

（四）风险对策

针对矿业项目可能面临的主要风险因素，应提出有效的风险防范对策，避免风险的发生或将风险损失降低到最小程度，这样才能有助于提高投资的安全性，使项目获得成功。风险对策研究的结果应及时反馈到可行性研究的各个方面，并据此修改部分数据或调整方案。另外，可行性研究阶段的风险对策可为投资项目实施过程的风险监督与管理提供依据。

（五）风险分析结果

在完成上述步骤后，可归纳整理项目的风险分析结果，如表 8-6 所示。

表 8-6 风险分析结果表

主要风险	风险起因	风险程度	后果与影响	主要对策
A				
B				
⋮				

四、风险分析的方法

（一）盈亏平衡分析

盈亏平衡分析是指通过分析产品产量、成本和盈利之间的关系，找出方案盈利和亏损在产量、单价、成本等方面的临界点，以判断不确定性因素对方案经济效果的影响程度，说明方案实施的风险大小。这个临界点被称为盈亏平衡点（Break Even Point，简称 BEP）。盈亏平衡分析又被称为量本利分析。盈亏平衡点有多种表达形式，如可以用产量、生产能力利用率、销售收入或产品售价等表示，其中以产量和生产能力利用率表示的盈亏平衡点应用最为广泛。根据生产成本及销售收入与产量（销售量）之间是否呈线性关系，盈亏平衡分析又可分为线性盈亏平衡分析和非线性盈亏平衡分析，这里着重介绍线性盈亏平衡分析。

1. 线性盈亏平衡分析运用的假设条件

（1）产量等于销售量；

（2）产量变化，单位可变成本不变，从而总生产成本是产量的线性函数；

（3）产量变化，销售单价不变，从而销售收入是销售量的线性函数；

（4）只生产单一产品，或者生产多种产品，但可以换算为单一产品或折算成同一货币单位计算。

2. 盈亏平衡点及其确定

A 以产品销售量表示的盈亏平衡点

盈亏平衡点可以有多种表达，一般是从销售收入等于总成本费用即盈亏平衡方程式中导出。设企业的销售价格（P）不变，则

$$B = PQ \tag{8-18}$$

式中 B——税前销售收入（从企业角度看）；

P——单位产品价格（完税价格）；

Q——产品销售量。

企业的总成本费用（C），从决策用的成本概念来看，包括固定成本（C_f）和变动成本（C_vQ），即

$$C = C_f + C_vQ \tag{8-19}$$

式中 C_f——固定成本；

C_v——单位产品变动成本。

这里需要说明的是，变动成本是指随产品产量的变动而变动的费用。大部分变动成本与产量呈线性关系，也有一部分变动成本与产量不呈线性关系，如生产工人工资中的部分

附加工资、某些工艺的能耗费用等，这部分变动成本随产量变动的规律一般呈阶梯形曲线，通常称这部分变动成本为半变动成本。由于半变动成本通常在总成本费用中所占比例较小，因此，在经济分析中一般可近似地认为变动成本与产品产量成正比例关系。

当盈亏处于平衡状态时，总收入 B 等于总成本 C，则有

$$PQ^* = C_f + C_v Q^* \tag{8-20}$$

式中，Q^* 为盈亏平衡点的产量。

由式（8-20）可知：

$$Q^* = \frac{C_f}{P - C_v} \tag{8-21}$$

在式（8-21）中，$P - C_v$ 表示每销售单位产品在补偿了变动成本之后的剩余，被称为单位产品的边际贡献。盈亏平衡产量就是用边际贡献补偿固定成本的产量。盈亏平衡分析如图 8-8 所示。

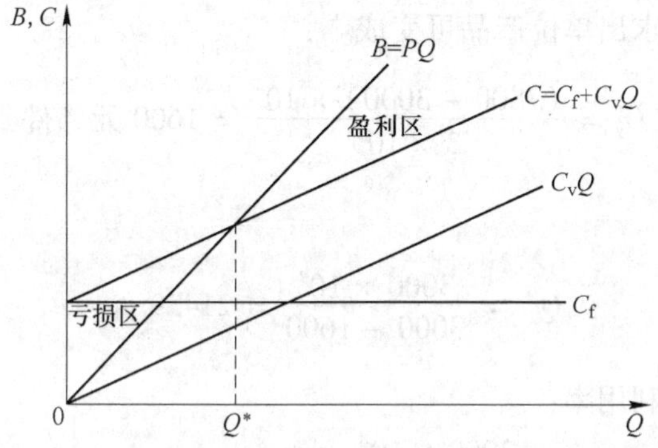

图 8-8　盈亏平衡分析图

在图 8-8 中纵坐标表示销售收入与成本费用，横坐标表示产品产量。销售收入线 B 与总成本线 C 的交点称为盈亏平衡点，也就是项目盈利与亏损的临界点。当产量 $0 < Q < Q^*$ 时，线 C 位于线 B 之上，此时企业处于亏损状态；而当产量 $Q > Q^*$ 时，线 B 位于线 C 之上，此时企业处于盈利状态。

B　以生产能力利用率表示的盈亏平衡点

在产品销售价格、固定成本和变动成本不变的情况下，盈亏平衡销售收入为：

$$B^* = PQ^* = \frac{PC_f}{P - C_v}$$

若方案设计生产能力为 Q_c，则盈亏平衡生产能力利用率为：

$$E^* = \frac{Q^*}{Q_c} \times 100\% = \frac{C_f}{(P - C_v)Q_c} \times 100\% \tag{8-22}$$

C　以销售价格表示的盈亏平衡点

若按设计生产能力进行生产和销售，且产品固定成本、变动成本不变，则盈亏平衡销售价格为：

$$P^* = \frac{B}{Q_c} = \frac{C}{Q_c} = C_v + \frac{C_f}{Q_c} \tag{8-23}$$

D 以单位产品变动成本表示的盈亏平衡点

若按设计生产能力进行生产和销售，且产品销售价格、固定成本不变，则盈亏平衡单位产品变动成本为：

$$C_v^* = \frac{C - C_f}{Q_c} = \frac{B - C_f}{Q_c} = P - \frac{C_f}{Q_c} \tag{8-24}$$

E 以固定成本表示的盈亏平衡点

若按设计生产能力进行生产和销售，且产品销售价格、单位产品变动成本不变，则盈亏平衡固定成本为：

$$C_f = (P - C_v)Q_c \tag{8-25}$$

【例 8-14】 某工业项目年设计生产能力为生产某种产品 3 万件，单位产品销售价格 3000 元，总成本费用 7800 万元，其中固定成本 3000 万元，总可变成本与产品产量成正比例关系，求以产量、生产能力利用率、销售价格、单位产品可变成本表示的盈亏平衡点。

解： 根据已知可以求出单位产品可变成本：

$$C_v = \frac{(7800 - 3000) \times 10^4}{3 \times 10^4} = 1600 \text{ 元/件}$$

盈亏平衡产量：

$$Q^* = \frac{3000 \times 10^4}{3000 - 1600} = 21429 \text{ 件}$$

盈亏平衡生产能力利用率：

$$E^* = \frac{3000 \times 10^4}{(3000 - 1600) \times 3 \times 10^4} \times 100\% = 71.43\%$$

盈亏平衡销售价格：

$$P^* = 1600 + \frac{3000 \times 10^4}{3 \times 10^4} = 2600 \text{ 元/件}$$

盈亏平衡单位产品可变成本：

$$C_v^* = 3000 - \frac{3000 \times 10^4}{3 \times 10^4} = 2000 \text{ 元/件}$$

在该例中，若未来的产品销售价格及生产成本与预期相同，项目不发生亏损的条件是年销售量不低于 21429 件、生产能力利用率不低于 71.43%；如果按照设计生产能力生产并全部销售，生产成本与预期相同，项目不发生亏损的条件是产品价格不低于 2600 元/件；如果销售量、产品价格与预期值相同，项目不发生亏损的条件是单位产品可变成本不高于 2000 元/件。

（二）敏感性分析

1. 敏感性分析的概念

敏感性分析（sensitivity analysis）是一种常用的评价投资项目风险的不确定性分析方法，它是研究不确定性因素对项目经济效果的影响程度，具体地说，它是研究各种经济变量发生变化时，各种决策指标的变化程度。例如矿产储量、矿石品位、市场价格、投资、生产成本等发生变化时，表示项目经济效果的各种指标（如 NPV、IRR 等）的变化程度如何。不同的不确定因素对投资项目评价指标的影响程度也是不同的，即投资项目的评价指标对于每个不确定因素的敏感程度是不相同的。敏感性分析的目的是要从这些不确定因素中，找出特别敏感的因素，以便提出相应的控制对策，供决策时参考。

2. 敏感性分析的步骤

（1）确定分析指标。分析指标是敏感性分析的具体分析对象。评价一个项目经济效果的指标有多个，如净现值、内部收益率、投资回收期等，它们都可以作为敏感性分析指标。但对某一个具体项目而言，没有必要对所有的指标都作敏感性分析，即分析指标的选择应针对实际需要而定。选择的原则有两点：1）敏感性分析的指标应与确定性分析的指标相一致，不应超出确定性分析所用指标的范围而另立指标；2）确定性经济分析中所用指标比较多时，应选择最能够反映该项目经济效益、最能够反映该项目经济合理与否的一个或几个最重要的指标作为敏感性分析的对象。一般最常用的敏感性分析指标是内部收益率和净现值等动态指标，此外，还可以将投资回收期和借款偿还期等静态指标作为分析对象。

（2）选择待分析的不确定因素，并设定其变化范围。影响项目经济效果的不确定因素有很多，而且严格说来，凡是影响项目经济效果的因素对项目的未来收益都具有某种不确定性。实践中没有必要也不可能对全部因素都进行敏感性分析，事先应仔细选定不确定因素。其选定的原则是该因素在项目的寿命期内，确有可能发生较大变动且在可能变动的范围内，其变动结果会较强烈地影响经济效果评价指标。在矿业项目分析中，通常可能发生变化的不确定因素有矿产储量（生产负荷）、矿产品价格、矿产品市场需求与供给、生产成本、固定资产投资、建设工期、通货膨胀率及外汇牌价等。在选定需要分析的不确定因素之后，要根据实际情况设定这些因素可能的变化范围。

（3）计算分析不确定因素不同变动幅度对分析指标的影响程度。假定一次变动一个或多个不确定因素，其他因素不变，计算各种可能的不确定因素的变化对经济指标影响的具体数值。然后，采用敏感性分析计算表或分析图的形式，把不确定因素的变动与经济指标的对应数量关系反映出来。使经济指标相对变化最大的或分析图中曲线斜率最大的因素，即为敏感因素。

项目对不确定因素的敏感程度还可以表示为经济效果评价指标达到临界点的程度，如内部收益率等于基准收益率、净现值等于零时，允许某个不确定因素变化的最大幅度，即极限变化。如果该不确定因素的变化超过了此极限，则该项目不能接受。

【例 8-15】 某矿山投资项目现金流量如表 8-7 所示，基准收益率为 12%，试以销售收入、经营成本、固定资产投资三个因素对该项目进行敏感性分析。

表 8-7 现金流量表 （万元）

序 号	项 目	计算期/年							
		1	2	3	4	5	6	7~10	11
	生产负荷/%		80	100	100	100	100	100	100
1	现金流入		65658	82073	82073	82073	82073	82073	92484
1.1	产品销售收入		65658	82073	82073	82073	82073	82073	82073

续表 8-7

序　号	项　目	计算期/年							
		1	2	3	4	5	6	7～10	11
1.2	回收固定资产余值								4502
1.3	回收流动资金								5909
2	现金流出	35978.4	62177	72786	71767	71855	71882	72309	71651
2.1	固定资产投资	35978.4							
2.2	流动资金		4804	1105					
2.3	经营成本		53346	66124	66124	66124	66124	66124	65466
2.4	销售税金及附加		3027	3784	3784	3784	3784	3784	3784
2.5	所得税		1000	1774	1860	1947	1974	2401	2401
3	净现金流量	-35978	3481	9287	10306	10218	10191	9764	20833
4	累计净现金流量	-35978	-32497	-23211	-12905	-2687	7504	46561	67394
5	所得税前净现金流量	-35978	4481	11061	12165	12165	12165	12165	23234
6	所得税前累计净现金流量	-35978	-31497	-20437	-8271	3894	16059	64721	87955
所得税后：内部收益率=21.3%，净现值=15786 万元，投资回收期=5.2 年									
所得税前：内部收益率=26.4%，净现值=25519 万元，投资回收期=4.7 年									

解：(1) 销售收入变化：由于销售收入对经济评价指标的影响是正向的，因此，仅需要分析销售收入出现下降的情况。当销售收入下降 5%，其他条件不变时，所得税后内部收益率为 10.3%，财务净现值为 -2672 万元。

(2) 经营成本变化：由于经营成本对经济评价指标的影响是反向的，因此，仅需要分析经营成本出现上升的情况。当经营成本上升 5%，其他条件不变时，所得税后内部收益为 13.0%，财务净现值为 1564 万元。

(3) 固定资产投资变化：由于固定资产投资对经济评价指标的影响是反向的，因此，仅需要分析固定资产投资出现上升的情况。当固定资产投资增加 10%，其他条件不变时，所得税后内部收益率为 19.0%，财务净现值为 12703 万元。

以上计算分析结果如表 8-8 所示。由此可知，在三个影响因素中，销售收入为最敏感因素，经营成本为其次敏感因素，固定资产投资为最不敏感因素。

表 8-8　敏感性分析表

项　目	变化率/%	内部收益率/%	净现值/万元	投资回收期/年
基本方案	0	21.3	15786	5.2
销售收入	-5	10.3	-2672	10.2
经营成本	+5	13.0	1564	8.8
固定资产投资	+10	19.0	12703	5.6

总体来说，通过敏感性分析，可以使决策者找出并了解各种主要因素变化对项目经济评价指标的影响程度，还可以预计因素值在多大范围内变动时，不会影响到决策的有效

性；超过某一个变动范围，原来认为可以接受的方案就会变得不可接受，从而权衡利弊，决定是否对该项目投资或另择效益较高的项目进行投资。但敏感性分析也有其局限性，它不能明确指出某个因素变动对经济效果影响的可能性有多大。实际工作中，通过敏感性分析确定的某个敏感因素，在某个可能发生的变化范围内出现的概率很小，可以不考虑它的影响；但另一个不太敏感的因素，却在某个可能发生的变化范围内出现的概率很大，实际上带来的风险比那个敏感因素更大，而必须考虑它的变化对项目经济效果的影响。这类问题是敏感性分析无法解决的，需要根据项目的特点和实际需要进行概率分析。

（三）概率分析

1. 概率分析的概念

概率分析是通过研究各种不确定性因素发生不同变动幅度的概率分布及其对项目经济效益指标的影响，对项目可行性和风险性以及方案优劣做出判断的一种风险分析方法。概率分析是根据不确定因素在一定范围内的随机变动，分析并确定这种变动的概率分布，从而计算出其期望值及标准偏差，为项目的风险决策提供依据的一种分析方法。期望值法在项目评估中应用最为普遍，是通过计算项目净现值的期望值和净现值不小于零时的累计概率，来比较方案优劣、确定项目可行性和风险程度的方法。

2. 评价指标和方法

（1）评价指标：

1）经济效果的期望值；

2）经济效果的标准差。

（2）分析方法。进行概率分析的方法主要有期望值法、效用函数法和模拟分析法等。

1）期望值法。期望值法在项目评估中应用最为普遍，是通过计算项目净现值的期望值和净现值不小于零时的累计概率，来比较方案优劣、确定项目可行性和风险程度的方法。

2）效用函数法。所谓效用，是对总目标的效能价值或贡献大小的一种测度。在风险决策的情况下，可用效用来量化决策者对待风险的态度。通过效用这一指标，可将某些难以量化、有质的差别的事物（事件）给予量化，将要考虑的因素折合为效用值，得出各方案的综合效用值，再进行决策。效用函数反映决策者对待风险的态度，不同的决策者在不同的情况下，其效用函数是不同的。

3）模拟分析法。模拟分析法就是利用计算机模拟技术，对项目的不确定因素进行模拟，通过抽取服从项目不确定因素分布的随机数，计算分析项目经济效果评价指标，从而得出项目经济效果评价指标的概率分布，以提供项目不确定因素对项目经济指标影响的全面情况。

3. 分析步骤

（1）列出各种必须要考虑的不确定因素。例如销售价格、销售量、投资和经营成本等，且所选取的不确定因素之间应是相互独立的。

（2）分析各不确定因素可能发生的变化情况。

（3）分析各种可能发生情况的概率。

（4）计算目标值的期望值。可根据方案的具体情况选择适当的方法。假如采用净现值为目标值，则一种方法是将各年净现金流量所包含的各不确定因素在各种可能情况下的数值与其概率分别相乘后再相加，得到各年净现金流量的期望值，然后求得净现值的期望值。另一种方法是直接计算净现值的期望值。

(5) 求出目标值不小于零的累计概率。对于单个方案的概率分析应求出净现值不小于零的概率，由该概率值的大小可以估计方案承受风险的程度。该概率值越接近1，说明技术方案的风险越小；反之，方案的风险越大。可以列表求得净现值不小于零的概率。

【例8-16】　某项目年生产规模为150t，其投资额、产品售价和年经营成本可能发生的情况及概率见表8-9～表8-11。项目寿命周期为12年，基准收益率为10%，投资者期望的净现值为850万元。试进行概率分析，计算该项目净现值的期望值，并做出投资与否的决策。

表8-9　投资额及概率估算表

项　目	第1年		第2年	
可能情况	Ⅰ按计划完成	Ⅱ返工	Ⅰ按计划完成	Ⅱ返工
概　率	0.8	0.2	0.7	0.3
投资额/万元	1000	1200	2000	2400

表8-10　产品售价及概率估算表

项　目	第3～12年		
可能情况	Ⅰ激烈竞争	Ⅱ一般竞争	Ⅲ无竞争
概　率	0.2	0.6	0.2
产品售价/万元·t^{-1}	6	7	8

表8-11　年经营成本及概率估算表

项　目	第3～12年		
可能情况	Ⅰ激烈竞争	Ⅱ一般竞争	Ⅲ无竞争
概　率	0.2	0.6	0.2
经营成本/万元	450	350	250

解：分析过程如表8-12～表8-15所示。

表8-12　投资额概率分析表

项　目	第1年		第2年	
可能情况	Ⅰ按计划完成	Ⅱ返工	Ⅰ按计划完成	Ⅱ返工
概　率	0.8	0.2	0.7	0.3
投资额/万元	1000	1200	2000	2400
投资额期望值/万元	1000×0.8+1200×0.2=1040		2000×0.7+2400×0.3=2120	

表8-13　产品售价概率分析表

项　目	第3～12年		
可能情况	Ⅰ激烈竞争	Ⅱ一般竞争	Ⅲ无竞争
概　率	0.2	0.6	0.2
产品售价/万元·t^{-1}	6	7	8
销售收入期望值/万元	(6×0.2+7×0.6+8×0.2)×150=1050		

表 8-14　年经营成本概率分析表

项　目	第 3 ~ 12 年		
可能情况	Ⅰ激烈竞争	Ⅱ一般竞争	Ⅲ无竞争
概　率	0. 2	0. 6	0. 2
经营成本/万元	450	350	250
经营成本期望值/万元	450 × 0. 2 + 350 × 0. 6 + 250 × 0. 2 = 350		

表 8-15　项目收益净现值估算表

项　目	1	2	3 ~ 12
投资额期望值/万元	1040	2120	
经营成本期望值/万元			350
销售收入期望值/万元			1050
净现金流量期望值/万元	- 1040	- 2120	700
净现值期望值/万元	857. 31		

项目期望净现值为 857. 31 万元 > 850 万元，因此，该项目可行。

（四）层次分析法

层次分析法（Analytic Hierarchy Process，简称 AHP）是将与决策总是有关的元素分解成目标、准则、方案等层次，在此基础之上进行定性和定量分析的决策方法。该方法是美国运筹学家匹茨堡大学教授 T. L. Saaty 于 20 世纪 70 年代初，在为美国国防部研究“根据各个工业部门对国家福利的贡献大小而进行电力分配”课题时，应用网络系统理论和多目标综合评价方法，提出的一种层次权重决策分析方法。

（五）其他风险分析方法

近年来，随着各种数学方法在风险分析中的深入运用，尤其随着计算机技术的发展，对矿业项目风险分析的方法越来越多，如网络模型法、投影寻踪法、等风险图法、实物期权法、灰色系统分析法、熵权法以及各种组合法等，这些方法的运用丰富了风险分析的内涵，在使用时应根据项目特点和决策目标进行选择。

复习思考题

一、名词解释

现金流量、资金时间价值、利息、利率、单利、复利、资金等值、贴现、贴现率、资金的现值、净现值、净现值指数、内部收益率、投资回收期、盈亏平衡分析、敏感性分析、概率分析、层次分析法

二、简答题

1. 如何理解资金的时间价值？
2. 影响资金等值计算的要素有哪些？
3. 资金等值计算公式。
4. 净现值评价方法的优缺点。

5. 净现值和净现值指数的判别准则。
6. 内部收益率的判别准则及计算方法。
7. 内部收益率评价方法的优缺点。
8. 静态投资回收期的计算方法、判别准则及优缺点。
9. 动态投资回收期的计算方法、判别准则及优缺点。
10. 费用现值和费用年值的计算方法、适用范围及判别准则。
11. 风险分析的目的、步骤及主要方法。
12. 敏感性分析的步骤。
13. 概率分析的主要方法及步骤。

第九章　矿业项目财务评价方法

第一节　投资估算与资金筹措

一、投资估算

（一）固定资产投资估算

见本书第七章第三节有关内容。

（二）流动资金估算

流动资金是指生产经营性项目投产后，为进行正常生产运营，用于购买原材料、燃料，支付工资及其他经营费用等所需的周转资金。流动资金估算一般是参照现有同类企业的状况采用分项详细估算法，个别情况或者小型项目可采用扩大指标法。

1. 分项详细估算法

流动资金的显著特点是在生产过程中不断周转，其周转额的大小与生产规模及其周转速度直接相关。分项详细估算是根据周转额与周转速度之间的关系，对构成流动资金的各项流动资产和流动负债分别进行估算。在可行性研究中，为简化计算，仅对存货、现金、应收账款和应付账款四项内容进行估算。计算公式为：

流动资金 = 流动资产 - 流动负债

流动资产 = 应收账款 + 存货 + 现金

流动负债 = 应收账款

流动资金本年增加额 = 期末流动资金总额 - 期初流动资金总额

流动资金估算的具体步骤，首先计算各类流动资产和流动负债的年周转次数，然后再分项估算其占用的资金额。

（1）周转次数计算。

周转次数是指流动资金的各个构成项目在1年内完成的生产过程数。

周转次数 = 360 ÷ 最低周转天数

存货、现金、应收账款和应付账款的最低周转天数，可参照同类企业的平均天数并结合项目特点确定，或按部门（行业）规定计算。又因为：

周转次数 = 周转额 ÷ 各项流动资金平均占用额

如果周转次数已知，则：

各项流动资金平均占用额 = 周转额 ÷ 周转次数

（2）应收账款估算。应收账款是指企业对外赊销商品、劳务而占用的资金。应收账款的周转额应为全年赊销收入。在可行性研究时，用销售收入代替赊销收入。计算公式为：

应收账款 = 年销售收入 ÷ 应收账款周转次数

（3）存货估算。存货是企业为销售或者生产耗用而储备的各种物资，主要有原材料、辅助材料、燃料、低值易耗品、维修备件、包装物、在产品、自制半成品和产成品等。为简化计算，仅考虑外购原材料、外购燃料、在产品和产成品，并分项进行计算。计算公式为：

存货 = 外购原材料 + 外购燃料 + 在产品 + 产成品

外购原材料占用资金 = 年外购原材料总成本 ÷ 原材料周转次数

外购燃料 = 年外购燃料 ÷ 按种类分项周转次数

在产品 =（年外购原材料 + 年外购燃料 + 年工资及福利费 + 年修理费 + 年其他制造费）÷ 在产品周转次数

产成品 = 年经营成本 ÷ 产成品周转次数

（4）现金需要量估算。项目流动资金中的现金是指货币资金，即企业生产运营活动中停留于货币形态的那部分资金，包括企业库存现金和银行存款。计算公式为：

现金需要量 =（年工资及福利费 + 年其他费用）÷ 现金周转次数

年其他费用 = 制造费用 + 管理费用 + 销售费用 -（以上三项费用中所含的工资及福利费、折旧费、维简费、摊销费、修理费）

（5）流动负债估算。流动负债是指在1年或者超过1年的一个营业周期内，需要偿还的各种债务。在可行性研究中流动负债的估算只考虑应付账款一项。计算公式为：

应付账款 =（年外购原材料 + 年外购燃料）÷ 应付账款周转次数

根据流动资金各项估算结果，汇总编制流动资金估算表。

2. 扩大指标估算法

扩大指标估算法是根据现有同类企业的实际资料，求得各种流动资金率指标，也可依据经验和行业、部门给定的参数值确定比率。各类流动资金率乘以相应的费用基数来估算流动资金。一般常用的基数有固定资产投资、销售收入、经营成本和总成本费用等，究竟采用何种基数依行业习惯而定。扩大指标估算法简便易行，但准确度不高，适用于项目建议书阶段的估算。计算流动资金的经验公式如表9-1所示。

表9-1　扩大指标估算法计算年流动资金

年费用基数	年流动资金额	流动资金率/%
固定资产投资	固定资产投资 ×（10% ~20%）	10 ~20
销售收入	销售收入 ×（30% ~50%）	30 ~50
经营成本	经营成本 ×（45% ~60%）	45 ~60
总成本费用	总成本费用 ×（40% ~55%）	40 ~55

3. 估算流动资金应注意的问题

（1）在采用分项详细估算法时，应根据项目实际情况分别确定现金、应收账款、存货和应付账款的最低周转天数，并考虑一定的保险系数。因为最低周转天数减少，将增加周转次数从而减少流动资金的需用量，因此必须切合实际地选用最低周转天数。对于存货中的外购原材料和燃料，要分品种和来源，考虑运输方式和运输距离，以及占用流动资金的比例大小等因素确定。

（2）在不同生产负荷下的流动资金，应按不同生产负荷所需的各项费用金额，分别按上述的计算公式进行估算，而不能直接按照100%生产负荷下的流动资金乘以生产负荷求得。

（3）流动资金属于长期性（永久性）流动资产，流动资金的筹措可通过长期负债和资本金（一般要求占30%）的方式解决。流动资金一般要求在投产前一年开始筹措，为简化计算，可规定在投产的第一年开始按生产负荷安排流动资金需用量。其借款部分按全年计算利息，流动资金利息应计入生产期间的财务费用，项目计算期末收回全部流动资金（不含利息）。

二、资金筹措

充足的投资资金是保证项目得以顺利实施的前提条件，因此资金筹措也就成为投资项目资金规划的重要内容。只有在明确筹资前景的情况下，才有条件进行项目的可行性研究，如果筹集不到资金，投资方案不合理，也就不能付诸实施。

（一）项目投资资金总额的构成

在资金筹措阶段，项目投资资金总额由自有资金和借入资金两部分组成。

1. 自有资金

企业自有资金是指企业为进行生产经营活动所经常持有，可以自行支配使用并无须偿还的那部分资金。按规定可用于固定资产投资和流动资金的资金。也就是在项目投资资金总额中投资者缴付的出资额，包括资本金和资本溢价。自有资金不还本付息，但要分配利润或向股东分配股息。

（1）资本金。根据我国《企业财务通则》规定：“设立企业必须有法定的资本金。资本金是指企业在工商行政管理部门登记的注册资金。”我国有关法规遵循实收资本与注册资金相一致的原则。资本金在不同类型的企业中的表现形式有所不同。股份有限公司的资本金被称为股本，股份有限公司以外的一般企业的资本金被称为实收资本。根据投资主体的不同，资本金可分为国家资本金、法人资本金、个人资本金及外商资本金等。资本金的筹集可以采用国家投资、各方集资或者发行股票等方式。企业投资者可以用现金、实物和无形资产等进行投资。

（2）资本溢价。资本溢价指有限责任公司投资者交付的出资额大于按合同、协议所规定的出资比例计算的部分，是资本公积金的组成之一。有限责任公司在创立时，投资者认缴的出资额，都作为资本金记入“实收资本”科目，实际收到或者存入企业开户银行的金额超过其在该企业注册资本中所占份额的部分，计入资本公积。

2. 借入资金

借入资金是企业对外资金筹措，是指企业在金融市场上通过负债方式从资金提供者那里取得的资金，又称债务资金。借入资金包括国内外银行借款、国际金融机构借款、外国政府借款、出口信贷、补偿贸易、发行债券等方式筹集的资金。借入资金需要还本付息。

（二）项目投资资金筹措规划

建设项目资金筹措规划是根据项目可行性研究估算的投资需要量，通过资金来源与运用表，研究、安排资金的来源与运用，为项目寻求适宜的筹资方案，选择财务费用最经济的筹资方式，并在此基础上估计获得资金的可能性，以适应项目预期的现金流量。

资金筹措和投资方案选择是项目财务评价中相互影响的两个方面。充足的建设资金是项目建设的前提条件，是项目可行性研究的基础。如果资金筹措不到位，投资方案再合理，也不能付诸实施。投资方案的选择必须建立在技术可行、经济合理的基础上，投资方案一旦确定，项目投资也基本确定，进而直接影响到资金筹措。

（三）项目投资资金筹措渠道

矿业项目投资资金筹措渠道（即矿业融资），是指矿业企业在矿产勘查、开采生产过程中主动进行的资金筹集和资金运用行为。矿业有自身的特点，不同的勘探开发阶段其融资方式与取得资金的来源不同。勘查阶段融资的特点是融资风险高，资金需求量小，成功时资金回报率高，可选择的融资方式相对少；开发阶段融资特点是资金需求量大，风险程度较低，资金回报率有所下降，可选择的融资方式多；矿山投产进入经营期，是矿业开发的一个新阶段，该阶段的资金需求主要是运营资金以及偿还债务。

1. 项目融资

项目融资始于20世纪30年代美国油田开发项目，后来逐渐扩大范围，广泛应用于石油、天然气、煤炭、铜、铝等矿产资源的开发，如世界年产量最大的智利埃斯康迪达铜矿，就是通过项目融资实现开发的。项目融资作为国际大型矿业开发项目的一种重要融资方式，是以项目本身良好的经营状况和项目建成、投入使用后的现金流量作为还款保证来融资的。它不需要以投资者的信用或有形资产作为担保，也不需要政府部门的还款承诺，贷款的发放对象是专门为项目融资和经营而成立的项目公司。

2. 股权融资

股权融资是指企业通过公开发行股票或者私募的方式增加资本，借以融资，无需还本付息，但需要分配红利。股权融资主要包括风险投资、私募融资、上市前融资及管理层收购等方式。

股权融资的优势主要表现在：股权融资吸纳的是权益资本，因此，公司股本返还甚至股息支出压力小，增强了公司抗风险的能力。若能吸引拥有特定资源的战略投资者，还可通过利用战略投资者的管理优势、市场渠道优势、政府关系优势以及技术优势等产生协同效应，迅速壮大自身实力。股权融资最大的风险在于股份稀释可能失去公司的控制权、一部分收益权，甚至有可能出现因公司战略和经营目标、经营手法等与新股东有重大分歧而导致公司经营困难，以至分道扬镳的情况。

3. 债权融资

债权融资是指企业从外部借款，按期承担还本付息的义务，主要包括银行贷款、信托计划、短期融资券、企业债、可转债以及资产支持证券等。

（1）银行贷款。银行贷款是指银行根据政策以一定的利率将资金贷放给资金需要者，并约定期限归还的一种经济行为。包括国内银行贷款和国际银行及金融机构贷款。

（2）委托贷款。委托贷款是由政府部门、企事业单位及个人等委托人提供资金，由金融机构（受托人）根据委托人确定的贷款对象、用途、金额、期限、利率等发放的贷款。

受托金融机构只负责代为发放、监督使用并协助收回，不承担任何形式的贷款风险。适用范围：委托人所确定的贷款对象和用途，必须符合国家有关法律、法规和政策规定，项目本身具有较好的经济效益和社会效益。

(3) 信托抵押贷款。项目方将采矿权证或其他可以办理质押的证件抵押给资方，资方委托银行直接放款给项目方。

(4) 矿产品抵押贷款。资源型地区为拓宽矿业融资渠道，破解中小矿业企业融资难的困局，推出了矿产品抵押贷款。适用范围：抵（质）押物价值充足。

第二节　财务基础数据测算

财务基础数据测算是在经过项目建设必要性审查、生产建设条件评估和技术可行性评估之后，并在市场需求调查、销售规划、技术方案和规模经济分析论证的基础上，从项目评价的要求出发，按照现行财务制度规定，对项目有关的成本和收益等财务基础数据进行收集、测算，并编制财务基础数据测算表等一系列工作。

一、成本与费用的测算

生产成本费用是企业生产经营过程中发生的各种耗费及其补偿价值。可采用制造成本法或要素分类法进行测算。按照制造成本法，总成本费用由生产成本和期间费用两部分构成。经营成本是由总成本费用扣除折旧费、摊销费、维简费和利息支出而得。

（一）生产成本

生产成本也称制造成本，是指企业生产经营过程中实际消耗的直接材料、直接人工、其他直接支出和制造费用。

(1) 直接材料。直接材料包括企业生产经营过程中实际消耗的原材料、辅助材料、设备配件、外购半成品、燃料、动力、包装物、低值易耗品以及其他直接材料等。

(2) 直接工资。直接工资包括企业直接从事产品生产人员的工资、奖金、津贴和补贴。

(3) 其他直接支出。其他直接支出包括直接从事产品生产人员的职工福利费等。

(4) 制造费用。制造费用是指企业各个生产单位（分厂、车间）为组织和管理生产所发生的各项费用，包括各生产单位车间、分厂管理人员的工资、职工的福利费、折旧费、维简费、修理费、物料消耗及低值易耗品摊销、劳动保护费、水电费、办公费、差旅费、运输费、保险费、租赁费（不包括融资租赁费）、设计制图费、试验检验费、环境保护费以及其他制造费用等。

（二）期间费用

期间费用是指在一定会计期间发生的与生产经营没有直接关系或关系不密切的管理费用、财务费用和销售费用。期间费用不计入产品的生产成本，直接体现为当期损益。

(1) 管理费用。管理费用是指企业行政管理部门为管理和组织生产经营活动所发生的各项费用。包括公司经费、职工教育经费、业务招待费、税金、技术转让费、无形资产摊销、咨询费、诉讼费、开办费摊销、上缴上级管理费、劳动保险费、待业保险费、董事会会费、财务报告审计费、筹建期间发生的开办费以及其他管理费用。

（2）财务费用。财务费用是指企业在生产经营过程中为筹集资金而发生的筹资费用。包括企业生产经营期间发生的利息支出（减利息收入）、汇兑损益、金融机构手续费以及筹资发生的其他财务费用等。

（3）销售费用。销售费用是指企业在销售产品、自制半成品和提供劳务等过程中发生的各项费用。包括由企业负担的包装费、运输费、广告费、装卸费、保险费、委托代销手续费、展览费、租赁费（不含融资租赁费）和销售服务费、销售部门人员工资、职工福利费、差旅费、折旧费、修理费、物料消耗、低值易耗品摊销以及其他经费等。与销售有关的差旅费应计入销售费用。

（三）成本与费用的测算

生产成本与费用主要是根据过去的统计资料和经验预估确定的，常用的估算方法有以下两种。

1. 扩大指标法

扩大指标法是根据单位成本费用扩大指标或类似矿山的实际单位成本与费用直接选取，要尽量选取与被评价矿床的地质特征、矿山生产能力、开采方法、开拓方式、选矿加工工艺、装备水平等相类似的矿山。矿产品种类不同，成本与费用的估算也不同。

坑内采矿成本的影响因素较多，一般采用扩大指标法估算。选矿加工费用可按矿石性质、加工方法及生产规模等，以相应地质勘查阶段的选矿试验结果为依据进行计算，如条件不具备，可采用扩大指标。

2. 分项成本累加法

该法是按照成本构成逐项进行估算，然后累加求和。

（1）材料。材料为原矿生产成本（制造成本）中的物质消耗。材料费用的计算公式为：

$$材料费 = \sum 某种材料消耗量 \times 单价$$

材料消耗量可根据项目设计方案详细计算，也可参考相邻地区或类似矿井的实际资料估算；单价可以参照相邻矿井的实际综合单价估算。

（2）燃料动力。

$$燃料动力成本 = 全年产量 \times 单位产品燃料动力成本$$

全年产量可根据测定的设计生产能力和生产负荷加以确定，单位产品燃料动力成本依据燃料动力消耗定额及单价确定。

（3）工资。工资费用的计算公式：

$$工资费用 = \sum 某岗位定员人数 \times 该类人员平均工资$$

（4）福利费。福利费是指工资之外实际支付给职工个人和用于集体的福利费用。主要包括医疗卫生费、职工生活困难补助费、集体福利事业的补助和集体福利设施费等。福利费按原矿成本工资额14%的提存比例计算。

（5）修理费。修理费是指企业为了保证固定资产的正常使用年限，对固定资产进行修理而发生的费用。

$$修理费 = 固定资产原值 \times 2\%$$

（6）维简费。维简费是指从成本中提取，专项用于维持简单再生产的资金。原规定：冶金矿山维简费标准提高到每吨原矿提取 15 ~ 18 元。其中，国有大中型冶金矿山企业维简费标准为 18 元/t，其他冶金矿山企业可根据自身条件在 15 ~ 18 元/t 的范围内自行确定提取标准。企业提取的维简费全部计入生产成本。

目前根据财政部《关于不再规定冶金矿山维持简单再生产费用标准的通知》（财资［2015］8 号），为更好地发挥冶金矿山企业的市场主体作用，财政部不再规定冶金矿山企业维持简单再生产的费用标准，冶金矿山企业可根据生产经营情况自主确定是否提取维简费及提取的标准。

（7）矿产资源补偿费。矿产资源补偿费按照矿产品销售收入的一定比例计征，计算公式为：

矿产资源补偿费 = 矿产品销售收入 × 补偿费费率 × 开采回采率系数

开采回采率系数 = 核定开采回采率 / 实际开采回采率

以从价法计征资源补偿费，费率按矿种进行分档，大体为矿产品销售收入的 1% ~ 4%，平均为 1.18%。石油、天然气、煤炭、煤成气、石煤、油砂的费率为 1%；黑色金属矿产、有色金属矿产、非金属矿产及天然沥青、油页岩的费率为 2%；放射性矿产、稀有金属矿产、稀土金属矿产、稀散元素矿产、气体矿产的费率为 3%；贵金属矿产、离子型稀土矿产、宝石、玉石、宝石级金刚石及矿泉水的费率为 4%；矿盐的费率为 0.5%。

根据《关于调整原油、天然气资源税有关政策的通知》（财税［2014］73 号），明确 12 月 1 日起原油、天然气矿产资源补偿费费率降为零，相应将资源税适用税率由 5% 提高至 6%。

（8）采矿权使用费。采矿权使用费是按照矿区范围的面积逐年缴纳，标准为每平方公里每年 1000 元。详见《矿产资源开采登记管理办法》的相关规定。

（9）折旧费。在原矿生产过程中固定资产可以长期参加生产经营而仍保持其原有的实物形态，但其价值将随着固定资产的使用而逐渐转移到生产出的原矿中，构成了企业的成本或费用。这部分随着固定资产的磨损而逐渐转移的价值，即转移到原矿中去的价值，称之为固定资产折旧。

我国现行固定资产折旧方法，一般是采用平均年限法或工作量法。在采用平均年限法和工作量法计算折旧时，净残值率按固定资产原值 3% ~ 5% 确定，净残值率低于 3% 或高于 5% 的，由企业自主确定，并报主管财政部门备案。国家有关部门在适当缩短了现行规定的折旧年限的弹性区间，允许企业根据实际情况，在这个区间自行确定折旧年限。投资项目财务分析的固定资产折旧估算中，为了计算分析上的方便，折旧年限的确定有时可能会与该固定资产在财会核算中的折旧年限不同。

（10）摊销费用。摊销费用是指无形资产与递延资产在使用期限内分期摊销的费用额。

无形资产是指能长期使用但没有实物形态的资产，如专利权、商标权、著作权、土地使用权、非专利技术、商誉等。无形资产摊销的关键是确定摊销期限，没有规定期限的，按不少于 10 年的期限分期摊销。

递延资产是指不能全部计入当年损益，应当记在以后年度摊销的各项费用，如开办费和以租赁方式租入的固定资产改良支出等。开办费是指企业在筹建期间发生的费用。一般按不少于5年的期限摊销。

（11）利息支出。利息支出是指因筹集资金而发生的各项费用，包括生产经营期间发生的利息净支出，即在生产期发生的建设投资借款利息与流动资金借款利息之和。

建设投资借款利息 = 年初借款本息累计余额 × 年利率

流动资金借款利息 = 流动资金年初累计借款额 × 年利率

（12）其他费用。其他费用是指在制造费用、管理费用、财务费用和销售费用中扣除工资及福利费、折旧费、修理费、摊销费及利息支出后的费用。在项目评估中，其他费用一般是根据总成本费用中前七项（材料、燃料动力、工资及福利费、折旧费、修理费、维简费及摊销费）之和的一定比率计算的，其比率应按照同类企业的经验数据加以确定。

根据总成本费用估算表将上述各项合计，即得出生产期各年的总成本费用。

二、销售收入、利润及税金的测算

（一）销售收入

销售收入也称作营业收入，是指销售产品、自制半成品或提供劳务等而取得的货币收入。营业收入按比重和业务的主次及经常性情况，一般可分为主营业务收入和其他业务收入。

$$销售收入 = \sum 产品销售数量 \times 产品销售单价$$

产品销售单价的确定是财务分析中的一个重要问题。销售单价一般采用出厂价格，也可根据需要采用送达用户的价格或离岸价格。由于所有的计算均是针对未来的，因此产品销售单价的确定既要考虑近几年市场已实现的价格，也要考虑未来市场的供求状况，并做出较为合理的预测。在进行不确定性分析时，要分析由于单价变化给项目造成的影响。

（二）利润

（1）利润总额：

利润总额是项目在一定时期内实现盈亏的总额，它是项目最终的财务成果。

年利润总额 = 年产品销售收入 − 年产品销售税金及附加 − 年总成本费用

销售税金及附加 = 年增值税 + 年资源税 + 年城市维护建设税 + 年教育费附加

（2）利税总额：

年利税总额 = 年产品销售收入 − 年总成本费用

年利税总额 = 年利润总额 + 年销售税金及附加

（三）税后利润

税后利润是利润总额按照国家规定（如减免所得税、弥补上年度亏损等）做相应调整后，依法缴纳所得税后所剩的利润。

税后利润 = 利润总额 − 所得税

税后利润一般按下列分配：

（1）弥补以前年度亏损。企业的年度亏损，可以由下一年度的税前利润弥补，下一年度税前利润尚不足以弥补的，可以由以后年度的利润继续弥补，但用税前利润弥补以前年度亏损的连续期限不超过5年。5年内弥补不足的，用本年税后利润弥补。

（2）提取法定公积金。根据《中华人民共和国公司法》的规定，法定盈余公积金的提取比例为当年税后利润（弥补亏损后）的10%。当法定盈余公积金计提的累计金额达到注册资本的50%时可不再提取。

（3）提取任意公积金。根据《公司法》的规定，公司从税后利润中提取法定公积金后，经股东会或者股东大会决议，还可以从税后利润中提取任意公积金。

（4）向投资者分配利润。根据《公司法》的规定，弥补亏损和提取公积金后所余税后利润，可以向股东（投资者）分配股利（利润），其中有限责任公司股东按照实缴的出资比例分取红利，全体股东约定不按照出资比例分取红利的除外；股份有限公司按照股东持有的股份比例分配，但股份有限公司章程规定不按持股比例分配的除外。

（四）未分配利润

未分配利润是企业未作分配的利润。它在以后年度可继续进行分配，在未进行分配之前，属于所有者权益的组成部分。从数量上来看，未分配利润是期初未分配利润加上本期实现的净利润，减去提取的各种盈余公积金和分出利润后的余额。

（五）税金

1. 增值税

增值税是以商品（含应税劳务）在流转过程中产生的增值额作为计税依据而征收的一种流转税。从计税原理上说，增值税是对商品生产、流通、劳务服务中多个环节的新增价值或商品的附加值征收的一种流转税。

$$\text{应纳税额} = \text{当期销项税额} - \text{当期进项税额}$$

$$\text{当期销项税额} = \text{销售收入} \times \text{增值税税率}$$

当期进项税额是指纳税人当期购进货物或接受应税劳务，向销售方支付的增值税额。在生产企业，可根据从销售方取得的增值税专用发票（或海关的完税凭证）注明的增值税税额确定本期进项税额。项目评价时的进项税额，可根据外购原材料、燃料动力、备品、配件等各种物质与劳务的金额和适用税率测算。

增值税税率共三档：基本税率17%、低税率13%及零税率。金属矿开采项目增值税税率为17%。

2. 资源税

资源税是以各种应税自然资源为课税对象，为了调节资源级差收入并体现国有资源有偿使用而征收的一种税。资源税在理论上可区分为对绝对矿租课征的一般资源税和对级差矿租课征的级差资源税，体现在税收政策上就叫做“普遍征收，级差调节”，即所有开采者开采的所有应税资源都应缴纳资源税；同时，开采中、优等资源的纳税人还要相应多缴纳一部分资源税。

资源税的应纳税额，按照应税产品的课税数量和规定的单位税额（率）计算。

$$\text{应纳税额} = \text{课税数量} \times \text{单位税额(率)}$$

资源税应税产品的具体适用税率，应按照《中华人民共和国资源税暂行条例实施细则》（中华人民共和国财政部令第66号）所附的《资源税税目税率明细表》执行。例如：铁矿石适用税率10～25元/t，锰矿石6元/t，铬矿石3元/t，轻稀土矿（包括氟碳铈矿、独居石矿）60元/t，中重稀土矿（包括磷钇矿、离子型稀土矿）30元/t，铜矿石5～7元

/t，铅锌矿石 10 ~ 20 元/t，铝土矿 20 元/t，钨矿石 7 ~ 9 元/t，等。

矿产品等级的划分，按《中华人民共和国资源税暂行条例实施细则》所附《几个主要品种的矿山资源等级表》执行。对于划分资源等级的应税产品，其《几个主要品种的矿山资源等级表》中未列举名称的纳税人适用的税率，由省、自治区、直辖市人民政府根据纳税人的资源状况，参照《资源税税目税率明细表》和《几个主要品种的矿山资源等级表》中确定的邻近矿山或者资源状况、开采条件相近矿山的税率标准，在浮动 30% 的幅度内核定，并报财政部和国家税务总局备案。

3. 城市维护建设税

城市维护建设税是我国为了加强城市的维护建设，扩大和稳定城市维护建设资金的来源，对有经营收入的单位和个人征收的一个税种。

$$应纳税额 = 增值税 \times 税率$$

城市维护建设税实行分区域的差别比例税率，即按纳税人所在城市、县城或镇等不同的行政区域分别规定不同的比例税率。具体规定为：纳税人所在地在市区的，税率为 7%；纳税人所在地在县城、镇的税率为 5%；纳税人所在地不在市区、县城、县属镇的，税率为 1%。

4. 教育费附加税

教育费附加税是对在城市和县城凡缴纳增值税、营业税、消费税的单位和个人，就实际缴纳的三种税税额征收的一种附加。

$$应纳税额 = 增值税 \times 3\%$$

5. 企业所得税

企业每一纳税年度的收入总额，减除不征税收入、免税收入、各项扣除以及允许弥补的以前年度亏损后的余额，为应纳税所得额。企业所得税的税率为 25%。

$$应纳税额 = 应纳税所得额 \times 25\%$$

收入总额是指企业以货币形式和非货币形式从各种来源取得的收入，包括：销售货物收入，提供劳务收入，转让财产收入，股息、红利等权益性投资收益，利息收入，租金收入，特许权使用费收入，接受捐赠收入，其他收入等。

不征税收入是指从性质和根源上不属于企业营利性活动带来的经济利益、不负有纳税义务并不作为应纳税所得额组成部分的收入，包括财政拨款，依法收取并纳入财政管理的行政事业性收费、政府性基金，国务院规定的其他不征税收入。

免税收入是指属于企业的应税所得但按照税法规定免予征收企业所得税的收入。《中华人民共和国企业所得税法》所称的免税收入包括国债利息收入，符合条件的居民企业之间的股息、红利收入，在中国境内设立机构、场所的非居民企业从居民企业取得与该机构、场所有实际联系的股息、红利收入，符合条件的非营利公益组织的收入等。

各项扣除详见《中华人民共和国企业所得税法》。

第三节　财务效益分析

财务效益分析是在财务基础数据测算的基础上，计算财务分析指标，考察和分析项目的盈利能力、偿债能力和财务生存能力，判断项目的财务可行性，明确项目对财务主体的价值以及对投资者的贡献，为投资决策、融资决策以及银行审贷提供决策依据。项目类型的不同会影响财务分析内容的选择。对于经营性项目，应进行全面的财务分析；对于非经营性项目，主要分析项目的财务生存能力。

一、财务分析报表

财务分析各种报表格式的设置以现行会计制度为依据，同时结合项目评价的特点进行简化和调整。财务分析报表在编制过程中应注意相关表格的注释，结合项目具体情况可适当增减科目。

财务分析报表、辅助报表等具体可参考《建设项目经济评价方法与参数(第3版)》。

二、融资前后财务能力分析

项目决策分为投资决策和融资决策两个层次。投资决策重在考察项目净现金流的价值是否大于其投资成本，融资决策重在考察资金筹措方案能否满足要求。投资决策在先，融资决策在后。根据不同决策的需要，财务分析可分为融资前分析和融资后分析。

财务分析一般宜先进行融资前分析，融资前分析是指在考虑融资方案前就可以开始进行的财务分析，即不考虑债务融资条件下进行的财务分析。在融资前分析结论满足要求的情况下，初步设定融资方案，再进行融资后分析。融资后分析是指以设定的融资方案为基础进行的财务分析。

在项目的初期研究阶段，也可只进行融资前分析。融资前分析只进行盈利能力分析，并以项目投资折现现金流量分析为主，计算项目投资内部收益率和净现值指标，也可计算投资回收期指标。融资后分析主要是针对项目资本金折现现金流量和投资各方折现现金流量进行分析，既包括盈利能力分析，又包括偿债能力分析和财务生存能力分析等内容。

三、盈利能力分析

（一）盈利能力静态与动态分析

1. 静态分析

静态分析是指不采取折现方式处理的数据，根据利润与利润分配表计算项目资本金净利润率和总投资收益率等指标。静态分析计算公式简单，缺点是没有考虑资金的时间价值因素。

2. 动态分析

动态分析依据资金具有时间价值，通过折现方式处理财务数据，主要包括以下两个层次：

（1）项目资本金现金流量分析。从项目资本金出资者整体的角度，确定其现金流入和现金流出，编制项目资本金现金流量表，利用资金时间价值的原理进行折现，计算项目资本金财务内部收益率指标，考察项目资本金可获得的收益水平。

（2）投资各方现金流量分析。考虑投资各方实际收入和支出的角度，确定其现金流入与流出，考察投资各方可能获得的收益水平。当投资各方不按股本比例进行发配或有其他不对等的收益时，可选择投资各方现金流量分析。

（二）盈利能力分析指标

盈利能力分析指标主要包括财务内部收益率（*FIRR*）、财务净现值（*FNPV*）、投资回收期（P_t）、总投资收益率（*ROI*）和项目资本金净利润率（*ROE*）等。指标选取应根据项目的实际情况、目的和要求等综合考虑。其中，财务内部收益率、财务净现值、投资回收期的计算见本书第八章相应内容。

1. 总投资收益率

总投资收益率(Return on Investment，简称 ROI)表示总投资的盈利水平。计算公式为：

$$ROI = \frac{EBIT}{TI}$$

式中 *EBIT*——投资项目正常年份的年息税前利润或运营期内年平均息税前利润；

TI——项目总投资。

总投资收益率不低于行业的收益基准值，则表明用总投资收益率表示的项目盈利能力满足要求；反之，则不能满足要求。

2. 资本金净利润率

资本金净利润率（Rate of Return on Common Stock Holders’ Equity，简称 ROE）表示项目资本金的盈利水平。计算公式为：

$$ROE = NP/EC \times 100\%$$

式中 *NP*——项目达到设计生产能力后正常年份的税后净利润或运营期内税后年平均净利润；

EC——项目资本金。

资本金净利润率不低于行业的利润率参考值，则表明用项目资本金净利润率表示的项目盈利能力满足要求；反之，则不能满足要求。

四、偿债能力分析

（一）概述

偿债能力是指企业偿还到期债务的能力。对于大多数企业来说，资金来源除了所有者权益外，还有相当一部分来自对外负债。由于任何一笔债务都负有支付利息和到期偿还本金的义务，因此企业支付利息和到期偿还本金的能力就是其偿债能力。企业偿债能力的强弱，是判断其财务状况好坏的主要标准之一。企业偿债能力的强弱除了取决于企业资产的流动性外，还取决于企业负债的规模以及负债的流动性。因此，分析企业偿债能力，还必须分析企业负债与所有者权益的比例关系以及各项负债占负债总额的比例关系等。企业的偿债能力按其债务到期时间的长短可分为短期偿债能力和长期偿债能力。

（二）偿债能力分析指标

偿债能力分析指标主要包括利息备付率、偿债备付率和资产负债率等指标。

1. 利息备付率

利息备付率（Interest Coverage Ratio，简称 ICR）是指在借款偿还期内的息税前利润（*EBIT*）与当期应付利息（*PI*）的比例，它表明付息资金来源的充裕度。计算公式为：

$$ICR = \frac{EBIT}{PI}$$

正常情况下，$ICR > 1$，表示企业有偿还利息的能力；$ICR < 1$ 时，表示企业没有足够的资金支付利息，偿债风险大。

2. 偿债备付率

偿债备付率（Debt Service Coverage Ratio，简称 DSCR），又称偿债覆盖率，是指项目在借款偿还期内，各年可用于还本付息的资金与当期应还本付息金额的比值。计算公式为：

$$DSCR = \frac{EBITDA - TAX}{PD}$$

式中 $EBITDA$——息税前利润加折旧和摊销；

TAX——企业所得税；

PD——当期应还本付息金额。

$DSCR$ 应大于1，其值越大，表明可用于还本付息的资金保障程度越高。

3. 资产负债率

资产负债率（Loan of Asset Ratio，简称 LOAR）是指各期末负债总额（TL）同资产总额（TA）的比例。计算公式为：

$$LOAR = \frac{TL}{TA}$$

适度的资产负债率，表明企业经营安全、稳健，具有较强的筹资能力，同样表明企业和债权人的风险较小。对该指标的分析，应结合国家宏观经济状况、行业发展趋势、企业所处竞争环境等具体条件判定。

五、财务生存能力分析

（一）概述

在项目（企业）运营期间，确保从各项经济活动中得到足够的净现金流量是项目能够持续生存的条件。财务分析中应根据财务计划现金流量表，综合考察项目计算期内各年的投资活动、融资活动和经营活动所产生的各项现金流入和流出，计算净现金流量和累计盈余资本，分析项目是否有足够的净现金流量维持正常运营。为此，财务生存能力分析亦可称为资本平衡分析。

财务生存能力分析应结合偿债能力分析进行，如果拟安排的还款期过短，致使还本付息负担过重，导致为维持资金平衡必须筹措的短期借款过多，可以调整还款期，减轻各年还款负担。

通常因运营期前期的还本付息负担较重，故应特别注重运营期前期的财务生存能力分析。

（二）判断准则

一般，可通过以下相辅相成的两个方面判断项目的财务生存能力：

（1）拥有足够的经营净现金流量。拥有足够的经营净现金流量是财务可持续的基本条件，特别是在运营初期。一个项目具有较大的经营净现金流量，说明项目方案比较合理，实现自身资金平衡的可能性大，不会过分依赖短期融资来维持运营；反之，一个项目不能产生足够的经营净现金流量，或经营净现金流量为负值，说明维持项目正常运行会遇到财务上的困难，项目方案缺乏合理性，实现自身资金平衡的可能性小，有可能要靠短期融资来维持运营；或者是非经营项目本身无能力实现自身资金平衡，提示要靠政府补贴。

（2）各年累计盈余资金不出现负值。这是财务生存的必要条件。在整个运营期间，允许个别年份的净现金流量出现负值，但不能允许任一年份的累计盈余资金出现负值。一旦出现负值时应适时进行短期融资，该短期融资应体现在财务计划现金流量表中，同时短期融资的利息也应纳入成本费用和其后的计算。较大的或较频繁的短期融资，有可能导致以后的累计盈余资金无法实现正值，致使项目难以维持运营。

财务计划现金流量表是项目财务生存能力分析的基本报表，其编制基础是财务分析辅助报表与利润分配表。

复习思考题

一、名词解释

流动资金、分项详细估算、应收账款、存货、现金、流动负债、扩大指标估算法、自有资金、资本金、资本溢价、借入资金、股权融资、债权融资、财务基础数据测算、生产成本、制造费用、期间费用、管理费用、财务费用、销售费用、维简费、固定资产折旧、摊销费用、销售收入、税后利润、增值税、资源税、城市维护建设税、教育费附加税、企业所得税、利息备付率、偿债备付率、资产负债率

二、简答题

1. 估算流动资金应注意哪些问题？
2. 项目投资资金总额的构成。
3. 矿业项目投资资金筹措渠道有哪些？
4. 股权融资的优势和主要风险。
5. 常用的生产成本与费用估算方法有哪两种？
6. 税后利润一般如何分配？
7. 融资前后财务能力分析的主要区别。
8. 盈利能力分析指标主要包括哪些，如何计算？
9. 偿债能力分析指标主要包括哪些，如何计算？
10. 财务生存能力分析的主要判断准则。

第十章 矿业项目设备更新和改扩建技术经济分析

第一节 矿业项目设备更新技术经济分析

设备是企业维持正常生产经营活动的重要物质基础。对矿业企业而言，机器设备的质量和技术水平是衡量其资源开发能力和创新能力的重要标准，也是影响其技术经济指标的重要因素。设备从投入使用到报废，通常需要经历一段较长的时间，在这段时间内，设备会逐渐磨损。当设备因物理损坏或因陈旧落后不能继续使用或不宜继续使用时，就需要进行设备更新。设备更新存在多种方案的优选问题，不同的方案会有不同的经济效果。如何利用技术经济学的理论与方法，进行优选并做出合理决策，对企业具有重要的意义。

一、设备的磨损

设备在使用（或闲置）过程中会逐渐产生磨损，磨损是设备陈旧落后的主要原因。要做好设备更新工作，必须研究磨损的规律性，以找出从价值和实物形态上对设备进行补偿的合理方法。设备的磨损可分为有形磨损和无形磨损。

（一）设备的有形磨损

机器设备在使用（或闲置）过程中发生的实体磨损称为有形磨损或物质磨损（使用价值发生贬值）。设备有形磨损按照成因可分为两种：

（1）机械磨损。运转中的机器设备，在外力的作用下，其零部件会发生摩擦、震动和疲劳，以致设备的实体发生磨损。通常表现为设备零部件的原始尺寸（甚至形状）发生改变、公差配合性质改变以及精度降低、零部件的损坏等。结果有可能导致设备精度降低，劳动生产率下降；达到一定程度时，整个机器功能下降甚至发生故障；使用费剧增，甚至难以继续工作或丧失使用价值。

（2）自然磨损。自然磨损主要是由于自然力的作用。它与生产中的使用无关，甚至在一定程度上同使用成反比，是设备在闲置过程中在自然力的作用下发生的。通常表现为金属件生锈、腐蚀、橡胶件老化等。结果是设备闲置久了，会自然丧失精度和工作能力，失去使用价值。机器设备使用价值的降低或丧失，会使设备的原始价值贬值或基本丧失。

（二）设备的无形磨损

设备除承受有形磨损外，还会承受无形磨损（又称经济磨损或经济劣化）。设备的无形磨损可分为两种情形：

（1）第一种无形磨损。由于设备制造厂制造工艺不断改进，劳动生产率不断提高而使生产相同机器所需要的社会必要劳动时间减少了，因而设备的市场价格降低了，这样就使原来购买的设备相应贬值了。其后果仅仅是现有设备的原始价值降低，设备本身的技术特征和功能（使用价值）并未发生变化，故不影响现有设备的使用。

（2）第二种无形磨损。由于科学技术的进步，社会上出现了结构更先进、技术更完善、生产效率更高、耗费原材料和能源更少的新型设备，从而使原有设备在技术上显得陈旧落后。其结果不仅使原有设备价值降低，还局部或全部丧失其使用价值。当然这种替代的合理性取决于现有设备贬值的程度以及在生产中继续使用旧设备导致经济效益降低的幅度。

（三）设备的综合磨损

设备在使用期内既受到有形磨损，又受到无形磨损，统称为设备的综合磨损。这两种磨损都会引起设备的贬值，所不同的是遭受有形磨损的设备，特别是有形磨损比较严重的设备在修理之前常常不能工作；而遭受无形磨损的设备，即使无形磨损很严重，仍可继续使用，只是从经济上考虑有时已经不合算了。

（四）设备磨损的补偿

设备的磨损必然会引起设备技术性能和价值的下降，因此，为了维持生产和再生产的正常进行，必须对设备的磨损进行补偿。机器设备遭受磨损的形式不同，补偿方式也不一样。补偿分为局部补偿和完全补偿。设备有形磨损的局部补偿是修理，无形磨损的局部补偿是改装。设备有形磨损和无形磨损的完全补偿是更换。

二、设备的经济寿命

（一）设备寿命的概念

由于设备磨损的存在，使得设备的性能不断下降，使用价值与经济价值也不断下降，最终停用或淘汰，因而设备都具有一定的寿命。在技术经济分析中，设备受到磨损的影响，呈现出不同的寿命状态。设备的寿命是决定设备补偿时间的依据。设备更新的时机，一般取决于设备的技术寿命和经济寿命。

（1）设备物理寿命。物理寿命又称自然寿命，指设备从开始使用到因其实际功能下降到不符合要求而最终报废所持续的时间。它是由设备的有形磨损决定的。做好设备的维修保养可以延长设备的物理寿命，但不能从根本上避免设备的磨损，任何一台设备磨损到一定程度，都必须进行更新或修理。

（2）设备的技术寿命。技术寿命又称有效寿命，是从技术的角度看设备最合理的使用年限，具体来说是指设备从开始使用到因技术落后而被淘汰所经历的时间。设备的技术寿命是由无形磨损决定的。技术寿命的长短与技术进步的速度有关。

（3）设备的经济寿命。经济寿命是指设备从开始使用直至在经济上不合理为止的时间周期。设备在使用过程中，由于有形磨损日益严重而使各项费用逐渐增加，可能造成继续使用的成本大大超过购买新设备的使用成本；或是由于市场售价较低、性能更完善、生产效率更高的新设备出现，使得原有设备继续使用在经济上不合算。因此，设备的经济寿命是由其有形磨损和无形磨损综合作用形成的，经济寿命的长短主要取决于设备使用过程中的经济状况（费用和收益状况）。

（二）设备经济寿命的计算原理

从经济上分析，设备的年平均费用（ATC）由两部分组成，一部分是设备购置费的年分摊额，其会逐渐减少；另一部分是设备的年运行费用，包括操作费、维修费、材料费及能源费等。随着设备使用年限的延长，这部分费用会逐年增加。因此，设备的年平均使用成本随着设备使用时间而变化，在最适当的使用年限会出现年平均使用成本的最低值，这个能使年平均费用达到最低的年数就是设备的经济寿命，如图 10-1 所示。

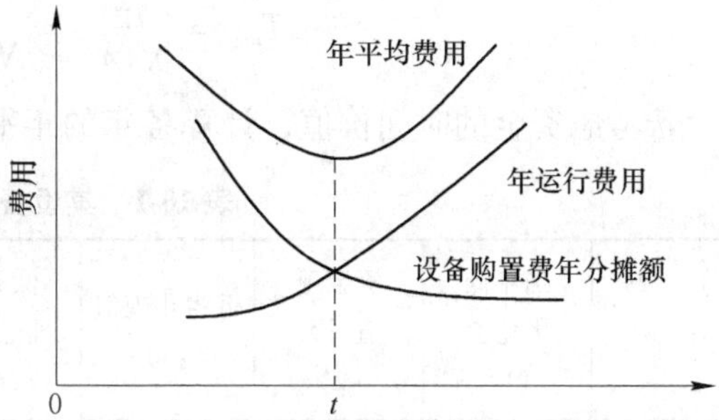

图 10-1　费用曲线图

（三）新设备经济寿命的计算

设备经济寿命的计算方法有很多，常用的有低劣化数值法和年平均费用法。

1. 低劣化数值法

随着设备使用寿命的延长，设备每年的运行费用会以某种速度递增，这种运行费用的逐年递增称为设备的低劣化。该方法的前提条件是假设每年运行成本的劣化增量是相等的，即匀速劣化，此时设备的运行成本呈线性增长。若这种低劣化每年以 λ 增加（λ 称为年低劣化增加值），则 t 年内平均低劣化值为：

$$AC_t = \frac{\lambda + 2\lambda + \cdots + t\lambda}{t} = \frac{t+1}{2}\lambda$$

假设设备原值为 I_0，使用 t 年后，残值为 S_v，按直线折旧法计算，平均每年的设备投资费用为：

$$AD_t = \frac{I_0 - S_v}{t}$$

因此，若不考虑资金的时间价值，设备年平均费用为：

$$ATC_t = AD_t + AC_t = \frac{I_0 - S_v}{t} + \frac{\lambda(t+1)}{2}$$

根据经济寿命原理，使 ATC_t 最小的年份就是设备的经济寿命，用 T_{opt} 表示。

令
$$\frac{\mathrm{d}ATC}{\mathrm{d}t} = 0$$

则
$$T_{opt} = \sqrt{\frac{2(I_0 - S_v)}{\lambda}}$$

若考虑年平均费用的资金时间价值，则按不同的使用年限，逐年计算年平均费用，即利用等额分付资金回收系数、等额分付偿债基金系数、等差序列年金系数等计算各年的等额年金。按不同使用年限计算得到的年平均费用大小是不同的。最小年平均费用所对应的年份就是经济寿命，其计算公式如下：

$$ATC_t = I_0(A/P,i,t) - S_v(A/F,i,t) + C_1 + \lambda(A/G,i,t)$$

式中，C_1 为初始运行费用。

【例 10-1】　矿山某设备的原值 $I_0 = 8000$ 元，年低劣化增加值 $\lambda = 320$ 元，残值为 0，$i = 10\%$，求该设备的经济寿命。

解：不考虑资金的时间价值，该设备的经济寿命为：

$$T_{opt} = \sqrt{\frac{2I_0}{\lambda}} = \sqrt{\frac{2 \times 8000}{320}} = 7 \text{ 年}$$

若考虑资金的时间价值，计算各年的年平均费用，如表 10-1 所示。

表 10-1 某设备经济寿命的计算

年 份	当年低劣化值 (1)	资金现值系数 (2)	低劣化现值 (3)	低劣化现值累计 (4)	资金回收系数 (5)	年均低劣化值 (6)	年均设备费用 (7)	年均总费用 (8)
1	320	0.9091	290.9	290.9	1.1000	320.0	8800.0	9120
2	640	0.8264	528.9	819.8	0.5762	472.4	4609.6	5082
3	960	0.7513	721.2	1541.0	0.4021	619.6	3216.8	3836.4
4	1280	0.6830	874.2	2415.2	0.3155	762.0	2524.0	3286
5	1600	0.6209	993.4	3408.6	0.2638	899.2	2110.4	3009.6
6	1920	0.5645	1083.8	4492.4	0.2296	1031.5	1836.8	2868.3
7	2240	0.5132	1149.6	5642.0	0.2054	1158.9	1643.2	2802.1
8	2560	0.4665	1194.2	6836.2	0.1874	1281.1	1499.2	2780.3
9	2880	0.4241	1221.4	8057.6	0.1736	1398.8	1388.8	2787.6
10	3200	0.3855	1233.6	9291.2	0.1627	1511.7	1301.6	2813.3

注：(3) = (2) × (1)；(6) = (5) × (4)；(7) = 8000 × (5)；(8) = (7) + (6)。

$$ATC_{t\min} = 2780.3 \qquad T_{opt} = 8 \text{ 年}$$

2. 年平均费用法

当设备维护费用不是以每年等额递增时，可采用年平均费用法计算其经济寿命。年平均费用最低的年份就是该设备的经济寿命。

如果不考虑资金的时间价值，其计算公式为：

$$ATC_t = \frac{(I - S_v) + \sum_{t=1}^{t} C_t}{t}$$

式中 ATC_t——设备使用 t 年的年平均费用；

$\sum_{t=1}^{t} C_t$——t 年的累计维护费。

若考虑资金的时间价值，设备的原始价值为 I_0，第 n 年末的残值为 S_v，第 j 年的运行费用为 C_j，i 为折现率，第 t 年的设备年平均费用为 ATC_t，则

$$ATC_t = I_0(A/P,i,t) - S_v(A/F,i,t) + \left[\sum_{j=1}^{t} C_j(P/F,i,j)\right](A/P,i,t)$$

用上述公式逐年计算设备的年平均费用，最小年平均费用所对应的年份即为设备的经济寿命。

(四) 现有设备剩余经济寿命的计算

现有设备剩余经济寿命的计算也是非常必要的，因为过早或过迟更新现有设备都将会

造成经济损失。从本质来看，现有设备剩余经济寿命的计算方法与新设备经济寿命的计算方法基本相同，只要用旧设备目前可以实现的残值（I_1）代替新设备的原值（I_0）就可以了，这样可以达到简化计算的效果。现示例如下：

【例 10-2】 某选矿厂有一台设备已经使用了 3 年，设备原值为 10000 元，目前可以实现的残值为 5000 元，初始运行费用为 1000 元，年均劣化值为 450 元。若基准收益率为 10%，求该设备剩余的经济寿命。

解： 已知 $I_1=5000$ 元，$S_v=0$，$\lambda=450$ 元/年，$C_1=1000$ 元。

若不考虑资金时间价值，则该设备的经济寿命：

$$T_{opt}=\sqrt{\frac{2I_0}{\lambda}}=\sqrt{\frac{2\times5000}{450}}=4.7\text{ 年}$$

若考虑资金时间价值，计算各年的年平均费用，如表 10-2 所示。

表 10-2 现有设备不同使用年限平均总费用计算表 （元）

年份 t	设备年均投资（1） $I_1(A/P,i,t)$	劣化值年值（2） $\lambda(A/G,i,t)$	年均总费用（3） $(1)+(2)+C_1$
1	5500	0.00	6500.00
2	2881	214.20	4095.20
3	2010	421.65	3431.65
4	1537	814.50	3351.50
5	1319	1000.80	3319.80
6	1148	1179.90	3327.90

$$ATC_{t\min}=3319.80\text{ 元}\qquad T_{opt}=5\text{ 年}$$

因此，现有设备的剩余经济寿命为 5 年。

三、设备折旧及其计算方法

（一）设备折旧的概念

设备在使用过程中，随着磨损将自身的价值逐渐转移到产品中去，构成产品成本的一部分。通常把设备逐渐转移到产品成本中去并等于其损耗的那部分价值称为折旧。对折旧的回收通过从产品实现的销售收入中提取，被提取出的资金称为折旧基金。折旧基金用于恢复生产过程中设备的各种磨损，即进行大修理的费用；还用于设备的更新，即对设备的有形磨损和无形磨损都有补偿作用。

（二）设备折旧的计算方法

折旧率是按年分摊设备价值的比率，年折旧额的大小与设备本身的价值及其使用年限有密切关系。设备价值是个常数，而折旧率的大小则主要取决于设备的使用期限。计算折旧的方法除直线折旧法外，国外还有反映加速折旧的年份数求和法、余额递减法、考虑资金时间因素的偿债基金法等。下面仅介绍常用的直线折旧法及年份数求和法。

1. 直线折旧法

直线折旧法又称平均年限法。即在设备使用期限内，按年平均地分摊设备的价值。这是国内外广泛应用的一种方法。计算公式为：

$$D = (P - S)/N_D$$

式中　D——年折旧额；

P——设备的原值，包括设备达到使用状态之前所花的一切费用；

S——残值；

N_D——折旧年限。

直线折旧法的折旧率：

$$d = D/P \times 100\% = (1 - S/P)/N_D \times 100\%$$

【例 10-3】 矿山某设备原值为 25000 元，折旧年限为 10 年，残值为 1000 元，用直线折旧法计算其年折旧额和折旧率。

解：直线法年折旧额为：

$$D = (P - S)/N_D = (25000 - 1000)/10 = 2400 \text{ 元}$$

直线法年折旧率为：

$$d = D/P \times 100\% = 2400/25000 = 9.6\%$$

2. 年份数求和法

该方法的特点是各年设备折旧额不同，设备开始使用年份折旧额高，然后按使用年限有规律地递减。其折旧率计算公式为：

$$\text{年折旧率} = \frac{\text{预计使用年限} - \text{已使用年限}}{\text{预计使用年限} \times (\text{预计使用年限} + 1)/2} \times 100\%$$

【例 10-4】 矿山某设备原值为 19000 元，预计残值为 1000 元，使用年限为 8 年，试用年份求和法计算各年的折旧额。

解：计算过程及结果如表 10-3 所示。

表 10-3　某矿山设备按年份求和法计算折旧额

年　限	折旧率	年折旧额/元	累计折旧额/元
1	8/36	4000	4000
2	7/36	3500	7500
3	6/36	3000	10500
4	5/36	2500	13000
5	4/36	2000	15000
6	3/36	1500	16500
7	2/36	1000	17500
8	1/36	500	18000

四、设备更新及其技术经济评价

（一）设备更新的原则

进行设备更新决策时，所面对的方案之一是继续使用现有设备，其余方案则是采用新设备。为保证分析的科学性，应遵循以下原则：

（1）不考虑沉没成本。因为沉没成本是各种过去已经发生的费用，目前的决策无法改变这种费用的大小，所以分析中不必考虑它们。

（2）假定新旧设备产生的收益是相同的。无论是由于性能下降、能力不足，还是由于过时等原因进行设备更新，新设备总是起着旧设备替代物的作用，它所要完成的工作和旧设备通常是相同的。因此，设备更新的技术经济分析只需对各方案的费用进行比较，以费用的高低作为决策的标准。

（3）以残值作为现有设备的投资。即认为现有设备的残值是维持其继续使用所支付的投资额。残值和会计账册中该设备的账面价值无关，而是取决于其现在出售所能获得的收入。

（二）设备更新的决策方法

设备更新的目的不仅在于促进技术进步，同时也要获得更好的经济效益。设备更新经济分析就是确定正在使用的设备是否应该以及什么时候应该用更经济的设备来替代或者改进现有设备。适时更换设备，既能促进技术进步、加速经济增长，又能节约资源，提高经济效益。下面介绍几种更新的决策方法。

1. 无新设备出现的决策方法

有些设备在其使用寿命期内没有更先进的新设备出现，设备在使用过程中发生的磨损主要是有形磨损。在这种情况下，如果设备的维护修理费用以及运行费用迅速上升，而设备的余值迅速减少时，即便用同种类型的设备进行更换，在经济上也可能是有利的。这时的设备更新可以利用设备的经济寿命理论，在其经济寿命时进行更新。设备经济寿命的计算方法前已述及。

2. 出现新设备时的更新决策方法

在技术进步的条件下，由于无形磨损的作用，往往会在原有设备的正常使用期内，市场上出现了技术更先进、效率更高、性能更完善的新设备。此时的设备更新问题，就是在继续使用旧设备和购置新设备两种方案中进行分析，比较哪一种方案在经济上更有利。

在有新型设备出现的情况下，通常可以采用年平均费用比较法进行设备更新决策，即通过计算原有旧设备和新设备在各自经济寿命期内的年平均费用，并进行比较。如果使用新设备的年平均费用小于继续使用旧设备的年平均费用，则应使用新设备进行更新；否则，应继续使用旧设备。

A　旧设备年平均费用的计算

旧设备经济寿命是指已使用设备从决策时刻起到年平均费用最低时的年限。计算经济寿命期内的年平均费用时应注意以下两点：

（1）不考虑旧设备的沉没成本。旧设备的原始价值不是指其最初购置安装时的投资，而是指决策时原设备在市场上可出售的价格加上继续使用旧设备所必须追加的投资。

（2）旧设备的低劣化值是指相对于新设备初始运行成本的低劣化值。当新设备为性能更好的新型设备时，应同时考虑绝对低劣化与相对低劣化。

由于旧设备年低劣化值的增加，旧设备年平均费用会随使用时间的推移而逐年增加。这时，同新设备经济寿命期的年平均费用相比较的旧设备年平均费用就是决策年下一年的总费用。旧设备年平均费用的计算公式为：

$$ATC_0 = (S_{v0} - S_{v01}) + \frac{S_{v0} - S_{v01}}{2} i + \Delta C$$

式中 ATC_0——旧设备下一年运行总费用；

S_{v0}——旧设备在决策时可售得的价格；

S_{v01}——旧设备一年后可售得的价格；

i——基准收益率；

ΔC——旧设备继续使用一年在运行费用及生产效率方面的损失；

$\frac{S_{v0} - S_{v01}}{2} i$——因继续使用旧设备而占用资金的利息损失。

B 新设备年平均费用的计算

新设备年平均费用的计算，可以先用上面介绍到的方法确定新设备的经济寿命，然后再计算出对应新设备经济寿命年限的年平均费用。新设备年平均费用包括新设备运行低劣化费用和新设备投资费用。

（1）新设备运行低劣化费用

在 t^* 年内年平均低劣化费用为 $\frac{t^* - 1}{2}\lambda$。

（2）新设备投资费用

在 t^* 年内年平均投资费用为 $\frac{I_0 - S_v}{t^*}$。

因此，对应于新设备经济寿命年限的年平均费用为：

$$ATC_{t^*} = \frac{I_0 - S_v}{t^*} + \frac{t^* - 1}{2}\lambda$$

由年平均费用最低，可得：

$$ATC_{t^*} = \sqrt{2\lambda(I_0 - S_v)} - \frac{\lambda}{2}$$

为了简化计算，对资金的时间价值可以只考虑因设备投资占用资金所引起的利息损失。此时，新设备使用 t^* 年的年平均费用为：

$$ATC_{t^*} = \frac{I_0 - S_v}{t^*} + \frac{1}{2}(I_0 + S_v) i + \frac{t^* - 1}{2}\lambda$$

设备经济寿命的计算公式仍为：

$$T_{opt} = \sqrt{\frac{2(I_0 - S_v)}{\lambda}}$$

由年平均费用最低，可得：

$$ATC_{t^*} = \sqrt{2\lambda(I_0 - S_v)} + \frac{1}{2}[(I_0 + S_v)i - \lambda]$$

在年劣化值增量 λ 不易求得时，可根据经验决定新设备的合理使用年数 t^*，然后再求年劣化值增量 λ，这时新设备的年均总费用可用下式计算：

$$ATC_{t^*} = \frac{2(I_0 - S_v)}{t^*} + \frac{1}{2}(I_0 + S_v)i - \frac{I_0 - S_v}{t^{*2}}$$

【例 10-5】　若新设备价格为 41800 元，估计合理使用年限为 15 年，处理时的残值为 3700 元，基准收益率为 10%，旧设备年平均总费用为 12825 元。

问是否应该用新设备替代旧设备？

解：新设备的年平均费用：

$$ATC_{t^*} = \frac{2(I_0 - S_v)}{t^*} + \frac{1}{2}(I_0 + S_v)i - \frac{I_0 - S_v}{t^{*2}}$$

$$= \frac{2 \times (41800 - 3700)}{15} + \frac{41800 + 3700}{2} \times 10\% - \frac{41800 - 3700}{15^2}$$

$$= 7186 \text{ 元}$$

用新设备更换旧设备每年可节约开支：12825 − 7186 = 5639 元

因此，应该用新设备替代旧设备。

3. 服务期限一定情况下的设备更新

在实际生产中，有时设备服务的年限是一定的，这个年限大于正在使用设备的剩余寿命，而又小于现有设备和更新设备的寿命之和。此时，设备合理更新的时间应该是在既定的设备服务期限内，设备的总使用费用最低的那一年。

假设设备服务年限为 n，正在使用的设备 A 已用 t 年，则更新设备 A′的使用年限为 $n-t$年。在使用期内两设备的总费用为：

$$ATC(t) = I_0 - S_{vt} + \sum_{j=1}^{t} AC_j + I'_0 - S'_{v(n-t)} + \sum_{j=1}^{n-t} AC'_j$$

式中　I_0，I'_0——设备 A 和更新设备 A′的原值；

S_{vt}，$S'_{v(n-t)}$——设备 A 和更新设备 A′在 t 年末和 $n-t$ 年末的残值；

AC_j，AC'_j——设备 A 和更新设备 A′在某一年度的维护费。

不同的更新时机会有不同的费用，其中最小总费用所对应的年份 t，即为合理更新期。

五、设备大修和现代化改造

（一）设备补偿的资金来源

为了保证设备的再生产，对设备的损耗必须进行及时补偿。设备的磨损形式不同，补偿的方式也不一样，其补偿的资金来源也不同。

（1）设备更新的资金来源（折旧基金）。折旧基金是企业根据国家规定计提的专用于固定资产更新的基金。

（2）设备修理的资金来源。按照设备的磨损程度与修理内容，修理可分为小修、中修、大修三类。不同的修理方式，其费用的抵偿方法亦不相同。

1）小修和中修是对设备进行的局部修理，其间隔时间较短，次数多，费用较少。因此，这种磨损价值补偿的方式，是直接计入企业生产费用的。

2）大修是对设备进行的全面修理，其工作量大，需要将机器设备全部或部分拆卸、更换或修复已经磨损及腐蚀的零件，以求恢复机器设备的原有性能。由于大修理间隔时间长，所需费用大，因此，这种磨损价值的补偿办法是提存大修理基金，即每月按使用中的固定资产价值和规定的提存率计提大修理基金，计入产品成本，然后从产品销售收入中收回相应的货币资金，积累起来形成大修理基金，作为支付大修理费用的资金来源。

（3）设备现代化改造的资金来源。设备现代化改造是企业实现设备更新和技术改造的一个重要方法。它是用现代化的技术成就来改善设备的性能和提高设备的效率，通过对设备的局部更新和改装，局部或全部达到目前生产的新型设备的技术水平。设备现代化改造目前尚无固定的资金来源，一般从折旧基金、大修理基金和企业生产发展基金中支付。

（二）设备补偿的技术经济评价方法

前面已介绍了设备补偿的方式，除了上述用新设备替换以外，还有大修理和现代化改造两种方式。对运行中的设备可以有五种方案进行选择，即旧设备留用、设备大修理、设备现代化改造、用原型设备更新、用新型设备更新。设备补偿的方法主要有最低总费用法和追加投资回收期法。

1. 最低总费用法

此法首先计算出上述五种方案在相同时间内的总费用现值，然后除以反映各种补偿方式与新设备效率之比的生产率系数，使之在效率上可比，得到不同方案的设备总费用现值。总费用最小的方案就是最佳方案。假设残值为零（若有，直接折现即可），则各种补偿方案的总费用现值计算公式如下：

（1）旧设备留用

$$C_{\mathrm{on}} = \frac{1}{q_{\mathrm{o}}}\sum_{j=1}^{n} C_{\mathrm{o}j}(1+i)^{-t}$$

（2）设备大修理

$$C_{\mathrm{rn}} = \frac{1}{q_{\mathrm{r}}}\left[I_{\mathrm{r}} + \sum_{j=1}^{n} C_{\mathrm{r}j}(1+i)^{-t}\right]$$

（3）设备现代化改造

$$C_{\mathrm{mn}} = \frac{1}{q_{\mathrm{m}}}\left[I_{\mathrm{m}} + \sum_{j=1}^{n} C_{\mathrm{mj}}(1+i)^{-t}\right]$$

（4）用原型设备更新

$$C_{\mathrm{in}} = \frac{1}{q_i}\left[I_i + \sum_{j=1}^{n} C_{ij}(1+i)^{-t}\right]$$

（5）用新型设备更新

$$C_{\mathrm{hn}} = \frac{1}{q_{\mathrm{h}}}\left[I_{\mathrm{h}} + \sum_{j=1}^{n} C_{\mathrm{h}j}(1+i)^{-t}\right]$$

式中　C_{on}，C_{rn}，C_{mn}，C_{in}，C_{hn}——各方案中设备使用到第 n 年末的总费用现值；

q_{o}，q_{r}，q_{m}，q_i，q_{h}——各方案的生产率系数；

I_{r}，I_{m}，I_i，I_{h}——设备大修理费、设备现代化改造费、原型设备购置费和新设备购置费（扣除原有旧设备在决策年份的可售价值）；

$C_{\mathrm{o}j}$，$C_{\mathrm{r}j}$，$C_{\mathrm{m}j}$，C_{ij}，$C_{\mathrm{h}j}$——各方案在第 j 年的操作及维修费。

2. 追加投资回收期法

设备大修理、现代化改造与更新的经济性比较，还可以用计算投资回收期指标的方法来进行。各方案的投资、成本及年生产率等参数的符号同上。

在大多数情况下，设备大修理、现代化改造与更新之间有下列关系：

从投资来讲：$I_r < I_m < I_h$；从费用来讲：$C_r > C_m > C_h$；从生产率来讲：$q_r < q_m < q_h$。

因此，在考虑设备更新方案时，可根据下列标准进行决策：

（1）当 $I_r/q_r > I_m/q_m$，且 $C_r > C_m$ 时，现代化改造方案具有较好的经济效果，不仅经营费用有节约，基本投资也有节约。但这种情况的可能性较少。

（2）当 $I_r/q_r < I_m/q_m$，但 $C_r > C_m$ 时，可用追加投资回收期指标进行决策。

$$t = \frac{I_m/q_m - I_r/q_r}{C_r - C_m}$$

式中，t 为投资回收期，年。

如果 t 小于企业或部门规定的年数，则选择现代化改造方案。

（3）当 $I_m/q_m > I_h/q_h$，且 $C_m > C_h$ 时，设备更新优于选择现代化改造方案。

（4）当 $I_m/q_m < I_h/q_h$，但 $C_m > C_h$ 时，同样可用追加投资回收期标准进行判断。当 t 不大于企业或部门规定的回收期标准时，更新的方案是合理的；如果大于回收期标准，则应选择现代化改造方案。

第二节　矿业技术改造项目技术经济分析

一、技术改造概述

（一）技术改造的概念

技术改造（Technology Reform）是在充分利用现代科技成果和先进经验来改造现有设备、工艺、产品等生产技术和组织要素的内涵扩大再生产为主的更新改造。技术改造是以提高产品质量、提高生产率、降低消耗、降低成本、提高企业效益和改善生产条件为目标的技术创新活动，其创新内容是以工艺创新为主，产品创新为辅。

（二）技术改造的内容

（1）设备和工具的更新改造。设备和工具的更新改造是指对在技术上、经济上不宜继续使用的设备和工具，用具有先进技术（结构更先进、性能更完善、效率更高、耗费能源和原材料更少等）的新设备和工具进行更换。

（2）生产工艺改革。生产工艺改革是指工艺配方、工艺流程、操作方法等方面的改进和革新。

（3）产品改造。产品改造包括老产品改造和新产品开发两个方面，即围绕国民经济需要和市场需求来调整产品结构，提高产品质量，进行产品升级换代。

（4）设备现代化改造。设备现代化改造是指按照生产需要用现代的技术成就和先进经验来改变现有设备的结构（给旧设备换上新部件、新装置、新附件）以及改善现有设备的技术性能，使之全部或局部达到新设备的水平。

（5）厂房、建筑物的改造。随着技术的发展和生产情况的变化，除应加固翻修危险厂房、建筑物外，还应按照工艺、设备和荷重等要求，对厂房、建筑物进行局部改造，使其坚固耐用，主体平面布置合理。

（6）原材料、能源综合利用方面的改造。通过这些技术改造，目的是提高原材料、能源的利用率，开辟新材料、新能源，科学地采用代用品，合理取用资源等。

（7）改善劳动条件、安全生产和保护环境等方面的改造。

（8）改进、完善企业管理手段和办法，包括充实理化试验、技术测试、生产控制和信息手段等。

二、技术改造项目的经济参数

矿业技术改造项目的经济评价是通过项目的收益和费用来实现的。因此，正确识别和计量技术改造项目中的收益和费用及其所包含的各类经济参数，对于财务评价十分重要。

（一）费用和收益

技术改造项目的财务评价以企业自身作为系统边界，货币支付构成财务费用，货币收入构成财务收益。例如：投资、经营成本、税金等都是货币支付意义上的财务费用，而销售收入则是货币收入意义上的财务收益。

（1）投资。技术改造项目的投资包括固定资产投资和新增流动资金两部分。新增流动资金不仅包括技术改造项目自身所需的流动资金，还包括原有部分因技术改造项目投产所产生的流动资金变化额。技术改造项目对原企业的生产布局、产品品种、生产数量和生产周期等会产生影响，可能将导致原有非技术改造部分流动资金占用量的变化。因此，在估算新增流动资金需要量时，不仅要考虑影响流动资金数量的一般性因素，还要考虑因技术改造项目对改造部分所产生的影响而导致的流动资金变动量。

（2）经营成本。技术改造项目经营成本的构成同新建项目一样，可按“成本项目”和“费用要素”两种分类方法进行分析。关于其中的工资项，技术改造项目导致的新增职工年工资总额，可按企业原职工平均工资乘以新增职工数计算。

（3）销售收入、利润和税金。技术改造项目的销售收入是指进行技术改造与不进行技术改造两种情况下企业销售收入的差值，即企业销售收入的增值。技术改造项目的利润是指企业在进行技术改造与不进行技术改造两种情况下利润的差值。技术改造项目能够得到销售收入和净增利润，因而同样具有纳税义务。

（二）净收益

技术改造项目的净收益是一种增量净收益。它是有技改项目时的净收益与无技改项目时净收益的差值，或者技改项目产生的增量收益与增量费用的差值。在动态经济评价方法中，项目净收益是通过净现金流量的计算获得的。

（1）全部投资效益的净现金流量：

净现金流量＝新增销售收入－全部新增投资－新增经营成本－新增销售税金及附加＋项目寿命期末新增回收固定资产余值＋项目寿命期末新增回收流动资金

（2）自有资金投资效益的净现金流量：

净现金流量＝新增销售收入－新增自有资金投资－新增经营成本－新增销售税金及附加－偿还新增贷款的本金和利息＋项目寿命期末新增回收固定资产余值＋项目寿命期末新增回收流动资金

三、技术改造项目的评价方法

与新建项目不同，技术改造项目是在原有基础上建设的。对于新建项目来说，所发生的费用和收益都可归于项目，而技术改造项目的费用和收益既涉及新投资部分，又涉及原有基础部分，从而使项目评价变得复杂，因此，需要将技术改造项目中发生的费用和收益从原有基础部分分离出来。

技术改造项目的技术经济评价涉及两方面的问题：一是评价各种技术改造方案自身的经济效果；二是对不同的技术改造方案进行选择。前者是基础，下面将重点介绍。技术改造项目的评价方法主要包括：按评价范围不同分为项目评价法和企业评价法；按费用、效益计量的范围不同分为总量评价法和增量评价法；按方案对比的方法不同分为前后评价法和有无评价法。

（一）项目评价法和企业评价法

（1）项目评价法。项目评价法也称局部评价法，它以具体的技术改造项目为评价对象。费用、效益的计量范围仅限于项目本身。发生在项目以外而应属于本项目的费用、效益需设法分离出来。这种方法评价范围小，评价的工作量和复杂程度相应也小一些。适用于关系简单，费用、效益容易分离的技术改造项目评价。

（2）企业评价法。企业评价法也称全局评价法，它从企业全局出发，通过比较一个企业（或一个车间、一个分厂）改造和不改造两个不同方案经济效益的变化来评价技术改造项目的经济效果。这种评价方法既考虑了项目的自身效益，又考虑了项目给企业其他部分带来的相关效益，因此更全面、更准确。适用于生产系统复杂，费用、效益不好分离的技术改造项目评价。

（二）总量评价法与增量评价法

（1）总量评价法。总量评价法是以总量来衡量两种不同方案的绝对效果。即在计算进行技术改造的投入产出时，不仅要计算新增加的投入和产出，还要计算原有投入与产出，用其总的投入产出结果与不进行技术改造时相比较。总量评价法的费用、效益计算采用总量指标，如全部投资、全部经营成本、销售收入总额等。应用总量评价法的关键是估算总投资，包括新追加的投资、企业原有固定资产和流动资产的重估值。一般来说，确定原有固定资产的重估值非常繁琐。因此，通常采用增量评价法进行评价。

（2）增量评价法。增量评价法又称差额法，它实质上是把“改造”与“不改造”两个方案转化为一个方案进行比较，利用方案之间的差额数据来评价追加投资的经济效果。具体是将进行技术改造与不进行技术改造两个方案在同一时间内的费用、收益对应相减，得出增量净现金流量，然后据此计算有关经济效益指标。

使用增量法必须用增量数据，用新增销售收入、新增经营成本、新增投资等参数来评价技术改造项目。增量数据的获取是使用该法的关键和难点。增量数据的计算必须满足可比性原则。增量净收益是进行技术改造与不进行技术改造项目的净收益之差。若企业不进行技术改造其每年的净收益可能逐年增加、不变或降低，因此进行改造后的增量净收益可能出现3种情况：

1）企业不进行技术改造，但由于现有产品市场有需求，企业也有潜力，通过改善经营管理净收益仍然可以逐年增加；但若进行技术改造，可使企业的净收益逐年增加更快，这时技术改造后的增量净收益为两者之差，如图 10-2a 所示。

2）企业不进行技术改造，其净收益维持原有收益水平；若进行技术改造可以使净收益逐年增加，如图 10-2b 所示。

3）企业不进行技术改造使收益水平逐年下降，进行技术改造后企业的净收益逐年增加，此时改造后的增量净收益是收益下降部分与增加部分之和，如图 10-2c 所示。

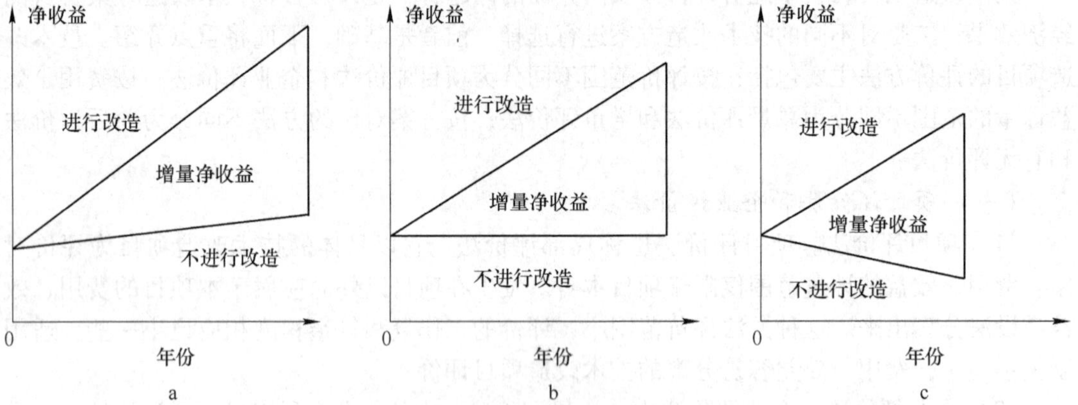

图 10-2　改造前后增量净收益的可能情况

（三）前后法和有无法

根据对“不改造”方案费用效益计算的时段不同，增量评价法又可进一步分为前后法和有无法。

1. 前后法

前后法是用项目改造后各年的费用和效益减去改造前一年的费用和效益的增量数据来评价项目改造的经济效果。该方法不完全符合方案的可比性原则，因为技术改造项目评价实际是“改造”与“不改造”两种方案的对比评价，如果改造方案的数据取自改造后各年的预测数据，而不改造方案的数据取自改造前一年的数据，那么两个方案在时间上就不可比。前后法若要满足可比性原则必须符合一个假设条件，即该项目如果不改造，在未来若干年内经营状态保持不变。显然，这个假设很难满足。

用前后法评价技术改造项目因没有考虑不改造方案未来效益的变化情况，会产生效益计算的误差，如图 10-3 所示。当不改造方案的收益呈上升趋势时，改造带来的实际效益为面积 *ABCD*，而前后法计算的效益是面积 *ABCE*，多算了面积 *ADE* 这部分效益。当不改造方案的收益呈下降趋势时，改造带来的实际效益为面积 *ABCF*，前后法少算了面积 *AEF* 这部分效益。只有不改造

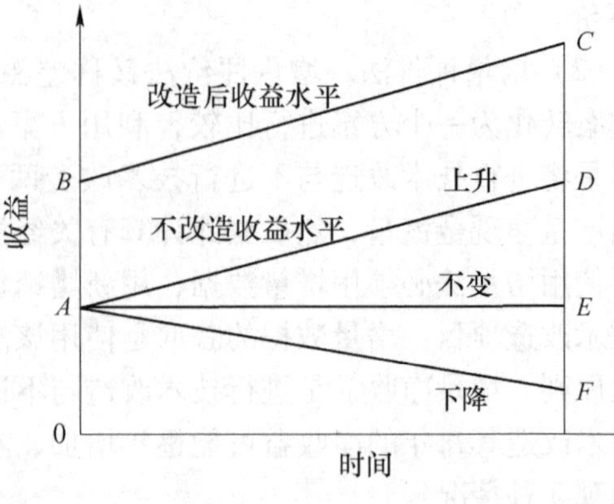

图 10-3　前后法效益计算比较

方案的收益保持不变，前后法计算的效益才与实际情况相符。

2. 有无法

为避免前后法的缺陷，在对技术改造项目进行技术经济评价时可以采用有无法。有无法强调的是有改造和无改造两个方案的全面对比。不仅要对改造方案未来的费用、效益进行预测，还要对不改造方案未来的费用、效益进行预测，用上述预测数据计算改造带来的费用、效益的增量。该方法满足可比性原则，更符合实际。

四、技术改造项目的评价指标

（一）评价注意事项

（1）与企业存量基础密切相关。技术改造项目是在企业原有基础上进行的，其新增加的投资及新形成的资产都与企业原有资产密切相关，而且必须结合在一起才能发挥作用。

（2）着眼于增量效益。技术改造项目是通过增加投资，对现有企业进行以扩大再生产为宗旨的设备更新或改建、扩建，其最终表现为经济效益的增加。所以在对技术改造项目进行经济分析时，必须着眼于技改投资的增量效益。

（3）效益和费用多样。技术改造的效益可能表现在某一方面，也可能通过几个方面综合表现出来，如扩大产量、增加品种、提高质量、降低消耗、提高劳动生产率、改善环境、改进劳动条件等。技术改造的费用也包括多个方面内容，不仅包括技术改造项目本身的投资，技术改造后新增加的运行费用，还应当包括技术改造过程中给企业带来的影响，如暂时的停产或减产损失等。

（4）经济评价难度大。由于技术改造项目涉及新增投资的分析、新增经济效益的计算以及技术改造过程中现有生产所受到的影响等方面问题，因此，其经济效果计算及评价的难度比新建项目要大。

（二）评价指标

技术改造项目经济评价应采用一套综合的评价指标体系，包括基本评价指标与辅助评价指标两部分。基本评价指标是有依据性的，主要有内部收益率、净现值（净现值指数）和投资回收期三类指标；辅助评价指标是参考性的，根据项目的具体情况加以选用，主要有总产值、产值利润率、产值利税率、单位产品占用资金、单位产品利润、单位产品耗能、劳动生产率、某些实物指标和财务指标等。

第三节 矿业改扩建项目技术经济分析

一、改扩建项目概述

（一）改扩建项目的涵义

改扩建项目是指现有企业利用原有资产与资源，投资形成新的生产（服务）设施，扩大或完善原有生产（服务）系统的活动，包括改建、扩建、迁建和停产复建等，目的在于增加产品供给，开发新产品，调整产品结构，提高技术水平，降低资源消耗，节省运行费用，提高产品质量，改善劳动条件，治理生产环境等。

（二）改扩建项目范围的界定

改扩建项目范围的界定是改扩建项目可行性研究中经济评价的重要环节，界定得是否合适与项目的经济效益和评价的繁简程度有直接关系。

（1）整体改扩建项目。对于“整体改扩建项目”，项目范围包括整个现有企业，除要使用现有企业的部分原有资产、场地、设备外，还要另外新投入一部分资金进行扩建或技术改造。企业的投资、融资、还债和经营主体是统一的，项目的范围就是企业的范围。“整体改扩建项目”不仅要识别和估算与项目直接有关的费用和效益，还要识别和估算现有企业其余部分的费用和效益。

（2）局部改扩建项目。对于“局部改扩建项目”，项目范围只包括现有企业的一部分，只使用现有企业的一部分原有资产、资源、场地、设备，加上新投入的资金，形成改扩建项目。企业的投资、融资和还债主体仍然是一致的，但可能与经营主体分离。即整个企业只有一部分包含在项目“范围内”，还有相当一部分在“企业内”，但属于项目“范围外”。

（三）改扩建项目的特点

改扩建项目是在原有企业的基础上进行建设的，它与新建项目相比具有以下特点：

（1）以现有企业为基础，以技术进步为前提，以增量调动存量。改扩建是在现有企业的基础上，主要依靠企业自身力量进行的，因此它在不同程度上利用了现有的资产和资源，再追加适量的投入，实现增量与存量的有机结合，以增量调动存量，即调动原有生产要素的效率和潜能，以较小的新增投资取得较大的新增效益。这一特性决定了在经济效益分析时，必须采用不同于新建项目的特殊方法。

（2）目标的多样性。由于进行改扩建的现有企业在技术、工艺、设备等方面千差万别，致使改扩建的目标和内容多种多样。如：有的是为了实现产品的升级换代；有的是为了提高产品质量；有的是为了节约能源、降低成本；有的是为了扩大生产规模，实现规模经济；有的是为了改善劳动条件、减轻劳动强度；有的是为了保护环境等。

在实践中，改扩建项目的目标并不都是单一的，往往在一个项目中几种目标同时存在，取得的投资效益也是多方面的，而且现有企业的生产经营状况还会发生变化，这样也就决定了在改扩建项目经济效益分析中，项目效益和费用的识别、计算，要比新建项目复杂得多。

（3）改扩建项目与周围环境的相关性。改扩建的对象是现有企业，改扩建项目与现有企业之间存在着既相对独立又相互依存的特定关系。在改扩建期间，改扩建项目的实施建设与现有企业的生产经营是同步进行的，可能会造成现有企业的停产或减产。因此，在改扩建项目经济效益分析中，应将其损失作为项目的费用处理。

从上述分析可以看出，改扩建项目的经济效益分析除应遵循新建项目经济效益分析的基本原理和方法外，还必须针对以上特点，在具体分析方法上做一些特殊的处理。在分析改扩建项目效益的时候，对同一项效益，往往要用几个不同的数据来描述其不同的侧面，才能形成完整的识别。

二、改扩建项目的经济评价方法

（一）总量评价法和增量评价法

改扩建项目评价是考察项目建设与不建设两种情况下费用和收益的差别，评价方法有总量评价法（简称总量法）和增量评价法（简称增量法）。

1. 总量评价法

总量法是对“进行改扩建”（有项目）与“不进行改扩建”（无项目）两个不能同时存在的互斥方案各自的总量经济效果进行评价的方法，通过比较“有”和“无”各自独立存在时的评价指标来决策。具体做法是：先分别计算无项目和有项目两种情况的绝对效果，如 *NPV*、内部收益率等，再进行比较。

无项目建设投资 ＝ 原有固定资产投资 ＋ 无项目追加投资

有项目建设投资 ＝ 原有固定资产价值 ＋ 新增建设投资

【例 10-6】 某矿山企业现有固定资产估价为 12000 万元，流动资金 3000 万元，若进行改扩建，需投资 5000 万元，改扩建当年见效益。改扩建与不改扩建的每年收入、支出预测如表 10-4 所示。假定改扩建、不改扩建的寿命期均为 10 年，基准折现率 $i = 10\%$，问是否应当改扩建？

表 10-4　收支预测　（万元）

项　目	不改扩建			改扩建		
年　份	0	1～9	10	0	1～9	10
投　资	－15000			－20000		
销售收入		6000	6000		8000	8000
资产回收			5000			6000
支　出		4500	4500		5500	5500
年净现金流量	－15000	1500	6500	－20000	2500	8500

解：

$$NPV_1 = -15000 + 1500(P/A,10\%,9) + 6500(P/F,10\%,10) = -3855.75 \text{ 万元}$$

$$NPV_2 = -20000 + 2500(P/A,10\%,9) + 8500(P/F,10\%,10) = -2325.75 \text{ 万元}$$

此时 $NPV_1 < NPV_2 < 0$，因此，两方案都不可行，但进行改扩建比不进行改扩建的效益要好。

2. 增量评价法

总量法虽有同时显示方案绝对和相对效果的优点，但是不能显示用于改扩建的“这笔投资”可达到的收益水平，无法说明当存在其他投资机会时，进行改扩建的这笔投资是否是最优的选择。而增量法则具有这种评价优势。

增量评价法是根据改扩建产生的增量费用和增量收益，计算出它们的增量现金流量，然后根据增量现金流量进行增量效果指标计算，最后做出决策判断。增量法可以采用净现值和内部收益率指标以及其他一些辅助指标，称为增量净现值和增量内部收益率。

【例 10-7】 仍以例 10-6 的数据来分析，计算如下：

$$\Delta NPV = -5000 + (2500 - 1500)(P/A,10\%,9) + (8500 - 6500)(P/F,10\%,10)$$
$$= 1530 \text{ 万元}$$

此时，如果根据 $\Delta NPV>0$ 做出应当进行改扩建的结论就过于草率了，因为均未通过总量法对经济效果的评价。增量法所体现的仅仅是相对经济效果，而不是绝对经济效果。相对经济效果只能判断方案间的相对优劣，而绝对经济效果才能判断方案能否达到最低标准要求。因此，从理论上讲，互斥方案比较应同时通过绝对经济效果和相对经济效果评价才能判断最优方案。

不难证明，在若干个互斥方案中，如果前一方案通过了绝对效果检验，后一方案与前一方案比较又通过了相对效果检验，那么后一方案一定也能通过绝对效果检验。因此，在改扩建项目评价中，若满足下列条件之一就可行：（1）不进行改扩建时能通过总量评价，进行改扩建时能通过增量效果评价；（2）进行改扩建能同时通过总量效果和增量效果评价。

但这样仍然至少要做一次总量效果评价。这与希望回避资产估价的愿望不符。可以验证：在改扩建项目评价中，一般情况下只需要进行增量效果评价；只有当现有企业面临严重亏损，需要就将企业关闭、拍卖还是进行改扩建作出决策时，才需要同时作增量效果评价和总量效果评价。

（二）前后法与有无法

该两种方法前已述及，下面举例说明。

【例 10-8】 某小型矿山企业现有固定资产 5000 万元，流动资产 1000 万元，改扩建前（即现在，第 0 年）的有关预测数据如表 10-5 所示；如果进行改扩建，需要增加投资 2500 万元，假设改扩建当年见效，改扩建后的有关预测数据如表 10-6 所示。若基准折现率 $i=10\%$，该企业不存在关停并转的可能，问是否应该进行改扩建？

表 10-5　改扩建前现金流量预测表　（万元）

年　份	0	1～5	6～9	10
销售收入	1600	1500	1400	1400
经营成本	1000	1100	1200	1200
资产残值				1500

表 10-6　改扩建后现金流量预测表　（万元）

年　份	0	1～5	6～9	10
销售收入		2500	2500	2500
经营成本		1500	1500	1500
资产残值				1600
新增投资	2500			

解：

（1）前后法。

用前后法计算的增量现金流如表 10-7 所示（用表 10-6 各年的数据减去表 10-5 第 0 年的数据）。

表 10-7　用前后对比法计算的增量现金流　（万元）

年　份	0	1～5	6～9	10
销售收入		900	900	900
经营成本		500	500	500
资产残值				100
新增投资	2500			

$$\Delta NPV = -2500 + (900-500)(P/A,10\%,9) + (900-500+100)(P/F,10\%,10) = -3.65\text{ 万元}$$

（2）有无法。

用有无法计算的增量现金流如表 10-8 所示（用表 10-6 各年的数据减去表 10-5 对应年份的数据）。

表 10-8　用有无法计算的增量现金流　（万元）

年　份	0	1～5	6～9	10
销售收入		1000	1100	1100
经营成本		400	300	300
资产残值				100
新增投资	2500			

$$\Delta NPV = -2500 + (1000-400)(P/A,10\%,5) + (1100-300)(P/A,10\%,4)(P/F,10\%,5) + (1100-300+100)(P/F,10\%,10) = 1695.98\text{ 万元}$$

综上，用前后法得出的结论是不进行改扩建，但用有无法得出的结论是应该进行改扩建的。由此可知，本例用前后法计算，会低估改扩建项目的增量效益，而用有无法计算则更加符合实际情况。

三、改扩建项目的评价指标与财务报表

（一）评价指标

改扩建项目的盈利能力、清偿能力分析指标与新建项目基本相同，见第九章有关内容。可根据项目的特点及财务分析的目的、要求等选择使用。

（二）财务报表

改扩建项目财务评价的基本报表有：项目投资现金流量表、项目资本金现金流量表、投资各方现金流量表、利润与利润分配表、财务计划现金流量表、资产负债表、借款还本付息计划表、资金来源与运用表、财务外汇平衡表等。

辅助报表可参照一般项目的辅助报表格式和改扩建辅助报表格式进行编制。主要包括建设投资估算表（概算法）、建设投资估算表（形成资产法）、建设期利息估算表、流动资金估算表、项目总投资使用计划与资金筹措表、销售收入、销售税金及附加和增值税估算表、总成本费用估算表等。

复习思考题

一、名词解释

有形磨损、无形磨损、设备寿命、设备折旧、技术改造、项目评价法、企业评价法、总量评价法、增量评价法、前后法、有无法、改扩建项目

二、简答题

1. 设备磨损的补偿方式有哪些？
2. 设备更新应遵循哪些原则？
3. 设备补偿的资金来源。
4. 对运行中的设备进行补偿一般有哪五种方案？
5. 技术改造的主要内容。
6. 技术改造项目的评价方法。
7. 改扩建项目的经济评价方法。

第十一章　矿业跨国并购技术经济评价理论与方法

第一节　跨国并购的基本理论

一、企业跨国并购的基本概念和类型

（一）企业并购的概念

企业并购一般是指兼并（merger）与收购（acquisition），简称为M&A。通常情况下将企业兼并与企业收购统称为企业并购，但两者之间略有不同。企业兼并是指多家独立企业或公司合并成一家企业，一般是由竞争力强的企业吸收竞争力相对弱的企业。企业收购是指一家企业用现金或有价证券购买另一家企业的股票或资产，以获得对该企业的全部或部分资产的控制权。在法律层面上，企业兼并与收购的主要区别是：兼并将多个法人合并成一个法人，而收购并不会改变法人的数量，只是改变公司的产权归属或经营权的归宿。在经济层面上，两者是相同的，都是通过市场交易来实现对公司的控制权，因此，两者统称为并购。

（二）企业跨国并购的概念

企业跨国并购的基本含义是，一国企业为了某种目的，通过一定的渠道和支付手段，将另一国企业的整个资产或足以行使经营控制权的股份收买下来。因此，跨国并购涉及两个或两个以上国家的企业，“一国企业”是并购发出企业或并购企业，“另一国企业”是被并购企业，也叫目标企业。这里所说的渠道，包括并购企业直接向目标企业投资，或通过目标国所在地的子公司进行并购两种形式。这里所说的支付手段，包括支付现金、从金融机构贷款、以股换股和发行债券等方式。

跨国并购是国内企业并购的延伸，即跨越国界，涉及到两个以上国家的企业、两个以上国家的市场和两个以上政府控制下的法律制度的并购。跨国并购是跨国公司为了维持其生存和发展的需要，根据全球经济环境和内部组织结构的变化，对企业自身的体制、结构、功能、规模等进行重新组合调整的组织变革或制度创新，是企业对国外直接投资的一种重要方式。

（三）企业跨国并购的基本类型

随着世界经济的快速发展，企业并购主体之间的关系变得越来越复杂，由于主体之间具有广泛性，使得并购可以通过多种方式进行。通常，可以从多个角度对企业并购进行分类，如表11-1所示。

尤其按照双方的行业关系，企业并购可分为横向并购（Horizontal M&A）、纵向并购（Vertical M&A）和混合并购（Conglomerate M&A）。

表 11-1　并购的基本类型

分类标准	并购类型	主要特点
并购双方行业	横向并购	在同一行业，生产同类或相似产品的企业之间的并购
	纵向并购	在同一行业，生产不同阶段的企业之间的并购
	混合并购	不在同一行业中的企业之间的并购
出资方式	现金并购	支付现金给目标企业，以获得对目标企业的并购
	股票并购	并购企业以发行股票来替换目标企业的股票，以获得对目标企业的并购
	债券并购	并购企业利用自身的债券作为交换条件，以获得对目标企业的并购
	资产并购	并购企业利用自身的资产作为交换条件，以获得对目标企业的并购
并购态度	善意并购	以协商的方式对目标企业进行并购
	恶意并购	以非协商的方式对目标企业进行并购
并购策略	公开并购	在公开市场上，通过对目标企业股东股权的购买来获得对目标企业的控制权
	直接并购	并购企业双方主动向对方提出并购要求，在双方达成协议的前提下完成交易
	间接并购	并购企业通过第三方进行并购
	杠杆并购	并购企业通过借债来获得对目标企业的并购

（1）横向并购。横向并购是指在同一行业中具有相互竞争企业之间的并购，主要是为了提高企业的竞争力，通过整合资源来扩大相应的市场，从而获得更高的利润。由于矿山企业具有相似的行业背景，对彼此的业务都比较了解、协同效应比较好，因此横向并购是矿山企业并购中比较常见的类型。

（2）纵向并购。纵向并购是指生产环节或销售过程中相互依存的企业间的并购。纵向并购的企业之间不是竞争关系，而是供应商与需求商之间的关系。因此，它有两种并购形式：供应商通过并购进而向需求商进行业务扩展，即前向并购；需求商通过并购进而向供应商进行业务扩展，即后向并购。纵向并购的目的主要是为了降低交易成本和交易风险。如以后向并购为例，企业需要的材料本来是通过市场购买获得的，并购后变成由公司本身供应，降低了购买过程中的交易成本和供应风险。

（3）混合并购。混合并购是指发生在不同行业中的企业之间的并购。其目的是为了降低经营风险，形成多元化企业。混合并购能使企业快速和低风险地进入其他行业，因此，它是企业走向多元化的一个重要途径。

上述三种并购方式在我国的发展情况各不相同。目前，我国企业基本摆脱了盲目多元化的思想，更多的是横向并购，其所占比重一般在50%左右。

二、跨国并购的主要动因

跨国并购属于国际投资的一种，它反映的也是国际间资金的移动关系。一个企业要把自己的产品或服务打入海外市场，跨国并购是主要途径之一。一般来说，企业选用跨国并购的主要动因有以下几个方面。

（1）增长。增长是跨国并购最重要的动因。增长对任何企业来说都是极其重要的。企业的增长主要表现为：实现长远的战略目标，在饱和的国内市场之外进行能力上的发展，扩大国外市场及保护国内市场份额，出于有效的全球竞争要求的规模或规模经济等。并购为实现这些方面的目标提供了迅速达成的新途径。

（2）技术。技术因素从两个方面影响跨国并购：第一，技术上有优势的企业，为发挥技术优势进行海外并购。并购者选择一家技术上有劣势的目标企业，通过将技术输入被并购的企业，并购者能够提高自己在国内外的竞争地位和盈利性。第二，一家技术上有劣势但现金充足的企业将国外有技术优势的企业作为收购目标，以提高自身在国内外的竞争地位，并获得所需的技术以维持其生存。

此外，随着新兴技术的不断涌现，产品和技术的更新步伐日益加快，研发费用越来越高昂，一家企业往往很难承担。企业要想维持在产品、技术和市场上的垄断地位，需要并购各种创新型企业，加快获取新技术的节奏。而并购后的企业可以集中双方的优势，削减不必要的开支，提高企业的竞争力。

（3）产品优势与产品差异。一家企业在国内市场上因其产品优良而具有较好的声望，其产品在国外市场上本土化之后也同样能被接受。此外，由于消费者需求、偏好与品位的差异，导致产品差异。这种产品优势和产品差异使得跨国并购成为必要并成为可能。

（4）汇率。一国的外汇汇率对跨国并购有很大影响。本国货币和外国货币相比的强势与弱势影响并购的实际价格、融资成本、经营管理的生产成本以及返回母公司的实际利润等。货币强势国的企业出于成本方面的考虑，将会积极并购外国企业；而货币弱势国的企业则常常会成为强势国企业并购的目标。

（5）劳动力成本和生产率差异。劳动力成本明显影响生产成本，生产率水平也直接决定着利润的水平。跨国并购劳动力成本低的地区的企业，必然会带来收益的上升；跨国并购生产率水平高的地区的企业，又将导致利润的上升和效率的提高。

（6）规避贸易壁垒。政府的政策会从多方面影响跨国并购行为。在关税制约和配额制约等保护措施下，别国对该国的出口贸易将会受到削弱。在这种情况下，尤其是受到保护的市场容量很大时，跨国并购更容易发生。

（7）确保原材料来源。这是跨国并购的另一个重要动因，尤其对那些资源匮乏国家的企业来说，对原材料丰富地区的企业并购可以有效消除原材料进口障碍，确保企业生产的原材料供应。

三、跨国并购的基本理论

跨国并购的研究与对外直接投资的研究密切相关，在很大程度上是对外直接投资研究领域的延伸。其主体部分是解释和说明企业对外直接投资动因的学说。理论发展以 20 世纪 60 年代初美国麻省理工学院教授、跨国公司理论之父斯蒂芬·赫伯特·海默（Stephen Hymer）提出的垄断优势理论为起源，后来还有邓宁（J. H. Dunning）的国际生产折衷理论、维农（Raymond Vernon）的产品生命周期理论、巴克利（Buckle）和卡森（Casson）的内部化理论，小岛清（Kiyoshi Kojima）的边际产业扩张论等。此外随着发展中国家对外直接投资的兴起，还出现了针对研究发展中国家对外直接投资的非主流理论，如罗纳德·科斯（Ronald Coase）的交易成本理论、威尔斯（Wells）的小规模技术理论等，如表 11-2 所示。

表 11-2 跨国投资并购理论

年 代	学 者	研 究 内 容
20 世纪 60 年代	海默（Stephen Hymer） 金德尔伯格（Kingdleberger）	垄断优势理论 不完全竞争和不完全竞争市场
20 世纪 70 年代	邓宁（J. H. Dunning）	国际生产折衷理论 不完全竞争和不完全竞争市场 市场机制的内在缺陷论
	维农（Raymond Vernon）	产品生命周期论 不完全竞争和不完全竞争市场
	巴克利（Buckle） 卡森（Casson）	内部化理论 市场机制的内在缺陷论
	小岛清（Kojima）	比较优势理论 边际产业扩张 对外直接投资
	约翰逊（Johnson）	区位因素理论
20 世纪 80 年代	罗纳德·科斯（Ronald Coase）	交易成本理论
	威尔斯（Wells）	小规模技术理论

四、跨国并购的基本流程

企业跨国并购一般都要经过前期准备、方案设计、谈判签约和接管整合四个阶段，各阶段基本内容如表 11-3 所示。

表 11-3 企业跨国并购基本流程及内容

（一）前期准备阶段	（三）谈判签约阶段
1. 企业发展战略与并购战略的制定	1. 协商与谈判
2. 目标企业的搜索、调查与筛选	2. 签约与披露
3. 目标企业的评估	3. 审查和批准
（二）方案设计阶段	（四）接管与整合阶段
1. 目标企业的定价与支付方式的制定	1. 交接与接管
2. 融资方式的制定与安排	2. 资产、财务及人员重组
3. 税务筹划与安排	
4. 并购会计处理方法的选定	
5. 并购程序与法律事务安排	

（1）前期准备阶段。企业根据发展战略的要求制定并购策略，初步勾画出拟并购的目标企业的轮廓，如所属行业、资产规模、生产能力、技术水平、市场占有率等，据此进行目标企业的市场搜索，捕捉并购对象，并对可供选择的目标企业进行初步比较。当选定一个“适当”对象后，开始深入调查了解，并就目标企业的资产、财务、税务、技术、管理、人员、法律等方面进行评价。

（2）方案设计阶段。方案设计阶段就是根据评价结果、限定条件（最高支付成本、支付方式等）及目标企业的意图，对各种资料进行深入分析，统筹考虑，设计出几种并购方案，包括并购范围（资产、债务、契约、客户等）、并购程序、目标企业的定价、支付成本、支付方式、融资方式、税务安排、会计处理等。

（3）谈判签约阶段。通过分析、甄选、修改并购方案，最后确定具体可行的并购方案。并购方案确定后并以此为核心内容形成收购建议书或意向书，作为与对方谈判的基础。若并购方案设计将双方利益拉得很近，则可能进入谈判签约阶段；反之，若并购方案设计远离对方要求，则会被拒绝，并购活动又重新回到起点。

（4）接管与整合阶段。双方签约后，进行接管并在业务、人员、技术等方面对目标企业进行整合。并购后的整合是并购程序的最后环节，也是决定并购能否成功的重要环节。

第二节　矿业跨国并购风险评价方法

自20世纪70年代以来，伴随着经济全球化和区域经济一体化进程的加快，国际市场竞争日益激烈。面对复杂多变的投资环境，跨国并购风险评价显得越来越重要。项目风险评价在理论研究和实际应用两方面均取得了较大的进展，归纳起来主要有定性分析、定量分析、定性定量综合评价三类。风险评价方法和传统的技术经济评价理论与方法一起构成了矿业跨国并购技术经济评价理论与方法，下面将重点介绍矿业跨国并购的主要风险评价方法。

一、定性评价方法

定性评价方法是指采用定性术语对风险发生的可能性及影响度进行描述和评价的方法。定性评价主要依据研究者的知识、经验、政策走向、历史教训等非量化资料对风险的状况进行判断和分析。其主要优点是评价结论更全面，各种思想相互碰撞，可集思广益，博采众长，取得较好的效果；其缺点是采取经验判断和观察为主，对评价者要求较高，主观性较强，且其结果具有一定的模糊性，不确定性也较强。

目前常用的定性评价方法主要有德尔菲法、情景分析法、影响图法、因果分析图等，前两种方法前已述及，仅介绍后两种方法。

（一）影响图法

影响图分析法是20世纪80年代R. A. Howard提出的一种决策分析方法，是一种不确定性变量和决策的图形表达方式。影响图由有向弧和节点组成，其中有向弧分为影响弧、关联弧、莫忘弧和信息弧四种类型，表示不同变量之间的相互关系，具体含义由箭尾连接节点的类型以及有向弧的箭头决定；节点由代表变量的不同可分为决策节点、确定型节点、机会节点和价值节点，表示所研究问题的主要变量。影像图法用直观的图形可以清楚地揭示出变量间存在的相互联系，既可以作为一种直观的定性分析工具，又可以结合计算机实现定量化分析。它作为有效的分析方法和建模工具，既符合决策者的思维方式，又有决策分析的准确性。

（二）因果分析图

因果分析图又名石川图、鱼骨图，是日本东京大学石川馨教授提出的一种找出问题根本原因的创新方法。它把系统中问题的产生原因与结果之间复杂的因果关系用简明的文字和线条加以表示，可以清楚地表达原因和结果之间的关系，对所分析的工程问题采用结构图形的方式进行表达，显得直观和清晰。

1. 因果分析图的使用步骤

（1）查找要解决的问题；

（2）把问题写在鱼骨的头上；

（3）召集专家、同事共同讨论问题出现的可能原因，尽可能多地找出问题；

（4）把相同的问题分组，在鱼骨上标出；

（5）根据不同问题征求大家的意见，总结出正确的原因；

（6）拿出任何一个问题，研究为什么会产生这样的问题；

（7）针对问题的答案再问为什么，这样至少深入五个层次（连续问五个问题）；

（8）当深入到第五个层次后，认为无法继续进行时，列出这些问题的原因，而后列出至少 20 个解决方法。

2. 因果分析图的制作步骤

（1）分析问题原因/结构。

1）针对问题特点，选择层别方法；

2）按头脑风暴分别对各层别找出所有可能的原因（因素）；

3）将找出的各要素进行归类、整理，明确其从属关系；

4）分析选取重要因素；

5）检查各要素的描述方法，确保语法简明、意思明确。

（2）绘制因果分析图。

1）填写鱼头（按为什么不好的方式描述），画出主骨；

2）画出大骨，填写大要因；

3）画出中骨、小骨，填写中小要因；

4）用特殊符号标识重要因素。

二、定量评价方法

定量风险评价方法自 1974 年拉姆逊教授（Prof. Nor-man C. Rasmussen）评价美国民用核电站的安全性以后得到了广泛应用。1978 年英国进行的坎威岛（Convey Island）研究项目、1979 年荷兰进行的雷儿蒙德（Rijnlnond）研究项目以及意大利开展的 Ravelma 研究计划中，都将定量风险评价方法应用于风险评估与安全规划中。定量风险评价在矿业中亦具有重要的实用价值。

一般来说，可用于矿业跨国并购的定量风险评价方法包括敏感性分析、蒙特卡罗模拟法、故障树分析法、马尔可夫分析法、主成分分析法、粗糙集理论、决策树法等，下面将择要介绍蒙特卡罗模拟法、故障树分析法、粗糙集理论和决策树法等四种方法。

（一）蒙特卡罗模拟法

蒙特卡罗模拟法（Monte Carlo）也称统计试验方法或随机抽样，是 20 世纪 40 年代中期由于科学技术的发展和电子计算机的发明，而被提出的一种以概率统计理论为指导的一类非常重要的数值计算方法。该方法能够直接对每个风险因素的不确定性进行处理，并进一步用概率分布的形式表示这种不确定性对成本所造成的影响，是一种对多因素进行变化分析的方法。该方法在大中型项目的风险评价，特别是对于较大的、复杂的风险管理和投资项目决策中的综合评估，应用非常广泛。

蒙特卡罗模拟方法的基本原理是当所要求解的问题是某种事件出现的概率，或者是某个随机变量的期望值时，通过某种“试验”的方法，得到这个随机变量的平均值，或者这种事件出现的频率，并将其统计量作为风险变量的近似解。该方法在实际应用中具有灵活性，在处理非正态、非线性问题上拥有强大的能力。

该方法的模拟步骤主要包括：编制详细风险清单；评估出最有可能出现的风险因子，及其最好、最坏的影响程度和出现的概率；根据随机生成的数据，得出结果；根据计算结果找出规律并进行风险分析。在实际应用中为了提高运算效率，处理模拟的过程通常与计算机编程技术相结合，但辨识和评价风险因素的相关性是该技术的难点。

（二）故障树分析法

故障树分析法（Fault Tree Analysis，简称FTA）由瓦特森在1961年首次提出，因其具有形象化、逻辑性强等多种优点而在项目风险分析和评价中应用很广泛。故障树分析法是演绎的逻辑分析方法之一，它应用在风险分析中的原则是从结果中寻找原因，即把项目风险的形成原因按树枝形状从总体到部分逐级细化，并对项目中的风险及其产生的各种原因之间的因果关系进行分析，也即在基于前期预测及对各种潜在的风险因素进行识别的情况下，沿着产生风险的路径，采用逻辑推理方法，求出各种风险因素可能的组合形式及发生的概率。

故障树分析法有广阔的应用范围和发展前途，特别能有效地分析和评价较为复杂的系统风险，其所分析的结果具有系统性、预测性和准确性等特点。但也有一些缺点：FTA分析事故原因是强项，但应用于原因导致事故发生的可能性推测是弱项；要求分析人员必须非常熟悉所分析的对象系统，能准确和熟练地应用分析方法；对于复杂系统，编制故障树的步骤较多，编制的故障树也较为庞大，计算也较为复杂，给进行定性、定量分析带来困难；要对系统进行定量分析，必须事先确定所有各基本事件发生的概率，否则无法进行定量分析。

（三）粗糙集理论

粗糙集理论（Rough Set Theory）由波兰数学家Pawlak于1982年首次提出。该理论能有效地分析不一致、不完整、不精确等各种随机和不确定信息，对数据进行分析和推理，可揭示其潜在的规律。该方法仅利用数据自身的内在信息，以集合论为工具，完成对不确定知识和数据的分类处理。粗糙集理论在许多领域得到了广泛应用，如临床医疗诊断、电力系统和其他工业过程故障诊断、预测与控制、模式识别与分类、机器学习和数据挖掘、图像处理等。

粗糙集理论的优点主要体现在：第一，它能对经验进行有效地概括、总结和延伸，除提供问题所需处理的数据集合之外不需要任何的先验信息，能将问题从客观事实中提取出来，具有较强的客观性和信息挖掘能力；第二，它能通过归类分析比较不同类型的知识，信息综合能力和归类集结能力也较好，适合于处理主观、不确定性问题，尤其是小样本、数据缺乏的问题；第三，由于该理论未包含处理不确定原始数据的机制，因此与模糊数学、概率论等其他处理不确定问题的理论有较强的互补性。

（四）决策树法

决策树（Decision Tree）又称判定树，最初哈佛大学商学院对其进行研究过，是指将决策的问题用树状图形来表示，并通过对树状图形的计算分析来选择决策方案的方法。决策树一般由方块节点、方案枝、圆形节点、概率枝等组成，方块节点称为决策节点，圆形节点称为状态节点，其中每个节点显示的是某实例的属性的测试。由决策节点引出若干条细枝，每条细枝代表一个方案，称为方案枝；由状态节点引出若干条细枝，代表不同的自然状态，称为概率枝。在每条细枝上标明客观状态的内容及其出现的概率，在概率枝的最末梢标明该方案在该状态下达到的结果。这样树形图由左向右、由简单到复杂，形成一个树状网络图。

1. 适用条件

（1）具有决策者期望达到的明确目标；

（2）存在决策者可以选择的两个以上的可行备选方案；

（3）存在着决策者无法控制的两种以上的自然状态；

（4）不同行动方案在不同自然状态下的损益值可以计算出来；

（5）决策者能估计出不同自然状态的发生概率。

2. 决策程序

（1）绘制树状图，根据已知条件排列出各个方案及其自然状态；

（2）将各状态概率及损益值标于概率枝上；

（3）计算各个方案期望值并将其标于该方案对应的状态结点上；

（4）剪枝。比较各个方案的期望值并标于方案枝上，将期望值小的方案剪掉，所剩的最后方案为最佳方案。

【例 11-1】 假定有 3 个矿业跨国并购项目，服务期限均为 10 年，每个项目的状态概率及损益值如表 11-4 所示。

表 11-4 3 个项目的状态概率及损益值 （万美元）

项 目	风险低	风险中	风险高
	0.4	0.5	0.1
项目 A1（投资 100）	100	60	-100
项目 A2（投资 40）	50	30	0
项目 A3（投资 200）	100	60	-400

请用决策树法进行分析，应并购哪一个项目？

解：

第一步：画出决策树。如图 11-1 所示。

第二步：计算方案的期望值。

项目 A1：$60 \times 10 - 100 = 500$ 万美元

项目 A2：$35 \times 10 - 40 = 310$ 万美元

项目 A3：$30 \times 10 - 200 = 100$ 万美元

第三步：决策。

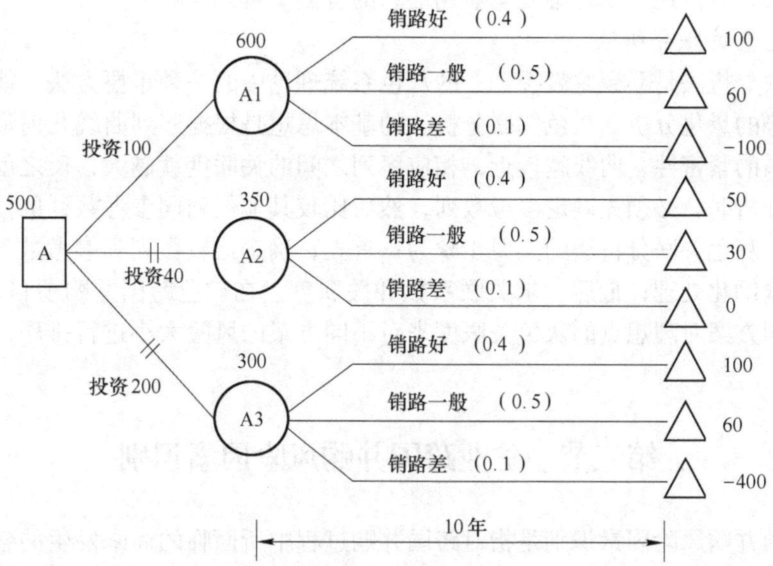

图 11-1　决策树

根据最大期望收益值准则，应并购项目 A1。

（五）定量评价方法的优缺点

定量评价方法的优点是用直观的数据来表达评价的结果，比较客观，可以有效排除人为因素、评价因素等干扰，反映评价对象的客观信息，得出较为客观的评价结果。而且该方法系统性较强，可将定性问题定量化。缺点是评价结果易受样本数据的影响，具有一定的局限性，从而使评价不容易深入。而且量化过程中容易把本来较为复杂的事物模糊化和简单化。

三、定性定量综合评价方法

定性定量综合评价方法结合定性、定量评价方法的优点，以定性分析评价为基础，定量评价为重要手段，对所评价项目进行全面、系统的评价。一般来说，可用于矿业跨国并购的定性定量综合评价方法较多，包括层次分析法、模糊数学法、灰色关联分析法、人工神经网络、区间分析法、投影寻踪法、实物期权、云模型、熵权法、物元分析法以及各种组合法等。选取哪一种评价方法，应根据评价目的、评价对象特点等综合考虑。部分方法前面已经介绍，下面将择要介绍模糊数学法、灰色关联分析法等两种方法。

（一）模糊数学法

模糊数学是运用数学方法研究和处理具有模糊性特征的一门数学新分支。风险项目中潜含的各种风险因素大部分很难用数字进行定量描述，但都可以利用历史经验或专家知识来描述它可能的影响结果。目前大多数风险评价模型都是建立在对数据进行定量分析的基础上，但用来分析与风险相关的多数信息都容易用文字或者是句子表述，却很难用数字来表示，而模糊数学正好能够把定性描述巧妙地转化为定量表示，因此，模糊数学法对于矿业跨国并购项目风险评价具有较强的适用性。该方法提供了一种处理不确定性和不精确性问题的新方法，是描述人脑思维处理模糊信息的有力工具。

（二）灰色关联分析法

灰色关联分析法是邓聚龙教授创立的灰色系统理论中的一种重要方法，能够对动态过程作发展趋势的量化分析。灰色关联分析法的基本思想是根据序列曲线几何形状的相似程度来判断联系的紧密性，曲线越接近，相应序列之间的关联度就越大，反之就越小。因而在进行关联分析时，必须先确定参考数列，然后比较其他数列同参考数列的接近程度，从而做出判断。灰色关联分析法的主要步骤为：首先，确定比较数列和参考数列；其次，对指标进行无量纲化处理；最后，求关联系数和关联度。在矿业跨国并购项目风险评价中，通常依据不同方案对理想点的灰色关联度来对不同方案的风险大小进行排序，确定风险最低的方案。

第三节　矿业跨国并购风险因素识别

矿业跨国并购风险因素识别是指对跨国并购过程中所面临的尚未发生的各种风险进行系统地归类和分析，并加以认识和辨别的过程，是矿业跨国并购风险测评的基础。其主要任务有以下三项：一是识别矿业跨国并购过程中存在何种风险因素；二是分析矿业跨国并购风险因素的性质和特征；三是搜寻矿业跨国并购风险因素的来源。矿业跨国并购风险因素的识别是在风险发生之前进行的，目的是为跨国并购决策提供服务。

一、矿业跨国并购风险识别方法

对各种风险因素和可能发生的风险事件进行分析是风险管理的首要步骤。风险识别的方法通常有：财务报表法、流程图分析法、分段识别法、风险树搜寻法、现场观察法、专家调查法、环境分析法等。

（一）财务报表法

财务报表法是根据企业的财务资料来识别和分析企业每项财产和经营活动可能遭遇到的风险。该法是企业使用最普遍，也是最为有效的风险识别与分析方法。因为企业的各种业务流程、经营的好坏最终体现在企业资金流上，风险发生的损失以及企业实行风险管理的各种费用都会作为负面结果在财务报表上表现出来。因此，企业的资产负债表、损益表、财务状况变动表和各种详细附录就可以成为识别和分析各种风险的工具。

（二）流程图分析法

流程图分析法是对流程的每一阶段、每一环节逐一进行调查分析，从中发现潜在风险，找出导致风险发生的因素，分析风险产生后可能造成的损失以及对整个项目可能造成的不利影响。流程图是指使用一些标准符号代表某些类型的动作，直观地描述一个工作过程的具体步骤。

流程图分析法将一项特定的生产或经营活动按步骤或阶段顺序以若干个模块形式组成一个流程图系列，在每个模块中都标示出各种潜在的风险因素或风险事件，从而给决策者一个清晰的总体印象。在矿业跨国并购风险识别过程中，运用流程图绘制被并购项目的经营管理业务流程，可以将对项目各种活动有影响的关键点清晰地表现出来，结合项目中这些关键点的实际情况和相关历史资料，就能够明确项目的风险状况。

（三）分段识别法

分段识别法是指按照矿业跨国并购过程的阶段特征，根据不同并购阶段风险的成因与特点，采取相应的步骤和措施查找并购风险因子。

分段识别法的基本步骤为：第一步，根据并购目标及相关信息，制定并购方案，明确并购风险管理目标。第二步，根据并购方案识别并购中的风险因子，根据并购风险管理目标，设定可以初步接受的并购风险种类与性质。第三步，按并购进程依次识别并购风险，并与可接受的并购风险进行对照。第四步，根据对照结果，若初步可以接受，即可继续下一阶段的风险识别，直至完成整个并购中的风险识别；若风险识别结果不符合要求，可根据情况修订并购方案，重新进行下一轮的风险识别或停止并购。

（四）风险树搜寻法

风险树搜寻法是以图解的形式，将并购风险逐层予以分解，使并购企业可以顺藤摸瓜，最终找到自己所承受的风险的具体形态。鉴于风险分散后的图形呈树枝状，故称“风险树”。采用建立风险树的识别方法，并购企业可以清晰、准确地判明自己所承受风险的具体形态及其性质，从而简单、迅速地认清自己所面临的局面，为以后的相关决策提供科学的依据。

（五）环境分析法

环境分析法是一种识别特定企业风险的方法，在矿业跨国并购风险识别中运用较为广泛。该方法根据对项目所面临的外部环境和内部环境的系统分析，推断环境可能对项目产生的风险与潜在损失的一种识别风险的方法。外部环境主要来自于政治法律、宏观经济、自然、社会和市场等方面；内部环境主要来自于地质资源条件、生产技术条件、人员素质以及经营管理水平等。在对各方面进行分析时，应重点考虑它们之间的相互联系。分析这些因素之间的联系及其结果，以及一旦因素发生变化时可能产生的后果，就能发现面临的风险和潜在的损失。

二、矿业跨国并购主要风险识别

对于一般的矿业跨国并购项目来说，运用上述方法进行具体分析，可得到相应的风险类型。主要包括政治风险、政策法律风险、宏观经济风险、金融风险、社会文化风险、运营风险、地质资源风险、自然风险、矿业市场风险以及生产技术风险等 10 个一级风险类型。

（一）政治风险

政治风险是我国企业海外开发矿产资源所遇到的最直接的风险，也是决定该项目能否成功的首要因素。政治风险是指未能预期政治事件的变化而导致所在国投资环境的变动，进而影响跨国企业进行海外投资目标的实现。一国的政治制度特别是国家政权组织形式和相关制度是跨国投资政治因素形成的基础，政治意识形态会深刻地影响国际资本的流动，有的会阻碍跨国投资活动的进行。

政治风险在一些发展中国家和不发达国家存在的可能性更大，因为这些国家比较容易产生政局的不稳、政权的更迭和民族冲突等，甚至有可能爆发内战或者是国家分裂，将直接影响矿业跨国并购活动的成败。矿业跨国并购政治风险的主要影响因素有以下几种：

（1）政局风险。一国政局稳定是确保该国经济正常发展的基本条件，是决定投资者是否在该国投资的主要考虑因素，也是政策连续性的前提条件。若东道国发生革命、内战、叛乱、暴乱和政治性的大规模骚乱或恐怖活动频繁，将对跨国并购产生巨大影响。

（2）政府腐败程度。以权钱交易为基本特征的腐败，不但损害政权的合法性，且严重影响经济发展。一方面，政府腐败直接导致管理效率低下；另一方面，政府腐败还会通过权钱交易行为造成企业、个人的经济损失，更甚者会造成社会动荡，极不利于吸引外商直接投资。我国矿产资源投资较多的国家有：非洲、拉美等发展中或欠发达国家，这些国家和地区的政府腐败程度较高，因此必须予以关注。

（3）与我国外交关系。我国企业在进行海外投资活动时，东道国的国际关系特别与我国政府和民间组织的关系，很大程度上将会影响我国企业的跨国投资经营活动。如果东道国与我国政治关系紧张，存在边界领土纠纷、军事冲突等可能，即使矿产资源丰富，也应考虑暂缓到该国投资。

（4）征收和国有化风险。指东道国政府对境外企业可能没收、征用或者国有化而带来的风险。该风险还可以表现为东道国政府不是公然宣告没收企业财产，而是采取某些手段妨碍境外投资者控制本企业的资产，限制投资者的股东权力，从而形成征收行为。例如20世纪六七十年代，南美洲、非洲一些发展中国家兴起的国有化运动导致一些外国企业被东道国收归国有。

（5）政府违约。政府违约是指所在国政府非法解除与投资项目相关的协议或者非法违反或者不履行与外国投资者或项目企业签订的合同项下的义务。例如在主要政党轮流执政、政策缺乏连贯性的国家，新政府上台后往往对上届政府执政期间签署的合同多方刁难，甚至单方面中止，使投资项目造成重大损失。

（6）政府与投资者间的博弈风险。投资者与政府间的博弈是投资者在许多经济转轨国家进行矿业投资时面临的主要风险之一。矿产资源归国家所有，政府代表国家行使权利，政府既是矿业市场的管理者和监督者，也是独立的利益主体，往往会与矿业投资者产生利益争夺，这就造成了政策上的不确定性，给矿业投资者带来风险。

（二）政策法律风险

东道国的政策法律制度是否完备、公正和健全，是一个法治国家典型的标志，将直接影响投资者的切身利益能否得到有效保障，对投资者而言也是抵抗风险的最有效保障。政策法律风险是指东道国有关矿业投资的政策和法律法规给外资所带来的风险。主要从矿业政策、法律、环保和税费等方面来考虑。

（1）矿业政策风险。矿业政策风险是指一国对外资在当地进行矿业投资合作的相关政策不利而产生的风险。矿业支持政策越多，到该国进行矿业投资就越有利，风险就越低；反之，则越高。目前世界上有关矿业政策大体可以分为三类：一是美国和日本等发达国家，他们重视对国内资源和环境的保护，对全球资源却力求控制，积极储备战略矿产资源和循环利用有限的资源；二是澳大利亚、加拿大和南非等矿业大国，为出口导向型国家，鼓励出口本国矿产品，获取利润是其实行矿业优惠政策的主要原因；三是哈萨克斯坦、智利、蒙古和巴西等处在经济转轨的国家，他们希望能利用本国的比较优势，吸引外资来壮大本国矿业。

（2）法律风险。法律风险是指一国矿业法的不健全和支持度不高而产生的风险。法律、法规的完善与执行力强是法治国家的典型标志，对投资者来说也是抵抗风险的重要保障，矿业法律、法规的完善程度是决定该国矿业投资环境优劣的重要依据之一。矿业法越健全，支持度越高意味着去该国进行矿产资源开发越容易，不确定的法律风险也越少。早在20世纪

90年代，各国为促进矿业的可持续发展，世界范围内掀起了一股调整矿业法律的浪潮，力求营造更好的矿业投资环境，将本国的矿产资源转换为经济效益，目前大多数国家已基本建立起矿业法。因此，东道国的矿业法律越健全，对矿业跨国并购就越有利，风险就越小。

（3）环保风险。环保风险是指因遵循环境保护法律而带来的额外资本投入，甚至导致项目失败的风险。成本或资本投入的增加不仅会使项目原有的经济强度降低，尤其当投资者无力偿还债务时，环保的责任和压力也就随项目的所有权和经营权从投资者转嫁到了贷款银行。

一国环保标准的高低直接影响矿业跨国并购的风险。第一，矿业活动的显著特点之一是对环境和生态造成严重的破坏，各国环境保护的标准直接影响到环保评估的严格程度，进而影响到东道国对投资者进行跨国矿业投资的限制程度。第二，环境成本直接影响到未来公司的经营成本。环境成本内在化目前为大势所趋，即将环境成本纳入到生产成本中，从而体现资源的稀缺性和污染付费的原则。矿业投资为高污染投资，因此环保成本对生产成本的影响显著。由于各国的环保标准不一样，所承担的环境成本也存在差异。一般来说，发达国家和新兴工业化国家的环保标准较高，而发展中国家则相对较低。环保风险是跨国矿业并购时较容易忽视的问题，特别是在经济不发达的国家和地区。另外，随着环保受到越来越多的国家和国际组织的重视，矿业项目在环保上的成本也将会不断增加，甚至可能因环保问题而被终止，因此对环保风险要特别关注。

（4）税费风险。税费风险是指由于东道国矿产资源开发的税费政策而导致的投资风险。矿业税费制度是矿业投资环境的重要决定因素之一，是评价一个国家矿业投资环境和潜力的主要指标之一，还反映了该国矿业竞争力水平。税费的高低将直接影响矿业并购的经济效益，决定并购项目的成败。一个国家矿业税费制度的调整将对矿业投资项目的收益产生较大影响。如对一个国家的矿业税费制度了解不清楚而贸然进入，有可能会造成难以挽回的损失。

（三）宏观经济风险

宏观经济环境是在一国从事投资及生产经营活动的基本条件，宏观经济风险也是决定跨国投资者进行投资应考虑的主要风险因素之一。海外矿业投资及矿产品需求一直以来都与经济周期密不可分，宏观经济的走势和经济波动对矿产品需求存在较大的影响。目前全球40%的直接投资集中在发达国家，原因是这些国家不仅政治稳定、营商环境好，更因为它们的经济规模和市场潜力大，区域一体化水平高，资金的流动性强，宏观经济风险小。

第二次世界大战后，矿业史学家认为矿业经历了4个周期。第一个周期为“战后复兴期”，设立境外资源开发基金；第二个周期是20世纪60年代日本经济崛起的“黄金时代”；第三个周期是“亚洲四小龙”的崛起，资本不断向矿业聚集；第四个周期始于2003年，以中国为首的新兴经济体，经济步入快车道对资源的刚性需求，目前是否结束仍存在一定的争议。从矿业四个周期来看，基本都是全球宏观经济增速较快的时期，从而导致矿产品需求旺盛。2008年下半年，美国次贷危机诱发的全球性金融危机引起全球经济衰退。主要矿产品价格暴跌，矿山企业面临巨大的冲击，矿产品需求减缓、企业经营困难，迫使包括矿业巨头淡水河谷在内的矿山企业减产或停产。除中国之外的矿业公司和投资者开始逐渐减少或者退出矿业领域的投资。由此可见，宏观经济的波动对跨国矿业投资的影响是巨大的。经济发展的稳定性、物价水平、投资吸引力反映了宏观经济风险的大小。

（1）经济发展的稳定性。经济发展的稳定性是指在一定时期内经济增长是否稳定。经济稳定增长是指较长时期内经济持续平稳地增长，人均 GDP 和经济总量也平稳地上升并发展。经济发展是否稳定对矿产品的供需和价格存在较大的影响。

（2）物价水平。物价水平是度量一国消费潜力的重要标准，是反映一国经济、财政和货币情况的晴雨表。物价上涨会使居民消费水平上升，生活成本升高，从而会加大投资者的成本；如果物价一直居高不下将会引发通货膨胀，进而导致经济崩溃，激发社会矛盾，使社会不稳定因素增加，更加不利于形成良好的投资环境。一般情况下，一国的物价水平会随着其经济增长出现上涨的情况，物价的上涨幅度过大则会引起货币贬值，导致实际利率下降，利率降低又必然会鼓励增加货币与信贷供应，造成通货膨胀，这种相互影响还会引发利率风险。

（3）投资吸引力。投资吸引力是衡量一国通过利用该国的各种有利条件吸引外国投资者到本国进行投资的力度。一国的投资吸引力高说明该国营商环境整体比较好，就有利于跨国投资者开展经营活动。显然，拥有较高投资吸引力的国家和地区就有较好的营商环境，有利于矿业跨国并购活动的实施。

（四）金融风险

金融风险是指与金融有关的风险，主要来自汇率、信用和融资等三个层面。

1. 汇率风险

汇率风险是指由于汇率变动导致海外企业以外币计价的资产和负债、收入和支出的价值量的增加或减少，使企业损失或获利的不确定性。汇率波动是跨国公司面临的不确定性因素之一，因为汇率的变化能直接使投资者受损或受益。并且汇率的波动会给未来投入品的成本带来更大的不确定性，使投资者无法预期。而频繁的、无预期的汇率波动会给投资者带来巨大的经济损失，跨国投资者总是希望在汇率风险相对小的地方进行投资。因此，当地汇率的稳定性会对投资者的经营收益造成较大的影响。

2008 年 12 月初，中信泰富披露在过去两年中在澳大利亚投资开发磁铁矿的一系列项目，大部分设备和项目投入都需要用澳元来购买。为了降低外汇风险，分别与花旗集团、美洲银行、摩根斯坦利和德意志银行等 13 家金融机构共签下 24 款外汇累计期权合约，因澳元兑美元大幅下跌导致其澳元累计认购期权合约损失约 180 亿港元。中国“双铁”也因持有大量澳元资产而遭受重创。因此，矿业跨国并购必须对目标国的汇率稳定性、项目涉及的汇率问题进行审慎研究。

汇率风险对矿业跨国并购的影响主要表现为：一是企业在日常交易活动中产生的汇率风险。企业在进行跨国矿业投资时会出现以外币计价的投资活动，甚至包括企业因进行矿业投资需要大量资金而进行的借贷活动以及引进先进技术与资源的交易活动，这些交易活动都会因汇率变动而给企业带来获益或损失的风险。二是企业在进行会计核算时发生的汇率风险，主要是指由于企业进行跨国矿业投资时会计处理上会出现时间的延误，在这段延误时期内若出现汇率变动的话就有可能产生账面损失。三是企业在经营过程中由于一些未能预料的汇率变化从而造成企业获益或损失的风险，此时将影响企业战略的制定。

2. 信用风险

信用风险也称违约风险，是指合同中的一方不能践行合同中约定的义务而带来经济亏损的风险，即受信人不能履行还本付息的责任而使授信人的预期收益与实际收益发生偏离的可能性。在矿业跨国并购过程中，经常伴随着大额的资金、债权、债务、融资贷款活动，信用风险的高低直接影响到并购资金来源的稳定性，对矿业跨国并购活动的顺利实施产生较大的影响。

3. 融资风险

融资风险是指企业因生产经营的需要到金融市场筹措资金，由此可能产生的风险。矿业跨国并购融资是指未来企业在生产经营的各个阶段主动进行的资金筹集和运用的行为。矿业投资具有周期长、资金需求量大、不确定因素多、投资风险大的特征，对资金需求有时难以预计，如果在并购及生产经营过程中所需的资金很难及时筹集到，就很有可能导致投资失败。

矿业投资不同阶段融资风险及资金需求量如表 11-5 所示，根据跨国矿业投资的不同阶段选择合适的融资方式可以降低融资风险。

表 11-5 矿业投资不同阶段融资状况

阶 段	融资风险	资金需求量	投资回报率	可选择的融资方式
勘查阶段	高	小	高	较少
开发阶段	较低	大	较低	多
经营阶段	低	小	较高	较多

（五）社会文化风险

矿业跨国并购从前期决策到项目结束都依托着东道国社会这个载体来实现。社会文化风险一方面是指投资企业所面临的与东道国的民族、语言、宗教、信仰、习俗等方面存在的差异影响矿产资源的开发和公司的运营，另一方面东道国的社会治安状况、劳动者的素质都会直接影响矿产资源的有效开发。

社会文化环境会直接或间接影响跨国投资者的投资决策行为，因为不同的社会文化环境造成各国的综合国力、文化背景有很大差异，从而各国的国内建设、价值观念、思维方式也有着显著的差别，因此社会文化风险也大小不一。该类风险往往容易被忽视，因社会文化背景不同导致矿业跨国并购失败的案例也屡见不鲜。社会文化风险可以用社会治安、文化、劳动力素质和罢工等方面来体现。

（1）社会治安。影响社会治安不稳定的因素有贫富悬殊问题、暴力犯罪等，社会治安差不利于企业生产经营活动的开展。我国海外矿业投资的目标国大都治安环境较差。

（2）文化风险。文化风险包括民族、宗教和官方语言等差异程度。文化决定了人们对周围事物的评价，也决定了人们的行为和态度，该风险是我国企业在“走出去”时较为容易忽略的问题。伴随着资本的国际流动，各国文化也随之在国际范围内相互渗透；不同的地区，人们的行为方式和价值观念也存在较大差异。文化差异是产生文化风险的根源，文化差异越大就越不利于矿业跨国并购。例如我国周边一些国家，尤其是俄罗斯和蒙古，当地居民对待矿产资源的情感就和土地一样，不愿外国人在当地开采，这就给矿业跨国并购带来了很大的困难。

一般来说，如果文化相近，则因为语言、宗教和习俗所产生的冲突就会减少，投资成本也会更低。因此，对我国来说，受儒家文化影响的东亚、东南亚和华侨较多的国家和地区的文化风险相对较小。

（3）劳动力素质。劳动力在生产经营中发挥着无可替代的作用，因为人在经济活动中具有创造力和能动性。矿业跨国并购涉及矿床的勘探、矿石开采等，需要大量的专业人才以及劳动力，较高的研究发展水平，这样才能提高运营效率，最终促成项目的成功。一般来说，人才素质越高、人力资本越强，当地技术水平越高的地区，越容易形成当地自身的优势，跨国投资者到该国投资的劳动力素质风险就越小。

(4) 罢工风险。罢工风险是指未来企业在生产运营中由于生产事故、技术问题和劳资纠纷等引起的工人为了表示抗议而集体拒绝工作所带来的风险。项目的顺利运营需依靠当地工会和社区的支持，罢工问题也是矿业跨国并购时所面临的非常敏感的问题。若东道国有强大的工会组织和劳动保护政策，将会阻碍矿业跨国并购的进行。例如在越南，工人通过罢工争取利益是司空见惯的事情，且企业一旦遭到员工罢工，若期望依靠越南当地政府来直接干预或协调解决，往往得不到回应。实际上，政府甚至鼓励企业员工以罢工的形式维护和争取自己的正当权益。我国周边矿产资源丰富的印度、哈萨克斯坦也是罢工较为频繁的国家。因此，要避免罢工就必须搞好与当地的社区关系，以此减少企业的运营成本。

(六) 运营风险

运营风险是指因外部条件的复杂、多变和投资者对环境的认识和适应不足，致使项目失败或不能达到预期目标的不确定性。运营风险主要包括投资决策风险、过程管理风险等。

(1) 投资决策风险。投资决策风险是指决策者对矿业跨国并购及运营管理过程把握不准确而选择实施了不正确的决策方案，致使项目不能达到预期收益的风险。其产生原因主要包括决策者决策经验不足、缺乏科学有效的决策机制、缺乏深入的调查研究等。

(2) 过程管理风险。过程管理风险是指项目管理运作过程中由于信息不对称、管理不善以及判断失误等影响管理水平而导致的一系列具体的运营风险。过程管理风险具体体现在构成管理体系的每个细节上，一般包括管理者的素质、组织结构、企业文化和管理过程等。

(七) 地质资源风险

地质资源风险是矿业跨国并购过程中面临的独特风险因素，主要包括地质条件、矿产资源潜力、矿石品位和资源储量四个方面。

(1) 地质条件。地质条件的优劣直接关系到矿产资源勘探开发工作的进行。复杂或极端地质环境下开采，风险就更大，如高寒、高海拔地区采矿，缺氧会造成设备、车辆动力衰减、运输困难；地下水丰富地区，如地下暗河或溶洞条件下采矿也会加大项目的开发成本。因此，矿产资源的赋存条件是投资开发时需要考虑的因素。

(2) 矿产资源潜力。矿产资源潜力是指一国或地区某种或某些矿产资源在未来可能被发现的资源量。矿产资源潜力如何是投资者进行矿产勘查决策甚至投资决策的重要依据，其大小决定着矿山的生产规模和服务年限，对矿山并购估值产生较大影响。

(3) 矿石品位。矿石品位是矿业跨国并购评估的关键因素之一，直接关系到投资的成败。在开采技术条件、市场等基本确定的情况下，根据矿石品位可初步估算出项目的盈利情况。然而各国矿石品位相差较大，从全球来看，高品位易采选的优质矿产资源少，而低品位难采选的劣质矿产资源多。因此，矿石品位的高低形成了矿业跨国并购的关键风险。

(4) 资源储量。已探明并且可做设计依据的矿床地质资源量，是金属矿山建设规模和相应服务年限拟定的基础依据。当资源储量减少幅度较大时，就会造成矿山原拟定的生产规模偏大、服务年限和矿产品产量减少，其经济风险将表现在基建投资偏高、单位矿石生产成本提高、投资经济效益明显下降等方面。

(八) 自然风险

自然风险是指由于自然因素的不确定性妨碍矿业生产经营活动、威胁人们生命财产安全的风险，主要包括气候条件、自然灾害和地理位置等。

（1）气候条件。气候条件直接影响到劳工的工作强度，例如有些矿区所在地气温、雨雪等施工气候环境恶劣，一年的施工期也只有几个月，对矿业生产影响很大，不仅延长了投资期、占用了资金、加大了投资风险，而且还会影响到项目进度。

（2）自然灾害。矿产资源属于自然资源，其开发都是在自然环境中进行的，可能会遭遇地震、火山爆发、水灾、泥石流等破坏性极大的自然灾害，以及一些不可预知的传染病、疾病等不可抗力因素，干扰项目的运行甚至导致项目的失败，因此，应充分了解当地自然灾害发生的频率及其可能带来的损失。

（3）地理位置。一般来说，矿业跨国并购的目的在于获取资源。例如我国一般通过海运将跨国并购所获取的资源运回国内，而并购项目所处的地理位置是影响海运成本的主要因素，因为其决定着海运距离和运输成本的大小。

（九）矿业市场风险

矿业市场风险是矿业跨国并购中的关键风险之一，主要包括矿产品市场供需状况、矿产品价格、原材料、燃料及动力来源和价格等方面。并购前应做详细的市场调查，主要包括调查与金属矿山建设项目生产矿产品相关的选矿、冶炼以及压延加工工业现状、布局以及发展状况，矿产品的国内外市场需求情况，了解国内外主要矿山生产产品的质量、品种、规格及其销售价格、运杂费，主要矿山在市场上占有份额及今后生产发展趋势；其次是预测建设项目在市场上所处地位及今后产品在市场上可能占有的份额等。

（十）生产技术风险

生产技术风险是指在矿业勘探、开发过程中由于技术的局限性而产生的风险。主要包括勘查风险、开采技术风险和选冶技术风险。

（1）勘查风险。勘查风险是矿业项目固有的。发现一座可采矿床的概率非常低，从发现到探明一个经济可采矿床的平均成本也相当高，勘查与生产之间还存在着较长时间的准备期，因此，勘查投资具有极高的风险。

勘查风险的本质是勘探技术力量风险。不同的探矿者，勘查的结果可能差别很大。勘查有运气的成分，但起主导作用的仍然是人的因素。探矿者的工作态度、工作经验、工作思路、勘查方法的运用、方法手段的组合、勘查过程对目标矿产的动态认知能力和超前的敏感性以及团队合作能力等，都起着至关重要的作用。

（2）开采技术风险。开采技术风险，一方面表现为开采技术条件所带来的风险；另一方面表现为采用新工艺技术的风险。主要体现为两种情况：一种是使用新工艺技术时达到设计生产能力所需时间的不确定性，另一种是最终生产能力是否能够达到预先设计能力的不确定性。例如澳大利亚 Murrin Murrin 红土镍矿项目，当时开发时采用了最新的高压酸浸技术，不仅建设投资和生产成本均明显超过可行性研究的预期值，而且投产后出现了较多技术问题，长时间达不到设计生产能力。

（3）选冶技术风险。矿石组分的差异决定了选冶的难易程度。就当前的选冶技术水平来说，对一些复杂的矿石也存在选冶技术难以攻克的难题。另外，矿石对选冶工艺技术的要求过高将导致开发成本的上升，甚至使项目变得不可行。选冶技术落后又会导致资源利用率降低，引发资源浪费。

第四节　矿业跨国并购风险评价模型

一、矿业跨国并购风险评价指标体系的构建

（一）评价指标体系的构建原则

（1）系统性原则。要求在筛选指标时应尽量系统、全面地选择各级各类指标，系统地揭示、描述和反映出矿业跨国并购风险的整体情况，对风险尽可能做出客观评价。

（2）科学性原则。各个指标的定义应清晰，指标之间应相互补充，避免重叠。

（3）可比性原则。在决定评价指标和评价标准时，应充分斟酌时空变更所带来的影响，从而确保每项指标的可比性。

（4）可行性原则。要求所选指标应便于统计与分析，为风险评价打好基础。

（5）可测性原则。应考虑指标数据取得的可靠性和难易程度。

（6）适用性原则。指标体系应突出重点且计算方便，充分利用现有的、公认的统计指标。

（7）目标导向原则。建立的指标体系，一方面应便于测量矿业跨国并购风险的大小，另一方面评价结论应能为矿业跨国并购提供辅助决策依据。

（二）评价指标体系的构建

在矿业跨国并购风险因素识别的基础上，根据评价指标体系的构建原则并结合评价目的，选取评价指标，构建矿业跨国并购风险评价指标体系。

（三）评价指标权重的确定

确定指标权重是矿业跨国并购风险评价中不可缺少的工作，考虑指标体系自身的特点，可选取 Delphi 法或其他方法来确定权重。

二、矿业跨国并购风险评价模型

（一）评价指标分级

根据评价指标体系，可以对各评价指标进行分级。分级规则尽量以公认的数据或事实为依据，有些不好分级的指标可通过专家调查法咨询后再分级。

（二）评价方法选取

前已述及，矿业跨国并购风险评价方法较多，可根据评价问题的特点来选取。下面以变权评价为例进行说明。

变权是权变思想的应用领域之一，最早将变权的思想和方法数学化表达并应用于综合评价与决策的是我国著名学者汪培庄教授。他认为在一个决策过程中，人们对每一因素的权衡都要随着过程的具体进程而不断变化，这是一种随时间变化的权数，即使在一个固定时刻，人们对各因素的权衡也不是定常的，这是一种变权。

1. 变权的公理化定义

定义 1　惩罚型变权

映射 $W_j:(0,1)^m \to (0,1)$，$(x_1, \cdots, x_m) \to W_j(x_1, \cdots, x_m)(j=1, 2, \cdots, m)$，满足：

$W1$　归一性：$\sum_{j=1}^{m} W_j(x_1, \cdots, x_m) = 1$；

$W2$　连续性：$W_j(x_1, \cdots, x_m)$ 关于每个变元 x_k 连续；

$W3$　惩罚性：$W_j(x_1, \cdots, x_m)$ 关于每个变元 x_k 单调递减。

定义 2　激励型变权

映射 $W_j: (0, 1)^m \to (0, 1), (x_1, \cdots, x_m) \to W_j(x_1, \cdots, x_m)(j = 1, 2, \cdots, m)$，满足：

$W1$　归一性：$\sum_{j=1}^{m} W_j(x_1, \cdots, x_m) = 1$；

$W2$　连续性：$W_j(x_1, \cdots, x_m)$ 关于每个变元 x_k 连续；

$W3$　激励性：$W_j(x_1, \cdots, x_m)$ 关于每个变元 x_k 单调递增。

定义 3　混合型变权

映射 $W_j: (0, 1)^m \to (0, 1), (x_1, \cdots, x_m) \to W_j(x_1, \cdots, x_m)(j = 1, 2, \cdots, m)$，满足：

$W1$　归一性：$\sum_{j=1}^{m} W_j(x_1, \cdots, x_m) = 1$；

$W2$　连续性：$W_j(x_1, \cdots, x_m)$ 关于每个变元 x_k 连续；

$W3$　惩罚性与激励性：（1）当 $0 \leqslant x_j \leqslant p_j$ 时，$W_j(x_1, \cdots, x_m)$ 关于每个变元 x_k 单调递减；（2）当 $p_j < x_j \leqslant 1$ 时，$W_j(x_1, \cdots, x_m)$ 关于每个变元 x_k 单调递增。其中 $p = (p_1, \cdots, p_m)$ 为激励策略。

2. 状态变权向量的公理化定义

定义 4　惩罚型状态变权向量

映射 $S_j: (0, 1)^m \to (0, 1), (x_1, \cdots, x_m) \to S_j(x_1, \cdots, x_m)(j = 1, 2, \cdots, m)$，满足：

$S1$　$S_j[\sigma_{ij}(x_1, \cdots, x_m)] = S_j(x_1, \cdots, x_m)$，$\sigma_{ij}(x_1, \cdots, x_m)$ 表示交换 $(x_1, \cdots, x_m)$ 中 x_i 与 x_j 的位置；

$S2$　当 $x_i \geqslant x_j$ 时，$S_i(x_1, \cdots, x_m) \leqslant S_j(x_1, \cdots, x_m)$；

$S3$　$S_j(x_1, \cdots, x_m)$ 关于每个变元 x_k 连续；

$S4$　对于任何常权向量 $W^{(0)} = (w_1^{(0)}, \cdots, w_m^{(0)})$，其中 $w_j^{(0)} > 0(j = 1, 2, \cdots, m)$，$\sum_{j=1}^{m} w_j^{(0)} = 1$，令 $w_j(x_1, \cdots, x_m) = \dfrac{w_j^{(0)} S_j(x_1, \cdots, x_m)}{\sum_{j=1}^{m} w_j^{(0)} S_j(x_1, \cdots, x_m)}$，其中 $w_j(x_1, \cdots, x_m)$ 满足定义 1、定义 2 或定义 3，则称 $[S_1(x_1, \cdots, x_m), \cdots, S_m(x_1, \cdots, x_m)]$ 为惩罚型状态变权向量。

定义 5　激励型状态变权向量

映射 $S_j: (0, 1)^m \to (0, 1), (x_1, \cdots, x_m) \to S_j(x_1, \cdots, x_m)(j = 1, 2, \cdots, m)$，满足：

$S1$　$S_j[\sigma_{ij}(x_1, \cdots, x_m)] = S_j(x_1, \cdots, x_m)$，$\sigma_{ij}(x_1, \cdots, x_m)$ 表示交换 $(x_1, \cdots, x_m)$ 中 x_i 与 x_j 的位置；

$S2$　当 $x_i \geqslant x_j$ 时，$S_i(x_1, \cdots, x_m) \geqslant S_j(x_1, \cdots, x_m)$；

$S3$　$S_j(x_1, \cdots, x_m)$ 关于每个变元 x_k 连续；

$S4$　对于任何常权向量 $W^{(0)} = (w_1^{(0)}, \cdots, w_m^{(0)})$，其中 $w_j^{(0)} > 0(j = 1, 2, \cdots, m)$，$\sum_{j=1}^{m} w_j^{(0)} = 1$，令 $w_j(x_1, \cdots, x_m) = \dfrac{w_j^{(0)} S_j(x_1, \cdots, x_m)}{\sum_{j=1}^{m} w_j^{(0)} S_j(x_1, \cdots, x_m)}$，其中 $w_j(x_1, \cdots, x_m)$ 满足定义 1、

定义2或定义3，则称 $[S_1(x_1,\cdots,x_m),\cdots,S_m(x_1,\cdots,x_m)]$ 为激励型状态变权向量。

3. 均衡函数的公理化定义

定义6 映射 $B:(0,1)^m\rightarrow R$ 叫做均衡函数是指它具有连续的偏导数并且其梯度向量 $\mathrm{grad}B=\left(\frac{\partial B}{\partial x_1},\cdots,\frac{\partial B}{\partial x_m}\right)$ 为一个状态变权向量；当 gradB 为惩罚（激励）型状态变权时，B 称为惩罚（激励）型均衡函数；当 gradB 为混合型状态变权时，B 称为混合型均衡函数。则其变权模式为：

$$w_j(x_1,\cdots,x_m)=\frac{w_j^{(0)}\dfrac{\partial B}{\partial x_j}}{\sum\limits_{j=1}^m w_j^{(0)}\dfrac{\partial B}{\partial x_j}} \tag{11-1}$$

定理1 设 $g(t)$ 为定义在 $(0,1]$ 上的实值函数且满足 $g'(t)$ 连续且 $g'(t)\geqslant 0$，则 $B_1(x_1,\cdots,x_m)=\sum\limits_{j=1}^m g(x_j)$ 为均衡函数。

定理2 设 $h(t)$ 为定义在 $(0,1]$ 上的实值函数且满足 $h'(t)$ 连续且 $h'(t)\geqslant 0$，则 $B_2(x_1,\cdots,x_m)=\prod\limits_{j=1}^m h(x_j)$ 为均衡函数

因此，均衡函数有两种基本类型：(1) $\sum$ 型；(2) $\prod$ 型。以下函数均为均衡函数：

$$\sum\nolimits_1(x_1,\cdots,x_m)=\sum_{j=1}^m x_j \tag{11-2}$$

$$\prod\nolimits_1(x_1,\cdots,x_m)=\prod_{j=1}^m x_j \tag{11-3}$$

$$\sum\nolimits_\alpha(x_1,\cdots,x_m)=\sum_{j=1}^m x_j^\alpha\quad(\alpha>0) \tag{11-4}$$

$$\prod\nolimits_\alpha(x_1,\cdots,x_m)=\prod_{j=1}^m x_j^\alpha\quad(\alpha>0) \tag{11-5}$$

式（11-2）、式（11-3）依次是式（11-4）、式（11-5）的特例。

根据式（11-4），令 $B(x_1,\cdots,x_m)=\sum\limits_{j=1}^m x_j^\alpha(\alpha>0)$，得变权公式Ⅰ：

$$w_j(x_1,\cdots,x_m)=\frac{w_j^{(0)}x_j^{\alpha-1}}{\sum\limits_{j=1}^m w_j^{(0)}x_j^{\alpha-1}} \tag{11-6}$$

当 $0<\alpha<1$ 时，式（11-6）为惩罚型变权公式；当 $\alpha>1$ 时，式（11-6）为激励型变权公式；当 $\alpha=1$ 时，为常权。在实际应用中，确定 α 的大小是个难题，只能依据于实际问题以及所采用的评估方法根据经验来确定。

根据式（11-5），令 $B(x_1,\cdots,x_m)=\prod\limits_{j=1}^m x_j^\alpha(\alpha>0)$，得变权公式Ⅱ：

$$w_j(x_1,\cdots,x_m)=\frac{w_j^{(0)}}{x_j\sum\limits_{j=1}^m w_j^{(0)}x_j^{-1}} \tag{11-7}$$

（三）评价集合的建立

评价等级集合为 V：$V = \{V_1$(低风险)，V_2(较低风险)，V_3(一般风险)，V_4(较高风险)，V_5(高风险)$\}$。根据分级规则，可以规定低风险为［0，0.2)，较低风险为［0.2，0.4)，一般风险为［0.4，0.6)，较高风险为［0.6，0.8)，高风险为［0.8，1)。

（四）确定均衡函数及变权公式

采用均衡函数式（11-4），相应的变权公式为式（11-6），并取 α 的不同值进行测算。

（五）确定拟并购矿山各评价指标的分级值

根据拟并购矿山实际情况，参照分级规则进行确定。

（六）变权综合评价

综合评价值为 E，其计算公式：

$$E = \sum_{j=1}^{m} w_j S_j \tag{11-8}$$

式中，S_j 为评价指标的分级值。

复习思考题

一、名词解释

企业兼并、企业收购、跨国并购、横向并购、纵向并购、混合并购、定性评价方法、决策树法、财务报表法、流程图分析法、分段识别法、风险树搜寻法、环境分析法、政治风险、政策法律风险、汇率风险、信用风险、融资风险、运营风险、地质资源风险、自然风险、生产技术风险

二、简答题

1. 企业跨国并购的基本类型。
2. 跨国并购的主要动因是什么？
3. 跨国投资并购的主要理论。
4. 跨国并购的基本流程。
5. 目前常用的定性评价方法主要有哪些？
6. 定量风险评价方法主要有哪些？
7. 蒙特卡罗模拟方法的基本原理。
8. 灰色关联分析法的基本思想。
9. 矿业跨国并购风险因素识别的主要任务。
10. 风险识别的方法通常有哪些？
11. 矿业跨国并购风险主要有哪些类型？
12. 矿业市场调查的主要内容。
13. 矿业跨国并购风险评价指标体系的构建原则。

第十二章　矿业项目融资贷款评估方法与实例

项目融资贷款多是中长期贷款，期限一般在一年以上。本书中项目贷款包括三类：第一类是通常所说的固定资产贷款，即指用于借款人建筑、安装、维修、更新改造固定资产的贷款，包括基本建设贷款和技术改造贷款。第二类是并购贷款，即商业银行向并购方企业或并购方控股子公司发放的，用于支付并购交易价款的贷款。并购贷款是一种特殊形式的项目贷款。第三类是系统性融资贷款，即开发性金融贷款。下面重点介绍第二类、第三类贷款。

第一节　矿业并购贷款评估方法与实例

目前，我国并购融资制度十分不完善。1996 年中国人民银行制定的《贷款通则》规定，商业银行不许提供并购贷款。2005 年以来，商业银行经事前向中国银监会报批确认合规后，向中石油、中石化、中海油、华能、国航发放了相应贷款，用于从事股权并购，即所谓的“一事一批”制度。2008 年 12 月 3 日，国务院部署的“金融国九条”第五条中明确提出“创新融资方式，通过并购贷款、房地产信托投资基金、股权投资基金和规范发展民间融资等多种形式，拓宽企业融资渠道”。2008 年 12 月 9 日，中国银监会发布了《商业银行并购贷款风险管理指引》，针对境内并购方企业通过受让现有股权、认购新增股权，或收购资产、承接债务等方式以实现合并或实际控制已设立并持续经营的目标企业的交易行为。允许符合发放条件的商业银行对其提供并购贷款。

矿业并购贷款主要评估内容包括：矿区地质资源、建设规模及产品方案、项目总投资与成本估算、财务评价以及并购融资方案等。

下面以厦门 A 公司收购江西 B 公司 CK 矿区为例进行并购贷款评估，即 A 公司以 CK 矿区采矿权收益为保证，通过向银行申请一定数量贷款完成 CK 矿区并购，即注资 B 公司。评估基准日：2012 年 1 月 1 日。

一、矿区地质资源

（一）地质资源储量

根据地质储量报告，矿区共计算 5 条矿体，计算结果见表 12-1。计算采矿证内 C + D 级储量：矿石量 29.9563 万吨，（WO_3）金属量 11101.39t，其中 C 级（WO_3）金属量 379.18t，伴生钼金属量 26.22t，伴生铋金属量 134.38t。

按储量套改标准要求资源/储量类别及数量见表 12-2。

表 12-1　CK 矿区储量计算结果表

矿体号	矿块号	储量级别	矿块水平厚度/m	矿体平均/%			矿石量/t	金属量/t		
				WO_3	Mo	Bi		WO_3	Mo	Bi
V1	V1C 内	C	0.173	3.943	0.004	0.027	5782	227.99	0.21	1.58
	V1D 内	D	0.141	3.131	0.004	0.027	78746	2465.19	2.89	21.52
	V1D 外-1	D	0.141	3.131	0.004	0.027	21984	688.21	0.81	6.01
	V1D 外-2	D	0.141	3.131	0.004	0.027	786	24.60	0.03	0.21
V2	V2C 内	C	0.200	2.273	0.002	0.075	6653	151.18	0.10	4.96
	V2D 内	D	0.153	3.459	0.002	0.075	60217	2083.09	0.90	44.86
	V2D 外-1	D	0.153	3.459	0.002	0.075	2008	69.46	0.03	1.50
	V2D 外-2	D	0.153	3.459	0.002	0.075	2246	77.71	0.03	1.67
V3	V3D 内	D	0.113	2.215	0.005	0.045	26868	595.08	1.34	12.18
	V3D 外	D	0.113	2.215	0.005	0.045	5273	116.80	0.26	2.39
V4	V4D 内	D	0.242	1.846	0.026	0.047	70816	1307.49	18.59	33.46
	V4D 外	D	0.242	1.846	0.026	0.047	18612	343.63	4.89	8.79
V5	V5D 内	D	0.317	8.461	0.004	0.031	50482	4271.37	2.19	15.82
	V5D 外	D	0.317	8.461	0.004	0.031	19664	1663.84	0.85	6.16
小计	C 内	C					12435	379.18	0.31	6.54
	D 内	D					287128	10722.21	25.91	127.84
证内合计	C+D 内	C+D					299563	11101.39	26.22	134.38
	D 外	D					67541	2881.94	6.84	24.85
全区合计		C+D					370136	14085.64	33.12	161.12

注："内"为采矿证内矿块，"外"为采矿证外矿块。

表 12-2　CK 矿区储量计算结果表

矿　种	级　别	矿石量/万吨	金属量/t
WO_3	122b	1.24	379.18
	122	0.94	288.71
	2M22	28.71	10722.21

（二）地质资源评价

（1）地质资源/储量较为丰富，平均品位高。CK 矿区计算采矿证内 122b 储量：矿石量 1.24 万吨，(WO_3)379.18t，WO_3 平均品位 3.05%；2M22 储量：矿石量 28.71 万吨，(WO_3)10722.21t，WO_3 平均品位 3.73%。伴生钼金属量 26.22t，伴生铋金属量 134.38t。

（2）伴生组分多，有综合回收潜力。矿区所圈定的五个矿体，其中 Sn、Mo、Bi 作了较系统的分析，据 20 个样品统计（质量分数），Sn：0.002% ~0.08%，平均 0.01%；Mo：0.001% ~0.08%，平均 0.01%；Bi：0.001% ~0.24%，平均 0.04%。对照《钨矿地质勘探规范》，Mo、Bi可作为伴生有益组分计算储量，计算伴生组分储量时，矿块平均品位采用单个矿体平均品位代替矿块平均品位，其余参数与计算 WO_3 储量一致。

据ZK303孔个别样品Cu、Ag分析，Cu最高1.85%、平均品位1.22%；Ag最高48g/t、平均品位19.13g/t。说明石英脉含铜和银，但因采样不系统，无法计算储量，建议在今后矿山开采时注意综合回收。

(3) 资源潜力预测。CK矿区面积3.36km^2，有储量2.3万吨。办理采矿证的范围仅有0.2601km^2，开采深度620～280m标高，占有储量1.11万吨；CK矿区还有储量1.19万吨未有采矿权证。本区还有10余条矿体未估算资源量，并且在采矿证许可最低标高280m以下尚有资源潜力，预测本区（含采矿许可证外）钨资源量3.2万吨。

二、矿区开采和资源利用

（一）矿山建设及生产情况

CK矿区矿山始建于1965年，20世纪60年代基本未采矿，主要为民采；1977～1978年以地下开采方式（平巷坑采）为主，在625中段以探矿为主掘进平窿400多米，用柴油机发电压风，风钻掘进，采出少量矿石，用手选-简单粉碎-重选后，WO_3 品位可达60%以上。1999年5月开始基建，计划投资350万元（含准备建的选矿设备和选厂等），设计生产能力每年处理10万吨钨矿石。现在420和450中段平巷掘进坑道1600m，还未正式采矿。矿山计划采用的选矿工艺流程见图12-1。

（二）历年采矿情况

CK矿区和外围矿区常年有300～1000人采钨锡，民工开采厉害，终年不断，说明矿化较富。而在本采矿证范围内，除以往在750m标高以上有少量民工开采外，基本未开采。现矿山计划以探矿为主，采用地下开采方式掘进平巷开采，设计采矿回采率为80%，但根据民采和本区以往开采情况，实际回采率在76%，损失率24%，采矿贫化率一般在60%以上。

本矿山历年民采只选取钨，钼铋银等共（伴）生矿产未进行综合回收利用。矿山基本未采矿，矿体形态、产状、矿石质量及储量未发生大的变化。

三、建设规模及产品方案

（一）矿山生产规模和服务年限

考虑评估目的为并购贷款，本次CK矿区储量利用率为100%。

122b、2M22储量均按照100%系数计算，则CK矿区设计储量29.95万吨，（WO_3）金属量11101.39t。由于选矿流程中未考虑伴生Mo、Bi的回收工艺流程，因此，仅考虑综合回收。设计生产规模10万吨/a。

采矿回采率为80%，贫化率60%。矿山服务年限=矿石量×回采率/[年生产规模×(1－贫化率)]≈6.0a。此时矿山服务年限较短。

（二）产品方案

钨精矿，品位65%。选矿回收率85%。

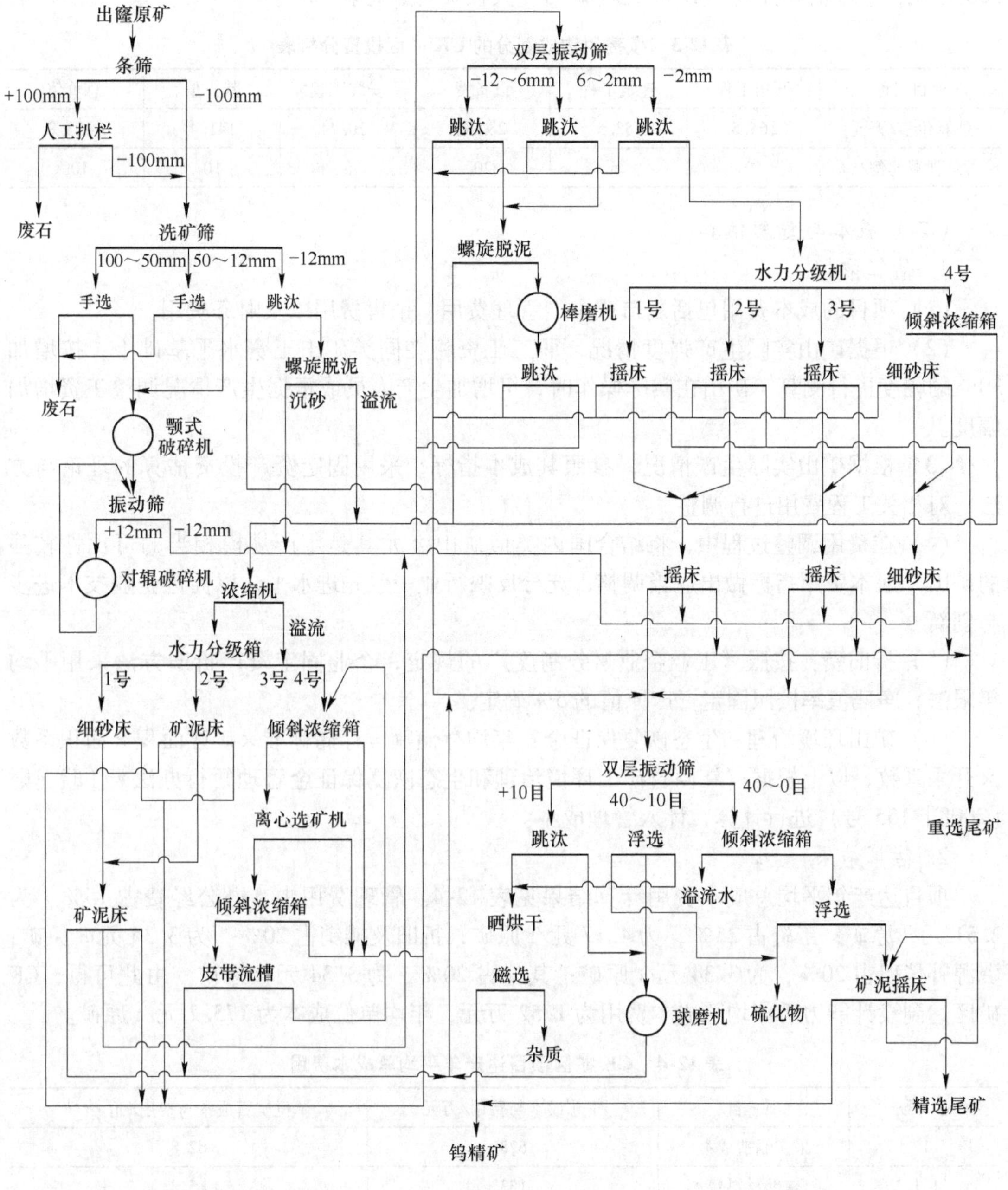

图 12-1　CK 矿区 125t/d 选矿工艺流程图

四、项目总投资与成本估算

（一）项目投资估算

该投资估算是根据 CK 矿区 2002 年的生产经营现状，结合类似矿山生产资料（崇义县东岭背钨锡矿、赣县黄婆地钨锌多金属矿等），采用生产能力指数法进行编制的。

经估算，总投资额为 1413.8 万元，即在原基础上需要新增 1000 万元投资，流动资金

300 万元，单位估算投资 141.38 元/t 矿石。其投资构成见表 12-3。

表 12-3　按费用构成划分的 CK 矿区投资分析表

项目名称	开拓工程	建筑工程	设备费	安装工程	其　他	总价值
估算价值/万元	565.5	353.5	282.8	70.7	141.4	1413.8
占总估算比例/%	40	25	20	5	10	100

（二）成本与费用估算

1. 估算依据

（1）项目的成本费用包括制造成本、管理费用、销售费用以及财务费用。

（2）根据矿山实际生产强度情况，职工工资将在同类矿山工资水平基础上，按增加 30% 的幅度进行测算。矿山在实际操作时，可增加生产人员或根据生产情况调整工资增加幅度。

（3）根据矿山实际生产情况，参照其成本指标，采用固定资产投资估算的理论与方法，对相关工程费用进行调整。

（4）在费用调整过程中，将结合国内类似矿山（尤其是生产规模相当的可比性较强的矿山）成本费用指标做出适当调整，充分反映行业一般先进水平，以促进企业技术进步与创新。

（5）折旧费：按照《工业企业财务制度》的规定，企业固定资产折旧方法采用平均年限法，净残值率按照固定资产原值的 5% 确定。

（6）矿山环境治理和生态恢复保证金：年均存储额 = 存储标准 × 矿区面积 × 面积系数 × 开采系数，以上根据《江西省矿山环境治理和生态恢复保证金管理暂行办法》（赣建财［2008］155 号）进行计算，计入管理成本。

2. 估算结果

项目达产年平均总成本费用计算结果见表 12-4。管理费用中，办公经费占 15%，为 2.51 元/t 原矿；工资占 25%，为 4.17 元/t 原矿；折旧及摊销占 20%，为 3.34 元/t 原矿；资源补偿费占 20%，为 3.34 元/t 原矿；其他占 20%，为 3.34 元/t 原矿。由此可得，CK 矿区达到设计能力后年均总成本费用为 1752 万元，年均单位成本为 175.2 元/t 原矿。

表 12-4　CK 矿区项目达产年平均总成本费用

序　号	项　目	年总成本与费用/万元	单位矿石成本与费用/元 · t^{-1}
1	采矿制造成本	628	62.8
1.1	辅助材料费	153	15.3
1.2	动力费	131	13.1
1.3	工资及福利费	45	4.5
1.4	制造费用	256	25.6
1.4.1	维简费	193	19.3
1.4.2	维修费	63	6.3
1.5	探矿费	43	4.3
2	选矿制造费用	950	95

续表 12-4

序　号	项　目	年总成本与费用/万元	单位矿石成本与费用/元·t^{-1}
2.1	辅助材料费	395	39.5
2.2	动力费	372	37.2
2.3	工资及福利费	159	15.9
2.4	制造费用	24	2.4
3	管理费用	167	16.7
4	财务费用	5	0.5
5	营销费用	2	0.2
6	总成本及费用	1752	175.2
7	经营成本	1393	139.3

五、财务评价

（一）产品价格、平均年产量、平均年销售收入

钨精矿（65%）按照13.5万元/t计价。

以年生产规模10万吨矿石，贫化率60%，钨矿品位按平均为3.68%，选矿回收率85%，平均年产钨精矿（65%）1924.92t。

经计算，项目达产年平均销售收入为16891.17万元。

（二）销售税金及附加

（1）增值税：根据国务院《中华人民共和国增值税暂行条例》的规定，产品销项税税率为13%，进项税税率为17%。

（2）城市维护建设税（含水利建设基金）：以增值税为依据，税率5%。

（3）教育费附加：以增值税为依据，税率3%。

（4）资源税：按6元/t原矿计征。

（5）资源补偿费：以销售收入为依据，税率2%。

达产年销售税金及附加为2769.34万元，见表12-5。

表12-5　销售收入与销售税金及附加计算表

序　号	项　目	单　位	生　产　期	
			2~6	7
	生产负荷	%	100.0	100.0
1	生产能力	万吨	10	10
2	销售收入	万元	16891.17	16891.17
3	销售税金及附加	万元	2769.34	2769.34
3.1	增值税	万元	2195.85	2195.85
3.2	城市维护建设税	万元	109.79	109.79
3.3	教育附加费	万元	65.88	65.88
3.4	矿产资源税	万元	60	60
3.5	资源补偿费	万元	337.82	337.82

（三）所得税

所得税按利润总额的25%计征，达产年均所得税为3092.46万元，见表12-6。

表12-6 损益表

序 号	项 目	单 位	生 产 期	
			2～6	7
	生产负荷	%	100.0	100.0
1	销售收入	万元	16891.17	16891.17
2	销售税金及附加	万元	2769.34	2769.34
3	总成本费用	万元	1752	1752
4	利润总额	万元	12369.83	12369.83
5	弥补以前年度亏损	万元	0	0
6	所得税	万元	3092.46	3092.46
7	税后利润	万元	9277.37	9277.37
8	盈余公积金	万元	927.74	927.74
9	可分配利润	万元	8349.63	8349.63
10	未分配利润	万元	0	0
11	应付利润	万元	8349.63	8349.63

（四）净利润分配

缴纳所得税后的利润按照下列顺序分配：

（1）弥补项目以前年度的亏损。企业发生的年度亏损，可以用下一年度的税前利润弥补，下一年度利润不足弥补的，可以在5年内继续弥补，5年内不足弥补的，用税后利润弥补。

（2）提取法定盈余公积金。按照税后利润扣除前项后的10%提取。

（3）应付利润，指企业应付给投资者的利润。

（4）未分配利润，指用于偿还贷款的利润。

（五）清偿能力分析

将在融资方案中计算。

（六）财务盈利能力分析

项目现金流量表如表12-7所示。

表12-7 项目现金流量表 （万元）

项 目	建设期	生 产 期			
		2	3	4～6	7
一 现金流入	0	16891.17	16891.17	16891.17	17251.1
1 营业收入	0	16891.17	16891.17	16891.17	16891.17
2 回收固定资产余值					60
3 回收流动资金					300
二 现金流出	1713.8	7254.8	7254.8	7254.8	7254.8

续表 12-7

项　目	建设期	生　产　期			
		2	3	4～6	7
1　建设投资	1413.8				
2　铺底流动资金	300				
3　流动资金					
4　经营成本		1393	1393	1393	1393
5　销售税金及附加		2769.34	2769.34	2769.34	2769.34
6　所得税		3092.46	3092.46	3092.46	3092.46
7　维持运营投资					
三　净现金流量	－1713.8	9636.3	9636.3	9636.3	9636.3
四　累计净现金流量	－1713.8	7922.5	17558.8	46467.7	56104
五　税前净现金流量	－1713.8	12728.76	12728.76	12728.76	12728.76
六　累计税前净现金流量	－1713.8	11014.96	23743.72	61930	74658.76
计算指标：	税　后			税　前	
内部收益率/%	562			743	
净现值（i=10%）/万元	36780			49024	
投资回收期（含1年建设期）	1.20年			1.15年	

由表12-7可知：项目内部收益率（税后）：562%＞10%；

项目财务净现值（税后）：36780万元＞0；

动态投资回收期（年）(含1年建设期)(税后)：1.20年。

根据项目评价准则，该项目在财务上完全可行，经济效益很好。

六、并购融资方案

（一）股本结构与贷款规模

根据《股权重组框架协议》，A公司将持有70%的股权，B公司将持有30%的股权。本次重组价款估计为4.0亿元，则A公司占70%，为2.8亿元；B公司占30%，为1.2亿元。A公司出资的2.8亿元中，拟自筹1.0亿元，占35.71%；向银行申请贷款1.8亿元，占64.29%。CK矿区未来收益将优先偿还银行贷款。

（二）还款方案与清偿能力分析

1. 还款方案一与清偿能力分析

贷款期限暂定为3年，暂定2012年年底发放贷款，利率取目前3～5年贷款基准利率6.4%，3年内等额本金还本付息，见表12-8。

表12-8　年度还款计划　（万元）

项　目	2012E	2013E	2014E	2015E
年初贷款余额	0	18000	12000	6000
本年新增贷款	18000	0	0	0

续表 12-8

项　目	2012E	2013E	2014E	2015E
贷款偿还	0	6000	6000	6000
年末贷款余额	18000	12000	6000	0
当年利息	0	1152	768	384
偿还本金和利息	0	7152	6768	6384
息税前利润	—	12728.76	12728.76	12728.76
折　旧	—	223.85	223.85	223.85
自由现金流	—	12952.61	12952.61	12952.61
偿债率/%	—	181.10	191.38	202.89

由表 12-8 可知，共计还本付息额 2.0304 亿元，偿债率均大于 1，说明清偿能力较好。

2. 还款方案二与清偿能力分析

贷款期限暂定为 3 年，暂定 2012 年年底发放贷款，利率取目前 3 ~ 5 年贷款基准利率 6.4% 并上浮 10%，即 7.04%，3 年内等额本金还本付息，见表 12-9。

表 12-9　年度还款计划　　（万元）

项　目	2012E	2013E	2014E	2015E
年初贷款余额	0	18000	12000	6000
本年新增贷款	18000	0	0	0
贷款偿还	0	6000	6000	6000
年末贷款余额	18000	12000	6000	0
当年利息	0	1267.2	844.8	422.4
偿还本金和利息	0	7267.2	6844.8	6422.4
息税前利润	—	12728.76	12728.76	12728.76
折　旧	—	223.85	223.85	223.85
自由现金流	—	12952.61	12952.61	12952.61
偿债率/%	—	178.23	189.23	201.68

由表 12-9 可知，共计还本付息额 2.05344 亿元，偿债率均大于 1，说明清偿能力较好。

3. 还款方案三与清偿能力分析

贷款期限暂定为 3 年，暂定 2012 年年底发放贷款，利率取目前 3 ~ 5 年贷款基准利率 6.4% 并上浮 20%，即 7.68%，3 年内等额本金还本付息，见表 12-10。

表 12-10　年度还款计划　　（万元）

项　目	2012E	2013E	2014E	2015E
年初贷款余额	0	18000	12000	6000
本年新增贷款	18000	0	0	0
贷款偿还	0	6000	6000	6000

续表 12-10

项　目	2012E	2013E	2014E	2015E
年末贷款余额	18000	12000	6000	0
当年利息	0	1382.4	921.6	460.8
偿还本金和利息	0	7382.4	6921.6	6460.8
息税前利润	—	12728.76	12728.76	12728.76
折　旧	—	223.85	223.85	223.85
自由现金流	—	12952.61	12952.61	12952.61
偿债率/%	—	175.45	187.13	200.48

由表 12-10 可知，共计还本付息额 2.07648 亿元，偿债率均大于 1，说明清偿能力较好。

（三）评估结论

A 公司收购 B 公司 CK 矿区项目可获得税后财务净现值 36780 万元，期末税后净现金总量 56104 万元，因此，完全可行。

向银行申请贷款 1.8 亿元，资金结构合理，清偿能力较强，可行。

第二节　矿业开发性金融贷款评估方法与实例

一、开发性金融概述

（一）开发性金融的内涵及本质

1. 内涵

开发性金融是政策性金融的深化和发展，是实现政府发展目标、弥补体制落后和市场失灵，有助于维护国家经济金融安全、增强竞争力的一种金融形式。开发性金融一般为政府拥有、赋权经营，具有国家信用，体现政府意志，把国家信用与市场原理特别是与资本市场原理有机结合起来。开发性金融贷款也是一种特殊形式的项目贷款。

2. 本质

（1）开发性金融不同于政策性金融。政策性金融把信贷资金财政化，而开发性金融把财政资金信贷化，即把财政资金用市场化的方法运作。在国际上，把财政性的资金转化为信贷资金发放运行，运作效率很高。

（2）开发性金融是资本融资的过程。目前，我国绝大多数融资都通过银行实现，开发性金融承担了长期融资的任务。

（3）以政府干预为主要特征。西方国家开发性金融都是政府干预、政府主导，但运作是市场化的。

（4）市场运作。有明确的定价理论和产权关系。发达国家的开发性金融以最先进的项目引资为主导，解决产权纠纷问题。

（二）开发性金融的发展阶段

从世界性的发展趋势看，开发性金融一般经历三个发展阶段：

第一阶段是政策性金融初级阶段。开发性金融作为政府财政的延伸，以财政性手段弥补市场失灵。

第二阶段是制度建设阶段，也是机构拉动阶段。开发性金融以国家信用参与经济运行，推动市场建设和制度建设。

第三阶段是作为市场主体参与运行。随着市场的充分发育，各类制度不断完善，国家信用与金融运行分离，经济运行完全纳入市场的轨道、框架，开发性金融也就完成基础制度建设的任务，作为市场主体参与运行。

目前，开发银行已走过政策性金融初级阶段，正处于制度建设阶段。

（三）开发性金融的重要性

当前我国经济正处于一个重要发展阶段，部分行业和地区投资增长过快，低水平重复建设严重，货币信贷增长过快，贷款结构不合理。为此，党中央、国务院采取了一系列宏观调控措施。这些矛盾可以归结为经济社会发展需求和金融发展相脱节，融资体制和市场建设发展落后，使得经济社会得不到协调发展所必需的融资支持，消费、投资、出口三大要素难以协调高效地发挥作用，瓶颈领域不断涌现。在市场缺损方面，供给、制度和市场瓶颈是联系在一起的，有供给瓶颈的地方，往往也有制度和市场瓶颈。因此，加强制度和市场建设，弥补体制落后和市场失灵，是当前急需解决的突出问题。制度和市场建设，不能靠自发形成，需要主动地推动建设，需要政府、开发性金融和企业共同推进。而开发性金融可以发挥政府与市场之间的桥梁和纽带作用。

（四）矿业开发性金融贷款的评估内容

矿业开发性金融贷款主要评估内容包括：行业发展目标、重大项目融资规划、行业融资供需分析、资金平衡方案和项目承贷能力测算、融资模式以及开发性金融支持方案设计等。

下面以某省稀土行业为例进行开发性金融贷款评估。评估基准日：2011 年 12 月 1 日。

二、行业发展目标与原则

（一）发展目标

未来 5 ~ 10 年，该省将重点支持稀土资源勘查和开采、稀土资源加工利用等项目，形成布局合理、协调发展、集约增长的稀土产品产业化与研发体系，建成国内领先的稀土产品深加工基地和稀土功能材料及器件应用基地。

（二）发展原则

（1）坚持加强认识，规划先行。要充分认识金融支持某省稀土行业发展的重要性，把加大稀土行业的建设投入摆在重要位置，坚持以项目争资金，以资金促发展，超前谋划，做好前期基础工作，努力增加项目储备。

（2）坚持统筹兼顾，协调发展。稀土行业的发展事关某省经济的腾飞，应该坚持统筹金融支持发展稀土资源的合理利用和开发，统筹金融支持发展稀土冶炼分离与环境治理，统筹金融支持发展稀土基础材料和新材料的生产与应用研究，促进金融支持稀土行业的协调发展。

（3）坚持政府引导，社会主导。强化政府在推动金融支持稀土行业发展中的引导作用，增强公共财政对金融支持稀土行业发展的保障作用，发挥市场对资源配置的基础性作用，加强相关部门的沟通和协调，推进社会主导，形成政府社会协同推动金融支持稀土行业发展的合力。

（4）坚持改革创新，推进融资体制建设。加快金融支持稀土行业发展关键环节的改革攻坚，破解制约金融支持稀土行业发展的体制机制障碍，构建有利于金融支持稀土行业发展的体制机制，增强金融支持稀土行业发展的活力，促进金融支持稀土行业的全面发展。

三、产业重大项目融资规划

（一）重大项目安排与融资规划

1. 低品位及复杂难处理离子型稀土资源综合利用技术研究及成果推广项目

A 建设内容

开展低品位离子型稀土资源综合利用技术研究及成果推广，包括室内试验研究，条件试验、中试、工业试验及示范推广工作；开展复杂难处理离子型稀土资源综合利用技术研究及成果推广，包括室内试验研究，条件试验、中试、工业试验及示范推广工作；开展新型离子交换树脂高效回收稀土技术研究及成果推广，包括室内试验研究，条件试验、中试、工业试验及示范推广工作。

B 投资估算

项目总投资38000万元，其中低品位离子型稀土资源综合利用技术研究及成果推广项目3000万元，复杂难处理离子型稀土资源综合利用技术研究及成果推广项目3000万元，新型离子交换树脂高效回收稀土技术研究及成果推广项目32000万元。具体见表12-11。

表12-11 稀土资源综合利用项目投资计划 （万元）

项目类别	费用名称					总投资
	仪器设备	材料样品	试验费用	流动资金	推广费用	
低品位稀土资源综合利用技术研究及成果推广	300	50	500	150	2000	3000
复杂难处理离子型稀土资源综合利用技术研究及成果推广	300	50	500	150	2000	3000
新型离子交换树脂高效回收稀土技术研究及成果推广	2800	1500	3200	2400	22100	32000
合计	3400	1600	4200	2700	26100	38000

2. 集约化生产及标准化矿山建设示范与推广项目

A 建设内容

对已批复的十九个稀土矿区进行资源整合，增加和盘活现有资源量；充分利用现有的技术成果，用2年左右的时间将示范基地范围内稀土矿山全面建设成为安全规范、能耗限额、清洁生产、绿色和谐的标准化矿山；稀土矿区环境治理与生态恢复。根据稀土矿山采空区被污染土壤及废弃矿山的检测数据和原有土地功能区划，对历年来采用池浸、堆浸、原地浸矿工艺稀土开采的废弃矿山和现在产矿山，分别采用土壤改良及植被恢复的技术和方法，进行土壤污染治理及废弃矿山生态恢复治理，构建绿色、生态、节能、和谐矿山。

拟建标准化矿山情况见表12-12。

表 12-12 拟建标准化矿山基本情况

项目名称	建设地点 县名	建设地点 矿区名称	数量	规模/$t \cdot a^{-1}$	备注
建设 19 个标准化示范矿山（在整合矿区）	D	涂屋	2	1000	
	C	新田	2	1000	
		虎山	1	500	
	A	河岭	2	1000	
	E	黄陂	1	500	
	F	岭北	10	5000	
	B	足洞	1	3000	
整改矿山（在非整合矿区）	其余矿山		23	—	

B 投资估算

项目总投资 190000 万元，其中稀土资源整合项目 11000 万元，建立南方离子型稀土矿山建设和开采设计规范、管理模式 10000 万元，建设 19 个标准化示范矿山 57000 万元，在示范基地范围内其余矿山推广标准化矿山生产管理模式 2000 万元，原地浸矿工艺开采稀土中的防滑坡技术研究及成果推广 3000 万元，稀土矿区环境治理与生态恢复 107000 万元。具体见表 12-13 ~ 表 12-16 所示。

表 12-13 稀土资源整合投资计划 （万元）

项目类别	费用名称 整合方案	资源详查	开发利用方案	安全评价	环评	水评	水土保持方案	其他费用	总投资
稀土资源整合	200	3000	300	150	4000	1000	1000	1350	11000

表 12-14 标准化示范矿山投资计划 （万元）

项目类别	费用名称 矿山工程	公用工程	生活设施	其他费用	流动资金	管理模式推广	总投资
建设 19 个标准化示范矿山并推广	12000	5000	4000	26000	10000	2000	59000

表 12-15 原地浸矿开采防滑坡项目投资计划 （万元）

项目类别	费用名称 仪器设备	材料样品	试验费用	流动资金	推广费用	总投资
原地浸矿开采防滑坡技术研究及成果推广	300	50	500	150	2000	3000

表 12-16 稀土矿区环境治理与生态恢复项目投资计划 （万元）

项目类别	费用名称 地形整治工程	原有拦砂坝加固	蓄排水工程	土壤改良工程	土地复垦与绿化工程	在产矿山治理费用	总投资
矿区环境治理与生态恢复	25000	2000	12000	18000	20000	30000	107000

3. 资源综合利用项目

A 建设内容

残次矿回收矿点建设，用5年的时间，在基地范围内分别建设20个左右的稀土残次矿回收矿点，每年回收稀土（REO）1000t左右；稀土矿区废水综合利用，用5年的时间新建稀土矿区废水处理车间，形成年处理稀土矿区废水2400万吨，回收稀土（REO）350t的生产能力；稀土尾矿综合利用，对有价值的稀土尾矿进行综合利用，回收残余稀土的同时，综合回收尾矿中的伴生矿物（高岭土、石英砂）。

B 投资估算

项目总投资17000万元，其中残次矿回收矿点建设9000万元，稀土矿山废水资源综合回收示范项目5000万元，稀土尾矿综合利用项目3000万元。具体见表12-17。

表12-17 资源综合利用项目投资计划 （万元）

项目类别	费用名称					总投资
	矿山工程	公用工程	生活设施	其他费用	流动资金	
残次矿回收	2000	700	300	4500	1500	9000
矿区废水资源综合回收	1000	500	300	2200	1000	5000
尾矿资源综合利用	1000	300	300	900	500	3000

4. 项目总投资及融资规划

项目总投资24.5亿元，其中中央财政补助资金4亿元，企业自筹和银行贷款20.5亿元，计划向某银行申请开发性金融贷款14亿元。

（二）某市稀土深加工及应用重点项目融资规划

1. 重点招商项目

（1）高矫顽力稀土永磁材料项目。建设年产4500t N38SH、N35EH等高矫顽力钕铁硼稀土永磁体生产线及相应配套设施，项目投资10亿元。

（2）稀土永磁风力发电机项目。建设稀土永磁风力发电机生产线、高效节能电机生产线及相应配套设施。一期设计年产1000台高效节能电机、500台风力发电机转子，二期设计年产2000台永磁风力发电机、5000台高效节能电机。项目投资5亿元（已合资成立某金力永磁科技有限公司，目前资金投入很少，仅1亿元）。

（3）电动汽车用稀土永磁电机项目。建设年产100万台（套）电动汽车用稀土永磁电机生产线及相应的配套设施，项目投资5亿元（已合资成立某电机有限公司，目前资金投入很少，仅0.2亿元）。

（4）高光效、高显色三基色荧光粉项目。新建年产3200t高光效、高显色的三基色荧光粉生产线、研发检验综合大楼及配套辅助设施，项目投资4亿元。

（5）节能灯项目。建设年产2亿支节能灯生产线及相应配套设施，项目投资2亿元。

（6）储氢合金和镍氢电池项目。建设年产2000t AB5型稀土镍系储氢合金生产线、年产26000套镍氢汽车动力电池生产线及相应配套设施，项目投资6亿元，其中储氢合金项目3亿元、镍氢电池项目3亿元。

（7）汽车尾气净化催化剂和净化器项目。建设年产1000t稀土复合氧化物系列催化剂生产线、10万套稀土汽车尾气净化器生产线及相应配套设施，项目投资2亿元。

（8）钇锆结构陶瓷材料项目。建设年产 3000t 钇锆结构陶瓷生产线及相应配套设施，项目投资 2 亿元。

2. 项目总投资及融资规划

以上重点招商项目总投资 36 亿元，根据《国务院关于促进稀土行业持续健康发展的若干意见》的精神，拟考虑合资、合作形式大力发展稀土应用产业，按照某市稀土矿业有限公司参股 50% 计算，则应投资 18 亿元，其中企业自筹和银行贷款各 9 亿元，计划向某银行申请开发性金融贷款 9 亿元。

四、行业融资供需分析

（一）资金需求预测

1. 示范基地投资计划与资金筹措

根据示范基地重大项目建设安排，结合某市稀土矿业有限公司情况，对示范基地投资计划做出如下安排，见表 12-18。

表 12-18　示范基地投资计划安排　（万元）

序号	项目名称	建设内容	总投资	年度投资计划				
				2011	2012	2013	2014	2015
1	低品位及复杂难处理离子型稀土资源利用技术研究及成果推广项目	低品位稀土资源综合利用技术研究及成果推广	3000	2000	1000	0	0	0
		复杂难处理资源综合利用技术研究及成果推广	3000	2000	1000	0	0	0
		新型离子交换树脂高效回收稀土技术研究及成果推广	32000	8000	8000	7000	7000	2000
2	集约化生产及标准化矿山建设示范与推广项目	稀土资源整合	11000	11000	0	0	0	0
		建立南方离子型稀土矿山建设和开采设计规范、管理模式	10000	8000	2000	0	0	0
		在整合矿区建设 19 个标准化示范矿山	57000	38000	19000	0	0	0
		在示范基地范围内其余矿山推广标准化矿山生产管理模式	2000	1000	1000	0	0	0
		原地浸矿工艺开采稀土中的防滑坡技术研究及成果推广	3000	0	2000	1000	0	0
		矿区环境治理与生态恢复	107000	27000	20000	20000	20000	20000
3	资源综合利用项目	残次矿回收	9000	0	0	3000	3000	3000
		矿区废水综合回收	5000	1000	1000	1000	1000	1000
		尾矿综合利用	3000	600	600	600	600	600
4	合　计		245000	98600	55600	32600	31600	26600
5	资金筹措	中央补助	40000	40000	0	0	0	0
		企业自筹	65000	58600	600	2600	1600	1600
		开发性金融贷款	140000	0	55000	30000	30000	25000

2. 深加工及应用重点项目投资计划与资金筹措

某市稀土深加工及应用重点招商项目资金总需求为36亿元，年度投资计划如表12-19所示。

表12-19　深加工及应用投资计划安排　（万元）

序号	项目名称		总投资	年度投资计划				
				2011	2012	2013	2014	2015
1	高矫顽力稀土永磁材料项目		100000	0	30000	40000	30000	0
2	稀土永磁风力发电机项目		50000	0	20000	20000	10000	0
3	电动汽车用稀土永磁电机项目		50000	0	0	20000	20000	10000
4	高光效、高显色三基色荧光粉项目		40000	0	20000	10000	10000	0
5	节能灯项目		20000	0	10000	10000	0	0
6	储氢合金和镍氢电池项目		60000	0	20000	20000	20000	0
7	汽车尾气净化催化剂和净化器项目		20000	0	10000	10000	0	0
8	钇锆结构陶瓷材料项目		20000	0	10000	10000	0	0
9	合　计		360000	0	120000	140000	90000	10000
10	资金筹措	合资伙伴资本	180000	0	60000	70000	50000	0
		企业自筹	90000	0	0	40000	40000	10000
		银行贷款	90000	0	60000	30000	0	0

（二）资金供给分析

某省稀土行业发展规划项目所需资金由中央补助、企业自筹、合作伙伴资本、银行贷款（开发性金融）四个部分组成。根据上述安排，“十二五”期间共需要资金60.5亿元，其中中央补助4亿元，占6.61%；企业自筹15.5亿元，占25.62%；合作伙伴资本18亿元，占29.75%；银行贷款23亿元，占38.02%，如图12-2所示。

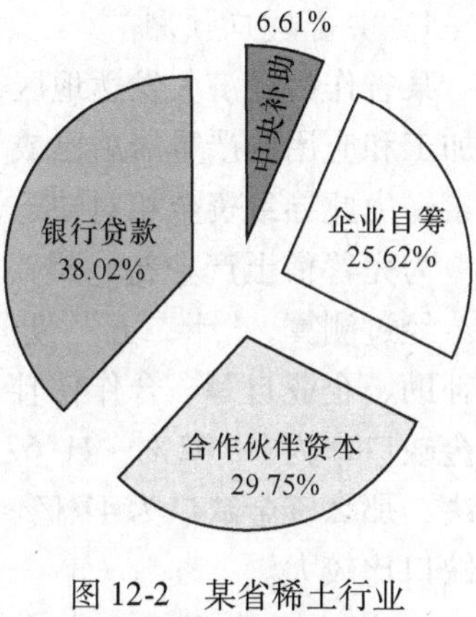

图12-2　某省稀土行业发展资金来源结构

（三）未来融资可能出现的变化

从需求来看，稀土在新能源、新材料、节能环保、航空航天、电子信息等战略性新兴产业相关领域的应用日益广泛，是发展战略性新兴产业必不可少的关键原材料。稀土永磁材料、稀土发光材料、稀土抛光材料、稀土催化材料等功能材料的应用前景广阔。因此，该省“十二五”期间稀土产业投资力度可能会产生新的变化，招商项目可能会进一步增多，引资、贷款力度可能都会加大。

另外，本次评估没有考虑冶炼分离企业整合所需要的融资金额，这一部分资金建议由某市政府融资投入。该市政府已于2009年筹资8亿元用于储备稀土原矿及各类稀土分离产品1万吨。因此，预计可能出现中度、高度的投资情景，如表12-20所示。

表 12-20　未来融资情景分析　　(亿元)

情　景	项　目	合　计	中央补助	企业自筹	合作伙伴资金	银行贷款
基础情景	资金来源	60.5	4	15.5	18	23
	所占比重/%	100	6.61	25.62	29.75	38.02
中情景	资金来源	90	10	20	25	35
	所占比重/%	100	11.11	22.22	27.78	38.89
高情景	资金来源	120	15	25	30	50
	所占比重/%	100	12.50	20.83	25.00	41.67

在中情景中，银行贷款 35 亿元；高情景中，银行贷款 50 亿元，都比较合适。初步建议某银行对某省稀土行业放贷可采取动态放贷形式，贷款规模在 35 ~ 50 亿元（以中高情景为基准计算。由于资料限制，在基础情景中，还有其他项目未考虑，如稀土冶炼分离企业整合、稀土储备体系、稀土交易市场等项目形成的资金需求）。

另外，有以下几个因素存在高度的不确定性：

(1) 国家对某省稀土产业整合力度超过预期；

(2) 某省稀土产业链做大做强，并形成支柱产业的实际需要；

(3) 未来合作伙伴资金引进的困难超过预期；

(4) 企业自筹资金（如发行企业债券、上市等）存在的困难超过预期等。

因此，建议某银行开发性金融贷款规模为 50 亿元，同时给予优惠利率支持，真正起到推动某省稀土产业持续健康发展的重要作用。

五、资金平衡方案和项目承贷能力测算

（一）资金平衡方案

1. 供需缺口预测

某省作为经济欠发达地区，虽然拥有稀土资源优势，但产业链发育很不完善，稀土深度加工和应用的严重滞后已成为制约该省稀土资源优势向产业优势和经济优势转化的重要因素。由此导致资金相对缺乏，投入严重不足。

为完善稀土产业链，提高附加值，振兴该省稀土产业，实现可持续、健康、快速发展。经过测算，“十二五”期间，该省稀土产业资金总需求为 60.5 亿 ~ 120 亿元，其中中央补助、企业自筹、合作伙伴资金合计为 37.5 亿 ~ 70 亿元，资金缺口 23 亿 ~ 50 亿元，资金缺口率为 38.02% ~ 41.67%；如果不考虑合作伙伴资金，完全由中央补助和企业自筹解决，那么资金缺口为 41 亿 ~ 80 亿元，资金缺口率为 67.77% ~ 66.67%。由此可见，资金缺口比较大。

2. 资金平衡测算思路

稀土投资项目为盈利性项目，应该遵循市场经济规律，除了中央补助外，资金平衡主要应从企业自筹、合作伙伴资金、信贷融资三个方面来确定。

(1) 企业自筹。企业自筹资金主要包括企业所得税后利润、提取的盈余公积金，以及折旧资金、资产处置收益、无形资产摊销以及发行企业债券等。从长期来看，发行企业债券可作为某省稀土产业投资的一个融资渠道纳入考虑范畴。

（2）合作伙伴资金。招商引资是促进某省稀土产业快速发展的最为有效的方法之一，其优点主要有：弥补了企业资金来源不足，促进了当地经济的增长和发展；引进了先进技术和设备，直接促进了生产力水平的提高；产品综合质量提高，竞争力增强；提高了企业的管理水平；充分利用本地优势资源引进资金，实现优势互补。

（3）信贷融资。稀土投资项目具有盈利特点，完全可通过质押担保向某银行等金融机构申请开发性金融贷款。

3. 资金平衡测算

（1）资金总需求。经过测算，“十二五”期间，某省稀土产业投资资金总需求为60.5亿~120亿元。

（2）企业自筹规模。截至2011年10月，某市稀土矿业有限公司盈余公积金0.94亿元，折旧资金0.83亿元、未分配利润9.13亿元（可转增资本，须缴纳企业所得税），以上三项可筹资8.5亿元。

发行企业债券，成本一般低于银行信贷融资，可以实现大额度、长期、低成本的预期，但一般操作周期较长。在基础情景中，自筹资金投入是按照年度分批投入的，如表12-21所示。2011~2013年资金需求合计10.18亿元。在2013年7月资金需求达到8.5亿元，此前可通过企业盈余公积金、折旧资金、未分配利润三项解决。因此，发行企业债券应在2013年7月之前完成。根据表12-20，发行企业债券融资额度应在7亿~16.5亿元之间，建议融资10亿元。

表12-21　自筹资金分年度投入情况　（万元）

项　目	合　计	2011年	2012年	2013年	2014年	2015年
示范基地投资	65000	58600	600	2600	1600	1600
深加工及应用	90000	0	0	40000	40000	10000
合　计	155000	58600	600	42600	41600	11600

（3）合作伙伴资金规模。某市政府、某市稀土矿业公司应继续采用“大力招商，引进大型龙头企业”的方式，并按照产业链协调发展的总体布局要求，对某市现有企业实施兼并重组，实现规模化发展，同时积极发展深加工及应用产品，形成数家集采、选（分离）、冶炼、加工、应用于一体的大企业、大集团，增强稀土企业竞争力与抗风险能力。根据表12-20，需要招商引资18亿~30亿元。

（4）信贷融资规模。充分考虑贷款期限、利率、稀土价格等敏感因素对银行贷款规模的影响，测算稀土公司的承贷能力，确定某银行信贷融资的合理规模。

（二）项目承贷能力测算

基于稀土公司的经济效益分析，对项目承贷规模能力进行测算。项目承贷规模主要基于偿债覆盖率结果，而偿债覆盖率取决于项目可用于还款的现金流以及实际贷款所需偿还的本息总额。因此，项目自身收益是影响项目承贷规模的主要敏感因素。

1. 示范基地预期效益分析

（1）资源效益分析。通过示范基地的建设，将原有88本采矿许可证整合为42本，矿区面积由$82km^2$整合为$192km^2$，预计新增远景资源储量73.4万吨（REO），矿产资源开发从粗放型向集约型转变，从无序开发向有序开发转变，使资源优势尽快转变为经济优势；矿山企业规模化、集约化水平明显提高。

（2）经济效益分析。通过示范基地建设，预计新增远景资源储量 73.4 万吨（REO），稀土资源综合回收率提高 10% 以上，每年可回收残余氧化稀土 1050t 左右、高岭土 15 万吨、建筑用石英砂 7 万吨。据统计，现有稀土开采工艺的资源利用率约 70% 左右，即每吨产品消耗资源 1.428t，项目实施成功后，资源利用率可达 80% 以上，即吨产品消耗资源 1.25t，则单位产品可少消耗资源 $1.428-1.25=0.178$t。按每年离子吸附型稀土产品控制产量 1 万吨计，可少消耗资源约 0.178 万吨，价值 $0.178\times20=3.56$ 亿元（20 万元/t）。建成年处理废液 37.5 万立方米、回收稀土氧化物 50t 的示范生产线，根据稀土加工现状，每产 1t 稀土氧化物将消耗 2000t 原矿，因此该项目达产后，预计年节约（新增）稀土资源储量 10 万吨（REO），每年可回收残余氧化稀土 50t 左右、减少尾矿排放 10 万吨，实现年产值 1 亿元（以 PrNd 和 YEu 氧化物计算），年新增利润 4000 万元，详见表 12-22。

表 12-22 示范基地建设预期效益估算表

项目名称		建设内容	投资估算/万元	预期效益（稀土按市场价 40 万元/t 计算）
低品位及复杂难处理离子型稀土资源利用技术研究及成果推广项目	低品位资源综合利用技术研究及成果推广	条件试验、中试、工业试验及成果推广	3000	资源综合回收率提升 5%，预计节约稀土资源 450t/a，即经济效益 1.8 亿元/年
	复杂难处理资源综合利用技术研究及成果推广	条件试验、中试、工业试验及成果推广	3000	
	新型离子交换树脂高效回收稀土技术研究及成果推广	条件试验、中试、工业试验及成果推广	32000	废液中稀土含量由大于 150×10^{-6} 降低到 5×10^{-6}，每年回收残余氧化稀土 50t、减少尾矿排放 10 万吨，实现年产值 1 亿元，节约（新增）稀土资源储量 10 万吨（REO）
集约化生产及标准化矿山建设示范与推广项目	稀土资源整合	资源详查、开发利用方案、环评等	11000	预计新增资源储量 73.4 万吨，约 2936 亿元
	建立南方离子型稀土矿山建设和开采设计规范和管理模式	建立矿山建设和开采设计规范、标准化管理模式、人员培训等	10000	资源综合回收率提升 10%，预计节约稀土资源 900t/a，即经济效益 3.6 亿元/年
	建设 19 个标准化示范矿山	矿山工程、公用工程、生活设施等	57000	
	在其余矿山推广标准化矿山生产管理模式	贯彻标准化管理模式、整改设备	2000	
	原地浸矿工艺开采中的防滑坡技术研究及成果推广	条件试验、中试、工业试验及成果推广	3000	节约因滑坡流失资源约 200t/a，即 8000 万元/年
	矿区环境治理与生态恢复	地形整治、水土保持、生态恢复等	107000	通过治理，矿区植被恢复率达 90% 以上，生态效益明显、经济效益和社会效益可观

续表 12-22

项目名称		建设内容	投资估算/万元	预期效益（稀土按市场价 40 万元/t 计算）
资源综合利用项目	残次矿回收	矿山工程等	9000	回收稀土 1000t/a，即 4 亿元/年
	废水综合回收	矿山工程等	5000	回收稀土 350t/a，即 1.4 亿元/年
	尾矿综合利用	残余稀土、高岭土、石英砂回收	3000	可产生约 5000 万元/年的直接经济效益

由表 12-22，扣除项目成本后，年预期效益超过 7.5 亿元。

（3）社会效益分析。我国是稀土资源最丰富的国家，储量和产量居世界第一位。本示范基地实施成功后，成果可以在 80% 以上的全复式离子型稀土矿床推广应用，将为离子型稀土原地浸矿工艺技术的推广应用起到示范和推动作用，实现大幅度提高资源利用率和企业经济效益的目的；另外，可节约尾砂堆放及土地占用面积，每吨产品约需要 160 ~ 200m^2，南方离子型稀土开发每年少占用土地 200 ~ 250 公顷，在减少水土流失，保护生态等社会效益方面更为可观。

（4）环境效益分析。通过示范基地建设，年处理稀土矿区废水 2400 万吨，减少了废水排放对环境的污染；在证内原地浸矿开采产生的采空区进行土壤污染治理及生态恢复，使植被恢复率达到 90% 以上，环境效益显著。

2. 深加工及应用重点项目预期效益分析

深加工及应用重点项目预期效益估算如表 12-23 所示，其中项目建成后按照第一年产能利用率 50%、第二年 70%、第三年及以后年份 100% 进行计算。由表 12-23 可知，2018 年所有项目都达到了设计生产能力，此时，预期年利润（税前）达到 9.4 亿元。

表 12-23　深加工及应用重点项目预期效益估算表

序号	项目名称	总投资/万元	预期年利润/亿元				
			2014	2015	2016	2017	2018
1	高矫顽力稀土永磁材料项目	100000	0	1.0	1.4	2.0	2.0
2	稀土永磁风力发电机项目	50000	0	0.5	0.7	1.0	1.0
3	电动汽车用稀土永磁电机项目	50000	0	0	0.7	1.0	1.5
4	高光效、高显色三基色荧光粉项目	40000	0	0.8	1.1	1.6	1.6
5	节能灯项目	20000	0.3	0.4	0.6	0.6	0.6
6	储氢合金和镍氢电池项目	60000	0	0.7	1.0	1.5	1.5
7	汽车尾气净化催化剂和净化器项目	20000	0.2	0.3	0.5	0.5	0.5
8	钇锆结构陶瓷材料项目	20000	0.3	0.5	0.7	0.7	0.7
9	合　计	360000	0.8	4.2	6.7	8.9	9.4

3. 某市稀土有限公司盈利预测表

根据某市稀土矿业有限公司 2011 年 10 月财务报表，假定计算期为 20 年，所得税率为 25%。其盈利预测见表 12-24。

表 12-24　盈利预测表　（亿元）

序号	项　目	2012E	2013E	2014E	2015E	2016E	…	2031E
1	销售收入	33.3	33.3	33.3	33.3	33.3	…	33.3
2	主营业务税金及附加	1.6	1.6	1.6	1.6	1.6	…	1.6
3	主营业务成本	18.7	18.7	18.7	18.7	18.7	…	18.7
4	主营业务利润	13.0	13.0	13.0	13.0	13.0	…	13.0
5	管理费用	0.41	0.41	0.41	0.41	0.41	…	0.41
6	营业费用	0.04	0.04	0.04	0.04	0.04	…	0.04
7	财务费用	0.11	0.11	0.11	0.11	0.11	…	0.11
8	税前利润	12.44	12.44	12.44	12.44	12.44	…	12.44
9	所得税 25%	3.11	3.11	3.11	3.11	3.11	…	3.11
10	净利润	9.33	9.33	9.33	9.33	9.33	…	9.33
11	息税前利润	12.55	12.55	12.55	12.55	12.55	…	12.55

由表 12-24 可知，仅某市稀土矿业有限公司目前业务盈利即可满足向某银行申请贷款 50 亿元、贷款期限为 10 年的政策性贷款。

六、融资模式设计

（一）融资主体的设计

基于某市稀土产业长“大”长“高”，龙头企业“舞”动一条产业链的号召，某市通过整合优势资源，将稀土产业培育成优势的主导产业，成功走出一条将资源优势转化为产业优势的道路。建议重点支持稀土产业公司融资，充分发挥金融性资金对该市稀土产业改革发展的支撑性作用。

（1）由某市政府主导，对现有稀土冶炼分离企业进行优化整合。限于资料的严重不足，本次稀土行业融资规划并未考虑冶炼分离企业整合所需资金，该部分资金建议由市政府融资投入。

（2）某市稀土矿业有限公司作为稀土产业投融资平台，构筑承接政银合作贷款，吸收社会资本和战略投资者参与，以全资或控股、参股等市场化运作形式投资建设各类稀土产业项目。某市稀土矿业有限公司负责授权范围内对该市稀土开采、稀土销售、稀土整合以及与稀土产业相关的各类稀土项目进行投资建设和经营管理。

（二）融资模式的设计

1. 企业主导下的市场融资模式

以某市稀土矿业有限公司为融资平台，通过市场化融资的方式推动该省稀土产业建设与发展。在市场经济条件下，企业要维持正常的生产经营并求得发展，需要不断地筹集到资金。从企业资金来源的构成来看，企业成长的资金主要来源于两方面：内部资金积累和外部资金投入。内部资金是指企业留利和折旧资金；而外部资金需要从金融市场上筹集，其中短期资本通过货币市场筹集，长期资本则通过资本市场筹集。按照资金是否在供求双方调剂，可以把长期资金的筹集方式分为两种方式，即直接融资和间接融资。

（1）直接融资方式。所谓直接融资，是指不通过金融中介机构，由资金供求双方直接协商进行的资金融通。通过商业信用、企业发行股票和债券方式进行的融资均属于直接融资。其中商业信用是指工商企业之间相互提供的、与商品交易直接相联系的信用形式，包括企业之间以赊销分期付款等形式提供的信用以及在商品交易的基础上以预付定金等形式提供的信用。

根据前面企业自筹规模的分析，目前某市稀土矿业有限公司已经具备了发行企业债券的条件。如果发行企业债券，应在2013年7月之前完成。融资额度应在7亿~16.5亿元之间，建议融资10亿元。如果考虑上市，需要按照上市条件积极筹备，建议股本总额为20亿~25亿元，公开发行的股份比例占45%，即可融资9亿~11.25亿元，比较合适。

（2）间接融资方式。间接融资则是由企业通过银行和其他金融中介机构间接地向资本的最初所有者筹资，它的基本形式是银行或非银行金融机构从零散储户或其他委托人那里收集来的资本以贷款、购买企业股票或其他形式向企业融资。建议某银行以稀土矿业公司资产和未来可预见的收益为保证向某市稀土矿业公司发放政策性贷款。

另外，也可采用ABS融资，即资产收益证券化融资。它是以项目资产可以带来的预期收益为保证，通过一套提高信用等级计划在资本市场发行债券来募集资金的一种项目融资方式。该方式获得资本的成本非常低，同时又不丧失所有权和控制权。

2. 政府主导的资金缺口融资模式

对现有稀土冶炼分离企业进行优化整合所需资金，由该市政府融资投入。建议对该省稀土冶炼分离企业整合方案和融资规划另行进行专题研究。

（三）政策保障措施

（1）合理利用国家财政补贴资金。目前某市稀土矿业有限公司已经获得国家直接财政补贴4.1亿元。以稀土建设项目为载体，合理利用国家财政补贴资金，是获取较好社会与经济效益的重要途径。

（2）机制和管理体制建设。某市稀土矿业有限公司是该市政府为充分利用和发挥离子型稀土资源优势，实现全市稀土资源开采的总量控制和矿山统一管理，由全市八个稀土资源县稀土矿山采矿权和市政府出资于2004年12月29日组建的国有有限公司，注册资本9600万元。公司负责对全市内的稀土矿产资源实行统一开采，稀土矿山生产统一管理，稀土矿产品统一经营，以及稀土工业招商引资、对外合作工作。公司按照现代企业制度建立法人治理结构，内设办公室、经营部、生产技术部、投资发展部、财务部，在稀土资源县下设八个分公司，进行稀土矿山开采和稀土矿产品购销经营业务。

建议今后积极地与稀土科研单位和企业进行合作，设立稀土发展规划专项资金，加强研发；建议进一步加强企业内部管理体制改革，为公司的整体上市做好充分准备。在未来5年内，逐步发展成为我国稀土行业集稀土开采、冶炼加工、应用开发为一体的综合性骨干企业。

（3）建立融资主体（某市稀土矿业公司）保障制度。为保证融资主体的项目建设、经营管理的顺利进行以及某省稀土行业的可持续发展，需要给予某市稀土矿业公司土地征用、项目审批、资金筹措以及进行招商引资等各方面的政策优惠。

（4）加强银政合作。某银行与某省各级政府建立健全银政合作机制。某银行将充分发挥自身优势，支持该省稀土产业发展，解决发展的瓶颈制约：一是从参与规划入手，与国家、省发展改革委员会和国土资源部门加强沟通、共同策划融资方案；二是与省有关部门共同研究，推动稀土产业管理机制的完善，策划融资主体建设；三是根据规划项目实施安排，加强创新，提供可靠的金融支持。

七、开发性金融支持方案设计

（一）系统性融资方案

1. 总融资和年度融资安排

为了加强某省稀土产业的持续健康发展，取得充分的资金支持与有力保障，根据资金平衡测算结果，建议向某银行申请贷款总额 50 亿元、贷款期限为 10 年。其中 2012 年安排 20 亿元、2013 年 15 亿元、2014 年 10 亿元、2015 年 5 亿元，如表 12-25 所示。

表 12-25 年度融资安排表

项 目	2012 年	2013 年	2014 年	2015 年
融资安排/亿元	20	15	10	5

2. 还款方案

（1）还款方案一。利率取目前基准利率 6.6%，10 年内等额本金还本付息，见表 12-26，共计还本付息额 78.05 亿元。

表 12-26 年度还款计划 （亿元）

项 目	2012E	2013E	2014E	2015E	2016E	2017E	2018E
年初贷款余额	0	20	35	45	50	45	40
本年新增贷款	20	15	10	5			
贷款偿还	0	0	0	0	5	5	5
年末贷款余额	20	35	45	50	45	40	35
当年利息	1.32	2.31	2.97	3.30	3.30	2.97	2.64
偿还本金和利息	1.32	2.31	2.97	3.30	8.30	7.97	7.64
息税前利润	12.55	12.55	12.55	12.55	12.55	12.55	12.55
折 旧	0.2	0.2	0.2	0.2	0.2	0.2	0.2
所得税	3.11	3.11	3.11	3.11	3.11	3.11	3.11
自由现金流	9.64	9.64	9.64	9.64	9.64	9.64	9.64
偿债率/%	730.3	417.3	324.6	292.1	116.1	121.0	126.2

项 目	2019E	2020E	2021E	2022E	2023E	2024E	2025E
年初贷款余额	35	30	25	20	15	10	5
本年新增贷款							
贷款偿还	5	5	5	5	5	5	5
年末贷款余额	30	25	20	15	10	5	0
当年利息	2.31	1.98	1.65	1.32	0.99	0.66	0.33
偿还本金和利息	7.31	6.98	6.65	6.32	5.99	5.66	5.33
息税前利润	12.55	12.55	12.55	12.55	12.55	12.55	12.55
折 旧	0.2	0.2	0.2	0.2	0.2	0.2	0.2
所得税	3.11	3.11	3.11	3.11	3.11	3.11	3.11
自由现金流	9.64	9.64	9.64	9.64	9.64	9.64	9.64
偿债率/%	131.9	138.1	145.0	152.5	160.9	170.3	180.9

（2）还款方案二。利率取7.5%，10年内等额本金还本付息，见表12-27，共计还本付息额81.875亿元。

表12-27　年度还款计划　（亿元）

项　目	2012E	2013E	2014E	2015E	2016E	2017E	2018E
年初贷款余额	0	20	35	45	50	45	40
本年新增贷款	20	15	10	5			
贷款偿还	0	0	0	0	5	5	5
年末贷款余额	20	35	45	50	45	40	35
当年利息	1.50	2.625	3.375	3.75	3.75	3.375	3.00
偿还本金和利息	1.50	2.625	3.375	3.75	8.75	8.375	8.00
息税前利润	12.55	12.55	12.55	12.55	12.55	12.55	12.55
折　旧	0.2	0.2	0.2	0.2	0.2	0.2	0.2
所得税	3.11	3.11	3.11	3.11	3.11	3.11	3.11
自由现金流	9.64	9.64	9.64	9.64	9.64	9.64	9.64
偿债率/%	642.7	367.2	285.6	257.1	110.2	115.1	120.5

项　目	2019E	2020E	2021E	2022E	2023E	2024E	2025E
年初贷款余额	35	30	25	20	15	10	5
本年新增贷款							
贷款偿还	5	5	5	5	5	5	5
年末贷款余额	30	25	20	15	10	5	0
当年利息	2.625	2.25	1.875	1.50	1.125	0.75	0.375
偿还本金和利息	7.625	7.25	6.875	6.50	6.125	5.75	5.375
息税前利润	12.55	12.55	12.55	12.55	12.55	12.55	12.55
折　旧	0.2	0.2	0.2	0.2	0.2	0.2	0.2
所得税	3.11	3.11	3.11	3.11	3.11	3.11	3.11
自由现金流	9.64	9.64	9.64	9.64	9.64	9.64	9.64
偿债率/%	126.4	133.0	140.2	148.3	157.4	167.7	179.3

（二）融资主体策略

要求某省稀土行业融资主体某市稀土矿业有限公司，进一步健全法人制度建设、治理结构建设、现金流建设和信用建设。

（1）法人制度建设。融资主体严格按照《中华人民共和国公司法》规定，完善内部管理体制，规范资金支付方式，健全财务核算办法，引进外部审计制度和建立信息公开披露制度，通过规范和完善公司的法人治理结构，明确产权关系，使其成为政企分开、产权明晰、权责明确、管理科学的市场主体，支持通过引进民间投资等市场化途径，促进投资主体多元化，改善融资主体的股权结构。

（2）治理结构建设。建立现代企业制度、完善问责机制、实行信用公开披露制度，以及包含会计、审计制度在内的财务制度。融资主体应遵循现代企业运作方式，明确董事会、监事会、管理层的职责分工，规范办事程序，提高办事效率，与此同时，还应充分发挥管理层的激励与约束机制，保障融资主体的顺利运行。

（3）现金流建设。一是采取各种有效形式补充平台资本金，增强平台可持续融资能力，降低负债率；二是通过引入包括大型企业、民间资本等战略投资者，实现投资主体多元化；三是优化平台项目结构，重点支持稀土深加工及应用项目，做好项目的详细论证、建设以及运营工作。

（三）制度与信用建设方案

1. 制度建设方案

（1）构建多元化融资模式。通过企业搭建的统一投融资平台，构建以中长期融资为基本架构的多元化融资模式，包括企业自筹、吸引社会资本、银行贷款、发行债券以及上市等，并合理设计融资结构体系。

（2）建立切实有效的融资主体资金管理机制。建立统一的融资主体资金管理领导机构，设立领导小组办公室负责平台资金使用和管理的具体协调工作；制定《投融资主体贷款资金管理办法》，对融资主体的借款人进行资格认定、贷款申请、项目确认与调整、贷款使用、贷款偿还、贷款账户开立与资金账户管理、检查监督等项目运作全过程做出明确规定；建立集团式资金管理与支付系统，明确贷款资金使用的审批流程，理顺借款人与用款人的资金往来关系，开设统一的贷款资金专户和还本付息专户进行统筹管理，并通过设立一般结算账户，及时有效地调拨融资平台系统内的资金。

（3）完善招商项目市场化运作机制，强化企业投资决策的责任约束。建立投资决策和管理信息系统，使投资决策程序化、公开化、规范化。具体来说，一是完善咨询评议论证制度；二是对于重大项目，要实行专家评议制度；三是要建立公示制度。

2. 信用建设方案

（1）加强对企业内部信用管理制度建设工作的指导。开展以“诚实、守信”为核心的企业文化建设，引导企业在生产、流通各环节强化信用自律，为企业开展信用管理积累经验。

（2）建立信用网站。建立包括遵章守法、荣誉、处罚等内容的诚信档案，加强企业在生产经营、税金缴纳、金融信贷、往来账款、合同管理、资信评估等信用信息的管理，并通过计算机网络的互联互通，实现信息及时更新和共享。

（3）督促和引导企业建立科学的信用管理制度。引导企业建立信用管理部门或设置专、兼职信用管理人员，制定相应的信用管理制度，对客户资信的调查与评估、信用额度的授予、账期的确定、债权保障措施的选择、一直到应收账款的管理和追收的全过程进行管理。引导企业加强合同诚信、信贷诚信和质量诚信建设，健全信用监督与管理机制，使企业自觉走向诚信之路。

（四）开发性金融可能出现的风险

某省稀土行业融资的主体是某市稀土矿业有限公司，享有该市稀土行业的开采垄断权以及其他一些政府优惠政策等。目前公司经营状况较好，偿债能力较强，但仍然存在一定的风险：

（1）市场风险。由于稀土市场价格波动，有可能导致各种投资项目盈利下降，进而引起还款能力下降，某银行会产生的投融资风险。

（2）融资政策或方案的风险。融资平台偿付风险还有可能在于无法得到后续资金的支持，或者单纯追求低利率进行的期限错配，形成某银行的投融资风险。

复习思考题

一、名词解释

并购贷款、开发性金融、直接融资、间接融资

二、简答题

1. 项目贷款包括哪些主要类别？
2. 矿业并购贷款的主要评估内容。
3. 开发性金融的本质及发展阶段。
4. 矿业开发性金融贷款的主要评估内容。
5. 简述资金平衡方案和项目承贷能力的测算。
6. 简述融资主体及模式的设计。
7. 简述开发性金融支持方案设计的主要内容。

第十三章　案例 I——H 铜矿项目财务评价

以 M 公司所属设计生产规模为 33 万吨/年的 H 铜矿项目为例，简要介绍了该矿山的基本情况、建设规模及产品方案，重点介绍了项目总投资与成本估算、财务评价部分。评价基准日：2012 年 1 月 20 日。

第一节　项目概况

一、矿区位置、交通及自然地理

（一）交通地理位置

H 铜矿位于江西某县城 182°方向 32km 处，区内有 206 国道在西部穿过，北距赣龙铁路约 80km，矿区内有乡级公路经过，交通较方便。

（二）自然地理及水文气象资料

区内为亚热带东南季风气候，气候温暖，湿润多雨，最高气温 36.5℃，最低气温 -3.5℃，年平均气温 18.9℃；区内水系发育，主要为山间溪流，水量随季节变化，年平均降雨量为 1649mm，但分配不均匀，多集中于 4 ~ 6 月份中；无霜期长，平均为 293 天，冰冻期短，平均为 85 天，年平均湿度为 79%。矿区位处武夷山脉西坡，为中低山-丘陵地貌，中部山高，地势陡峻，主要矿化区海拔标高 630 ~ 440m，区内最高峰海拔 691.7m，最低 280m，侵蚀基准面 264m。

矿区境内有两条主要河流通过，一条为苎坑河，在矿区东部由南往北汇入中村河，再由东向西流经矿区北侧；另一条为上廊河，由东向西流经矿区南部，在周田汇入湘西河，为赣江水流的上游支流。

二、矿区采矿现状

H 铜矿采用露天开采方式，分 V1、V2 号采场。

（一）开采情况

露采施工采取外包，合同综合单价：矿石采矿、装车、运输综合单价 8.9 元/t；废石剥离、装车、运输综合单价 18.4 元/m^3（以上价格均为含税价格）。2009 年 9 月进入试生产阶段，采矿 8.6 万吨，剥离 2.9 万立方米；2010 年采矿 20 万吨，剥离 4.3 万立方米，选矿 20 万吨；2011 年采矿 30 万吨，剥离 27 万立方米，选矿 28 万吨。

（二）生产情况

采矿回收率95%，采矿损失率5%，矿石贫化率5%。原矿入选平均品位0.4%，硫入选品位4.5%，选矿回收率72%，尾矿品位0.09%，铜精矿品位18%，硫精矿品位35%。

2009年生产铜精矿1276t，硫4000t；2010年生产铜精矿4056t，硫2万吨；2011年生产铜金属4443t，硫2.5万吨。

三、矿区地质资源储量

（一）矿体特征

矿区有V1、V2和V3三条主矿体。三条矿体控制程度较高，铜品位较好，是储量计算的主要对象。V1、V2矿体位于矿区东部，赋存于主角砾岩筒内，矿体呈不规则的透镜状产出，产状较缓；V3矿体位于主角砾岩筒西侧，赋存于北东向构造带内。三条主矿体特征如表13-1所示。

表13-1　矿区主要矿体特征表

矿体编号	分布标高/m	至地表最短距离/m	产状/(°)			形态	规模/m		
			走向	倾向	倾角		走向	延深	厚度
V1	550~610	14	290	20	20~30	透镜状	220	180	18.89
V2	520~600	32	330	60	15~25	透镜状	200	180	22.48
V3	50~400	8	75	345	34~40	脉状	700	380	2.05

（二）地质资源/储量

依据H铜矿地质储量报告，矿区储量计算的主要对象为V1、V2及V3矿体。其他次要矿体本次未予计算。矿床探明地质资源储量为：矿区（332+333）级铜矿石量1985kt，铜金属量10761t。详见表13-2。另外，根据H铜矿初步设计以及选厂2009~2011年的实际生产技术指标，硫原矿平均品位为4.59%。

表13-2　矿区资源储量评审结果表

矿体编号	资源储量类型	矿石量/kt	铜金属量/t
V1	332	1274	6088
	333	121	506
V2	332	100	496
	333	376	2079
V3	332	10	166
	333	104	1426
合　计	332	1384	6750
	333	601	4011
	332+333	1985	10761

（三）设计利用储量

V3矿体规模小、矿脉薄、矿体延深大、适于地下开采且相对独立，目前开采明显不经济，待进一步地质工程控制后再统一纳入矿区开采规划。本次仅将其作为后备资源，暂不考虑和评价其开发利用。

本次仅考虑规模较大、储量较集中、易于实现露天开采的V1、V2矿体的开发利用。通过对V1、V2号矿体进行露天境界圈定，并对境界内资源储量进行圈算。各采场境界内设计利用的资源储量详见表13-3。

表13-3　设计利用储量表

采场编号	资源储量编码	矿石量/万吨	金属量/t	地质品位/%
1(开采V1)	332+333	139.5	6594	0.473
2(开采V2)	332+333	47.6	2575	0.541
总　计	332+333	187.1	9169	0.490

四、建设规模及产品方案

（一）建设规模

根据矿山生产资料，本次H铜矿储量利用率V1矿体88.77%，V2矿体97.64%。V1、V2矿体（332+333）级铜矿石量170.31万吨，铜金属量8367.72t，Cu平均品位0.491%，硫原矿平均品位为4.59%。由于矿山生产探矿对地质储量的控制程度提高，本次332、333储量均按照100%系数计算。截至2011年12月累计采出矿量60.47万吨，因此，本次计算实际储量为109.84万吨。设计生产规模33万吨/年(1000t/d)。目前矿山已基本达到设计生产能力。

采矿回采率为95%，贫化率5%。矿山服务年限=矿石量×回采率/[年生产规模×(1－贫化率)]≈3.33a。可见，露天开采服务年限较短。

（二）产品方案

铜精矿，品位18%；硫精矿，品位35%。

第二节　项目总投资与成本估算

一、项目投资估算

该投资估算是根据H铜矿2011年实际投资、生产经营情况，结合初步设计以及类似矿山的生产资料，采用生产能力指数法进行编制的。经估算，总投资额为7160万元，流动资金500万元。但整个工程实际总投资8200万元，股东累计实际投入7380万元，资金欠账820万元。本次按照8200万元进行测算。其投资构成见表13-4，其中土建工程及建筑投资见表13-5，生产用机械设备投资见表13-6。

表13-4　按费用构成划分的投资分析表

项目名称	开拓工程	建筑工程	设　备	安装工程	其　他	总价值
估算价值/万元	3690	889	2099	410	1112	8200
占总估算比例/%	45.00	10.84	25.60	5.00	13.56	100.00

表 13-5 土建工程及建筑投资情况表

序号	名称	单位	数量	原值/元
1	精矿池	座	1	146850.96
2	地磅房	座	2	58992.01
3	泵房值班室	座	3	32118.34
4	尾矿库	座	1	5472482.99
5	配电房	栋	1	39057.82
6	炸药库	栋	2	251342.82
7	劲松岭平房	套	1	40000.00
8	公路	条	1	2030730.28
9	办公楼	栋	1	823369.48
合计		—	—	8894945

表 13-6 生产用机械设备投资情况表

序号	名称	单位	数量	原值/元
1	破碎球磨系统	套	1	3014108.55
2	给料机	套	1	519492.98
3	电子秤	台	3	128456.79
4	起重机	台	2	420704.92
5	浮选机	套	1	1492161.01
6	过滤、除尘系统	套	1	994841.86
7	颚式破碎机	台	1	231042.68
8	皮带输送机	台	3	230000.00
9	圆盘振动筛	台	1	70000.00
10	水泵	台	18	339140.45
11	除铁器	台	1	9275.22
12	旋流器	台	1	6344.21
13	变压器	台	4	250459.04
14	配电柜	套	1	1108136.63
15	低压柜	台	6	62800.00
16	搅拌桶	台	4	21319.74
17	油罐	个	1	17000.00
18	钻机带腿	台	4	13060.00
19	空压机	台	4	83600.00
20	全钻仪	套	1	40000.00
21	水准仪	套	1	2500.00
22	风机	台	6	263123.63
23	矿车	台	25	60359.18
24	柴油机	台	1	3050.00

续表 13-6

序号	名称	单位	数量	原值/元
25	手持机	个	1	6160.00
26	凿岩机	台	9	24976.00
27	绞车	台	1	78400.00
28	电力线路	条	2	1798772.43
29	剥离工程		1	7180179.10
30	给排水系统	套	1	973064.13
31	渣浆泵	套	1	10085.47
32	高压计量箱	只	1	3076.92
33	球磨分级给料系统	套	1	900429.60
34	磁座钻	台	1	2222.22
35	装载机	台	2	549316.23
36	拖拉机	台	2	82520.00
合计		—	—	20990178.99

二、成本与费用估算

（一）估算根据

（1）项目的成本费用包括制造成本、管理费用、销售费用以及财务费用。

（2）根据矿山的实际生产强度，职工工资将在同类矿山工资水平基础上，考虑增加20%的幅度进行测算。矿山在实际操作时，可根据实际情况调整工资增加幅度。

（3）根据矿山的实际生产情况，参照其成本指标，采用固定资产投资估算的理论与方法，对相关工程费用进行调整。

（4）在费用调整过程中，将结合国内类似矿山（尤其是生产规模相当的、可比性较强的矿山）成本费用指标做适当调整，充分反映行业一般先进水平，促进企业技术进步与创新。

（5）折旧费：按照《工业企业财务制度》的规定，企业固定资产折旧方法采用平均年限法，净残值率按照固定资产原值的5%确定。

（6）矿山环境治理和生态恢复保证金：年均存储额＝存储标准×矿区面积×面积系数×开采系数，以上根据《某省矿山环境治理和生态恢复保证金管理暂行办法》进行计算，计入管理成本。

（二）成本费用估算

项目达产年平均总成本费用计算结果见表13-7。管理费用中，办公经费占5%，为1.5元/t原矿；工资占11%，为3.3元/t原矿；折旧及摊销占54%，为16.2元/t原矿；资源补偿费占20%，为6元/t原矿；其他占10%，为3元/t原矿。

由此可得，H铜矿达到设计生产能力后，年均总成本费用为3588.75万元，年均单位成本为108.75元/t原矿。

表 13-7　项目达产年平均总成本费用

序　号	项　目	年总成本与费用/万元	单位矿石成本与费用/元 · t^{-1}
1	采矿制造成本	600.60	18.2
1.1	直接材料	91.74	2.78
1.2	直接人工	34.98	1.06
1.3	制造费用	151.14	4.58
1.4	其　他	322.74	9.78
2	选矿制造成本	1523.28	46.16
2.1	直接材料	232.65	7.05
2.2	直接人工	89.10	2.70
2.3	制造费用	383.13	11.61
2.4	其　他	818.40	24.80
3	管理费用	990.00	30
4	财务费用	384.45	11.65
5	营销费用	90.42	2.74
6	总成本及费用	3588.75	108.75
7	经营成本	2735.37	82.89

第三节　财务评价

一、产品销售收入

（1）产品价格。根据评估时点对矿产品市场的分析，铜精矿（18%）按照4.9万元/t计价；硫精矿（品位35%）按照520元/t计价。

（2）平均年产量。以年生产规模33万吨矿石，贫化率5%，铜矿平均品位0.491%，硫平均品位4.59%，选矿回收率75%，平均年产铜精矿（18%）6413t，平均年产硫精矿（品位35%）30834t。

（3）平均年销售收入。经计算，项目达产年平均销售收入为6217.44万元。

二、产品销售税金及附加

根据H铜矿具体情况，产品销售税金及附加计算如下：

（1）增值税：根据国务院《中华人民共和国增值税暂行条例》的规定，产品销项税税率为13%，进项税税率为17%。

（2）城市维护建设税（含水利建设基金）：以增值税为依据，税率5%。

（3）教育费附加：以增值税为依据，税率3%。

（4）资源税：按6元/t原矿计征。

（5）资源补偿费：以销售收入为依据，税率2%。

达产年销售税金及附加为1195.28万元，见表13-8。

表 13-8 销售税金及附加计算表

序号	项目	单位	生产期	
			1~3	4
	生产负荷	%	100.0	32.85
1	生产能力	万吨	33	10.84
2	销售收入	万元	6217.44	2042.34
3	销售税金及附加	万元	1195.28	392.63
3.1	增值税	万元	808.27	265.50
3.2	城市维护建设税	万元	40.41	13.27
3.3	教育附加费	万元	24.25	7.97
3.4	矿产资源税	万元	198	65.04
3.5	资源补偿费	万元	124.35	40.85

三、企业所得税及利润分配

（一）所得税

所得税按利润总额的25%计征，达产年均所得税为358.35万元，见表13-9。

表 13-9 损益表

序号	项目	单位	生产期	
			1~3	4
	生产负荷	%	100.0	32.85
1	销售收入	万元	6217.44	2042.34
2	销售税金及附加	万元	1195.28	392.63
3	总成本费用	万元	3588.75	1178.85
4	利润总额	万元	1433.41	470.86
5	弥补以前年度亏损	万元	0	0
6	所得税	万元	358.35	117.72
7	税后利润	万元	1075.06	353.14
8	盈余公积金	万元	107.51	35.31
9	可分配利润	万元	967.55	317.83
10	未分配利润	万元	0	0
11	应付利润	万元	967.55	317.83

（二）净利润分配

缴纳所得税后的利润按照下列顺序分配：

（1）弥补项目以前年度的亏损：企业发生的年度亏损，可以用下一年度的税前利润弥补，下一年度利润不足弥补的，可以在5年内继续弥补，5年内不足弥补的，用税后利润弥补。

（2）提取法定盈余公积金：按照税后利润扣除前项后的10%提取。

（3）应付利润：是指企业应付给投资者的利润。

（4）未分配利润：指用于偿还贷款的利润。

四、财务盈利能力分析

项目建设投资取矿山已经发生的沉没投资进行计算，这样处理，充分考虑到矿山生产的不可逆性，使评价更加科学，与实际情况更加相符。其中，计算期现金流入取 2011 年 12 月期末所有者权益 1333.53 万元；固定资产净值计算期末为 3393.00 万元，年均折旧额 283.61 万元，那么在第 4 年末固定资产净值为 2258.56 万元。项目现金流量表如表 13-10 所示。

表 13-10 项目现金流量表 （万元）

序号	项目	计算期	生产期	
		0	1～3	4
一	现金流入	1333.53	6217.44	4800.9
1	营业收入		6217.44	2042.34
2	回收固定资产净值			2258.56
3	回收流动资金			500
二	现金流出	8200	4289	1408.88
1	建设投资	7700		
2	铺底流动资金	500		
3	流动资金			
4	经营成本		2735.37	898.53
5	销售税金及附加		1195.28	392.63
6	所得税		358.35	117.72
7	维持运营投资			
三	净现金流量	−6866.47	1928.44	3392.02
四	累计净现金流量	−6866.47	−1081.15	2310.87
五	税前净现金流量	−6866.47	3123.72	3784.65
六	累计税前净现金流量	−6866.47	2504.69	6289.34
	计算指标		税后	税前
	内部收益率/%		11.5	31.1
	净现值（$i=10\%$）/万元		223.70	3169.75
	投资回收期/年		4.32	3.20

由表 13-10 可以得出：

项目内部收益率（税后）：11.5% >10%；

项目财务净现值（税后）：223.70 万元 >0；

投资回收期（年）（税后）：4.32 年。

根据项目评价准则，该项目在财务上可行。

五、项目风险分析

（一）盈亏平衡分析

以生产能力利用率表示的盈亏平衡点（BEP）为：达产年平均为 86.9%，说明项目静态抗风险能力一般。

（二）敏感性分析

由于投资基本已经完成，因此，考虑产品价格、经营成本两个因素变化一定幅度对项目收益的影响，如表13-11所示。

表13-11　敏感性分析表

项　目	变化率/%	内部收益率/%	净现值/万元	投资回收期/年
基本方案	0	11.5	223.70	4.32
产品价格	-5	5.74	-628.16	>5
经营成本	+5	9.24	-113.40	>5

由表13-11可知，产品价格为最敏感因素，经营成本为第二敏感因素。因此，在市场价格既定的情况下，企业在生产经营过程中应多关注经营成本的变化，注意节约成本，以获取更好的经济效益。

第十四章　案例Ⅱ——矿山环境影响评价

以J公司X矿年采12万吨环境影响评价为例，简单介绍了该矿山环境影响评价的流程、主要内容和评价方法。重点介绍矿山生产特有的相应内容，由于篇幅所限，其中的部分重要内容将不再介绍。

评价基准日：2013年6月30日。

第一节　总　论

一、建设项目概况

X矿原为露天开采，本次技改确定采用地下开采方式和浮选工艺，产品为铜精矿、硫精矿和次品矿。技改后矿山不新建选矿厂，地下开采出来的矿石运至M选矿厂进行浮选。矿山原露天开采产生的废石进行外销处理和回填露天采坑，同时对矿山进行生态恢复治理。技改新建一座废石场，废石定期回填采空区，精矿库设置在矿区内，本项目所产的精矿存放于精矿库中。

X矿生产规模为400t/d(12万吨/年)，共用M选矿厂，不新建选矿厂。年生产含铜12%和含金2g/t的铜精矿2800t，含硫48%的硫精矿52132.5t。

二、评价依据与标准

（一）评价依据

（1）国家法律、法规及规定（略）。

（2）产业政策依据（略）。

（3）项目相关文件。《X矿核查区资源储量核查报告》、《X矿深部铜硫矿体开发利用方案》、《X矿地下开采可行性研究报告》、《X矿地下开采安全预评价报告》、《X矿矿山地质环境保护与恢复治理方案》、《J公司污水处理工程设计方案》及其他与项目有关的资料。

（4）技术导则。《环境影响评价技术导则总纲》(HJ 2.1—2011)、《环境影响评价技术导则：生态影响》(HJ 19—2011)、《环境影响评价技术导则：声环境》(HJ 2.4—2009)、《建设项目环境风险评价技术导则》(HJ/T 169—2004)、《环境影响评价公众参与暂行办法》(环发2006[28号])、《环境影响评价技术导则：大气环境》(HJ 2.2—2008)、《环境影响评价技术导则：地下水环境》(HJ 610—2011)、《环境影响评价技术导则：地面水环境》(HJ/T 2.3—93)。

（二）评价标准

1. 环境质量标准

（1）地面水执行《地表水环境质量标准》(GB 3838—2002) Ⅲ类标准。

（2）矿区地下水执行《地下水质量标准》（GB/T 14848—93）Ⅲ类标准。

（3）环境空气执行《环境空气质量标准》（GB 3095—2012）二级标准。

（4）声环境执行《声环境质量标准》（GB 3096—2008）2类标准。

（5）土壤执行《土壤环境质量标准》（GB 15618—2008）二级标准（水田）。

2. 污染物排放标准

（1）废水执行《污水综合排放标准》（GB 8978—1996）一级标准。

（2）废气执行《大气污染物综合排放标准》（GB 16297—1996）二级标准。

（3）噪声：在项目生产运营期执行《工业企业厂界环境噪声排放标准》（GB 12348—2008）2类标准；在基建施工期执行《建筑施工场界环境噪声排放标准》（GB 12523—2011）。

3. 其他标准

（1）一般工业固体废弃物执行《一般工业固体废物贮存、处置场污染控制标准》（GB 18599—2001）。

（2）危险废弃物执行《危险废物贮存污染控制标准》（GB 18597—2001）、《危险废物鉴别标准》（GB 5085.1—2007）。

（3）关于发布《一般工业固体废物贮存、处置场污染控制标准》（GB 18599—2001）等3项国家污染物控制标准修改单的公告，环境保护部，2013年第36号。

（4）其他有关标准。

三、环境影响因素识别及评价因子筛选

（一）环境影响因素识别

通过工程分析，结合本项目的工程特点和所处区域的环境特征，对工程可能造成环境影响的因素分阶段（施工期、生产期）确定如下（如表14-1所示）：

（1）施工期环境影响的主要因素。场地平整、矿区建设产生的扬尘、设备噪声、植被破坏及水土流失等对环境空气、地面水、声环境及生态环境造成的不利影响；施工人员日常生活污水对地表水的不利影响。

（2）生产期环境影响的主要因素。生产废水（井下废水、选矿废水）和生活污水排放对周边地表水环境的影响；井下废气、选矿粉尘对区域环境空气的不利影响；固体废弃物（废石）堆置对生态环境和水环境的影响；设备运行噪声对厂界外环境的影响。

（3）社会环境影响。本项目建设将有效加快区域经济社会的发展，为国家提供铜精矿、硫精矿，保证现有工人的就业，提高人们的生活水平。

表14-1 环境影响因子识别一览表

工程阶段	影响因子												
	自然环境					生态环境					社会经济环境		
	环境空气	地表水	地下水	声环境	固体废弃物	土壤	生态系统	植物	动物	景观	就业	居民收入	地方经济
施工期	-S	-S	-S	-S	-S	-S	-S	-S	-S	-S	+S	+S	+S
生产期	-S	-L	-M	-S	-S	-S	-M	-S	-S	-S	+L	+M	+L

注：S表示轻度影响，M表示中度影响，L表示重度影响；“+”表示正影响，“-”表示负影响。

（二）评价因子筛选

本着评价因子既能反映当地的环境特征，又能代表工程污染源和污染物排放特征的原则，确定的评价因子见表14-2。

表14-2 评价因子一览表

环境因素	现状评价因子	预测评价因子
地表水	pH值、COD_{Cr}、BOD_5、NH_3—N、F^-、Cu、Pb、Zn、As、Cd、Cr^{6+}、氰化物、硫化物、SS、石油类	Cu、Pb、Zn、As、Cd、Cr、SS
地下水	pH值、NH_3—N、Cu、Pb、Zn、As、Cd、Cr^{6+}、硫酸盐、氟化物	Cu、Pb、Zn、As、Cd、Cr
环境空气	TSP、PM10、SO_2、NO_2	TSP
土壤	pH值、Cu、Pb、Zn、As、Cd、Cr	Cu、Pb、Zn、As、Cd、Cr
声环境	等效连续A声级	等效连续A声级
生态环境	植被类型与覆盖状况、植物种类、动物种类和水土流失	水土流失、植被

四、评价工作等级及评价范围

该矿在开发过程中主要的污染源为：矿坑废水、选矿废水、生活污水、粉尘、噪声、采矿废石，并有植被破坏、土层扰动和场地占用等可能导致水土流失、影响矿区生态环境的行为以及地下水疏干引起的地表塌陷等问题。结合区域环境特征和环境保护目标，确定的评价项目为地面水环境、地下水环境、生态环境和声环境。

（一）评价工作等级的确定

（1）地面水环境影响评价工作等级确定。根据工程分析结果，井下废水先由海绵铜置换处理后排入污水处理站处理回收后用于硫精矿浮选；选厂废水经回水塘收集沉淀处理后泵至高位水池，回收后用于矿区生产，生产废水不向外排放；生活污水经化粪池预处理后排入生化处理设施处理，达标后排放。由于本项目实施后，与现有工程相比，外排主要废水污染物做到了较大程度的削排，对纳污水体的正效应较明显，根据《环境影响评价技术导则：地面水环境》(HJ/T 2.3—93）的规定，地面水环境影响评价等级为三级。

（2）地下水环境影响评价工作等级确定。本项目存在采矿废水、选矿废水、废石场废水对地下水水质的影响，同时存在地下开采产生的降落漏斗对地下水位的影响。因此，根据《环境影响评价技术导则：地下水环境》(HJ 610—2011）中对建设项目的分类，本建设项目属于第Ⅲ类建设项目。第Ⅲ类建设项目按第Ⅰ类和第Ⅱ类建设项目评价工作等级进行地下水环境影响评价工作等级划分，并按所划定的最高工作等级开展评价工作。

根据本项目特点，按Ⅰ类判断地下水评价等级为三级，按Ⅱ类判断地下水评价等级为二级。因此，地下水环境影响评价等级确定为二级。

（3）生态环境影响评价工作等级确定。本项目的地面设施主要依托现有的建构筑物，地表基建工程量小，因此其主要生态问题是废石临时堆置场和可能的地表塌陷对区域生态环境的影响，以及矿山历年开采余留的废石占地对区域生态环境的影响。本项目占地面积小于$2km^2$，影响长度小于50km，对区域的植被、生物量损失影响较小，所占区域不属于生态敏感区，为一般区域。根据《环境影响评价技术导则：生态影响》(HJ 19—2011)，确定生态环境评价工作等级为三级。

（4）声环境影响评价工作等级确定。项目所在地为乡村所在地，周围居民分布较少，区域环境执行《声环境质量标准》(GB 3096—2008) 2 类区标准，根据《环境影响评价技术导则：声环境》(HJ 2.4—2009) 要求，声环境影响评价工作等级确定为二级。

（5）环境空气影响评价工作等级确定。本项目的主要大气污染物为粉尘，并且排放浓度较小，技改后排放量与技改前相比有所减少，矿山位于偏僻的山区，根据《环境影响评价技术导则：大气环境》(HJ 2.2—2008)，环境空气只作简要分析。

（6）风险评价等级确定。本项目的风险主要表现为炸药爆炸，炸药属爆炸性危险物，炸药库的炸药最大贮存量为3t、起爆器材最大贮存量为200kg(5000 发)。根据《危险化学品重大危险源辨识》(GB 18218—2009) 和《关于开展重大危险源监督管理工作的指导意见》对爆炸性物质临界量的规定（工业炸药临界量50t，起爆器材临界量1t)，不属重大危险源。根据《建设项目环境风险评价技术导则》(HJ/T 169—2004)，确定环境风险评价等级为二级。

（二）评价范围的确定

（1）地面水环境评价范围。废水流经的小河评价范围：采矿废水排入小河上游500m至入东湖处，全长约2.5km。

废水汇入东湖评价范围：东湖面积约为890 亩（0.59km^2)，平均水深约为6m，属于小湖。

（2）地下水环境影响评价范围。地下水环境影响评价范围为与本项目存在直接补排关系的区域，包括矿山水文地质单元及周边相关的区域，调查评价工作范围约为1km^2。

（3）生态环境评价范围。生态环境评价范围为矿山开采范围及其各种工业场地所影响的区域，拟定范围为矿区范围向外延伸500m为界。

（4）噪声环境评价范围。厂界四周200m及生产可能影响的居民点。

（5）大气环境评价范围。根据区域地形、主导风向、矿区周围居民状况、大气环境评价等级，确定大气环境评价范围以矿区为中心，直径为5km 的圆形区域。

（6）风险评价范围。水环境风险评价范围与地面水环境影响评价范围相同。环境空气风险评价范围为距炸药库3km 区域。

五、评价内容和评价重点

（一）评价内容

在调查矿区周围环境现状和进行工程分析的基础上，本项目环境影响评价应包括以下内容：

（1）施工期环境影响分析。分析施工期粉尘、噪声、固体废弃物的排放和可能引起水土流失的因素，评价其环境影响，提出相应的防治措施和对策。

（2）环境空气影响分析。分析粉尘对环境空气的影响。

（3）地面水环境影响预测及评价。重点预测废水正常及事故排放对地面水环境的影响。

（4）地下水环境影响评价。重点分析项目废水对地下水水质及水资源的影响。

（5）声环境影响评价。重点分析高噪声设备对周围环境敏感目标的影响。

（6）生态环境影响分析。重点分析矿山开采对生态环境的影响。

（7）公众参与。调查范围内公众对该工程开发建设的意见和建议。

（8）清洁生产和总量控制分析。从原料成分、物耗、能耗指标、水耗指标和排污指标等方面进行清洁生产分析，并提出进一步提高清洁生产水平的具体要求。

根据总量控制要求，分析主要污染物的排放总量指标及其控制措施。

（9）环保措施分析与建议。分析项目现有环保措施的技术可行性与经济合理性，结合类似工程的实践经验，对污染防治措施提出改进措施和建议，对矿山水土保持方案提出建议。

（10）服务期满环境问题与建议。分析矿山服务期满环境问题，根据矿山的实际情况，提出矿山服务期满后的环境对策。

（11）环境经济损益分析。分析项目的环保措施投资及其运行费用，评价其环境经济效益。

（12）环境管理与监测计划。提出环境管理机构的设置要求和环境监测计划的具体内容。

（二）评价重点

评价重点主要包括工程分析、地面水环境影响评价、采矿生产对地下水和生态环境影响评价及污染防治措施建议。

第二节　工程分析

一、采选工艺

（一）采矿工艺

（1）开采方式和采矿方法。原采矿采用露天开采，本次技改选用竖井、斜井联合开拓的地下开采方式，采矿方法选择无底柱分段崩落法。

（2）回采顺序。露天开采结束以后，对采坑以下的地质资源进行地下开采。地下回采顺序严格受上下盘关系的制约，开采顺序为下行式。

（3）开拓运输。井下有轨运输。井下生产上下中段之间通过联络巷道及切割天井贯通；所有中段平窿巷道均向矿权边界沿脉推进。斜井开拓时，井筒与生产中段通过吊桥甩车道相连接。

（4）矿井通风。阶梯上行对角抽出式，为机械集中通风系统。

（5）采空区处理。采空区采用强制崩落围岩，并封闭通往采空区的巷道。

（6）井下排水。采用分段集中排水。

（二）选矿工艺

采用浮选法提取铜精矿和硫精矿，所采的原矿通过汽车运输到 M 选矿厂进行选矿处理，M 选矿厂日选矿能力能够满足两个矿所采原矿量的要求。

二、主要原辅材料消耗量

（一）原料来源、消耗量及成分

选矿原料来自采矿系统采出的矿石，日处理量 400t，年处理量 12 万吨。

（二）主要辅助材料及药剂消耗

主要辅助材料及药剂消耗如表 14-3 所示。

表 14-3　采选工艺主要辅助材料和药剂耗量

序　号	所属生产场所	原材料名称	单　耗	年耗量	运输方式
1	采矿工业场地	炸　药	0.58kg/t	69.6t	汽　车
2		水　泥	0.82kg/t	98.4t	汽　车
3		钢　材	0.47kg/t	56.4t	汽　车
4		木　材	0.0035kg/t	0.42t	汽　车
5		电	5.8 度/t	69.6 万度	
6	选矿工业场地	钢　球	0.99kg/t	118.8t	汽　车
7		黄　药	0.884kg/t	106.08t	汽　车
8		石　灰	11.58kg/t	1389.6t	汽　车
9		2 号油	0.00432kg/t	0.5184t	汽　车
10		电	33 度/t	396 万度	

（三）主要生产设备

本项目地下开采主要设备见表 14-4。

表 14-4　采矿主要设备一览表

序　号	设备名称	型 号 规 格	单　位	数　量		单重/t
				工作	备用	
1	凿岩机	YT-28	台	4	4	0.03
2	凿岩机	YSP-45	台	3	3	0.05
3	导轨式凿岩机	YG-80	台	3	1	0.074
4	竖井提升机	2JK2-1.5-20A，160kW	台	1		26.58
5	斜井提升机	2JTP1.6×1.2-30，90kW	台	1		17.37
6	风冷空压机	LG-35/8，200kW	台	3	1	3.8
7	主扇通风机	K45-4-No13，90kW	台	1	电机 1 台	2.25
8	局扇	JK56-2No3.5，3kW	台	8	2	0.08
9	局扇	JK58-1No4，5.5kW	台	6	2	0.125
10	排水泵	D155-25×5，75kW	台	3	1	1.150
11	排水泵	D155-30×5，90kW	台	3	1	1.350
12	排水泵	D155-67×5，220kW	台	3	1	1.750
13	供水泵	D12-25×5，11kW	台	3	1	0.12
14	水仓清理泵	50WQ17-25-3，3kW	台	1		0.05
15	矿车	YFC0.7-6	台	75	25	0.75
16	混凝土喷射机	HPZ6T，7.5kW	台	2		0.6
17	地下电动装载机	地下铲运机 WJD-0.4，22kW	台	4	1	3.5
18	柴油机发电机组	KH-200GF	台	1		2.4

本项目选矿厂主要设备见表 14-5。

表 14-5　选矿厂主要设备一览表

序　号	设备名称及规格	数　量	电机功率/kW		设备重量/t	
			单台	合计	单台	合计
1	振动给矿机	1	3.7	3.7	0.2	0.2
2	PE320×760 颚式破碎机	1	37.0	37.0	7.0	7.0
3	PE150×750 颚式破碎机	1	15.0	15.0	3.5	3.5
4	5t 电动单梁起重机	1	10.7	10.7	2.9	2.9
5	TD75 型 B650 皮带运输机	4	11	44	3.8	15.2
6	YA-1536 圆振动筛	1	11	11	6.0	6.0
7	1t 电动葫芦	1	0.4	0.4	1.2	1.2
8	GQM2136 球磨机	1	180.0	180.0	104.0	104.0
9	HG-15 螺旋分级机	1	2.2	2.2	19.0	19.0
10	ϕ300 水力旋流器	4			0.2	0.8
11	20t 电动单梁起重机	1	50.0	50.0	24.0	24.0
12	ϕ2500×2500 搅拌桶	2	22.0	44.0	2.0	4.0
13	ϕ1500×1500 搅拌桶	2	7.5	15.0	1.6	3.2
14	XCFⅡ-4 浮选机	7	15.0	105.0	2.4	14.8
15	KYFⅡ-4 浮选机	15	11.0	165.0	2.0	30.0
16	XCFⅡ-2 浮选机	1	5.5	5.5	1.2	1.2
17	KYFⅡ-2 浮选机	7	5.5	38.5	1.2	8.4
18	NG-9 浓密机	1	3.0	3.0	9.2	9.2
19	NG-18 浓密机	1	5.5	5.5	13.2	13.2
20	ZBC80-200 渣浆泵	2	11.0	22.0	1.5	3.0
21	TT-30 陶瓷过滤机	2	23.0	46.0	9.3	18.6
22	3t 电动葫芦	1	0.5	0.5	1.7	1.7
合　计				804.0		291.1

三、污染源分布及污染物排放情况

（一）主要污染源

1. 现有污染源分布情况

（1）废气污染源：主要来自因露天开采遗留的废石场产生的粉尘。

（2）废水污染源：主要是废石场和废弃堆浸场淋溶废水、露天采坑废水以及矿区生活污水。

（3）噪声源：主要是进行废石处理机械、运输车辆等产生的噪声。

（4）固体废弃物：主要是矿区的生活垃圾、废石场的废石。

（5）水土流失：废石场和废浸场占地面积较大，生态植被破坏较为严重，易造成水土流失。

2. 技改后污染源分布情况

（1）废气污染源：坑下采矿凿岩、爆破、铲装、汽车运输以及选矿车间破碎、筛选等作业产生的废气和粉尘。

（2）废水污染源：主要有采矿废水、选矿废水以及矿区生活污水。

（3）噪声源：坑下采矿高噪声设备主要有爆破落矿、凿岩机、空压机等；选矿生产过程中噪声设备主要有破碎机、振动筛、球磨机、水泵等。

（4）固体废弃物：废水处理站污泥、选矿使用的废铁以及矿区生活垃圾。

（二）主要污染物及其排放情况

1. 矿山目前污染物排放情况

（1）固体废弃物排放情况。现有的由于十多年露天采坑未复垦的排土场废石、堆浸场的废渣和不够工业品位废矿约200万立方米，建设单位通过外销方式处理现有的废石。

（2）废气排放情况。项目产生的粉尘主要是由于汽车运输时和废石场堆放产生的粉尘，为无组织排放。

（3）废水排放。项目目前的废水主要来源于废石场和废弃堆浸场淋溶水、露天采坑收集废水及矿区生活污水。

（4）噪声。矿山目前噪声来源于对废石场进行处理时，汽车和挖掘车产生的噪声，噪声等级约为85~90dB（A）。

2. 矿山目前存在的环境问题

（1）矿山存在有效容积为31.4万立方米、堆积容积为44.2万立方米的露天采坑，露天采坑地形较低，易汇集周边雨水，形成积水。

（2）露天开采造成矿山植被破坏严重，水土流失量大，未进行露天开采后的生态恢复。

（3）矿山经过多年的露天开采，造成约有200万立方米废石随意堆放在矿山，同时未对这些废石设置拦石坝和泥石流挡坝，易造成矿山塌陷和滑坡。

（4）矿山生产管理人员产生的生活污水未达标处理排放。

3. 技改后污染物排放情况

A 废气（粉尘）产排情况

（1）井下废气。采矿通风井污风排放量192000m^3/h，主要成分为矿岩粉尘和炮烟，其中井下各作业面矿岩粉尘初始排放浓度为20~50mg/m^3，采取喷雾洒水后可降至2mg/m^3，含尘废气经进一步净化后由排风井排至地表，地表排风含尘浓度小于1mg/m^3；炮烟中有害气体CO、NO_x排放量与炸药量有关，CO含量为5.53g/kg炸药，NO_x含量为17.6g/kg炸药。本工程的炸药用量为232kg/d（每天两次），相应的有害气体排放量为CO 1.28kg/d、NO_x 4.08kg/d。粉尘排放规律为每年300天，每天24h；炮烟排放规律为每年300天，每天两次，一次持续时间近1h。由此可知，CO和NO_x的排放浓度分别为3.33mg/m^3和10.63mg/m^3，在短时间内氮氧化物的排放浓度可能有超标现象，但随着时间的推移以及井下通风，污染物在空气中不断扩散，其浓度也会降低，故对周围环境的影响不大。

（2）道路运输无组织排放粉尘。汽车进出运输道路硬化，运输汽车控制满载程度，并采用密闭车厢或帆布覆盖，尽量减少落地量；汽车装卸全过程连续喷雾降尘，通过上述措施控制无组织排放粉尘浓度低于 1.0mg/m^3，故对周围环境的影响不大。

(3) 选矿粉尘。选矿破碎筛分产生的含尘废气浓度较小，矿山原矿湿度较大，达到13%左右，同时选矿时采用湿式作业，采用喷雾除尘措施对选矿产生的粉尘进行降尘处理，能够使粉尘达标排放。

B　废水产排情况

(1) 井下废水。井下废水水量：X 矿矿坑涌水正常情况下的排放量为 93m^3/d。

井下废水水质：根据本次评价的污染源监测资料，井下废水水质为 pH 值 4.06、SS 80mg/L、COD_{Cr} 214mg/L、Cu 12.36mg/L、Pb 1.16mg/L、Zn 227mg/L、As 1.2mg/L、Cd 0.529mg/L、Cr^{6+} 未检出。根据监测报告，处理后的废水水质为 pH 值 6.97、SS 24mg/L、COD_{Cr} 39mg/L、Cu 0.26mg/L、Pb 0.02mg/L、Zn 0.36mg/L、As 0.02mg/L、Cd 0.052mg/L、Cr^{6+} 未检出。

井下废水排放：在各中段设置水仓，将下部中段井下废水扬至中段水仓，沉淀处理后再扬至上一中段，各中段拟采用 2 台多级离心水泵（一用一备），井下废水通过水管连接，送至 X 矿进行处理。处理工艺为：经海绵铜置换处理后，排入污水处理站进行处理，处理后废水回用于浮选硫精矿。

(2) 选矿废水。选矿废水经回水塘收集、自然沉淀后，1410m^3/d 回用于选矿，类比监测资料，确定主要污染物为 SS 760mg/L、COD_{Cr} 85mg/L、Cu 3.42mg/L、Pb 0.12mg/L、Zn 2.27mg/L、As 0.01mg/L、Cd 0.05mg/L、Cr^{6+} 未检出。选矿废水经回水塘收集沉淀处理后，泵至高位水池回用于选矿厂，不向外排放。

(3) 生活污水。技改工程增加劳动定员至 188 人，其中人均用水量为 150L/(d·人)，生活污水包括采矿区的生活污水、选矿厂生活污水和矿部行政生活区的生活污水，总产生量为 22.56m^3/d，其主要污染物为 COD、BOD、SS 和 NH_3—N，初始产生浓度分别为 COD 250mg/L、BOD 100mg/L、SS 150mg/L、NH_3—N 25mg/L，生活污水在现有化粪池基础上增加 1 套生化处理设施处理，处理后的 COD、BOD、SS 和 NH_3—N 排放浓度分别为 100mg/L、15mg/L、60mg/L 和 15mg/L 后向外排放。

(4) 废石临时堆放场废水。新建废石堆放场，废石定期用于回填采空区。废石场废水产生量与废石堆场的汇水面积、降雨量和地表径流系数等因素有关，废石场占地面积 500m^2，汇水面积 1000m^2，根据当地气象资料和地表径流系数（取 0.4）计算废水量，平均废水量为 1.9m^3/d。废水水质为 SS 33mg/L、COD_{Cr} 18mg/L、Cu 0.036mg/L、Pb 0.05mg/L、Zn 0.066mg/L、As 0.01mg/L、Cd 0.02mg/L、Cr^{6+} 未检出。

废石场废水经矿区沉淀池沉淀处理回用于矿区绿化及路面抑尘。

C　固体废弃物产排情况

(1) 废石。废石主要来自无底柱分段崩落法井下巷道掘进时产生的废石，产生量约为 3600t/a。本项目的废石属第Ⅰ类一般工业固体废弃物，废石用于回填分段崩落法产生的采空区。

(2) 废水处理站污泥。废水处理站污泥产生量约 4.3t/a，主要成分为石灰渣、SiO_2、重金属的氢氧化物，属于第Ⅰ类一般工业固体废弃物。

(3) 选矿废铁。主要是选矿厂钢板筛、钢片磨损产生的废铁，产生量约 10t/a。

（4）生活垃圾。技改后定员188人，每人生活垃圾产生量按1kg/d计，则全年产生56.4t生活垃圾，统一收集后处理。

D　噪声

技改前是进行露天开采，技改后采用地下开采，开采设备须全部购买。井下凿岩机的噪声值100～115dB(A)、通风机110dB(A)；采矿工业场地的空压机95～110dB(A)；选矿车间的破碎机100～105dB(A)、棒磨机90～100dB(A)、振动筛80～100dB(A)、输送泵80～95dB(A)。

（三）污染物排放汇总及污染源评价

1. 污染物排放情况汇总

技改前后污染物排放对比见表14-6。

表14-6　技改前、后X矿“三废”排放量对比表

污染物名称		单　位	技改前	技改后	增减量
废气	废气总量	万立方米/年	0	138240	138240
	NO_x	t/a	0	1.224	1.224
	粉尘	t/a	0	0.063	0.063
	CO	t/a	0	0.384	0.384
废水	废水总量	万立方米/年	5.85	0.68	-5.17
	COD_{Cr}	t/a	1.49	0.68	-0.81
	SS	t/a	2.08	0.41	-1.67
	BOD_5	t/a	0.19	0.1	-0.09
	NH_3—N	t/a	0.048	0.1	0.052
	Cu	kg/a	2.1	0	-2.1
	Pb	kg/a	2.85	0	-2.85
	Zn	kg/a	3.6	0	-3.6
	As	kg/a	0.57	0	-0.57
	Cd	kg/a	1.08	0	-1.08
	Cr^{6+}	kg/a	0	0	0
固废	固体废弃物总量	t/a	0	0	0
	废　石	t/a	0	0	0
	废水处理站污泥	t/a	0	0	0
	选矿木屑	t/a	0	0	0
	选矿废铁	t/a	0	0	0

注：按300d/a折算。

2. 污染源评价

（1）技改后的井下通风废气和选矿的破碎、筛分、球磨产生的粉尘经处理后粉尘排放浓度均低于《大气污染物综合排放标准》二级标准限值。

（2）技改前、后井下废水、废石场废水等各废水水质参数的排放浓度均低于《污水综合排放标准》一级标准限值（SS 70mg/L、Cu 0.5mg/L、Pb 1.0mg/L、Zn 2.0mg/L、As

0.5mg/L、Cd 0.1mg/L、Cr^{6+} 0.5mg/L、COD_{Cr} 100mg/L）。

（3）目前的生活污水经化粪池处理后超标排入东湖，技改后生活污水经化粪池和接触氧化处理装置处理后 COD_{Cr}、BOD_5、SS 和 NH_3—N 的排放浓度小于《污水综合排放标准》一级标准限值（COD_{Cr} 100mg/L、BOD_5 20mg/L、SS 70mg/L、NH_3—N 15mg/L）。

（4）废石、废水处理站污泥、选矿木屑、选矿废铁均得到了合理的处置和利用，废石场原遗留的废石进行外销处理；技改后采选产生的巷道废石临时堆放在临时堆放场，定期回填采空区，临时堆放场设置雨污分流系统，拦石坝和泥石流挡坝等设施，同时对临时堆放场进行防渗和硬化处理；铜精矿、硫精矿和次品矿堆放在精矿库，定期向外销售（储量为 7d 产量）。矿区不设尾矿库，同时对厂区废石临时堆放场进行洒水抑尘，运输车辆采用密闭车厢或帆布覆盖，尽量减少落地量；汽车装卸全过程连续喷雾降尘，可减少废水和废气的产生。

（5）对高噪声设备采取有效的降噪措施，设备噪声对周边环境影响较小，厂界噪声能满足《工业企业厂界环境噪声排放标准》2 类标准要求。

（6）技改后废水及其污染物的排放量与技改前相比均有不同程度的降低。

第三节　建设项目环境质量现状及评价

一、地面水环境质量现状监测及评价

（一）监测断面的设置

为了解无名小河及东湖水质状况，根据本项目废水排放去向和当地水文情况，在流经矿区小河和东湖河设置 5 个监测断面，各监测断面的位置及功能如表 14-7 所示。

表 14-7　地面水监测点位布置表

监测点序号	监测断面位置	监测点功能
SW_1	矿区废水入小河上游 500m 处	对照断面
SW_2	矿区废水入小河下游 500m 处	削减断面
SW_3	矿区废水入小河下游 2000m 处	削减断面
SW_4	矿区废水入东湖后 50m 处	削减断面
SW_5	矿区废水入东湖后 500m 处	削减断面

（二）监测项目、频率及结果

（1）监测项目。pH 值、COD_{Cr}、BOD_5、NH_3—N、Cu、Pb、Zn、As、Cd、Cr^{6+}、硫化物、氰化物、SS、F^-、石油类，同时监测水深、流速、水温、流量等水文参数。

（2）监测频率。监测一期，连续监测三天（Z 市环境保护监测站于 2013 年 5 月 25 ~ 27 日进行了监测，监测时，矿山为正常生产），每天 1 次。

（3）监测结果（略）。

（三）评价方法及结论

评价方法为单因子指数法。

评价结论为：

（1）无名小河和东湖各监测断面处的 pH 值、COD_{Cr}、BOD_5、NH_3—N、Cu、Pb、Zn、As、Cd、Cr^{6+}、硫化物、氰化物、SS、F^-、石油类现状浓度均小于《地表水环境质量标准》（GB 3838—2002）Ⅲ类标准值。

（2）无名小河和东湖各监测断面处的 SS 浓度均小于《农田灌溉水质标准》（GB 5084—2005）水作类标准值。

二、地下水环境现状调查及评价

（一）监测布点

根据矿区废水流经途经和附近居民分布情况，共设 6 个地下水监测点。

（二）监测项目、频率及结果

（1）监测项目。pH 值、NH_3—N、Cu、Pb、Zn、As、Cd、Cr^{6+}、硫酸盐、氟化物。

（2）监测频率。监测一天（Z 市环境保护监测站于 2013 年 5 月 25 日进行了监测，监测时，矿山为正常生产），一次采样分析。

（3）监测方法及结果。

1）监测方法按《地下水环境监测技术规范》（HJ/T 164—2004）执行。

2）监测结果（略）。

（三）评价方法及结论

评价方法为单因子指数法。

评价结论是：根据监测统计结果、评价方法和评价标准，结果表明：6 个地下水监测点处的 pH 值、NH_3—N、Cu、Pb、Zn、As、Cd、Cr^{6+}、硫酸盐、氟化物现状浓度均小于《地下水质量标准》（GB/T 14848—93）Ⅲ类标准值。

三、声环境现状监测及评价

（一）监测布点

共设 4 个监测点：矿区东、南、西、北各设一个点进行监测。

（二）监测频率、方法及结果

（1）监测频率。监测一期，监测两天，每天昼（6：00～22：00）、夜（22：00～次日 6：00）各监测一次（Z 市环境监测站于 2013 年 5 月 25～26 日进行了监测，监测时，矿山为正常生产），分昼、夜两个时段进行。

（2）监测方法。按《环境噪声监测技术规范》（HJ 640—2012）执行，采用积分声级计或具有相同功能的测量仪器测量等效连续 A 声级。

（3）监测结果（略）。

（三）评价结论

由监测统计结果可知，4 个噪声监测点处的昼间、夜间噪声值均小于《声环境质量标准》（GB 3096—2008）2 类标准值。

四、土壤环境现状调查及评价

（一）监测布点

根据矿区废水流经途径和附近居民分布情况，共设置 4 个土壤监测点。

（二）监测项目及频率

（1）监测项目有：pH 值、Cu、Zn、As、Pb、Cd、Cr。

（2）监测频率为监测一期，一次采样分析（Z 市环境保护监测站于 2013 年 5 月 25 日进行了监测，监测时，矿山为正常生产）。

（三）分析方法及监测结果

（1）采样方法按照《土壤环境监测技术规范》（HJ/T 166—2004）进行。采用梅花形采样法采取 0～20cm 深的表层土。

（2）分析方法按照国家环保局的《环境监测分析方法》、《土壤元素的近代分析方法》的有关章节进行。按《土壤环境质量标准》（GB 15618—2008）执行。

（3）监测结果（略）。

（四）评价方法及结论

评价方法为单因子指数法。

评价结论为 4 个土壤监测点处的 Cu、Pb、Zn、As、Cd 和 Cr 现状浓度均低于《土壤环境质量标准》（GB 15618—2008）二级标准限值。

五、环境空气质量现状监测及评价

（一）监测布点

根据评价等级、当地气象特征、地形条件和周围敏感点分布，本次监测方案设置 3 个监测点。

（二）监测项目及频率

（1）监测项目有：TSP、PM10、SO_2、NO_2。

（2）监测频率。连续监测七天（Z 市环境保护监测站于 2013 年 5 月 26 日～6 月 1 日进行了监测，监测时，矿山为正常生产）。

（3）采样及分析方法。监测和分析按《环境空气质量自动监测技术规范》（HJ/T 193—2005）和《环境空气质量手工监测技术规范》（HJ/T 194—2005）执行，获取小时浓度和日平均浓度。SO_2、NO_2 每日最少有 18h 的采样时间获取日平均值，每小时最少有 45min 的采样时间；TSP、PM10 每日最少有 12h 的采样时间获取日平均值。

（三）评价方法及结论

评价方法为单因子标准指数法。

评价结论为：3 个监测点处的 SO_2、NO_2 小时平均浓度和日平均浓度均小于《环境空气质量标准》（GB 3095—2012）二级标准值；3 个监测点处的 TSP 和 PM10 日平均浓度分别小于《环境空气质量标准》（GB 3095—2012）二级标准值。

六、生态环境现状调查及评价

（一）现状调查内容

矿区及其附近区域的土壤、植被种类及其分布、常见动物类别。

（二）现状调查情况

（1）土壤调查。项目区地层以黏土质粉砂、黏土、砂砾石层为主。

（2）植物资源调查。项目评价范围内主要树种有樟树、杨树、杉树、苦楝、木荷、枫香、毛竹，草灌种类以构树、芒、芭茅、狗尾巴草、苏门酒草为主。目前矿区山地丘陵的植被覆盖率约70%，在人类活动影响较大的地方出现了覆盖率小于30%的草坡和裸地，出现了局部的植被破坏和土地裸露。

该矿开采和场地建设范围内均为林地，未占用耕地。矿区占地及其周边未发现珍稀植物树种，均为常见物种。

（3）动物资源调查。据现场勘察及对当地居民的调查，项目评价范围内存在的鸟类主要有麻雀、家燕、喜鹊等；两栖动物有青蛙、蟾蜍等；爬行类有菜花蛇、青竹蛇等；哺乳类动物主要有褐家鼠、社鼠等。项目评价区域内未发现《国家重点保护野生动物名录》中收录的受重点保护的珍稀或濒危野生动物物种。

（三）主要生态环境问题

项目区域主要生态环境问题为水土流失。X矿原采用露天开采方式，对地表植被破坏较大，在雨季易发生水土流失现象。在设计过程中应全面考虑露天采坑的防护排水工程，减少水土流失。

第四节 环境影响预测及评价

一、施工期环境影响预测及评价

（一）施工期环境影响分析

（1）扬尘环境影响分析。本工程建设期施工量相对较小，并且大部分在井下，扬尘总产生量小。因此如果施工期采取对干燥工作面定期洒水、及时平整场地和恢复植被等有效的防尘措施，扬尘的影响是局部的和短暂的，主要影响人群是施工人员和矿山上班职工，对矿区周边居民无影响。

（2）噪声环境影响分析。根据噪声衰减规律，施工期噪声值最大设备（打桩机）的噪声影响范围为250～300m，其他设备的噪声影响范围约200m。矿区附近的村庄距地表施工现场均大于500m，可见施工噪声的主要影响对象是矿山本身的施工人员和上班职工。

（3）废水环境影响分析。施工过程中产生的废水主要是建筑施工排水、车辆和设备冲洗水、施工人员的生活污水。建筑施工排水悬浮物浓度较大，不含其他可溶性有害物质；设备冲洗水和生活污水成分相对比较简单，污染物浓度低，水量小，而且是间断瞬时排放，可将其送至沉淀池处理，不会对周围环境造成明显影响。

（4）固体废弃物环境影响分析。施工期产生的固体废弃物主要有井巷施工产生的废石、施工余土、建筑垃圾。本项目场地平整和道路修建以挖方为主，余土可就近填平洼地；井巷施工产生的废石用于修筑窄轨运输道，只要加强固体废弃物的管理，其对环境影响较小。

（5）生态环境影响分析。施工期对生态环境影响主要是道路开挖及平整场地对植被的破坏和水土流失。施工期植被破坏的面积较大。由此表明：施工期对生态环境的影响是不可避免的，需要有计划地安排场地平整，尽量避开雨季，并采取合理处置弃土、废石等措施，以减轻施工期对生态环境的影响。

（二）施工期污染防治对策

施工期产生的污染具有阶段性、分散性等特点，其污染防治对策应从以下几个方面加以考虑。

(1) 合理安排施工进度计划。井巷施工、整修矿区运输道路和场地平整等应集中进行，以避免长期扬尘污染，并对施工场地进行定期洒水，减少扬尘产生量。

(2) 施工期出场车辆宜经过草垫帘或浅水坑清掉裹胎烂泥，减少尘土飞扬对沿途的影响。

(3) 将产生高噪声的施工机械尽量安排在白天作业，禁止夜间使用打桩机，以减轻夜间噪声对环境的影响。施工时应设防护围布以减轻噪声和扬尘影响。

(4) 加强施工期的废石、余土和建筑垃圾的管理，及时处置，避免造成较大的水土流失。

(5) 对施工完成的坡面做及时的护坡处理（如设挡土墙、对坡面夯实、砌石护坡、修筑排水沟、植树种草等），以防止水土流失。

二、营运期环境影响预测及评价

(一) 地面水环境

1. 工程正常排水对地面水环境影响分析

(1) 井下废水。井下废水经海绵置换之后进入污水处理站进行处理，处理后的废水回用选矿厂硫精矿选矿，井下废水不向外排放，不会影响东湖水质。

(2) 选矿废水。选矿废水产生量约为1410t/d，这些废水经回水塘收集沉淀处理后，泵至高位水池用于矿区生产回用，选矿产生的废水不向外排放。

(3) 矿区生活污水。矿区生活污水约为22.56t/d，生活污水经化粪池预处理后排入生化处理设施处理，达到《污水综合排放标准》中一级标准后排放。

本项目实施后，矿山应继续严格按照本评价提出的污染防治措施进行生产，进一步完善环境管理制度，保证污水处理设施正常运行，继续实现生产废水零排放，生活污水达标排放，确保区域内环境质量不受影响，预计本技改项目对地表水体东湖基本无影响。

2. 工程非正常排水对地面水环境影响分析

技改后枯水期废水事故排放时，东湖预测断面处的Cu、Pb、Zn、As、Cd、Cr和SS浓度均比现状监测浓度有所增加，并且预测断面处的Cu、Zn和Cd叠加浓度大于《地表水环境质量标准》Ⅲ类标准值。选矿废水事故性排放时，预测断面处的SS叠加浓度超过《农田灌溉水质标准》水作类标准值（80mg/L）。因此，应加强管理，确保废水处理设施正常运行，防止事故排放。

(二) 噪声环境

本次评价的声环境质量现状监测数据表明，目前矿区的声环境质量满足《声环境质量标准》(GB 3096—2008) 2类标准要求。技改后，高噪声设备采用减振、隔声等措施，声环境质量能够满足《声环境质量标准》(GB 3096—2008) 2类标准要求。由此可知，技改后矿区声环境质量与技改前相当。

(三) 废气

本次评价的环境空气质量现状监测数据表明，目前矿区的环境空气质量满足《环境空气质量标准》(GB 3095—2012) 二级标准要求。技改后，对原露天开采产生裸露地进行生态复垦和生态绿化，可以有效减少扬尘影响，由此可知，技改后矿区环境空气质量将有所改善。

（四）地下水环境

矿区岩层含水性较差，含水层局部结构破坏，工程修建废石临时堆放场及回水塘建筑物地下岩层的透水性较低，天然防渗性较好。工程对地下水环境的影响有限，对地下水含水层破坏较轻。因矿山西北、西、南三方有隔水边界存在，仅在矿坑疏干漏斗边缘有部分居民分布，地下水位下降造成的影响小。

调查区乡村、镇居民生活用水及工农业生产用水主要以地表水为主，无大的集中式地下水供水水源地。地下水开采主要为分散的民井，且基本不用于饮用，没有进行大规模、集中式的地下水开采，总开采量极少。开采对周边居民饮用水影响较小。

大气降水产生的矿石淋溶水含有大量悬浮颗粒，对下游地下水体存在影响，但经沉淀处理后回用于选厂，预测对地下含水层水质影响较小；选矿厂产生的废水经回水塘处理后回用选矿厂，对地下水含水层水质影响较小。

综上所述，只要加强对日常环境监测，同时防止废水事故性排放，同时做好防渗工作，采矿活动对地下水影响较小。

（五）固体废弃物

本项目废石属于《一般工业固体废物贮存、处置场污染控制标准》(GB 18599—2001)分类的第Ⅰ类一般固体废弃物。废石的主要成分为方解石、白云石、石英、长石等，因此可按Ⅰ类一般固体废弃物处理。第Ⅰ类一般工业固体废弃物处置场的选址、设计、运行管理、关闭与封场，以及污染控制与监测等应执行《一般工业固体废物贮存、处置场污染控制标准》(GB 18599—2001)。处置场应选在工业区和居民集中区主导风向下风侧；在基岩坚硬、地下水水位低、没有山泉出露的地方；应避开断层、断层破碎带、溶洞区以及天然滑坡或泥石流影响区；远离居民集中区500m以上，符合当地城乡建设总体规划；第Ⅰ类一般工业固体废弃物处置场应优先选用废弃的采矿坑、塌陷区；处置场周边要建拦挡坝或截洪沟，防止固体废弃物流失；处置场服务期满后应进行植被绿化，并设立永久标记。

本项目采矿产生的部分废石回填采空区，设置废石临时堆放场，能够满足《一般工业固体废物贮存、处置场污染控制标准》的要求。生活垃圾统一进行收集后运至垃圾填埋场进行卫生填埋；污水处理厂污泥经过压滤后同生活垃圾一并处理；选矿厂产生的废铁由厂家回收进行综合利用。

综上所述，矿山产生的固体废弃物经过合理处理后，对环境影响较小。

（六）土壤环境

矿区周边村庄采用周边地表水进行灌溉，Cu、Pb、Zn、As、Cd和Cr对土壤的贡献值随灌溉时间的增长而增大。本项目技改后生产废水全部回用于矿区，无废水排放，生活污水经处理达标后排放，对土壤环境影响较小。若项目发生事故性排放时，由于事故排放废水时间短，同时量较小，对土壤的贡献值增长影响甚微。因此，项目废水对土壤中重金属残留量较小，所在区域土壤能够满足《土壤环境质量标准》(GB 15618—2008) 二级标准（水田）。

（七）生态环境

矿山原露天开采形成一个露天采坑已造成局部地表植被破坏，岩土裸露影响地表景观，对环境影响较大，借这次技改的契机对矿区现有环保和水保设施进行完善，废水及其污染物的排放量有不同程度的减少，将使东湖水质和矿区生态环境得到一定程度的改善。

因此，生产初期不会使矿区及其附近陆地和水域的动植物生长环境发生明显变化。

（八）爆破振动

爆破引起的地基振动，其大小除了随炸药的种类、药量、起爆方法变化外，还随爆破方法、爆破地点的岩石性质、地基的成层状态和弹性性质等因素而发生变化。

我国《爆破安全规程》规定：一般建筑物的爆破地震安全性应满足安全振动速度的要求。由于X矿坑口采矿工业场地和行政生活区建构筑物距井下爆破点均大于70m，振动速度小于0.85cm/s，符合质点最大允许速度（1.0cm/s）要求，故爆破振动对矿区地面一般建筑物不会造成影响。

第五节　环境风险与经济损益分析

一、环境风险分析

（一）风险识别

该矿的风险识别列于表14-8。

表14-8　X矿风险识别表

序号	工艺过程（或辅助工程）	有毒有害物质及其特性	风险类型分析	是否属重大危险源
1	原料系统	炸药：耗量69.6t/a。 硝酸铵主要特性： 急性毒性：LD_{50}4820mg/kg（大鼠经口）。 危险特性：强氧化剂。遇可燃物着火时，能助长火势。与可燃物粉末混合能发生激烈反应而爆炸。受强烈震动也会起爆。急剧加热时可发生爆炸。与还原剂、有机物、易燃物如硫、磷或金属粉末等混合可形成爆炸性混合物。 燃烧（分解）产物：氮氧化物。 健康危害：对呼吸道、眼及皮肤有刺激性。接触后可引起恶心、呕吐、头痛、虚弱、无力和虚脱等。大量接触可引起高铁血红蛋白血症，影响血液的携氧能力，出现紫绀、头痛、头晕、虚脱，甚至死亡。口服引起剧烈腹痛、呕吐、血便、休克、全身抽搐、昏迷，甚至死亡	爆炸	不属于
2	采矿系统	露天采坑（废石场）	固体废弃物对下游人群、水体、土壤等影响	不属于
3	选矿系统	矿浆的泄漏	固体废弃物对下游水体、土壤影响	不属于

根据《危险化学品重大危险源辨识》（GB 18218—2009）和表14-8的分析结果可知，本项目无重大危险源。根据X矿的生产特征，其风险评价主要包括废石堆场和炸药的风险评价。

（二）炸药的风险识别

（略）。

（三）污水处理站事故性排放

（略）。

（四）风险应急预案

（略）。

二、环境经济损益分析

（一）环保设施投资估算

环保设施投资主要包括：废气处理、废水处理、固体废弃物处置、噪声防治、水土保持设施及环境监测等，其估算投资列于表14-9。

表14-9　X矿环保设施投资估算

序　号	项　目	投资/万元	备　注
1	井下除尘	2	井下作业场地的喷雾洒水
2	选矿通风除尘	4	
3	道路输运抑尘	1	
4	废水处理及回用设施	81	含矿山专用排水沟修筑、废石场截洪沟、废水收集回用系统
5	植被恢复和绿化（含水土保持措施）	331.25	
6	噪声防治	4	
7	环境监测	8	监测室和化验室合建
8	其他	43.1	前7项总额10%
9	合计	474.35	占项目总投资6.58%

（二）环保运行费用

主要是设备的动力消耗、药剂费、维修费及人工费。（1）通风、除尘：8万元/年；（2）井下水、废石场废水、生活污水、尾矿库废水处理、回用：8.1万元/年；（3）水土保持费用（平均）：33万元/年；（4）环境监测：8万元/年；（5）其他（取前4项的10%）：4.31万元/年；（6）维修费：按环保投资的3%计，即维修费为14.23万元/年；（7）从事环境保护工作人员的工资：9万元/年；（8）与环境保护有关的科研费、咨询费、学术交流费等：10万元/年。

因此，环保运行费用为94.64万元/年。

（三）环保措施的效益指标分析

（1）直接经济效益。主要是井下水、选矿厂回用水、废石场溢流水回用节约的水费，共计86.64万元/年。

（2）间接经济效益。主要体现为本项目各项环保措施减少了废水、废石对周边和下游农田、植被的占用及其污染所造成的损失20万元/年；废水、废石和尾矿的合理处理使东湖水生动植物免遭死亡而获得的收益15万元/年；除尘和降噪措施的实施，减少或消除了患职业病职工的人数，从而减少了企业的医疗、劳保费用而获得的收益20万元/年；井下水、尾矿库废水回用、清污分流减少的尾矿库外排水总计可少交废水排污费12万元/年；“三废”处理后达标排放可免交超标排污费和罚款24万元/年。间接经济效益总计为91万元/年。

另外，X 矿的建设可增强当地的经济实力，增加就业，促进贸易，改善交通，带动其他产业的发展，促进和加快区域的城镇建设步伐。

（四）环保措施的静态经济效益分析

（1）整体净效益：

整体净效益 = 直接经济效益 + 间接经济效益 - 运行费用 = 83 万元/年。

（2）效益与费用比：

直接经济效益/费用指标 = 86.64/96.64 = 0.896

间接经济效益/费用指标 = 91/96.64 = 0.942

整体经济效益/费用指标 = 177.64/96.64 = 1.838

上述计算结果表明：每元的环境保护费用获得了 0.896 ~ 1.838 元的收益。矿山采取环保措施不仅获得了部分直接经济效益，而且获得了较大的间接经济效益，并使职工和周边人群的身心健康、区内农作物和水生动植物得到了很好的保护，对于维持矿山的正常生产和可持续发展起到了积极作用。

第十五章　案例 Ⅲ——铝矿资源海外开发战略选区风险评价

第一节　世界铝矿资源及供需形势分析

一、世界铝矿资源分布特点

（1）铝矿资源非常丰富，储量庞大。世界铝矿资源储量丰富，自 1921 年发现铝土矿以来，世界各国都在加快对其的勘查速度。据 USGS2011 年的统计资料显示，全球铝矿资源量在 550 亿 ~750 亿吨左右，储量在 289.6 亿吨左右，基础储量在 380 亿吨左右。全球铝土资源分布情况如图 15-1 所示，其中南美洲 190 亿 ~250 亿吨、非洲 160 亿 ~200 亿吨、亚洲 80 亿 ~130 亿吨、大洋洲 70 亿 ~100 亿吨、欧洲 30 亿 ~40 亿吨、加勒比海 20 亿 ~30 亿吨。

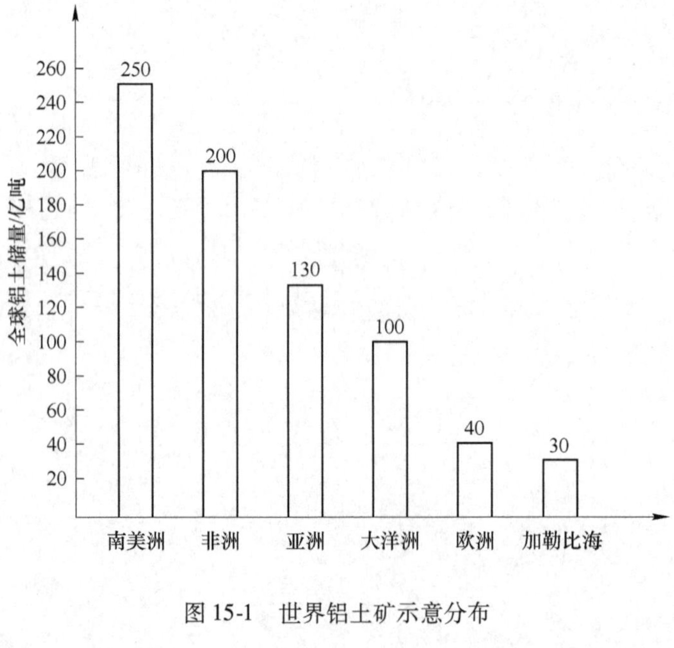

图 15-1　世界铝土矿示意分布

铝矿资源丰富的国家主要有：几内亚 74 亿吨，居世界第一；澳大利亚 62 亿吨，居世界第二。2011 年铝矿储量分布和矿石类型见表 15-1。

（2）铝矿床类型有明显分带性。占世界 86% 的红土型矿床集中在 30°纬线附近；占世界 13% 的岩溶型矿床和 1% 的沉积型铝矿床，都集中在北纬 30° ~60°的温带地区。

（3）以三水铝土型及水软铝石为主。如表 15-1 所示，三水铝石超过全球总量的 90%，此类品位高，以低硅、高铝硅比、高铁为特征，是生产金属铝的最佳原料。而我国主要为一水硬铝石，以高硅、中低铝硅比、低铁、高铝为特征，不易加工，常用高耗能的联合法来生产氧化铝。

表 15-1 世界铝土矿储量分布状况（2011 年）

国家	储量/亿吨	所占比例/%	化学成分（质量分数）/%					矿石类型
			Al_2O_3	SiO_2	Fe_2O_3	TiO_2	LOI	
几内亚	74	25.55	40～60.2	0.8～6	6.4～30	1.4～3.8	20～32	三水铝石 一水软铝石
澳大利亚	62	21.41	25～58	0.5～38	5～37	1～6	15～28	三水铝石 一水软铝石
越南	21	7.25	44.4～53.2	1.6～5.1	17.1～22.3	2.6～3.7	24～25	三水铝石 一水硬铝石
牙买加	20	6.91	45～50	0.5～2	16～25	2.4～2.7	25～27	三水铝石 一水软铝石
巴西	36	12.43	32～60	0.95～25.75	1.0～58.1	0.6～4.7	8.1～32	三水铝石
印度	9	3.11	40～80	0.3～18	0.5～25	1～11	20～30	三水铝石
圭亚那	8.5	2.94	50～60	0.5～17	9～31	1～8	25～32	三水铝石
中国	8.3	2.87	50～70	9～15	1～13	2～3	13～15	一水硬铝石
希腊	6	2.07	35～65	0.4～3.0	7.5～30	1.3～3.2	13～16	一水硬铝石 一水软铝石
苏里南	5.8	2.00	37.3～61.7	1.6～3.5	2.8～19.7	2.8～4.9	29～31.3	三水铝石 一水软铝石
哈萨克斯坦	1.6	0.55						一水硬铝石
委内瑞拉	3.2	1.10	35.5～60	0.9～9.3	7～40	1.2～3.1	19.3～27.3	三水铝石
俄罗斯	2	0.69	36～65	1～32	8～45	1.4～3.2	10～14	软、硬铝石 三水铝石
美国	0.2	0.07	31～57	5～24	2～35	1.6～6	16～28	三水铝石 一水铝石
其他国家	32	11.05						
合　计	289.6	100						

数据来源：美国地质调查局。

（4）铝矿资源分布很不均衡。世界铝矿储量的地理分布参差不齐，且高度集中。由表 15-1 可知，几内亚、澳大利亚、越南、牙买加和巴西这些国家的铝矿储量占总量的 73.55%。发展中国家的铝矿储量占总量达 98%，但其氧化铝工业比较落后，而美国、俄罗斯、法国等氧化铝工业发达国家所拥有的铝矿储量合计还不到总量的 2%。

（5）分布格局不断变化。继 20 世纪 60 年代澳大利亚成为铝矿资源储量大国、70 年代成为铝工业大国后，80 年代在沙特阿拉伯、印度尼西亚、委内瑞拉等国家又勘探出一些储量大的铝矿床，越南与老挝的铝矿资源潜力也很可观。

二、世界铝矿资源供需形势分析

（一）世界铝矿资源生产状况

据统计，2012年世界铝土矿总产量达2.33亿吨，同比上涨6%，大约有19个国家控制了全球铝土矿的生产。从表15-2可以看出，澳大利亚产量最多为7300万吨，占总产量的31.39%；其次为中国、巴西、印度、几内亚和牙买加。这六个国家的铝矿产量达总产量的87.84%。

表15-2 2005～2012年世界主要铝矿生产国产量 （万吨）

国别	2005年	2006年	2007年	2008年	2009年	2010年	2011年	2012年
澳大利亚	5969	6230	6240	6140	6520	6840	6700	7300
中国	1800	2100	3000	3500	4000	4400	4600	4800
巴西	2203	2284	2480	2200	2820	2810	3100	3400
印度	1196	1270	1920	2120	1600	1800	1900	2000
几内亚	1920	1900	1800	1850	1560	1740	1800	1900
牙买加	1412	1490	1460	1400	782	854	1020	1030
希腊	244	245	222	222	210	210	210	200
圭亚那	168	140	160	210	176	176	182	185
哈萨克斯坦	482	490	500	490	513	531	540	530
俄罗斯	641	660	640	630	578	548	580	610
塞拉利昂	—	—	—	—	—	109	146	120
苏里南	478	492	490	520	400	400	400	420
委内瑞拉	590	550	590	550	250	250	450	450
越南	—	—	3	3	3	8	8	3
其他国家	397	546	715	655	474	263	285	310
世界合计	17500	18397	20200	20490	19886	20939	21921	23258

数据来源：美国地质调查局。

（二）世界铝矿资源需求状况

世界铝矿资源需求状况主要以铝矿消费情况表示，世界铝矿消费状况并没有直接的统计数据，但可以通过一些间接的指标显示，如原铝、氧化铝的产量及消费量。2006～2012年世界铝矿的产量，原铝、氧化铝的产量及消费量见表15-3，结合图15-2可以看出，世界铝矿产量和氧化铝、原铝消费量变动趋势基本一致。

表15-3 2006～2012年世界铝矿消费情况 （万吨）

年份	铝矿产量	氧化铝产量	氧化铝消费量	原铝产量	原铝消费量
2006	17800	7378	6567	3320	3466
2007	20200	7821	7463	3740	3780
2008	20500	7918	7807	3876	3690
2009	19900	7773	7902	3636	3507
2010	20900	8201	8262	4042	4022
2011	21921	9211	8940	4340	4284
2012	23258	9353	9196	4479	4575

数据来源：世界金属统计局。

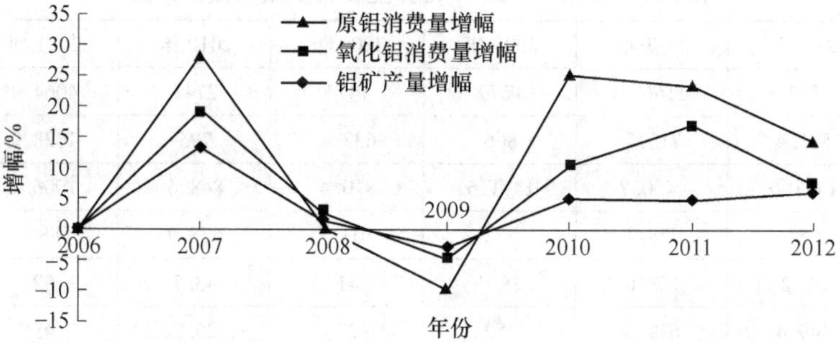

图 15-2 2006~2012 年世界铝矿产消费量增幅情况

如表 15-4 所示，世界上铝消费量最多、增速最快的国家是中国，2006~2011 年平均增速为 17.3%，远远高于其他国家，2011 年中国原铝消费量高达 1762.9 万吨，比 2010 年增长 11.2%，占世界消费总量的 53.4%；其次是美国，占世界消费总量的 12%，受本土次贷危机和全球金融危机的影响，其消费量出现下滑，由 2006 年 615 万吨下降到 2011 年 406 万吨，年均下降 8.0%。此外，德国、日本、印度、韩国及巴西的消费量也在 100 万吨以上，其中印度和巴西增长较快。

表 15-4 2006~2011 年世界主要国家铝矿消费情况 （万吨）

国 别	2006 年	2007 年	2008 年	2009 年	2010 年	2011 年	年均增速/%
中 国	864.8	1234.8	1241.3	1430	1585.5	1762.9	15.3
美 国	615	554.5	490.6	385.4	424.3	406	−8.0
德 国	182.3	200.8	193.6	127.7	191.2	210.3	2.9
日 本	232.3	219.7	225	152.3	202.5	194.6	−3.5
印 度	108	120.7	128.4	145.8	147.5	158.4	8.0
韩 国	115.3	108.1	96.4	103.8	125.5	123.3	1.4
巴 西	77.3	85.4	93.2	79.9	98.5	107.7	6.9
意大利	102.1	108.7	95.1	66.1	86.7	98.2	−0.8
俄罗斯	104.7	102	102	75	68.5	68.5	−8.1
加拿大	84.6	59.7	60	57.1	57.7	62.9	−5.8
法 国	71.3	73.7	68.9	53.8	54.9	58.4	−3.9
西班牙	62	64.2	60.3	48.1	53.7	52.4	−3.3

数据来源：世界金属统计局。

（三）世界铝矿进出口贸易状况

1. 主要出口国

世界铝矿出口国主要有印度尼西亚、澳大利亚、牙买加、巴西、希腊和印度等国家，其出口量占总量的 80% 左右。2006~2011 年世界主要国家铝矿出口贸易情况如表 15-5 所示。2011 年出口总量为 6883.3 万吨，比 2006 年增长了 85%，年均增长 13.1%。印度尼西亚是出口最多、增速最快的国家。

表 15-5　2006～2011 年世界主要铝矿出口国出口量　（万吨）

国　别	2006 年	2007 年	2008 年	2009 年	2010 年	2011 年	年均增速/%
印度尼西亚	727	1166.3	1679	1472	2741	4064.4	41.1
澳大利亚	551.4	715.7	866	637.4	795	1028.9	13.3
牙买加	1471.6	1450.7	1471.6	810.4	848.6	1006.2	-7.3
巴　西	531	578.4	622	303.7	678.9	688.7	5.3
希　腊	91.2	108.6	78.7	41	43.7	52	-10.6
印　度	349.4	639.3	352	27	25.2	43	-34.2
合　计	3721.6	4659	5069.3	3291.5	5132.4	6883.2	13.1

数据来源：世界金属统计局。

2. 主要进口国

世界铝矿主要进口国为中国、北美和西欧等国家，中国在 2008 年超过美国，成为进口量最多、增速最快的国家，2006～2011 年均增速达 37.3%。2006～2011 年世界主要国家铝矿进口量情况如表 15-6 所示。

表 15-6　2006～2011 年世界主要铝矿进口国进口量　（万吨）

国　别	2006 年	2007 年	2008 年	2009 年	2010 年	2011 年	年均增速/%
中　国	925.6	2328	2592.7	1980.2	3036	4523.5	37.3
美　国	1159.9	1179.4	1246.8	792.4	731.6	947.1	-4.0
乌克兰	312.1	361.8	392.4	390.2	445.8	491.9	9.5
爱尔兰	336.9	413	301	278.7	411.1	421.5	4.6
加拿大	329.2	334	356	229.9	337.3	319.8	-0.6
西班牙	300.7	354.7	361.8	350.9	332.5	308	0.5
德　国	214.4	314.2	300.9	212.2	200.5	243.6	2.6
法　国	166.5	200.2	178.8	102.5	98.5	144.3	-2.8
日　本	169.3	198.7	207.3	117.5	115.8	99.2	-10.1
阿塞拜疆	122.9	74.5	89	—	—	6.1	-45.2
意大利	261.8	237.5	241.8	3.7	6.3	4.5	-55.6
合　计	4299.3	5996.1	6268.5	4458.1	5715.4	7509.5	11.8

数据来源：世界金属统计局。

第二节　铝矿资源海外开发战略选区风险评价指标体系

一、风险因素识别

风险因素识别是铝矿资源海外开发战略选区风险评价的依据，能否系统地、正确地识别风险，将直接决定风险评估的科学性。风险因素的识别是分析和整理各选区的潜在风险源及风险因素并评估其后果的过程，也就是感知和分析风险。感知风险是熟识矿业开发项目会遇到的种种风险；分析风险是指理解和剖析各风险因素间的内在关系与区别。风险因素的识别，不但要对能够确定的风险进行辨识，更主要、更难的是能辨识出各种隐藏的、不确定的风险。

风险因素识别的方法通常有 Delphi 法、环境扫描法、FTA 法、检查表法等或多种方法的组合。基于对矿产资源海外开发区位选择风险评价文献的查阅，主要采用 Delphi 法识别风险。采用该法的原因在于 Delphi 法具有很强的操作性：Delphi 法是较为常用的风险识别方法，凭借矿业领域的专家、企业家所掌握的经验和知识，对海外开发铝矿资源所面临的风险做更为系统的识别，可保障风险评价的科学性。经过识别，铝矿资源海外开发战略选区面临的风险主要来自政治、政策法律、宏观经济、金融、社会、运营、资源和自然等八个层面。

二、风险评价指标体系的建立

在风险因素识别的基础上，根据评价指标体系建立的系统性、科学性、可比性、可行性、可测性、适用性和目标导向原则，设计了铝矿资源海外开发战略选区风险评价指标体系，如表 15-7 所示。

表 15-7　风险评价指标体系

<table>
<tr><th>目标层</th><th>一级指标</th><th>二级指标</th><th>风险因素度量</th></tr>
<tr><td rowspan="23">铝矿资源海外开发战略选区风险 I</td><td rowspan="4">政治风险 I_1</td><td>政局风险 I_{11}</td><td>政局的稳定性</td></tr>
<tr><td>政府腐败程度 I_{12}</td><td>透明国际发布的《2013 年全球腐败指数报告》</td></tr>
<tr><td>与我国外交关系 I_{13}</td><td>与我国外交关系如何</td></tr>
<tr><td>征收风险 I_{14}</td><td>没收、征用、国有化</td></tr>
<tr><td rowspan="3">政策法律风险 I_2</td><td>矿业政策风险 I_{21}</td><td>2012 年世界主要国家或地区
矿业投资政策潜力评价得分</td></tr>
<tr><td>法律风险 I_{22}</td><td>矿业法律法规及其完善、成熟等程度</td></tr>
<tr><td>环保风险 I_{23}</td><td>环境法律法规是否严格</td></tr>
<tr><td rowspan="3">宏观经济风险 I_3</td><td>经济发展的稳定性 I_{31}</td><td>近 5 年 GDP 增长率的标准差系数的绝对值</td></tr>
<tr><td>物价水平 I_{32}</td><td>近 5 年的平均通货膨胀率</td></tr>
<tr><td>投资吸引力 I_{33}</td><td>世界经济论坛发布的《2012～2013 年全球
竞争力报告》中各国竞争力的排名</td></tr>
<tr><td rowspan="3">金融风险 I_4</td><td>汇率风险 I_{41}</td><td>近 5 年兑美元官方汇率的标准差系数</td></tr>
<tr><td>信用风险 I_{42}</td><td>普标 2011 年 11 月对全球各国信用评级</td></tr>
<tr><td>融资风险 I_{43}</td><td>世界经济论坛发布《2012～2013 年全球竞争力报告》
中融资占影响营商环境 16 大不利因素的比重</td></tr>
<tr><td rowspan="4">社会风险 I_5</td><td>社会治安 I_{51}</td><td>社会治安状况</td></tr>
<tr><td>文化风险 I_{52}</td><td>与我国民族、语言、宗教、习俗的差别</td></tr>
<tr><td>劳动力素质 I_{53}</td><td>劳动力平均受教育年限</td></tr>
<tr><td>罢工风险 I_{54}</td><td>工会罢工发生的情况</td></tr>
<tr><td rowspan="2">运营风险 I_6</td><td>基础设施 I_{61}</td><td>世界经济论坛发布的《2012～2013 年全球
竞争力报告》中的各国基础设施排名</td></tr>
<tr><td>劳动力成本 I_{62}</td><td>2012 年平均工资水平</td></tr>
</table>

续表 15-7

目标层	一级指标	二级指标	风险因素度量
铝矿资源海外开发战略选区风险 I	资源风险 I_7	地质条件 I_{71}	地质条件的优劣
		矿产资源潜力 I_{72}	加拿大 Fraser 研究所 2011 年对全球各国/地区矿产潜力评估排名
		矿石品位 I_{73}	铝矿平均品位
	自然风险 I_8	气候条件 I_{81}	温度、雨量、霜冻天的长短
		自然灾害 I_{82}	重大自然灾害出现的情况
		地理位置 I_{83}	港口情况，与我国的海运距离

三、指标权重的确定

（一）指标权重的确定方法

指标权重说明的是各个指标相对于上一层目标的重要性，不管采取哪种评价方法都应将指标权重和指标值结合起来评价对象。由此，确定指标的权重是风险评价中不可缺少的工作。确定权重的方法有很多，大致可归为主观赋权法、客观赋权法和组合赋权法三种类型。

主观赋权法借助专家的经验或知识，通过某种方法综合各位专家对各指标的权重来赋权，常见的有 Delphi 法、ANP 法、AHP 法、综合指数法等；客观赋权法是通过数学理论，由调研数据决定，无需询问专家意见，常见的有主成分分析法、熵权法、复相关系数法、多目标规划法、离差法等。

考虑指标体系自身的特点，选取主观法中 Delphi 法来确定权重，理由有：

（1）客观赋权法常用于多方案评价中的赋权以及定量指标较多的指标体系中。由于所设计的风险评价指标体系中有部分定性指标，因此采用主观赋权法，借助专家知识进行赋权会更加合理。

（2）主观赋权法采用专家调查法，且本书所属项目有相对完备的专家队伍，因此易于操作，可信度较高。

（二）指标权重的确定

专家调查法将专家作为信息来源，以专家的知识与经验为基础，由专家对问题做出判别。向高等院校、设计院和矿山企业等矿业工程领域的 30 名专家发出了赋权调查表，共收回有效问卷 26 份，专家情况如表 15-8 所示。经过加权计算得到最终权重，如表 15-9 所示。

表 15-8　征询专家情况

序　号	问卷数量	专家来源	专家职称	专业领域
1	12	高等院校	教授	矿业工程
2	5	设计院	高级工程师	矿业工程
3	9	矿山企业	高级工程师	矿业工程

表 15-9　评价指标权重

目标层	一级指标		二级指标	
	指　标	权　重	指　标	权　重
铝矿资源海外开发战略选区风险 I	政治风险 I_1	0.14	政局风险 I_{11}	0.35
			政府腐败程度 I_{12}	0.18
			与我国外交关系 I_{13}	0.27
			征收风险 I_{14}	0.20
	政策法律风险 I_2	0.12	矿业政策 I_{21}	0.35
			法律风险 I_{22}	0.28
			环保风险 I_{23}	0.37
	宏观经济风险 I_3	0.13	经济发展 I_{31}	0.33
			物价水平 I_{32}	0.42
			投资吸引力 I_{33}	0.25
	金融风险 I_4	0.13	汇率风险 I_{41}	0.43
			信用风险 I_{42}	0.26
			融资风险 I_{43}	0.31
	社会风险 I_5	0.10	社会治安 I_{51}	0.30
			文化风险 I_{52}	0.24
			劳动力素质 I_{53}	0.23
			罢工风险 I_{54}	0.23
	运营风险 I_6	0.11	基础设施 I_{61}	0.62
			劳动力成本 I_{62}	0.38
	资源风险 I_7	0.15	地质条件 I_{71}	0.20
			矿产资源潜力 I_{72}	0.35
			矿石品位 I_{73}	0.45
	自然风险 I_8	0.12	气候条件 I_{81}	0.33
			自然灾害 I_{82}	0.35
			地理位置 I_{83}	0.32

第三节　铝矿资源海外开发战略选区风险评价模型

一、云物元模型

（一）云物元的定义

物元理论由蔡文教授创建于 20 世纪 80 年代，由起初的物元分析到目前的物元可拓论，已发展成了系统的理论体系，通过形式化的模型来分析事物扩展可能性的形成机制及方法，把现实生活中的矛盾事件当作物元的关系来处理，通常用来处理不相容的繁杂事件，多用在多因子综合评价中。

传统物元模型中的确定数 v 是一个数值，其关联函数的计算也是基于确定数值而推导的。但是在实际情况中 v 有可能是个不确定的数，v 附近的数值是具有亦此亦彼的模糊性的；并且统计规律也显示 v 有时应该在某一个相对稳定的范围，且服从某种分布，即 v 同时具有随机性。因此，如果继续采用一个确定的数去建立物元和建立关联函数显然是不太准确的。而云模型恰好是反映人类和事物的知识当中具有随机性和模糊性的不确定性的数学理论，将云模型引入到物元理论中，并对物元进行重新构造，实际上就是用云模型来代替物元模型中的 v，即考虑到了 v 所具有的随机性和模糊性。云物元模型的表达式如下：

$$\boldsymbol{R} = \begin{bmatrix} R_1 \\ R_2 \\ \vdots \\ R_n \end{bmatrix} = \begin{bmatrix} N, & c_1, & (E_{x_1}, E_{n_1}, H_{e_1}) \\ & c_2, & (E_{x_2}, E_{n_2}, H_{e_2}) \\ & \vdots & \vdots \\ & c_n, & (E_{x_n}, E_{n_n}, H_{e_n}) \end{bmatrix} \tag{15-1}$$

（二）区间数值转换成云物元的方法

在传统的物元分析中，对各风险等级的划分均是采用硬性的区间划分，而忽略了各风险等级边界处的模糊性和各指标对各风险等级隶属度的随机性。在云物元模型当中，用云模型代替区间来表示各风险的等级范围，允许一定的重叠，相同的属性值可能会分属于不同的概念，而不同的属性值对概念的贡献度也是不同的。

各风险等级即为区间数，可以采用指标近似法将其转换成云数据，将各风险等级的区间数看做是一个双约束指标 $[c_{\min}, c_{\max}]$，在转换成云模型时，用区间的中点值来代表 E_x，依据正态云的“$3E_n$”规则来计算 E_n，即有如下的参数公式：

$$E_x = \frac{c_{\min} + c_{\max}}{2} \tag{15-2}$$

$$E_n = \frac{c_{\max} - c_{\min}}{6}$$

由熵 E_n 的概念可知，熵越大，概念所接收的数值范围也越大，概念就越模糊。根据正态云的“$3E_n$”规则来计算 E_n 所生成的隶属云，在边界处彼此间的分隔很清晰，模糊性较低，适用于要严格区分的一些概念，比如对产品的合格与否进行判断等。而对于风险评价的风险等级来说，由于风险分级界限值的模糊性和随机性，有些评估点会落在两个等级之间，不需要严格确定其属于哪个等级，隶属云可以相对模糊一些。因此，可以隶属度为 0.5 作为分界处，即在边界处的数值既可以属于上一个等级，也可以属于下一个等级，按这种方法计算的云边界比按正态云的“$3E_n$”规则所计算的云边界更具模糊性，也让结果更接近于实际情况，让风险评价结果更为准确。

以隶属度为 0.5 进行分界来计算参数 E_n 的过程为：

（1）令式（15-4）的值为 0.5，计算可得 $x = E_x \pm 1.1774E_n$，则：

$$E_x - 1.1774E_n = c_{\min}$$

$$E_x + 1.1774E_n = c_{\max}$$

（2）将上述两式相减得：

$$E_n = \frac{c_{\max} - c_{\min}}{2.3548} \tag{15-3}$$

H_e 的值可根据各风险等级划分时的模糊程度来具体调整，其值越小，云越薄，隶属度的随机性越小，结果更具有可比性，但会漏掉很多边界处的点；而其值越大，云滴的离散度越大，隶属度的随机性也就越大，能包容更多的点但可比性相对较差，各等级隶属云之间的分割也就越不明显。

（三）云物元的隶属函数

隶属函数将待评价的风险转化成云评价中可用的数据形式，同时也对待评价的风险物元与各风险指标评判等级间的关系进行量化。一般物元理论采用的是左侧距和右侧距的方法来确定物元的最优取值，而云概念的引入，物元理论中关联度的计算方法已不再适用，云模型的隶属函数可分为两种，即数值与云物元之间的隶属度和云物元与云物元之间的隶属度，根据本书的需要，在此只介绍前者。

对于确定的数值与云物元之间的隶属度可采用该数值相对于云的确定度来表示，具体步骤为：

（1）某云的数字特征为 $(E_{x_i}, E_{n_i}, H_{e_i})$；

（2）产生以均值为 E_n，标准差为 H_e 的一个正态随机数 E_n'；

（3）令该确定数值 x 为云滴，计算云滴 x 对该等级云的隶属度 $\mu(x)$，计算公式为：

$$\mu(x) = \exp\left[\frac{-(x - E_x)^2}{2(E_n')^2}\right] \tag{15-4}$$

二、基于云物元的风险评价模型

借助云模型在解决随机性和模糊性问题方面的优势，结合物元理论在处理事物间矛盾关系的特点，将包含多个指标的战略选区风险使用多维物元来进行定量描述，建立基于云物元理论的风险评价模型，具体评价步骤如下文所述。

（一）评价指标的量化

为将各国风险情况进行量化，需结合指标数据对各二级指标进行分级，具体分级规则如表 15-10 所示。

表 15-10　二级指标分级规则

指标	0.1	0.2	0.3	0.4	0.5	0.6	0.7	0.8	0.9	1.0
I_{11}		稳定		较稳定		一般		波动较大		波动
I_{12}	≤18	(18,36]	(36,54]	(54,72]	(72,90]	(90,108]	(108,126]	(126,144]	(144,162]	>162
I_{13}		有利		较有利		一般		较不利		不利
I_{14}		很低		低		一般		较高		高
I_{21}	>54	(48,54]	(42,48]	(36,42]	(30,36]	(24,30]	(18,24]	(12,18]	(6,12]	≤6
I_{22}		有利		较有利		一般		较不利		不利
I_{23}		很松		较松		一般		较严格		严格
I_{31}/%	≤20	(20,40]	(40,60]	(60,80]	(80,100]	(100,120]	(120,140]	(140,160]	(160,180]	>180

续表 15-10

指标	0.1	0.2	0.3	0.4	0.5	0.6	0.7	0.8	0.9	1.0
I_{32}/%		(1,3]		(3,6]		(6,9]		(9,50]		>50
I_{33}	≤14	(14,28]	(28,42]	(42,56]	(56,70]	(70,84]	(84,98]	(98,112]	(112,126]	>126
I_{41}/%	≤2	(2,4]	(4,6]	(6,8]	(8,10]	(10,12]	(12,14]	(14,16]	(16,18]	>18
I_{42}	AAA	AA	A	BBB	BB	B	CCC	CC	C	D
I_{43}	≤2.5	(2.5,5]	(5,7.5]	(7.5,10]	(10,12.5]	(12.5,15]	(15,17.5]	(17.5,20]	(20,22.5]	>22.5
I_{51}		稳定		较稳定		一般		较差		差
I_{52}		小		较小		一般		较大		大
I_{53}	>12	(10.6,12]	(9.2,10.6]	(7.8,9.2]	(6.4,7.8]	(5,6.4]	(3.6,5]	(2.2,3.6]	(0.8,2.2]	≤0.8
I_{54}		少		较少		一般		较多		多
I_{61}	≤14	(14,28]	(28,42]	(42,56]	(56,70]	(70,84]	(84,98]	(98,112]	(112,126]	>126
I_{62}	>162	(144,162]	(126,144]	(108,126]	(90,108]	(72,90]	(54,72]	(36,54]	(18,36]	≤18
I_{71}		有利		较有利		一般		较不利		不利
I_{72}	≤7	(7,14]	(14,21]	(21,28]	(28,35]	(35,42]	(42,49]	(49,56]	(56,63]	>63
I_{73}		有利		较有利		一般		较不利		不利
I_{81}		好		较好		一般		较差		差
I_{82}		少		较少		一般		较多		多
I_{83}		接壤		近洋航线		近洋航线偏远		远洋航线		远洋航线偏远

(二) 风险等级的划分

将风险划分为5个等级：低［0, 0.2］、较低（0.2, 0.4］、一般（0.4, 0.6］、较高（0.6, 0.8］、高（0.8, 1.0］。

(三) 构建评价物元

对于战略选区风险评价体系，将一国风险状况作为目标层物元，为总物元；将8个一级指标，即政治风险、政策法律风险、宏观经济风险、金融风险、社会风险、运营风险、资源风险和自然风险分别作为层物元。对于以上8个一级指标，又包括25个子项目，为待评价物元，因此，各待评价物元可表示为：

$$\boldsymbol{R}_i = (I_i, I_{ip}, v_{ip}) = \begin{bmatrix} I_i & I_{i1} & v_{i1} \\ & I_{i2} & v_{i2} \\ & \vdots & \vdots \\ & I_{in} & v_{in} \end{bmatrix} \tag{15-5}$$

式中，$I_i(i=1, 2, \cdots, 8)$ 为待评价子项目层事物，$I_{ip}(p=1,2, \cdots, n)$ 是 I_i 所包含的 n 个二级指标；v_{ip} 是 I_{ip} 的量值。

(四) 确定经典域和节域

各风险等级经典域的物元表示如下：

$$\boldsymbol{R}_j = (N_j, I_{ip}, V_{jip}) = \begin{bmatrix} N_j & I_{i1} & v_{ji1} \\ & I_{i2} & v_{ji2} \\ & \vdots & \vdots \\ & I_{in} & v_{jin} \end{bmatrix} \tag{15-6}$$

式中，$N_j(j = 1, 2, \cdots, m)$ 表示第 j 类风险等级；$I_{ip}(p = 1, 2, \cdots, n)$ 是各二级指标；$V_{jiP}(p = 1, 2, \cdots, n)$ 为 N_j 关于 I_{ip} 的量值范围，为各风险等级所对应的评价指标的量值范围，即经典域。

根据风险等级的划分，得到风险“低”经典域为 $\boldsymbol{R}_1$、风险“较低”经典域为 $\boldsymbol{R}_2$、风险“一般”经典域为 $\boldsymbol{R}_3$、风险“较高”经典域为 $\boldsymbol{R}_4$、风险“高”经典域为 $\boldsymbol{R}_5$，具体表示如下：

$$\boldsymbol{R}_1 = (N_1, I_{ip}, V_{1ip}) = \begin{bmatrix} N_1 & I_{i1} & (0, 0.2) \\ & I_{i2} & (0, 0.2) \\ & \vdots & \vdots \\ & I_{in} & (0, 0.2) \end{bmatrix} \quad \boldsymbol{R}_2 = (N_2, I_{ip}, V_{2ip}) = \begin{bmatrix} N_2 & I_{i1} & (0.2, 0.4) \\ & I_{i2} & (0.2, 0.4) \\ & \vdots & \vdots \\ & I_{in} & (0.2, 0.4) \end{bmatrix}$$

$$\boldsymbol{R}_3 = (N_3, I_{ip}, V_{3ip}) = \begin{bmatrix} N_3 & I_{i1} & (0.4, 0.6) \\ & I_{i2} & (0.4, 0.6) \\ & \vdots & \vdots \\ & I_{in} & (0.4, 0.6) \end{bmatrix} \quad \boldsymbol{R}_4 = (N_4, I_{ip}, V_{4ip}) = \begin{bmatrix} N_4 & I_{i1} & (0.6, 0.8) \\ & I_{i2} & (0.6, 0.8) \\ & \vdots & \vdots \\ & I_{in} & (0.6, 0.8) \end{bmatrix}$$

$$\boldsymbol{R}_5 = (N_5, I_{ip}, V_{5ip}) = \begin{bmatrix} N_5 & I_{i1} & (0.8, 1.0) \\ & I_{i2} & (0.8, 1.0) \\ & \vdots & \vdots \\ & I_{in} & (0.8, 1.0) \end{bmatrix}$$

在经典域的基础上，节域就是各指标总的量值范围。即：

$$\boldsymbol{R}_p = (N_p, I_{ip}, V_{Nip}) = \begin{bmatrix} N_p & I_{i1} & v_{Ni1} \\ & I_{i2} & v_{Ni2} \\ & \vdots & \vdots \\ & I_{in} & v_{Nin} \end{bmatrix} = \begin{bmatrix} N_p & I_{i1} & (a_{Ni1}, b_{Ni1}) \\ & I_{i2} & (a_{Ni1}, b_{Ni1}) \\ & \vdots & \vdots \\ & I_{in} & (a_{Ni1}, b_{Ni1}) \end{bmatrix} = \begin{bmatrix} N_p & I_{i1} & (0, 1) \\ & I_{i2} & (0, 1) \\ & \vdots & \vdots \\ & I_{in} & (0, 1) \end{bmatrix}$$

式中，N_p 为评价等级的全体；区间 $V_{Nip} = (a_{Nip}, b_{Nip})$ 为 N_p 关于 $I_{ip}(p = 1, 2, \cdots, n)$ 的量值范围，即 N 的节域，节域的范围为 $(0, 1)$。

（五）确定模型的经典域和节域

根据上述物元中的经典域和节域，利用式（15-2）和式（15-3）求出云模型中的 E_x 和 E_n。根据 H_e 的定义，通过 Matlab 软件进行编程。见图 15-3，将其定位 $H_e = 0.007$，则各待评价物元的经典域为：

$$R_0 = \begin{bmatrix} N & N_1 & N_2 & N_3 & N_4 & N_5 \\ I_{i1} & (0.1,0.085,0.007) & (0.3,0.085,0.007) & (0.5,0.085,0.007) & (0.7,0.085,0.007) & (0.9,0.085,0.007) \\ I_{i2} & (0.1,0.085,0.007) & (0.3,0.085,0.007) & (0.5,0.085,0.007) & (0.7,0.085,0.007) & (0.9,0.085,0.007) \\ \vdots & \vdots & \vdots & \vdots & \vdots & \vdots \\ I_{in} & (0.1,0.085,0.007) & (0.3,0.085,0.007) & (0.5,0.085,0.007) & (0.7,0.085,0.007) & (0.9,0.085,0.007) \end{bmatrix}$$

式中，$\boldsymbol{R}_0$ 是各待评估物元的同征物元体，$N_i(i=1,\cdots,5)$ 为5个风险等级，I_{in} 为第 i 个待评价物元所对应的 n 个二级指标，其量值是采用云模型表示的各风险等级范围，为经典域。

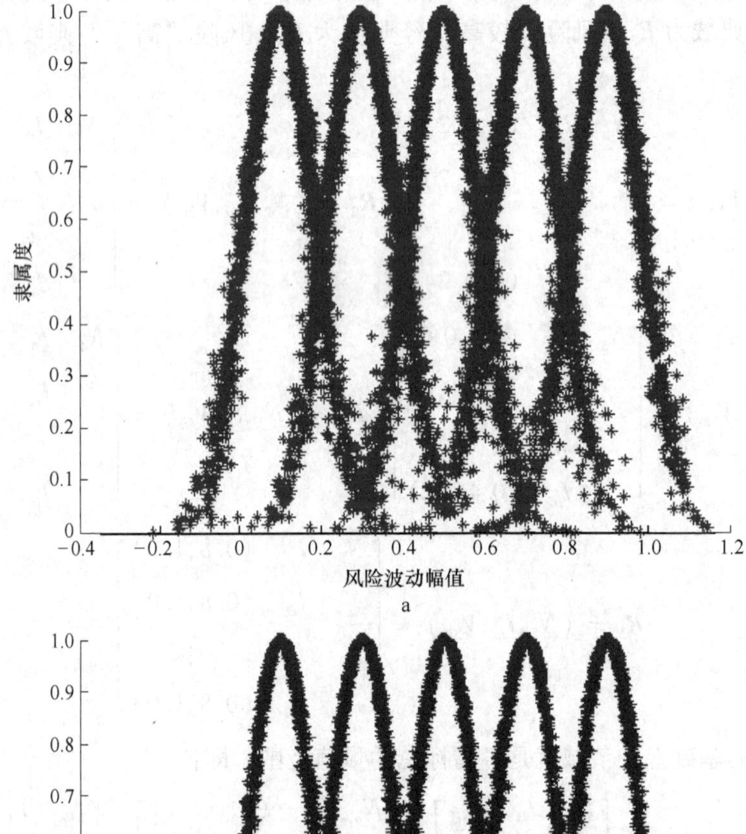

a

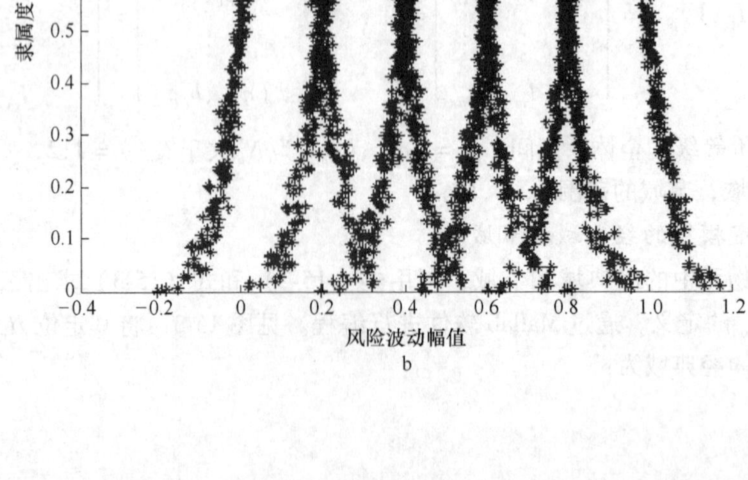

b

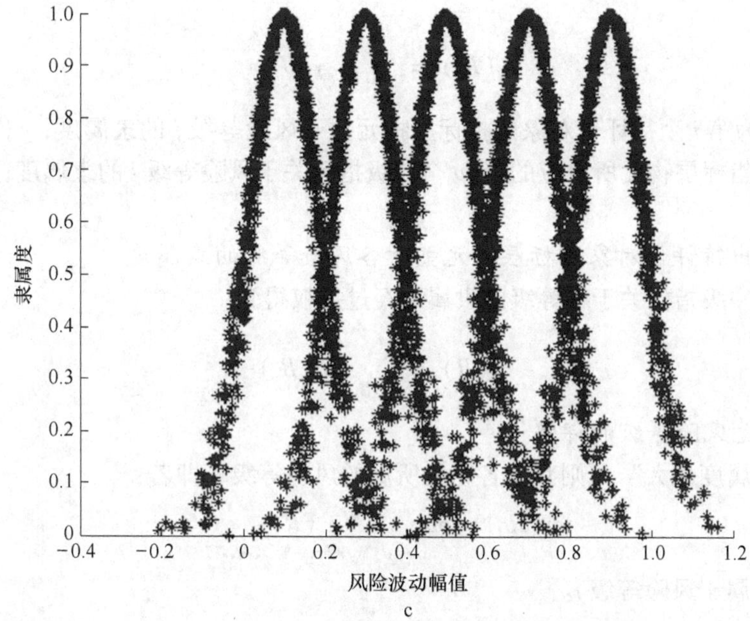

c

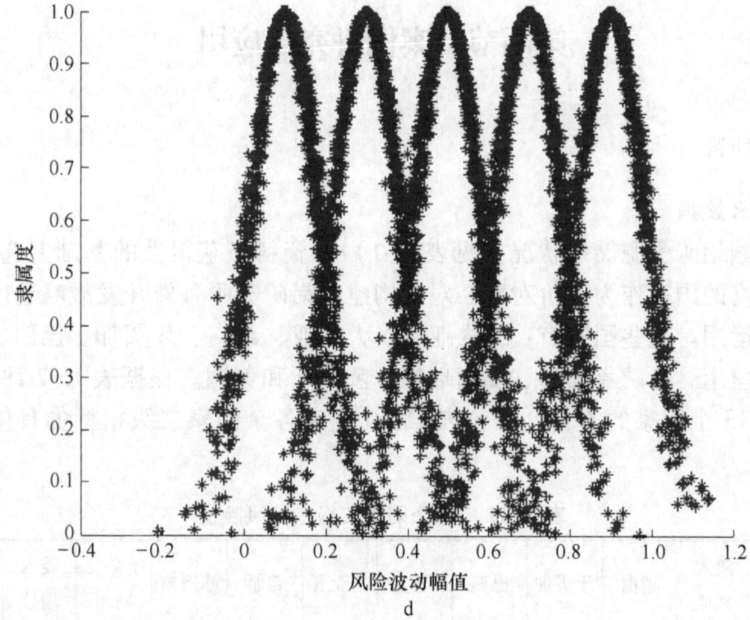

d

图 15-3　风险等级隶属云

a—$H_e=0.005$；b—$H_e=0.007$；c—$H_e=0.009$；d—$H_e=0.011$

（六）求出二级指标关于各风险等级间的隶属度

将各待评价物元的二级指标特征值视为一个云滴，根据式（15-4）求出该云滴关于风险等级的隶属度。

（七）求出一级指标关于各风险等级的隶属度

待评价物元关于风险等级 j 的隶属度可直接根据其二级指标关于各等级的隶属度经过

加权得到：

$$y_j(R_i) = \sum_{p=1}^{n} \omega_{ip} y_j(I_{ip}) \tag{15-7}$$

式中，$y_j(R_i)$ 为第 i 个待评价对象的指标层物元关于风险等级 j 的隶属度；$y_j(I_{ip})$ 为第 i 个待评价对象的指标层物元所对应的第 ip 个二级指标关于风险等级 j 的隶属度；ω_{ip} 为该二级指标的权重。

（八）求出待评价对象目标层物元关于各风险等级的隶属度

可根据其一级指标关于各等级的隶属度经过加权得到：

$$y_j(R) = \sum_{i=1}^{8} \omega_i y_j(R_i) \tag{15-8}$$

（九）物元风险等级的评定

按照“隶属度最大”原则判定各物元所属的风险等级，即若：

$$y_j(R) = \max_{j \in (\text{低,较低,一般,较高,高})} y_j(R) \tag{15-9}$$

则物元 R 属于风险等级 j。

第四节　案例研究与应用

一、典型案例研究

（一）原始数据

在世界各国铝矿资源储量状况（见表 15-1）和资料可获得性的基础上选取了 13 个铝矿资源相对丰富的国家作为评价对象，对所构建的铝矿资源海外开发战略选区云物元风险评价模型进行运用。这些国家有：几内亚、澳大利亚、越南、牙买加、巴西、印度、圭亚那、希腊、苏里南、哈萨克斯坦、委内瑞拉、俄罗斯和美国。根据表 15-7 评价指标体系，收集并整理这 13 个国家的资料，结合表 15-10 确定各个国家二级指标的具体风险值如表 15-11 所示。

表 15-11　13 个国家二级指标风险值

指标	几内亚	澳大利亚	越南	牙买加	巴西	印度	圭亚那	希腊	苏里南	哈萨克斯坦	委内瑞拉	俄罗斯	美国
I_{11}	0.3	0.1	0.2	0.2	0.3	0.7	0.2	0.4	0.1	0.3	0.7	0.6	0.2
I_{12}	0.9	0.1	0.7	0.5	0.4	0.6	0.8	0.5	0.6	0.9	0.9	0.8	0.2
I_{13}	0.3	0.2	0.3	0.2	0.2	0.4	0.3	0.4	0.3	0.2	0.3	0.2	0.3
I_{14}	0.4	0.5	0.5	0.7	0.7	0.2	0.7	0.2	0.7	0.6	0.8	0.5	0.2
I_{21}	0.7	0.1	0.7	0.4	0.2	0.7	0.2	0.7	0.6	0.7	0.8	0.5	0.1
I_{22}	0.5	0.1	0.6	0.2	0.3	0.4	0.2	0.6	0.4	0.2	0.7	0.3	0.1
I_{23}	0.7	0.8	0.3	0.7	0.7	0.2	0.2	0.9	0.8	0.6	0.8	0.6	0.6
I_{31}	0.5	0.2	0.1	1	0.6	0.2	0.2	0.4	0.1	0.3	1	1	1

续表 15-11

指标	几内亚	澳大利亚	越南	牙买加	巴西	印度	圭亚那	希腊	苏里南	哈萨克斯坦	委内瑞拉	俄罗斯	美国
I_{32}	0.8	0.3	0.8	0.3	0.4	0.7	0.6	0.2	0.8	0.6	0.9	0.7	0.2
I_{33}	1	0.2	0.5	0.7	0.4	0.5	0.8	0.7	0.9	0.4	0.9	0.5	0.1
I_{41}	0.9	0.6	0.5	0.4	0.4	0.5	0.2	0.3	0.5	0.4	1	0.5	0.2
I_{42}	0.6	0.1	0.5	0.6	0.4	0.4	0.6	0.8	0.5	0.4	0.5	0.4	0.1
I_{43}	0.7	0.4	0.8	0.6	0.2	0.3	0.5	0.8	0.4	0.4	0.1	0.4	0.4
I_{51}	0.3	0.2	0.5	0.6	0.7	0.5	0.5	0.4	0.3	0.3	0.5	0.5	0.3
I_{52}	0.7	0.5	0.2	0.7	0.6	0.3	0.6	0.6	0.7	0.5	0.7	0.6	0.5
I_{53}	0.9	0.1	0.6	0.3	0.5	0.7	0.4	0.3	0.5	0.3	0.5	0.3	0.1
I_{54}	0.4	0.7	0.8	0.2	0.9	0.8	0.4	0.7	0.3	0.7	0.1	0.8	0.2
I_{61}	1	0.2	0.7	0.7	0.5	0.6	0.8	0.4	0.6	0.5	0.9	0.4	0.1
I_{62}	0.1	1	0.3	0.6	0.8	0.3	0.4	0.9	0.6	0.8	0.7	0.7	1
I_{71}	0.2	0.5	0.6	0.6	0.4	0.6	0.7	0.7	0.4	0.3	0.2	0.4	0.7
I_{72}	0.4	0.2	0.3	0.1	0.2	0.5	0.2	0.6	0.6	0.4	0.6	0.5	0.4
I_{73}	0.4	0.4	0.5	0.4	0.3	0.2	0.2	0.7	0.4	0.7	0.3	0.5	0.4
I_{81}	0.6	0.4	0.3	0.5	0.4	0.2	0.4	0.6	0.5	0.7	0.5	0.5	0.3
I_{82}	0.7	0.6	1	0.6	0.5	0.7	0.2	0.4	0.2	0.6	0.8	0.8	0.8
I_{83}	0.7	0.5	0.2	0.8	0.7	0.3	0.8	0.7	0.8	0.2	0.8	0.6	0.7

（二）风险值隶属度的计算

将各二级指标当作一个云滴，根据式（15-4）计算其关于各风险等级云的隶属度。由云模型理论可知，代表某个定性概念的确定度不是恒定不变的，而是始终在细微变化着的，因为根据云物元模型隶属度的计算步骤，服从均值为 E_n、标准差为 H_e 的正态随机数 E_n' 本身就是个服从某正态分布的随机数，根据式（15-4）也就必然决定了确定度的变化性，但是这种变化并不影响云的整体特征。利用 Matlab 进行编程，试验 1003 次，求取确定度的中位数作为该云滴对该等级云的隶属度，各二级指标值关于五个风险等级云的隶属度如表 15-12 所示。

表 15-12　各风险值关于各风险等级的隶属度

风险值	低	较 低	一 般	较 高	高
0.1	1.0000	0.0636	0.0000	0.0000	0.0000
0.2	0.4967	0.5017	0.0018	0.0000	0.0000
0.3	0.0640	1.0000	0.0638	0.0000	0.0000
0.4	0.0021	0.5026	0.4979	0.0019	0.0000
0.5	0.0000	0.0625	1.0000	0.0623	0.0000
0.6	0.0000	0.0019	0.5050	0.5028	0.0020
0.7	0.0000	0.0000	0.0614	1.0000	0.0640

续表 15-12

风险值	低	较低	一般	较高	高
0.8	0.0000	0.0000	0.0020	0.5004	0.5010
0.9	0.0000	0.0000	0.0000	0.0647	1.0000
1.0	0.0000	0.0000	0.0000	0.0020	0.4968①

① 风险值"1.0"对应"高"等级的隶属度，用软件编程计算的隶属度为0.4968，根据本书的实际意义，风险值"1.0"属于风险等级"高"的隶属度为1.0000。

（三）风险评价

根据风险评价模型的评价步骤，得出13个国家各一级指标的风险等级和目标层（总风险）风险等级状况，分别如表15-13和表15-14所示。

表 15-13　各国一级指标所属的风险等级

国　别	I_1	I_2	I_3	I_4	I_5	I_6	I_7	I_8
几内亚	较低	较高	高	较高	较低	高	较低	较高
澳大利亚	低	低	较低	一般	低	高	一般	一般
越南	较低	较高	低	一般	一般	较高	一般	较低
牙买加	较低	较高	较低	一般	较高	较高	低	一般
巴　西	较低	较低	一般	较低	较高	一般	较低	一般
印　度	较高	较高	较低	一般	较高	一般	一般	较低
圭亚那	较低	较低	较高	一般	一般	较高	较低	较低
希　腊	一般	较高	较低	较低	较低	高	较高	较高
苏里南	低	较高	高	一般	较低	一般	一般	一般
哈萨克斯坦	较低	较高	较低	较低	较低	一般	较高	较高
委内瑞拉	较高	较高	高	高	一般	高	较低	较高
俄罗斯	一般	一般	较高	一般	一般	较高	一般	一般
美　国	较低	低	低	低	较低	低	较低	较高

表 15-14　各国风险等级状况

国　别	低	较低	一般	较高	高	等　级
几内亚	0.0645	0.2254	0.2205	0.3074	0.2471	较高
澳大利亚	0.3415	0.2819	0.2487	0.1023	0.0657	低
越　南	0.1121	0.2904	0.3140	0.2535	0.1099	一般
牙买加	0.1290	0.2405	0.2746	0.3303	0.0752	较高
巴　西	0.0959	0.3817	0.3208	0.2057	0.0531	较低
印　度	0.1199	0.3240	0.3420	0.2650	0.0251	一般
圭亚那	0.2162	0.3221	0.1976	0.2014	0.0863	较低
希　腊	0.0466	0.2579	0.2548	0.3543	0.1386	较高
苏里南	0.1189	0.2139	0.3853	0.2483	0.0830	一般
哈萨克斯坦	0.0662	0.3441	0.3066	0.2858	0.0575	较低
委内瑞拉	0.1040	0.1492	0.1531	0.3100	0.3488	高
俄罗斯	0.0229	0.2073	0.4959	0.2388	0.0946	一般
美　国	0.3685	0.3129	0.1378	0.1137	0.1102	低

二、结果分析

（一）“低”风险国家分析

1. 澳大利亚

澳大利亚政治稳定，在经济结构有效调整与改革后，国民经济及社会稳定，受金融海啸和欧债危机的冲击较小，经济恢复快，连续20年保持经济增长，且物价一直维持在较低水平，被经合组织评为全球最充满活力的经济体。澳大利亚拥有丰富的能源和矿产资源，是世界上最重要的矿业大国之一，其铝矿储量居世界第二，且富含高品位的三水铝石和一水铝石。澳大利亚国民的环保意识很强，故其环保标准较高；运营风险也处在“高”水平，原因在于高额的劳动力成本，因此环保标准和劳动力成本是去该国进行矿业投资的不利因素。总体来说，到澳大利亚进行铝矿资源的开发活动处于“低”风险状态。

2. 美国

美国的投资环境具有很多优势：美国是全球规模最大、发达程度最高的经济体，其吸引外国投资的主要指数持续最佳；有着占全球总消费量42%的消费市场；美国是全球的研发中心，因此其技术也处于领先地位；劳动力素质高，除高额的学位教育投入外，联邦政府在劳动力的培训上每年也投入数百亿美元；各种交通运输工具发达，基础设施非常完善。美国政治稳定、法制健全、社会治安状况较好等。其劳动力成本较高；铝矿资源相对其他国家来说储量较小；与我国海运距离较远、自然灾害多发，但美国在其他指标上的比较优势使其整体上呈现出“低”风险状态。

“低”风险状态的澳大利亚和美国均为经济发达国家，都表现出政治稳定、法制健全、经济发达、社会稳定、基础设施完善等共同特征，非常具有投资吸引力；劳动力成本和环保标准方面都表现出了“高”风险状态。

（二）“较低”风险国家分析

1. 巴西

巴西政局稳定，政治风险较低，但作为发展速度较快的新经济体国家，政府腐败相比于发达国家来说更为严重。巴西对其外资或合资企业实行国民待遇，但近年来也出台了一些新的“国有化”政策等，其中就有对矿业投资不利的。巴西地域广阔，资源丰富，铝矿的品位也高，因此，在政治、政策法律、资源这三个层面上的风险都“较低”。

受金融危机影响，巴西近5年的经济增幅变化较大，但在物价和汇率方面还比较稳定；巴西基础设施较为完善，但劳动力成本较高，与发达国家一样在该项指标上表现出“高”风险状态；因属热带雨林气候，雨季长，易发生滑坡、洪涝等自然灾害。因此，巴西在宏观经济、运营和自然这三个层面上的风险表现出“一般”状态。

巴西在社会风险上表现出“较高”的状态，主要原因有：贫富悬殊大，且巴西暴力犯罪严重，是全球第二大暴力致死率高的国家；罢工较为常见，2013年时至少十个州爆发了最严重的一次大罢工，受其影响，多地港口和高速公路关闭。因此，到巴西投资要特别注意规避社会风险。

总体来说，到巴西进行铝矿资源开发所面临的风险属“较低”等级。

2. 圭亚那

相对于其他战略选区国家来说，圭亚那政局很稳定，风险很低，但政府腐败程度较高，征收风险较高；法律政策方面，圭亚那投资政策的重点是鼓励吸引外资对制造业进行投资，创造高附加值的产品，采矿业就是其中之一，采矿业也是该国的支柱性产业之一。此外，圭亚那在世界主要国家矿业投资政策潜力上排名较前，风险处在“低”状态。

法律体系完善，矿业政策好，环境保护标准低；铝矿品位高，资源潜力大，资源主要集中在高原地区，矿源较深，导致开采成本高；气候适宜，远离飓风带，自然灾害少。因此，圭亚那在政治、政策法律、资源、自然这四个层面上的风险处在“较低”状态。

圭亚那汇率稳定，主权信用等级一般，融资不太便利；社会治安形势较差，境外人员容易引起当地居民的抵制和反感；劳动力素质较高；罢工风险较小。因此圭亚那在金融、社会这两个层面上的风险处在“一般”状态。

经济发展稳定，处于连续增长状态，但物价水平较高，投资吸引力小；劳动力廉价，但基础设施建设比较落后。因此，圭亚那在宏观经济、运营这两个层面上的风险处于“较高”状态。

总体来说，到圭亚那开发铝矿资源的前景较好。

3. 哈萨克斯坦

哈萨克斯坦在中亚地区经济发展速度最快，政治局势很稳定，但腐败问题是战略选区中最为严重的国家，同时存在一定的征收风险；经济增长较快、汇率稳定、物价水平低、融资便利，从而投资吸引力较强；社会治安总体稳定，暴力犯罪情况少，劳动力素质高，但罢工风险较高。因此，哈萨克斯坦在政治、宏观经济、金融、社会这四个层面上的风险处在“较低”状态。

基础设施较为完善，劳动力素质高，劳动力成本也比较高，与发达国家差不多，因此运营风险处在“一般”状态。

该国法律体系完善且比较稳定，但近年来哈萨克斯坦某些民族主义思潮抬头，出台了一些对外商投资具有较多限制的政策法规，所以该国矿业投资政策潜力比较低，且环保标准高；铝矿资源丰富，矿产潜力系数高，主要集中在平原地区，开采难度低，但铝矿品位低，为耗能大的一水硬铝石；大陆性气候显著，夏季炎热、冬季寒冷，不利于施工，自然灾害多发。因此，哈萨克斯坦在政策法律、资源、自然这三个层面上的风险处于“较高”状态。

总体而言，哈萨克斯坦风险“较低”，进行铝矿资源的开发具有较好的前景。

以上“较低”风险国家都表现出政治稳定，宏观经济、金融这两个层面的风险较小；基础设施的完善程度一般；铝矿资源丰富，但多分布在高原地区，加大了开发难度。

（三）“一般”风险国家分析

1. 越南

越南物价水平高，通货膨胀压力大，投资吸引力处在中等水平，但稳定的经济增长速度使其宏观经济风险处在“低”状态。

越南政局稳定，但其腐败程度较高，存在一定的征收风险；热带季风气候，空气湿润，利于施工，但越南是全世界最易受灾害影响的国家之一，有水灾、火灾、地震、滑坡、HIV 病毒等；与我国接壤，运输风险小。因此，越南在政治、自然两个层面上的风险处于“较低”状态。

越南汇率较稳定，但融资渠道窄，风险高；社会治安状况总体良好，但随着近年来贫富差距的不断扩大，不稳定因素也在增加；劳动力水平一般，其中仅35%受过技术培训；与我国接壤，文化差异小；罢工现象在越南较严重，且企业一旦遭到员工罢工，当地政府也对此无能为力；铝矿资源丰富，含高品位的三水铝石和低品位的一水硬铝石，品位较为平均，多分布在高山和高原地区，从而加大了投资勘探的风险。因此，越南在金融、社会、资源这三个层面上的风险处于“一般”状态。

矿业投资潜力较低，法律体系不够完善、修改频繁、稳定性较差，在环境保护方面的法律也日益宽松，因此环保标准低，有利于铝矿资源的开发；越南拥有廉价的劳动力，但该国基础设施落后，生产所需的原材料和机械设备大部分依赖进口。因此，越南在政策法律、运营两个层面上的风险处于“较高”状态。

总体来说，越南风险处在“一般”状态，只要能有效地规避风险，特别注意最近反华势力的兴起，去该国开发铝矿资源还是有利可图的。

2. 印度

党派众多，政权更替频繁，因此印度政局极不稳定，由此其法律稳定性和执行力变差，也使印度的环保标准变低；印度宗教、种族矛盾冲突活动频繁，近年来在一些主要城市的恐怖袭击和连环爆炸事件较多，社会治安较差；印度也是工潮发生较为频繁的国家，罢工风险较大。印度在政治、政策法律、社会这三个层面上的风险都处于“较高”的状态。

印度汇率水平稳定、融资较为便利；劳动力较廉价，但基础设施较落后，工业配套能力不足；铝矿资源丰富，品位较高，但资源潜力评分一般。因此，印度在金融、运营、资源这三个层面上的风险处于“一般”状态。

虽然物价水平较高，但其经济发展稳定，凭借廉价的劳动力和广阔的市场，投资吸引力较大；铝矿集中在东南部地区，气候较好，与我国接壤，因此印度在宏观经济、自然两个层面的风险处于“较低”状态。

总体来说，到印度开发铝矿的风险处于“一般”状态。

3. 苏里南

苏里南政局很稳定，存在一定的腐败现象，征收风险较高，政治风险总体处于“低”状态；社会治安总体稳定，劳动力素质一般，罢工风险比较小，社会风险总体处于“较低”状态。

法律体系较完善，环保标准高，对矿业有专门的法律；汇率平稳性一般，融资较为便利；基础设施完善缓慢，交通运输状况较差，劳动力成本相对来说比较高；铝矿资源丰富，品位较高，且铝矿产业一度是苏里南的支柱产业；热带雨林气候，处飓风区以外，鲜有自然灾害发生；港口少，吃水较浅，与我国距离较远。因此，苏里南在政策法律、运营、资源、自然四个层面上的风险总体处于“一般”状态。

苏里南经济发展稳定，但通货膨胀严重，整体投资吸引力弱，因此该国宏观经济风险处于“高”状态。

总体来说，苏里南风险为“一般”状态，意味着风险与机遇并存，综合实力强的企业到该国开发铝矿资源的潜力还是挺大的。

4. 俄罗斯

俄罗斯政局不稳定，特别是近些年，不稳定因素在增加，政府腐败现象较为严重，存在一定的非法征收情况；矿业法律体系较为完善，环保标准高，且矿产资源是其环境保护的重点领域；汇率稳定，主权信用较高，融资条件较好；社会治安不太稳定，恐怖事件较多，罢工事件也较常见；劳动者受教育时间长，从而劳动力素质较高；俄罗斯幅员辽阔、资源丰富，矿产潜力指数高，铝矿资源主要分布在平原地区，但该国气候条件较严酷且自然灾害频发，从而加大了施工风险。因此，俄罗斯在政治、政策法律、金融、社会、资源、自然等六个层面上的风险处于“一般”状态。

俄罗斯普京总统上台后一直致力于经济的发展，但经济增长很不稳定，通货膨胀较严重；该国基础设施较为完善，有4个世界级重要港口；拥有高素质、高成本的劳动力。因此，俄罗斯在政治、运营两个层面上的风险处在“较高”状态。

总体来说，俄罗斯风险处于“一般”状态。

（四）“较高”和“高”风险国家分析

1. 几内亚

在2010年孔戴上台后，持续多年的政治动荡期基本结束，政局保持稳定，社会也重新恢复平静，但政府腐败指数很高，政府办事效率低，且因法律环境较差，矿产、油气项目面临不同程度的征收风险；劳动者人均接受教育时间不到两年，劳动者素质较低，由此在成本方面也有很好的竞争力；该国矿产资源丰富，其中铝矿储量居世界首位，占总量的25%以上。因此，几内亚在政治、社会、资源三个层面上的风险处于“较低”状态。

几内亚法律体系不健全，矿业投资政策潜力低，政府为吸引投资承诺的优惠、免税待遇常落实不到位，但该国在环保标准方面，又比较严格，近些年在矿业法规中也加入了对环境保护的要求；几内亚汇率极不稳定，由于通货膨胀率一直居高不下，几郎也一直在贬值，汇率风险很大；虽罕有地震、水灾等重大自然灾害的发生，但因该国基础设施落后，缺乏基本养护，导致交通事故较为频繁，此外因服务行业落后，疾病也比较流行；有一个世界重要的港口，属远洋运输，且该国海运费一直处于高位运行，明显地增加了企业的经营成本。因此，几内亚在政策法律、金融、自然这三个层面上的风险处在“较高”状态。

2010年后，几内亚经济开始出现恢复性增长，虽然通货膨胀率也有所下降，但依然处于较高水平；基础设施非常落后，由此导致该国的投资吸引力很弱，是战略选区中最小的国家。

因此，几内亚整体风险处在“较高”状态，去几内亚开发铝矿资源的风险远大于收益。

2. 牙买加

牙买加政局稳定，政府腐败程度相对来说较低，有一定的征收风险；经济逐年增长，物价稳定，但投资吸引力不够。因此，牙买加在政治、宏观经济层面上的风险表现为“较低”水平。

汇率稳定，主权信用一般，融资渠道窄；牙买加铝矿资源丰富，矿产潜力较好，且采矿业是该国的重点产业，矿石品位高，多分布在丘陵和石灰岩高原，地质环境较差，加大了开采难度；热带雨林气候，温度适中，多雨，易受飓风和干旱等恶劣天气影响，很不利于施工；交通落后，只有一个小港口，且是远洋运输，海运风险大。因此，牙买加在金融、资源、自然三个层面上的风险处在“一般”状态。

牙买加矿业法律体系完善，尤其在铝土矿的开采方面有专门的鼓励法；政策透明度高，政府鼓励外资进入该国，其矿业投资政策潜力较好，但法律体系的完善也使该国的环保标准比较高；社会稳定性差，暴力犯罪是社会治安的最大隐患；高素质的劳动力也造就了高成本的投入；除2008年发生铝矿工会罢工外，近些年罢工事件较少，所以该国罢工风险较小；基础设施不够完善。因此，牙买加在政策法律、社会、运营三个层面上的风险处在“较高”状态。

总体来说，牙买加的风险处在“较高”状态，去该国进行铝矿资源开发的投资者需谨慎。

3. 希腊

经济增长稳定、物价水平低，汇率稳定，社会治安较稳定，劳动力素质高，作为东南欧的经济中心，希腊积极鼓励投资，因此投资吸引力较强；但主权信用低，融资困难，市场风险高；劳动者受教育程度高，用工成本很高，且用工制度严格，雇佣隐形成本也较高；罢工较为频繁，特别是近些年受债务危机影响，罢工事件频发且破坏性大。因此，希腊的宏观经济风险、金融风险和社会风险处于“较低”状态。受债务危机影响，希腊政府推出的财政紧缩政策引发大规模的罢工，政局动荡严重，政府腐败程度相对较低，征收风险小，其政治风险处于“一般”状态。

希腊法律体系不完善，缺少矿业方面的法律，作为旅游国家，该国非常重视环境保护，并有一系列的环保法规；希腊铝土矿储量较多，但中低品位的一水硬铝石和一水软铝石占比大，矿床赋存状态复杂，矿产评估潜力一般；热带地中海气候，冬季阴冷潮湿，夏季干燥炎热，不利于施工，重大自然灾害发生概率低；虽然基础设施完善，但公路交通不便，港口较小，属远洋运输。因此，希腊在政策法律、资源、自然这三个层面上的风险处在“较高”状态；因高额的劳动力投入使其运营风险处于“高”风险状态。

总体来说，希腊风险处在“较高”状态。

4. 委内瑞拉

委内瑞拉铝矿资源丰富，铝矿品位高，且多分布在平原地区，矿产评估潜力高，但该国近年来政局动荡较大，特别是查韦斯的去世，给其带来很多的不确定性，政府腐败严重；征收风险大，且过去几年，陆续对在委投资的油气、电信、电力、钢铁等企业进行国有化。2008年，查韦斯政府推行“新国有化”策略。政局的不稳定使委内瑞拉的法律政策缺乏连续性、透明性和可操作性，且执法严格，缺乏矿业方面的法律，矿业投资政策潜力低。热带草原性气候，洪水、暴雨较多，疾病较流行；国际港口较多，但属于远洋运输。因此，虽然委内瑞拉的资源风险处在“较低”状态，但其在政治、政策法律、自然三个层面上的风险处在“较高”状态。

委内瑞拉经济增长速度和汇率波动大，通货膨胀率很高，但融资很便利；社会总体不太稳定，劳动力素质一般但其成本较高；罢工风险是这13个战略选区国家中最小的；基础设施薄弱，交通、电力、通讯不完善，由此使得该国投资吸引力非常弱。因此，委内瑞拉的社会风险表现出“一般”状态，在宏观经济、金融和运营等三个方面表现出了“高”风险状态。

总体来说，委内瑞拉的风险处在“高”状态，说明该国的铝矿资源开发环境还不适合外商对其进行开发。

复习思考题

一、名词解释

风险因素识别、主观赋权法、客观赋权法、云物元

二、简答题

1. 世界铝矿资源分布的主要特点。
2. 世界主要铝矿生产国、进口国、出口国有哪些？
3. 风险因素识别的主要方法。
4. 指标权重确定的主要方法。
5. 基于云物元理论风险评价模型的评价步骤。

附录 复利系数表

$i=1\%$

年限 n/年	(F/P,i,n)	(P/F,i,n)	(F/A,i,n)	(A/F,i,n)	(A/P,i,n)	(P/A,i,n)
1	1.0100	0.9901	1.0000	1.0000	1.0100	0.9901
2	1.0201	0.9803	2.0100	0.4975	0.5075	1.9704
3	1.0303	0.9706	3.0301	0.3300	0.3400	2.9410
4	1.0406	0.9610	4.0604	0.2463	0.2563	3.9020
5	1.0510	0.9515	5.1010	0.1960	0.2060	4.8534
6	1.0615	0.9420	6.1520	0.1625	0.1725	5.7955
7	1.0712	0.9327	7.2135	0.1386	0.1486	6.7282
8	1.0829	0.9235	8.2857	0.1207	0.1307	7.6517
9	1.0937	0.9143	9.3685	0.1067	0.1167	8.5660
10	1.1046	0.9053	10.4622	0.0956	0.1056	9.4713
11	1.1157	0.8963	11.5668	0.0865	0.0965	10.3676
12	1.1268	0.8874	12.6825	0.0788	0.0888	11.2551
13	1.1381	0.8787	13.8093	0.0724	0.0824	12.1337
14	1.1495	0.8700	14.9474	0.0669	0.0769	13.0037
15	1.1610	0.8613	16.0969	0.0621	0.0721	13.8651
16	1.1726	0.8528	17.2579	0.0579	0.0679	14.7179
17	1.1843	0.8444	18.4304	0.0543	0.0643	15.5623
18	1.1961	0.8360	19.6147	0.0510	0.0610	16.3983
19	1.2081	0.8277	20.8109	0.0481	0.0581	17.2260
20	1.2202	0.8195	22.0190	0.0454	0.0554	18.0456
21	1.2324	0.8114	23.2392	0.0430	0.0530	18.8570
22	1.2447	0.8034	24.4716	0.0409	0.0509	19.6604
23	1.2572	0.7954	25.7163	0.0389	0.0489	20.4558
24	1.2697	0.7876	26.9735	0.0371	0.0471	21.2434
25	1.2824	0.7798	28.2432	0.0354	0.0454	22.0232
26	1.2953	0.7720	29.5256	0.0339	0.0439	22.7952
27	1.3082	0.7644	30.8209	0.0324	0.0424	23.5596
28	1.3213	0.7568	32.1291	0.0311	0.0411	24.3164
29	1.3345	0.7493	33.4504	0.0299	0.0399	25.0658
30	1.3478	0.7419	34.7849	0.0287	0.0387	25.8077

$i=2\%$

年限 n/年	(F/P,i,n)	(P/F,i,n)	(F/A,i,n)	(A/F,i,n)	(A/P,i,n)	(P/A,i,n)
1	1.0200	0.9804	1.0000	1.0000	1.0200	0.9804
2	1.0404	0.9612	2.0200	0.4950	0.5150	1.9416
3	1.0612	0.9423	3.0604	0.3268	0.3468	2.8839
4	1.0824	0.9238	4.1216	0.2426	0.2626	3.8077
5	1.1041	0.9057	5.2040	0.1922	0.2122	4.7135
6	1.1262	0.8880	6.3081	0.1585	0.1785	5.6014
7	1.1487	0.8706	7.4343	0.1345	0.1545	6.4720
8	1.1717	0.8535	8.5830	0.1165	0.1365	7.3255
9	1.1951	0.8368	9.7546	0.1025	0.1225	8.1622
10	1.2190	0.8203	10.9497	0.0913	0.1113	8.9826
11	1.2434	0.8043	12.1687	0.0822	0.1022	9.7868
12	1.2682	0.7885	13.4121	0.0746	0.0946	10.5753
13	1.2936	0.7730	14.6803	0.0681	0.0881	11.3484
14	1.3195	0.7579	15.9739	0.0626	0.0826	12.1062
15	1.3459	0.7430	17.2934	0.0587	0.0778	12.8493
16	1.3728	0.7284	18.6393	0.0537	0.0737	13.5777
17	1.4002	0.7142	20.0121	0.0500	0.0700	14.2919
18	1.4282	0.7002	21.4123	0.0467	0.0667	14.9920
19	1.4568	0.6864	22.8406	0.0438	0.0638	15.6785
20	1.4859	0.6730	24.2974	0.0412	0.0612	16.3514
21	1.5157	0.6598	25.7833	0.0388	0.0588	17.0112
22	1.5460	0.6468	27.2990	0.0366	0.0566	17.6580
23	1.5769	0.6342	28.8450	0.0347	0.0547	18.2922
24	1.6084	0.6217	30.4219	0.0329	0.0529	18.9139
25	1.6406	0.6095	32.0303	0.0312	0.0512	19.5235
26	1.6734	0.5976	33.6709	0.0297	0.0497	20.1210
27	1.7069	0.5859	35.3443	0.0283	0.0483	20.7069
28	1.7410	0.5744	37.0512	0.0270	0.0470	21.2813
29	1.7758	0.5631	38.7922	0.0258	0.0458	21.8444
30	1.8114	0.5521	40.5681	0.0246	0.0446	22.3965

$i=3\%$

年限 n/年	$(F/P,i,n)$	$(P/F,i,n)$	$(F/A,i,n)$	$(A/F,i,n)$	$(A/P,i,n)$	$(P/A,i,n)$
1	1.0300	0.9709	1.0000	1.0000	1.0300	0.9709
2	1.0609	0.9426	2.0300	0.4926	0.5226	1.9135
3	1.0927	0.9151	3.0909	0.3235	0.3535	2.8286
4	1.1255	0.8885	4.1836	0.2390	0.2690	3.7171
5	1.1593	0.8626	5.3091	0.1884	0.2184	4.5797
6	1.1941	0.8375	6.4684	0.1546	0.1846	5.4172
7	1.2299	0.8131	7.6625	0.1305	0.1605	6.2303
8	1.2668	0.7894	8.8923	0.1125	0.1425	7.0197
9	1.3048	0.7664	10.1591	0.0984	0.1284	7.7861
10	1.3439	0.7441	11.4639	0.0872	0.1172	8.5302
11	1.3842	0.7224	12.8078	0.0781	0.1081	9.2526
12	1.4258	0.7014	14.1920	0.0705	0.1005	9.9540
13	1.4685	0.6810	15.6178	0.0640	0.0940	10.6350
14	1.5126	0.6611	17.0863	0.0585	0.0885	11.2961
15	1.5580	0.6419	18.5989	0.0538	0.0838	11.9379
16	1.6047	0.6232	20.1569	0.0496	0.0796	12.5611
17	1.6528	0.6050	21.7616	0.0460	0.0760	13.1661
18	1.7024	0.5874	23.4144	0.0427	0.0727	13.7535
19	1.7535	0.5703	25.1169	0.0398	0.0698	14.3238
20	1.8061	0.5537	26.8704	0.0372	0.0672	14.8775
21	1.8603	0.5375	28.6765	0.0349	0.0649	15.4150
22	1.9161	0.5219	30.5368	0.0327	0.0627	15.9369
23	1.9736	0.5067	32.4529	0.0308	0.0608	16.4436
24	2.0328	0.4919	34.4265	0.0290	0.0590	16.9355
25	2.0938	0.4776	36.4593	0.0274	0.0574	17.4131
26	2.1566	0.4637	38.5530	0.0259	0.0559	17.8768
27	2.2213	0.4502	40.7096	0.0246	0.0546	18.3270
28	2.2879	0.4371	42.9309	0.0233	0.0533	18.7641
29	2.3566	0.4243	45.2189	0.0221	0.0521	19.1885
30	2.4273	0.4120	47.5754	0.0210	0.0510	19.6004

$i=4\%$

年限 n/年	(F/P,i,n)	(P/F,i,n)	(F/A,i,n)	(A/F,i,n)	(A/P,i,n)	(P/A,i,n)
1	1.0400	0.9615	1.0000	1.0000	1.0400	0.9615
2	1.0816	0.9246	2.0400	0.4902	0.5302	1.8861
3	1.1249	0.8890	3.1216	0.3203	0.3603	2.7751
4	1.1699	0.8548	4.2465	0.2355	0.2755	3.6299
5	1.2167	0.8219	5.4163	0.1846	0.2246	4.4518
6	1.2653	0.7903	6.6330	0.1508	0.1908	5.2421
7	1.3159	0.7599	7.8983	0.1266	0.1666	6.0021
8	1.3686	0.7307	9.2142	0.1085	0.1485	6.7327
9	1.4233	0.7026	10.5828	0.0945	0.1345	7.4353
10	1.4802	0.6756	12.0061	0.0833	0.1233	8.1109
11	1.5395	0.6496	13.4864	0.0741	0.1141	8.7605
12	1.6010	0.6246	15.0258	0.0666	0.1066	9.3851
13	1.6651	0.6006	16.6268	0.0601	0.1001	9.9856
14	1.7317	0.5775	18.2919	0.0547	0.0947	10.5631
15	1.8009	0.5553	20.0236	0.0499	0.0899	11.1184
16	1.8730	0.5339	21.8245	0.0458	0.0858	11.6523
17	1.9479	0.5134	23.6975	0.0422	0.0822	12.1657
18	2.0258	0.4936	25.6454	0.0390	0.0790	12.6593
19	2.1068	0.4746	27.6712	0.0361	0.0761	13.1339
20	2.1911	0.4564	29.7781	0.0336	0.0736	13.5903
21	2.2788	0.4388	31.9692	0.0313	0.0713	14.0292
22	2.3699	0.4220	34.2480	0.0292	0.0692	14.4511
23	2.4647	0.4057	36.6179	0.0273	0.0673	14.8568
24	2.5633	0.3901	39.0826	0.0256	0.0656	15.2470
25	2.6658	0.3751	41.6459	0.0240	0.0640	15.6221
26	2.7725	0.3607	44.3117	0.0226	0.0626	15.9828
27	2.8834	0.3468	47.0842	0.0212	0.0612	16.3296
28	2.9987	0.3335	49.9676	0.0200	0.0600	16.6631
29	3.1187	0.3207	52.9663	0.0189	0.0589	16.9837
30	3.2434	0.3083	56.0849	0.0178	0.0578	17.2920

$i=5\%$

年限 n/年	$(F/P,i,n)$	$(P/F,i,n)$	$(F/A,i,n)$	$(A/F,i,n)$	$(A/P,i,n)$	$(P/A,i,n)$
1	1.0500	0.9524	1.0000	1.0000	1.0500	0.9524
2	1.1025	0.9070	2.0500	0.4878	0.5378	1.8594
3	1.1576	0.8638	3.1525	0.3172	0.3672	2.7232
4	1.2155	0.8227	4.3101	0.2320	0.2820	3.5460
5	1.2763	0.7835	5.5256	0.1810	0.2310	4.3295
6	1.3401	0.7462	6.8019	0.1470	0.1970	5.0757
7	1.4071	0.7107	8.1420	0.1228	0.1728	5.7864
8	1.4775	0.6768	9.5491	0.1047	0.1547	6.4632
9	1.5513	0.6446	11.0266	0.0907	0.1407	7.1078
10	1.6289	0.6139	12.5779	0.0795	0.1295	7.7217
11	1.7103	0.5847	14.2068	0.0704	0.1204	8.3064
12	1.7959	0.5568	15.9171	0.0628	0.1128	8.8633
13	1.8856	0.5303	17.7130	0.0565	0.1065	9.3936
14	1.9799	0.5051	19.5986	0.0510	0.1010	9.8986
15	2.0789	0.4810	21.5786	0.0463	0.0963	10.3797
16	2.1829	0.4581	23.6575	0.0423	0.0923	10.8378
17	2.2920	0.4363	25.8404	0.0387	0.0887	11.2741
18	2.4066	0.4155	28.1324	0.0355	0.0855	11.6896
19	2.5270	0.3957	30.5390	0.0327	0.0827	12.0853
20	2.6533	0.3769	33.0660	0.0302	0.0802	12.4622
21	2.7860	0.3589	35.7193	0.0280	0.0780	12.8212
22	2.9253	0.3418	38.5052	0.0260	0.0760	13.1630
23	3.0715	0.3256	41.4305	0.0241	0.0741	13.4886
24	3.2251	0.3101	44.5020	0.0225	0.0725	13.7986
25	3.3864	0.2953	47.7271	0.0210	0.0710	14.0939
26	3.5557	0.2812	51.1135	0.0196	0.0696	14.3752
27	3.7335	0.2678	54.6691	0.0183	0.0683	14.6430
28	3.9201	0.2551	58.4026	0.0171	0.0671	14.8981
29	4.1161	0.2429	62.3227	0.0160	0.0660	15.1411
30	4.3219	0.2314	66.4388	0.0151	0.0651	15.3725

$i=6\%$

年限 n/年	(F/P,i,n)	(P/F,i,n)	(F/A,i,n)	(A/F,i,n)	(A/P,i,n)	(P/A,i,n)
1	1. 0600	0. 9434	1. 0000	1. 0000	1. 0600	0. 9434
2	1. 1236	0. 8900	2. 0600	0. 4854	0. 5454	1. 8334
3	1. 1910	0. 8396	3. 1836	0. 3141	0. 3741	2. 6730
4	1. 2625	0. 7921	4. 3746	0. 2286	0. 2886	3. 4651
5	1. 3382	0. 7473	5. 6371	0. 1774	0. 2374	4. 2124
6	1. 4185	0. 7050	6. 9753	0. 1434	0. 2034	4. 9173
7	1. 5036	0. 6651	8. 3938	0. 1191	0. 1791	5. 5824
8	1. 5938	0. 6274	9. 8975	0. 1010	0. 1610	6. 2098
9	1. 6895	0. 5919	11. 4913	0. 0870	0. 1470	6. 8017
10	1. 7908	0. 5584	13. 1808	0. 0759	0. 1359	7. 3601
11	1. 8983	0. 5268	14. 9716	0. 0668	0. 1268	7. 8869
12	2. 0122	0. 4970	16. 8699	0. 0593	0. 1193	8. 3838
13	2. 1329	0. 4688	18. 8821	0. 0530	0. 1130	8. 8527
14	2. 2609	0. 4423	21. 0151	0. 0476	0. 1076	9. 2950
15	2. 3966	0. 4173	23. 2760	0. 0430	0. 1030	9. 7122
16	2. 5404	0. 3936	25. 6725	0. 0390	0. 0990	10. 1059
17	2. 6928	0. 3714	28. 2129	0. 0354	0. 0954	10. 4773
18	2. 8543	0. 3503	30. 9057	0. 0324	0. 0924	10. 8276
19	3. 0256	0. 3305	33. 7600	0. 0296	0. 0896	11. 1581
20	3. 2071	0. 3118	36. 7856	0. 0272	0. 0872	11. 4699
21	3. 3996	0. 2942	39. 9927	0. 0250	0. 0850	11. 7641
22	3. 6035	0. 2775	43. 3923	0. 0230	0. 0830	12. 0416
23	3. 8197	0. 2618	46. 9958	0. 0213	0. 0813	12. 3034
24	4. 0489	0. 2470	50. 8156	0. 0197	0. 0797	12. 5504
25	4. 2919	0. 2330	54. 8645	0. 0182	0. 0782	12. 7834
26	4. 5494	0. 2198	59. 1564	0. 0169	0. 0769	13. 0032
27	4. 8223	0. 2074	63. 7058	0. 0157	0. 0757	13. 2105
28	5. 1117	0. 1956	68. 5281	0. 0146	0. 0746	13. 4062
29	5. 4184	0. 1846	73. 6398	0. 0136	0. 0736	13. 5907
30	5. 7435	0. 1741	79. 0582	0. 0126	0. 0726	13. 7648

$i=7\%$

年限 n/年	$(F/P,i,n)$	$(P/F,i,n)$	$(F/A,i,n)$	$(A/F,i,n)$	$(A/P,i,n)$	$(P/A,i,n)$
1	1.0700	0.9346	1.0000	1.0000	1.0700	0.9346
2	1.1449	0.8734	2.0700	0.4831	0.5531	1.8080
3	1.2250	0.8163	3.2149	0.3111	0.3811	2.6243
4	1.3108	0.7629	4.4399	0.2252	0.2952	3.3872
5	1.4026	0.7130	5.7507	0.1739	0.2439	4.1002
6	1.5007	0.6663	7.1533	0.1398	0.2098	4.7665
7	1.6058	0.6227	8.6540	0.1156	0.1856	5.3893
8	1.7182	0.5820	10.2598	0.0975	0.1675	5.9713
9	1.8385	0.5439	11.9780	0.0835	0.1535	6.5152
10	1.9672	0.5083	13.8164	0.0724	0.1424	7.0236
11	2.1049	0.4751	15.7836	0.0634	0.1334	7.4987
12	2.2522	0.4440	17.8885	0.0559	0.1259	7.9427
13	2.4098	0.4150	20.1406	0.0497	0.1197	8.3577
14	2.5785	0.3878	22.5505	0.0443	0.1143	8.7455
15	2.7590	0.3624	25.1290	0.0398	0.1098	9.1079
16	2.9522	0.3387	27.8881	0.0359	0.1059	9.4466
17	3.1588	0.3166	30.8402	0.0324	0.1024	9.7632
18	3.3799	0.2959	33.9990	0.0294	0.0994	10.0591
19	3.6165	0.2765	37.3790	0.0268	0.0968	10.3356
20	3.8697	0.2584	40.9955	0.0244	0.0944	10.5940
21	4.1406	0.2415	44.8652	0.0223	0.0923	10.8355
22	4.4304	0.2257	49.0057	0.0204	0.0904	11.0612
23	4.7405	0.2109	53.4361	0.0187	0.0887	11.2722
24	5.0724	0.1971	58.1767	0.0172	0.0872	11.4693
25	5.4274	0.1842	63.2490	0.0158	0.0858	11.6536
26	5.8074	0.1722	68.6765	0.0146	0.0846	11.8258
27	6.2139	0.1609	74.4838	0.0134	0.0834	11.9867
28	6.6488	0.1504	80.6977	0.0124	0.0824	12.1371
29	7.1143	0.1406	87.3465	0.0114	0.0814	12.2777
30	7.6123	0.1314	94.4608	0.0106	0.0806	12.4090

$i=8\%$

年限 n/年	$(F/P,i,n)$	$(P/F,i,n)$	$(F/A,i,n)$	$(A/F,i,n)$	$(A/P,i,n)$	$(P/A,i,n)$
1	1.0800	0.9259	1.0000	1.0000	1.0800	0.9259
2	1.1664	0.8573	2.0800	0.4808	0.5608	1.7833
3	1.2597	0.7938	3.2464	0.3080	0.3880	2.5771
4	1.3605	0.7350	4.5061	0.2219	0.3019	3.3121
5	1.4693	0.6806	5.8666	0.1705	0.2505	3.9927
6	1.5869	0.6302	7.3359	0.1363	0.2163	4.6229
7	1.7138	0.5835	8.9228	0.1121	0.1921	5.2064
8	1.8509	0.5403	10.6366	0.0940	0.1740	5.7466
9	1.9990	0.5002	12.4876	0.0801	0.1601	6.2469
10	2.1589	0.4632	14.4866	0.0690	0.1490	6.7101
11	2.3316	0.4289	16.6455	0.0601	0.1401	7.1390
12	2.5182	0.3971	18.9771	0.0527	0.1327	7.5361
13	2.7196	0.3677	21.4953	0.0465	0.1265	7.9038
14	2.9372	0.3405	24.2149	0.0413	0.1213	8.2442
15	3.1722	0.3152	27.1521	0.0368	0.1168	8.5595
16	3.4259	0.2919	30.3243	0.0330	0.1130	8.8514
17	3.7000	0.2703	33.7502	0.0296	0.1096	9.1216
18	3.9960	0.2502	37.4502	0.0267	0.1067	9.3719
19	4.3157	0.2317	41.4463	0.0241	0.1041	9.6036
20	4.6610	0.2145	45.7620	0.0219	0.1019	9.8181
21	5.0338	0.1987	50.4229	0.0198	0.0998	10.0168
22	5.4365	0.1839	55.4568	0.0180	0.0980	10.2007
23	5.8715	0.1703	60.8933	0.0164	0.0964	10.3711
24	6.3412	0.1577	66.7648	0.0150	0.0950	10.5288
25	6.8485	0.1460	73.1059	0.0137	0.0937	10.6748
26	7.3964	0.1352	79.9544	0.0125	0.0925	10.8100
27	7.9881	0.1252	87.3508	0.0114	0.0914	10.9352
28	8.6271	0.1159	95.3388	0.0105	0.0905	11.0511
29	9.3173	0.1073	103.9659	0.0096	0.0896	11.1584
30	10.0627	0.0994	113.2832	0.0088	0.0888	11.2578

$i = 9\%$

年限 n/年	$(F/P,i,n)$	$(P/F,i,n)$	$(F/A,i,n)$	$(A/F,i,n)$	$(A/P,i,n)$	$(P/A,i,n)$
1	1.0900	0.9174	1.0000	1.0000	1.0900	0.9174
2	1.1881	0.8417	2.0900	0.4785	0.5685	1.7591
3	1.2950	0.7722	3.2781	0.3051	0.3951	2.5313
4	1.4116	0.7084	4.5731	0.2187	0.3087	3.2397
5	1.5386	0.6499	5.9847	0.1671	0.2571	3.8897
6	1.6771	0.5963	7.5233	0.1329	0.2229	4.4859
7	1.8280	0.5470	9.2004	0.1087	0.1987	5.0330
8	1.9926	0.5019	11.0285	0.0907	0.1807	5.5348
9	2.1719	0.4604	13.0210	0.0768	0.1668	5.9952
10	2.3674	0.4224	15.1929	0.0658	0.1558	6.4177
11	2.5804	0.3875	17.5603	0.0569	0.1469	6.8052
12	2.8127	0.3555	20.1407	0.0497	0.1397	7.1607
13	3.0658	0.3262	22.9534	0.0436	0.1336	7.4869
14	3.3417	0.2992	26.0192	0.0384	0.1284	7.7862
15	3.6425	0.2745	29.3609	0.0341	0.1241	8.0607
16	3.9703	0.2519	33.0034	0.0303	0.1203	8.3126
17	4.3276	0.2311	36.9737	0.0270	0.1170	8.5436
18	4.7171	0.2120	41.3013	0.0242	0.1142	8.7556
19	5.1417	0.1945	46.0185	0.0217	0.1117	8.9501
20	5.6044	0.1784	51.1610	0.0195	0.1095	9.1285
21	6.1088	0.1637	56.7645	0.0176	0.1076	9.2922
22	6.6586	0.1502	62.8733	0.0159	0.1059	9.4424
23	7.2579	0.1378	69.5319	0.0144	0.1044	9.5802
24	7.9111	0.1264	76.7898	0.0130	0.1030	9.7066
25	8.6231	0.1160	84.7009	0.0118	0.1018	9.8226
26	9.3992	0.1064	93.3240	0.0107	0.1007	9.9290
27	10.2451	0.0976	102.7231	0.0097	0.0997	10.0266
28	11.1671	0.0895	112.9682	0.0089	0.0989	10.1161
29	12.1722	0.0822	124.1354	0.0081	0.0981	10.1983
30	13.2677	0.0754	136.3075	0.0073	0.0973	10.2737

$i=10\%$

年限 n/年	$(F/P,i,n)$	$(P/F,i,n)$	$(F/A,i,n)$	$(A/F,i,n)$	$(A/P,i,n)$	$(P/A,i,n)$
1	1.1000	0.9091	1.0000	1.0000	1.1000	0.9091
2	1.2100	0.8264	2.1000	0.4762	0.5762	1.7355
3	1.3310	0.7513	3.3100	0.3021	0.4021	2.4869
4	1.4641	0.6830	4.6410	0.2155	0.3155	3.1699
5	1.6105	0.6209	6.1051	0.1638	0.2638	3.7908
6	1.7716	0.5645	7.7156	0.1296	0.2296	4.3553
7	1.9487	0.5132	9.4872	0.1054	0.2054	4.8684
8	2.1436	0.4665	11.4359	0.0874	0.1874	5.3349
9	2.3579	0.4241	13.5795	0.0736	0.1736	5.7590
10	2.5937	0.3855	15.9374	0.0627	0.1627	6.1446
11	2.8531	0.3505	18.5312	0.0540	0.1540	6.4951
12	3.1384	0.3186	21.3843	0.0468	0.1468	6.8137
13	3.4523	0.2897	24.5227	0.0408	0.1408	7.1034
14	3.7975	0.2633	27.9750	0.0357	0.1357	7.3667
15	4.1772	0.2394	31.7725	0.0315	0.1315	7.6061
16	4.5950	0.2176	35.9497	0.0278	0.1278	7.8237
17	5.0545	0.1978	40.5447	0.0247	0.1247	8.0216
18	5.5599	0.1799	45.5992	0.0219	0.1219	8.2014
19	6.1159	0.1635	51.1591	0.0195	0.1195	8.3649
20	6.7275	0.1486	57.2750	0.0175	0.1175	8.5136
21	7.4002	0.1351	64.0025	0.0156	0.1156	8.6487
22	8.1403	0.1228	71.4027	0.0140	0.1140	8.7715
23	8.9543	0.1117	79.5430	0.0126	0.1126	8.8832
24	9.8497	0.1015	88.4973	0.0113	0.1113	8.9847
25	10.8347	0.0923	98.3471	0.0102	0.1102	9.0770
26	11.9182	0.0839	109.1818	0.0092	0.1092	9.1609
27	13.1100	0.0763	121.0999	0.0083	0.1083	9.2372
28	14.4210	0.0693	134.2099	0.0075	0.1075	9.3066
29	15.8631	0.0630	148.6309	0.0067	0.1067	9.3696
30	17.4494	0.0573	164.4940	0.0061	0.1061	9.4269

$i = 12\%$

年限 n/年	$(F/P,i,n)$	$(P/F,i,n)$	$(F/A,i,n)$	$(A/F,i,n)$	$(A/P,i,n)$	$(P/A,i,n)$
1	1.1200	0.8929	1.0000	1.0000	1.1200	0.8929
2	1.2544	0.7972	2.1200	0.4717	0.5917	1.6901
3	1.4049	0.7118	3.3744	0.2963	0.4163	2.4018
4	1.5735	0.6355	4.7793	0.2092	0.3292	3.0373
5	1.7623	0.5674	6.3528	0.1574	0.2774	3.6048
6	1.9738	0.5066	8.1152	0.1232	0.2432	4.1114
7	2.2107	0.4523	10.0890	0.0991	0.2191	4.5638
8	2.4760	0.4039	12.2997	0.0813	0.2013	4.9676
9	2.7731	0.3606	14.7757	0.0677	0.1877	5.3282
10	3.1058	0.3220	17.5487	0.0570	0.1770	5.6502
11	3.4785	0.2875	20.6546	0.0484	0.1684	5.9377
12	3.8960	0.2567	24.1331	0.0414	0.1614	6.1944
13	4.3635	0.2292	28.0291	0.0357	0.1557	6.4235
14	4.8871	0.2046	32.3926	0.0309	0.1509	6.6282
15	5.4736	0.1827	37.2797	0.0268	0.1468	6.8109
16	6.1304	0.1631	42.7533	0.0234	0.1434	6.9740
17	6.8660	0.1456	48.8837	0.0205	0.1405	7.1196
18	7.6900	0.1300	55.7497	0.0179	0.1379	7.2497
19	8.6128	0.1161	63.4397	0.0158	0.1358	7.3658
20	9.6463	0.1037	72.0524	0.0139	0.1339	7.4694
21	10.8038	0.0926	81.6987	0.0122	0.1322	7.5620
22	12.1003	0.0826	92.5026	0.0108	0.1308	7.6446
23	13.5523	0.0738	104.6029	0.0096	0.1296	7.7184
24	15.1786	0.0659	118.1552	0.0085	0.1285	7.7843
25	17.0001	0.0588	133.3339	0.0075	0.1275	7.8431
26	19.0401	0.0525	150.3339	0.0067	0.1267	7.8957
27	21.3249	0.0469	169.3740	0.0059	0.1259	7.9426
28	23.8839	0.0419	190.6989	0.0052	0.1252	7.9844
29	26.7499	0.0374	214.5828	0.0047	0.1247	8.0218
30	29.9599	0.0334	241.3327	0.0041	0.1241	8.0552

$i=15\%$

年限 n/年	$(F/P,i,n)$	$(P/F,i,n)$	$(F/A,i,n)$	$(A/F,i,n)$	$(A/P,i,n)$	$(P/A,i,n)$
1	1.1500	0.8696	1.0000	1.0000	1.1500	0.8696
2	1.3225	0.7561	2.1500	0.4651	0.6151	1.6257
3	1.5209	0.6575	3.4725	0.2880	0.4380	2.2832
4	1.7490	0.5718	4.9934	0.2003	0.3503	2.8550
5	2.0114	0.4972	6.7424	0.1483	0.2983	3.3522
6	2.3131	0.4323	8.7537	0.1142	0.2642	3.7845
7	2.6600	0.3759	11.0668	0.0904	0.2404	4.1604
8	3.0590	0.3269	13.7268	0.0729	0.2229	4.4873
9	3.5179	0.2843	16.7858	0.0596	0.2096	4.7716
10	4.0456	0.2472	20.3037	0.0493	0.1993	5.0188
11	4.6524	0.2149	24.3493	0.0411	0.1911	5.2337
12	5.3503	0.1869	29.0017	0.0345	0.1845	5.4206
13	6.1528	0.1625	34.3519	0.0291	0.1791	5.5831
14	7.0757	0.1413	40.5047	0.0247	0.1747	5.7245
15	8.1371	0.1229	47.5804	0.0210	0.1710	5.8474
16	9.3576	0.1069	55.7175	0.0179	0.1679	5.9542
17	10.7613	0.0929	65.0751	0.0154	0.1654	6.0472
18	12.3755	0.0808	75.8364	0.0132	0.1632	6.1280
19	14.2318	0.0703	88.2118	0.0113	0.1613	6.1982
20	16.3665	0.0611	102.4436	0.0098	0.1598	6.2593
21	18.8215	0.0531	118.8101	0.0084	0.1584	6.3125
22	21.6447	0.0462	137.6316	0.0073	0.1573	6.3587
23	24.8915	0.0402	159.2764	0.0063	0.1563	6.3988
24	28.6252	0.0349	184.1678	0.0054	0.1554	6.4338
25	32.9190	0.0304	212.7930	0.0047	0.1547	6.4641
26	37.8568	0.0264	245.7120	0.0041	0.1541	6.4906
27	43.5353	0.0230	283.5688	0.0035	0.1535	6.5135
28	50.0656	0.0200	327.1041	0.0031	0.1531	6.5335
29	57.5755	0.0174	377.1697	0.0027	0.1527	6.5509
30	66.2118	0.0151	434.7451	0.0023	0.1523	6.5660

$i = 18\%$

年限 n/年	$(F/P,i,n)$	$(P/F,i,n)$	$(F/A,i,n)$	$(A/F,i,n)$	$(A/P,i,n)$	$(P/A,i,n)$
1	1. 1800	0. 8475	1. 0000	1. 0000	1. 1800	0. 8475
2	1. 3924	0. 7182	2. 1800	0. 4587	0. 6387	1. 5656
3	1. 6430	0. 6086	3. 5724	0. 2799	0. 4599	2. 1743
4	1. 9388	0. 5158	5. 2154	0. 1917	0. 3717	2. 6901
5	2. 2878	0. 4371	7. 1542	0. 1398	0. 3198	3. 1272
6	2. 6996	0. 3704	9. 4420	0. 1059	0. 2859	3. 4976
7	3. 1855	0. 3139	12. 1415	0. 0824	0. 2624	3. 8115
8	3. 7589	0. 2660	15. 3270	0. 0652	0. 2452	4. 0776
9	4. 4355	0. 2255	19. 0859	0. 0524	0. 2324	4. 3030
10	5. 2338	0. 1911	23. 5213	0. 0425	0. 2225	4. 4941
11	6. 1759	0. 1619	28. 7551	0. 0348	0. 2148	4. 6560
12	7. 2876	0. 1372	34. 9311	0. 0286	0. 2086	4. 7932
13	8. 5994	0. 1163	42. 2187	0. 0237	0. 2037	4. 9095
14	10. 1472	0. 0985	50. 8180	0. 0197	0. 1997	5. 0081
15	11. 9737	0. 0835	60. 9653	0. 0164	0. 1964	5. 0916
16	14. 1290	0. 0708	72. 9390	0. 0137	0. 1937	5. 1624
17	16. 6722	0. 0600	87. 0680	0. 0115	0. 1915	5. 2223
18	19. 6733	0. 0508	103. 7403	0. 0096	0. 1896	5. 2732
19	23. 2144	0. 0431	123. 4135	0. 0081	0. 1881	5. 3162
20	27. 3930	0. 0365	146. 6280	0. 0068	0. 1868	5. 3527
21	32. 3238	0. 0309	174. 0210	0. 0057	0. 1857	5. 3837
22	38. 1421	0. 0262	206. 3448	0. 0048	0. 1848	5. 4099
23	45. 0076	0. 0222	244. 4868	0. 0041	0. 1841	5. 4321
24	53. 1090	0. 0188	289. 4945	0. 0035	0. 1835	5. 4509
25	62. 6686	0. 0160	342. 6035	0. 0029	0. 1829	5. 4669
26	73. 9490	0. 0135	405. 2721	0. 0025	0. 1825	5. 4804
27	87. 2598	0. 0115	479. 2211	0. 0021	0. 1821	5. 4919
28	102. 9666	0. 0097	566. 4809	0. 0018	0. 1818	5. 5016
29	121. 5005	0. 0082	669. 4475	0. 0015	0. 1815	5. 5098
30	143. 3706	0. 0070	790. 9480	0. 0013	0. 1813	5. 5168

$i=20\%$

年限 n/年	(F/P,i,n)	(P/F,i,n)	(F/A,i,n)	(A/F,i,n)	(A/P,i,n)	(P/A,i,n)
1	1. 2000	0. 8333	1. 0000	1. 0000	1. 2000	0. 8333
2	1. 4400	0. 6944	2. 2000	0. 4545	0. 6545	1. 5278
3	1. 7280	0. 5787	3. 6400	0. 2747	0. 4747	2. 1065
4	2. 0736	0. 4823	5. 3680	0. 1863	0. 3863	2. 5887
5	2. 4883	0. 4019	7. 4416	0. 1344	0. 3344	2. 9906
6	2. 9860	0. 3349	9. 9299	0. 1007	0. 3007	3. 3255
7	3. 5832	0. 2791	12. 9159	0. 0774	0. 2774	3. 6046
8	4. 2998	0. 2326	16. 4991	0. 0606	0. 2606	3. 8372
9	5. 1598	0. 1938	20. 7989	0. 0481	0. 2481	4. 0310
10	6. 1917	0. 1615	25. 9587	0. 0385	0. 2385	4. 1925
11	7. 4301	0. 1346	32. 1504	0. 0311	0. 2311	4. 3271
12	8. 9161	0. 1122	39. 5805	0. 0253	0. 2253	4. 4392
13	10. 6993	0. 0935	48. 4966	0. 0206	0. 2206	4. 5327
14	12. 8392	0. 0779	59. 1959	0. 0169	0. 2169	4. 6106
15	15. 4070	0. 0649	72. 0351	0. 0139	0. 2139	4. 6755
16	18. 4884	0. 0541	87. 4421	0. 0114	0. 2114	4. 7296
17	22. 1861	0. 0451	105. 9306	0. 0094	0. 2094	4. 7746
18	26. 6233	0. 0376	128. 1167	0. 0078	0. 2078	4. 8122
19	31. 9480	0. 0313	154. 7400	0. 0065	0. 2065	4. 8435
20	38. 3376	0. 0261	186. 6880	0. 0054	0. 2054	4. 8696
21	46. 0051	0. 0217	225. 0256	0. 0044	0. 2044	4. 8913
22	55. 2061	0. 0181	271. 0307	0. 0037	0. 2037	4. 9094
23	66. 2474	0. 0151	326. 2369	0. 0031	0. 2031	4. 9245
24	79. 4968	0. 0126	392. 4842	0. 0025	0. 2025	4. 9371
25	95. 3962	0. 0105	471. 9811	0. 0021	0. 2021	4. 9476
26	114. 4755	0. 0087	567. 3773	0. 0018	0. 2018	4. 9563
27	137. 3706	0. 0073	681. 8528	0. 0015	0. 2015	4. 9636
28	164. 8447	0. 0061	819. 2233	0. 0012	0. 2012	4. 9697
29	197. 8136	0. 0051	984. 0680	0. 0010	0. 2010	4. 9747
30	237. 3763	0. 0042	1181. 8816	0. 0008	0. 2008	4. 9789

$i=25\%$

年限 n/年	$(F/P,i,n)$	$(P/F,i,n)$	$(F/A,i,n)$	$(A/F,i,n)$	$(A/P,i,n)$	$(P/A,i,n)$
1	1. 2500	0. 8000	1. 0000	1. 0000	1. 2500	0. 8000
2	1. 5625	0. 6400	2. 2500	0. 4444	0. 6944	1. 4400
3	1. 9531	0. 5120	3. 8125	0. 2623	0. 5123	1. 9520
4	2. 4414	0. 4096	5. 7656	0. 1734	0. 4234	2. 3616
5	3. 0518	0. 3277	8. 2070	0. 1218	0. 3718	2. 6893
6	3. 8147	0. 2621	11. 2588	0. 0888	0. 3388	2. 9514
7	4. 7684	0. 2097	15. 0735	0. 0663	0. 3163	3. 1611
8	5. 9605	0. 1678	19. 8419	0. 0504	0. 3004	3. 3289
9	7. 4506	0. 1342	25. 8023	0. 0388	0. 2888	3. 4631
10	9. 3132	0. 1074	33. 2529	0. 0301	0. 2801	3. 5705
11	11. 6415	0. 0859	42. 5661	0. 0235	0. 2735	3. 6564
12	14. 5519	0. 0687	54. 2077	0. 0184	0. 2684	3. 7251
13	18. 1899	0. 0550	68. 7596	0. 0145	0. 2645	3. 7801
14	22. 7374	0. 0440	86. 9495	0. 0115	0. 2615	3. 8241
15	28. 4217	0. 0352	109. 6868	0. 0091	0. 2591	3. 8593
16	35. 5271	0. 0281	138. 1085	0. 0072	0. 2572	3. 8874
17	44. 4089	0. 0225	173. 6357	0. 0058	0. 2558	3. 9099
18	55. 5112	0. 0180	218. 0446	0. 0046	0. 2546	3. 9279
19	69. 3889	0. 0144	273. 5558	0. 0037	0. 2537	3. 9424
20	86. 7362	0. 0115	342. 9447	0. 0029	0. 2529	3. 9539
21	108. 4202	0. 0092	429. 6809	0. 0023	0. 2523	3. 9631
22	135. 5253	0. 0074	538. 1011	0. 0019	0. 2519	3. 9705
23	169. 4066	0. 0059	673. 6264	0. 0015	0. 2515	3. 9764
24	211. 7582	0. 0047	843. 0329	0. 0012	0. 2512	3. 9811
25	264. 6978	0. 0038	1054. 7912	0. 0009	0. 2509	3. 9849
26	330. 8722	0. 0030	1319. 4890	0. 0008	0. 2508	3. 9879
27	413. 5903	0. 0024	1650. 3612	0. 0006	0. 2506	3. 9903
28	516. 9879	0. 0019	2063. 9515	0. 0005	0. 2505	3. 9923
29	646. 2349	0. 0015	2580. 9394	0. 0004	0. 2504	3. 9938
30	807. 7936	0. 0012	3227. 1743	0. 0003	0. 2503	3. 9950

$i=30\%$

年限 n/年	$(F/P,i,n)$	$(P/F,i,n)$	$(F/A,i,n)$	$(A/F,i,n)$	$(A/P,i,n)$	$(P/A,i,n)$
1	1.3000	0.7692	1.0000	1.0000	1.3000	0.7692
2	1.6900	0.5918	2.3000	0.4348	0.7348	1.3609
3	2.1970	0.4552	3.9900	0.2506	0.5506	1.8161
4	2.8561	0.3501	6.1870	0.1616	0.4616	2.1662
5	3.7129	0.2693	9.0431	0.1106	0.4106	2.4356
6	4.8268	0.2072	12.7560	0.0784	0.3784	2.6427
7	6.2749	0.1594	17.5828	0.0569	0.3569	2.8021
8	8.1573	0.1226	23.8577	0.0419	0.3419	2.9247
9	10.6045	0.0943	32.0150	0.0312	0.3312	3.0190
10	13.7858	0.0725	42.6195	0.0235	0.3235	3.0915
11	17.9216	0.0558	56.4053	0.0177	0.3177	3.1473
12	23.2981	0.0429	74.3270	0.0135	0.3135	3.1903
13	30.2875	0.0330	97.6250	0.0102	0.3102	3.2233
14	39.3738	0.0254	127.9125	0.0078	0.3078	3.2487
15	51.1859	0.0195	167.2863	0.0060	0.3060	3.2682
16	66.5417	0.0150	218.4722	0.0046	0.3046	3.2832
17	86.5042	0.0116	285.0139	0.0035	0.3035	3.2948
18	112.4554	0.0089	371.5180	0.0027	0.3027	3.3037
19	146.1920	0.0068	483.9734	0.0021	0.3021	3.3105
20	190.0496	0.0053	630.1655	0.0016	0.3016	3.3158
21	247.0645	0.0040	820.2151	0.0012	0.3012	3.3198
22	321.1839	0.0031	1067.2796	0.0009	0.3009	3.3230
23	417.5391	0.0024	1388.4635	0.0007	0.3007	3.3254
24	542.8008	0.0018	1806.0026	0.0006	0.3006	3.3272
25	705.6410	0.0014	2348.8033	0.0004	0.3004	3.3286
26	917.3333	0.0011	3054.4443	0.0003	0.3003	3.3297
27	1192.5333	0.0008	3971.7776	0.0003	0.3003	3.3305
28	1550.2933	0.0006	5164.3109	0.0002	0.3002	3.3312
29	2015.3813	0.0005	6714.6042	0.0001	0.3001	3.3317
30	2619.9956	0.0004	8729.9855	0.0001	0.3001	3.3321

参 考 文 献

[1] 编委会．最新矿山工程造价计价与费用定额计算手册[M]．北京：中国科技文化出版社，2013.
[2] 蔡跃洲．技术经济学研究方法及方法论述评[J]．数量经济技术经济研究，2009(10)：148 ~ 155.
[3] 陈国山．采矿概论[M]．北京：冶金工业出版社，2008.
[4] 陈建宏，古德生．矿业经济学[M]．长沙：中南大学出版社，2007.
[5] 陈建宏．矿产资源经济学[M]．长沙：中南大学出版社，2009.
[6] 陈晓青．金属矿床露天开采[M]．北京：冶金工业出版社，2010.
[7] 陈迅．技术经济学[M]．重庆：重庆大学出版社，2010.
[8] 戴德明，林钢，赵西卜．财务会计学（第八版）[M]．北京：中国人民大学出版社，2015.
[9] 范如国．企业并购理论[M]．武汉：武汉大学出版社，2004.
[10] 傅家骥，仝允桓．工业技术经济学（第3版）[M]．北京：清华大学出版社，1996.
[11] 傅家骥，万海川．技术经济学概论[M]．北京：高等教育出版社，1992.
[12] 傅家骥，张吉平，仝允恒，等．工程师经济分析与决策[M]．北京：中国科学技术出版社，1989.
[13] 干春晖．并购经济学[M]．北京：清华大学出版社，2004.
[14] 高微，冯花兰．市场调查与预测（修订第三版）[M]．北京：首都经济贸易大学出版社，2011.
[15] 国家发展改革委，建设部．建设项目经济评价方法与参数（第3版）[M]．北京：中国计划出版社，2006.
[16] 黄中文．海外并购[M]．北京：对外经济贸易大学出版社，2008.
[17] 姬长生，张幼蒂．矿山设计方案的模糊综合评价[J]．化工矿山技术，1994，23(4)：1 ~ 4.
[18] 荆新，王化成，刘俊彦．财务管理学（第6版）[M]．北京：中国人民大学出版社，2012.
[19] 朗宏文．技术经济学[M]．北京：科学出版社，2009.
[20] 雷绍民，陶秀祥．矿物加工技术经济[M]．长沙：中南大学出版社，2012.
[21] 李德成．采矿概论[M]．北京：冶金工业出版社，1985.
[22] 李光荣．公司并购理论与实践[M]．北京：中国金融出版社，2002.
[23] 李万亨．矿山建设项目可行性研究与经济评价[M]．北京：地质出版社，1998.
[24] 廖运凤．中国企业海外并购[M]．北京：中国经济出版社，2006.
[25] 刘家顺，史宝娟．技术经济学[M]．北京：中国铁道出版社，2010.
[26] 刘又礼．技术经济学教程[M]．天津：天津大学出版社，1999.
[27] 刘志斌，马登军．环境影响评价[M]．徐州：中国矿业大学出版社，2007.
[28] 陆宁，史玉芳．建设项目评价[M]．北京：化学工业出版社，2009.
[29] 罗肇鸿．跨国并购特点、影响和对策[M]．北京：中国经济出版社，2006.
[30] 吕靖，梁晶．技术经济学[M]．北京：化学工业出版社，2008.
[31] 马立强，张东升，屠世浩．矿山技术经济学[M]．徐州：中国矿业大学出版社，2009.
[32] 马楠，周和生，李宏欣．建设工程造价管理（第2版）[M]．北京：清华大学出版社，2012.
[33] 欧阳培．企业技术经济学[M]．北京：航空工业出版社，1994.
[34] 潘成龙．开发性金融的价值理性和工具理性分析[J]．开发性金融研究，2015(4)：15 ~ 21.
[35] 钱瑜．环境影响评价（第2版）[M]．南京：南京大学出版社，2012.
[36] 全国造价工程师执业资格考试培训教材编审委员会．建设工程计价[M]．北京：中国计划出版社，2015.
[37] 沈景明，王云峰，张世雄，等．技术经济分析[M]．北京：机械工业出版社，1987.
[38] 史建三．跨国并购论[M]．上海：立信会计出版社，1999.
[39] 宋航．化工技术经济（第三版）[M]．北京：化学工业出版社，2012.

[40] 孙怀玉，王子学，宋冀东．实用技术经济学[M]．北京：机械工业出版社，2003.
[41] 谭世语．化工技术经济学[M]．重庆：重庆大学出版社，1991.
[42] 唐敏康．新编矿业工程概论[M]．北京：冶金工业出版社，2011.
[43] 万君康，蔡希贤．技术经济学[M]．武汉：华中科技大学出版社，1996.
[44] 王淀佐，邱冠周，胡岳华．资源加工学[M]．北京：科学出版社，2005.
[45] 王青，任凤玉，等．采矿学（第2版）[M]．北京：冶金工业出版社，2011.
[46] 王青，史维祥．采矿学[M]．北京：冶金工业出版社，2001.
[47] 王永海．财务管理原理[M]．武汉：武汉大学出版社，2003.
[48] 项保华，王世良，凌春华．技术经济与企业管理[M]．杭州：浙江大学出版社，1992.
[49] 肖鹏．技术经济学[M]．北京：对外经济贸易大学出版社，2013.
[50] 解世俊．金属矿床地下开采（第2版）[M]．北京：冶金工业出版社，2006.
[51] 胥朝阳．企业并购的风险管理[M]．北京：中国经济出版社，2004.
[52] 徐强．技术经济学原理与方法[M]．北京：北京科学技术出版社，1993.
[53] 徐寿波．技术经济学[M]．北京：经济科学出版社，2012.
[54] 徐新阳．环境影响评价教程[M]．北京：化学工业出版社，2010.
[55] 闫军印．建设项目评估（第2版）[M]．北京：机械工业出版社，2011.
[56] 杨波．改扩建项目后评估方法与应用研究［D］．西安：西安建筑科技大学硕士学位论文，2006.
[57] 杨克磊．技术经济学[M]．上海：复旦大学出版社，2007.
[58] 杨敏．改扩建项目评估中经济效益评价的系统研究［D］．西安：西安建筑科技大学硕士学位论文，2005.
[59] 姚战琪．跨国并购与国际资本流动[M]．北京：经济管理出版社，2005.
[60] 游达明．技术经济与项目经济评价[M]．北京：清华大学出版社，2009.
[61] 袁纬芳，郑明贵．基于BP神经网络的我国铝矿资源需求情景分析[J]．资源与产业，2014，16(1)：132～137.
[62] 张国旺．技术经济学教程[M]．北京：首都经济贸易大学出版社，2007.
[63] 张玉清．矿山技术经济学[M]．北京：冶金工业出版社，1987.
[64] 张玉清．矿山技术经济学的基本原理和方法[J]．江西有色金属，1989(2)：48～52.
[65] 张玉清．矿山技术经济学的基本原理和方法（续）——第二讲技术经济分析与评价方法[J]．江西有色金属，1989(3)：56～60.
[66] 张玉清．矿山技术经济学的基本原理和方法（续）——第三讲技术经济预测[J]．江西有色金属，1989(4)：49～53.
[67] 张玉清．矿山技术经济学的基本原理和方法（续）——第四讲技术经济决策[J]．江西有色金属，1990(1)：63～68.
[68] 赵国杰．工程经济学[M]．天津：天津大学出版社，2004.
[69] 郑明贵，赖亮光．矿业投资决策理论与方法[M]．北京：冶金工业出版社，2011.
[70] 郑明贵．矿山生产规模及要素优化理论与方法[M]．北京：冶金工业出版社，2012.
[71] 郑明贵，郭世钊．项目融资贷款评估操作实例[M]．北京：冶金工业出版社，2013.
[72] 郑明贵，龚婷，谢为．铜铁资源海外开发战略选区评价[M]．北京：知识产权出版社，2014.
[73] 郑明贵．国际经济合作理论与实务[M]．南昌：江西高校出版社，2014.
[74] 郑明贵，谢为．海外铁矿资源开发投资环境评价模型与应用[J]．矿业研究与开发，2014，34(4)：122～127.
[75] 朱大奇，史慧．人工神经网路原理及应用[M]．北京：科学出版社，2006.
[76] 朱世云，林春锦．环境影响评价[M]．北京：化学工业出版社，2007.

[77] 朱永峰．矿产资源经济概论[M]．北京：北京大学出版社，2007.
[78] 朱直平．工业技术经济学——项目经济评价[M]．北京：中国物资出版社，1995.
[79] HJ 2.1—2011，环境影响评价技术导则——总纲[S].
[80] HJ/T 2.3—93，环境影响评价技术导则——地面水环境[S].
[81] GB 3838—2002，地表水环境质量标准[S].
[82] GB 8978—1996，污水综合排放标准[S].
[83] GB 18918—2002，城镇污水处理厂污染物排放标准[S].
[84] GB 3097—1997，海水水质标准[S].
[85] GBZ 1—2010，工业企业设计卫生标准[S].
[86] HJ 610—2016，环境影响评价技术导则——地下水环境[S].
[87] GB 14848，地下水质量标准[S].
[88] GB 50027—2001，供水水文地质勘查规范[S].
[89] HJ/T 338—2007，饮用水水源保护区划分技术规范[S].
[90] HJ/T 164—2004，地下水环境监测技术规范[S].
[91] HJ 2.4—2009，环境影响评价技术导则——声环境[S].
[92] GB 3096—2008，声环境质量标准[S].
[93] GB 12348—2008，工业企业厂界环境噪声排放标准[S].
[94] GB 12524，建筑施工场界噪声测量方法[S].
[95] GB/T 15190，城市区域环境噪声适用区划分技术规范[S].
[96] GB 22337—2008，社会生活环境噪声排放标准[S].
[97] HJ 2.2—2008，环境影响技术导则——大气环境[S].
[98] GB 3095—2012，环境空气质量标准[S].
[99] GB 16297—1996，大气污染物综合排放标准[S].
[100] HJ 19—2011，环境影响评价技术导则——生态影响[S].
[101] HJ/T 169—2004，建设项目环境风险评价技术导则[S].
[102] GB 15618—2008，土壤环境质量标准[S].
[103] GB 12523—2011，建筑施工场界环境噪声排放标准[S].
[104] GB 18599—2001，一般工业固体废物贮存、处置场污染控制标准[S].
[105] GB 18597—2001，危险废物贮存污染控制标准[S].
[106] GB 5085.1—2007，危险废物鉴别标准[S].
[107] GB 18218—2009，危险化学品重大危险源辨识[S].
[108] GB 50433—2008，开发建设项目水土保持技术规范[S].
[109] GB 5084—2005，农田灌溉水质标准[S].
[110] HJ 640—2012，环境噪声监测技术规范[S].
[111] HJ/T 166—2004，土壤环境监测技术规范[S].
[112] HJ/T 193—2005，环境空气质量自动监测技术规范[S].
[113] HJ/T 194—2005，环境空气质量手工监测技术规范[S].
[114] CECA/GC1—2015，建设项目投资估算编审规程[S].
[115] CECA/GC2—2015，建设项目设计概算编审规程[S].
[116] CECA/GC5—2010，建设项目施工图预算编审规程[S].
[117] GB 50500—2013，建设工程工程量清单计价规范[S].
[118] GB 50830—2013，冶金矿山采矿设计规范[S].
[119] GB 50215—2015，煤炭工业矿井设计规范[S].